海外中国
研究丛书

刘 东 主编

[美] 武雅士 主编

彭泽安 邵铁峰 译

郭潇威 校

中国社会中的宗教与仪式

RELIGION AND RITUAL IN CHINESE SOCIETY

江苏人民出版社

图书在版编目(CIP)数据

中国社会中的宗教与仪式/[美]武雅士主编;彭泽
安,邵铁峰译. --南京:江苏人民出版社,2014.9(2021.9重印)
(海外中国研究丛书/刘东主编)
书名原文:Religion and ritual in Chinese society
ISBN 978 - 7 - 214 - 13387 - 8

Ⅰ.①中… Ⅱ.①武… ②彭… ③邵… Ⅲ.①宗教仪
式-中国-文集 Ⅳ.①B92 - 53

中国版本图书馆 CIP 数据核字(2014)第 156917 号

江苏省版权局著作权合同登记:图字 10 - 2009 - 333

书   名 中国社会中的宗教与仪式
主   编 [美]武雅士
译   者 彭泽安 邵铁峰
校   者 郭潇威
责 任 编 辑 王保顶 金书羽
装 帧 设 计 陈 婕
出 版 发 行 江苏人民出版社
地   址 南京市湖南路 1 号 A 楼,邮编:210009
照   排 江苏凤凰制版有限公司
印   刷 南京新洲印刷有限公司
开   本 652 毫米×960 毫米 1/16
印   张 25 插页 4
字   数 340 千字
版   次 2014 年 9 月第 1 版
印   次 2021 年 9 月第 3 次印刷
标 准 书 号 ISBN 978 - 7 - 214 - 13387 - 8
定   价 95.00 元

(江苏人民出版社图书凡印装错误可向承印厂调换)

序"海外中国研究丛书"

中国曾经遗忘过世界，但世界却并未因此而遗忘中国。令人嗟讶的是，20世纪60年代以后，就在中国越来越闭锁的同时，世界各国的中国研究却得到了越来越富于成果的发展。而到了中国门户重开的今天，这种发展就把国内学界逼到了如此的窘境：我们不仅必须放眼海外去认识世界，还必须放眼海外来重新认识中国；不仅必须向国内读者迻译海外的西学，还必须向他们系统地介绍海外的中学。

这个系列不可避免地会加深我们150年以来一直怀有的危机感和失落感，因为单是它的学术水准也足以提醒我们，中国文明在现时代所面对的绝不再是某个粗蛮不文的、很快就将被自己同化的、马背上的战胜者，而是一个高度发展了的、必将对自己的根本价值取向大大触动的文明。可正因为这样，借别人的眼光去获得自知之明，又正是摆在我们面前的紧迫历史使命，因为只要不跳出自家的文化圈子去透过强烈的反差反观自身，中华文明就找不到进入其现代形态的入口。

　　当然，既是本着这样的目的，我们就不能只从各家学说中筛选那些我们可以或者乐于接受的东西，否则我们的"筛子"本身就可能使读者失去选择、挑剔和批判的广阔天地。我们的译介毕竟还只是初步的尝试，而我们所努力去做的，毕竟也只是和读者一起去反复思索这些奉献给大家的东西。

　　　　　　　　　　　　　　　　　　刘　东

目　录

前　言

武雅士（Arthur P. Wolf）

　　1971 年 10 月 11 至 15 日，由"美国学术团体理事会"(the American Council of Learned Societies)和"社会科学研究理事会"(the Social Science Research Council)下属"当代中国联合委员会"(the Joint Committee on Contemporary China)之"中国社会研究附属委员会"(the Subcommittee on Research on Chinese Society)所筹办的六届大会中的第五届在加州帕西菲克格罗夫市(Pacific Grove, California)艾丝洛玛海滩(Asilomar State Beach)的"艾丝洛玛会场"(Asilomar Conference Grounds)里举行。本书所录诸文章正是此次会议的成果。先前的几次会议则产生了前页所列的四本文集，此外，尚有两本文集——施坚雅(G. William Skinner)编著的《中华帝国晚期的城市》(*The City in Late Imperial China*)和卢蕙馨(Margery Wolf)与罗克珊·维特克(Roxane Witke)所编的《中国社会中的女性》(*Women in Chinese Society*)——即将面世。上述六本书均包含与中国宗教研究相关的材料，而其中四本甚至收录了若干专门探讨宗教或仪式某些方面的文章：弗里德曼(Maurice Freedman)所著《中国亲属和婚姻的仪式方面》(*Ritual Aspects of Chinese Kinship and Marriage*)；武雅士(Arthur P. Wolf)所著，关涉中国社会的家庭和亲属两个方面的《中国的亲属关系和丧葬礼服》(Chinese

Kinship and Mourning Dress);《两个世界间的中国城市》(*The Chinese City between Two Worlds*)所录、王斯福的《三种政权下的台北城市庙宇》(City Temples in Taipei Under Three Regimes);《中华帝国晚期的城市》中王斯福所著《学庙与城隍》(School-Temple and City God)及施舟人所著《传统台南的宗教组织》(Religious Organization in Traditional Tainan)的两篇文章;以及《中国社会中的女性》里由芮马丁(Emily M. Ahern)所著的《中国妇女的力量与玷污》(The Power and Pollution of Chinese Women)。在此,我们有充分的证据证明"宗教与仪式——以及相关对于亲属关系城市和信仰、价值的研究——乃是中国社会里必不可少的组成部分"。

在艾丝洛玛会议上原本展示了七篇论文。但因为种种原因,其中由布里姆(John A. Brim)、孔迈隆(Myron L. Cohen)、焦大卫(David K. Jordan)、苏海涵(Michael Saso)、托培理(Marjorie Topley)和我自己所作的六篇并未出现在本书当中——布里姆教授、苏海涵教授、托培理博士和我的这些文章由新论文所取代。此外,与会的还有作为讨论人员出席的谭拜亚(S. J. Tambiah)、维克多·特纳(Victor Turner)以及罗伯特·史密斯(Robert J. Smith)。他们为本场会议带来了意想不到的智慧与幽默。我们尤其要对史密斯教授为本书撰写的后记表示感谢;也同样要感谢社会科学研究理事会(the Social Science Research Council)作为本次会议行政人员的约翰·坎贝尔(John Creighton Campbell)为我们所提供的各种便利;最后还要感谢贝尔(Muriel Bell),他以娴熟的编辑能力为这些文章增添了几分优雅色彩。

在弗里德曼为本系列书籍所撰写的前言里,他写道:"在中国工作的社会学家、人类学家队伍太小,并且其在完全意义上讨论'中国'一词的关键研究仍然受到'无法进入的'人民共和国(the People's Republic)的阻碍。"在弗氏此语道出后的五年,我们的队伍已经招募到了许多新成员,并且人民共和国也开始允许我们进行一些短期的非研究性访问。第一个变化体现在本卷文集中有七位作者在第一次会议时均还是学生。

第二个变化则并无特别深刻的影响；书中的论文，如弗里德曼教授那本书里的一样，基本上所关注的也都是香港和台湾；如果明年再开一场大会的话，这一情况可能也不会改变。

我们为何要在广袤的复杂社会领域中的如此一小部分里浪费这么多精力，其意义何在？我认为，这要看我们想要完成的是什么了。我们的目标是去形成关于"中国"的一般性概念，还是去解释"中国人"的信仰和实践？第一种目标所要求的调查需要覆盖整个中国大地上的每座县市、每个行省。而第二种所要求的则不是广度而是深度，即它所要求的是对中国的某些片段进行细致、长期的研究。虽然我们出于可行性不得不选择了第二种目标，但于我而言，该目标却似乎更是一个合理的策略：它的合理性也充分地在本书中这些令人印象深刻的成果中得到了证实。

一直以来，如何在英文出版物中最好地表述中国词汇都是一个值得探究的问题。在本书中，这个问题更是因"调查对象"讲的是广东话或者闽南语而非普通话变得尤为严重。比如，试想如何转述一个闽南语社区庙宇中的铭文这一复杂问题。有些作者会使用普通话正字法（Mandarin orthography），依照惯例，这种办法乃是在汉字之后附加普通话的拼音。而另一些作者则认为，因为该社区乃是一个闽南语社区，是故，应该用闽南语正字法加以转述，以免普通话社区中类似习俗和概念的所指与事实有所出入。在那些偏向于闽南语正字法的人中，有些会希望用口语白话（colloquial speech）的形式来表现这些汉字，另一些则认为应该使用更为正式的"书面语"，因为此类铭文的文人作者在构思过程中使用的就是正式的书面语。当然，我允许这些论文的作者们自行选择在他们看来最为合适的正字方法，我唯一的要求就是，所有的普通话词语都必须要用"韦氏拼音"（Wade-Giles）表示。想要知道"yang"（普通话）、"yeung"（粤语）、"iong"（闽南语）或其他词语汉字写法的读者请参考本书所附录的"汉字列表"（Character List）。

最后，我将采纳庄士敦（R. F. Johnston）在《狮龙共舞》（*Lion and Dragon in Northern China*）——研究中国的书籍里最佳的一本——一

书中的观点来总结向读者提供的一般性建议。在对认为中国人迷信(相信诸如"鬼魂"的存在)的传教士和其他人的回应中,庄氏写道:"我承认,中国人(与许多欧洲人一样)确实相信一些奇怪荒谬的事物,然而,必须要强调的是,许多中国人(与许多欧洲人一样)虽然表面上相信,但实际付诸行动的却很少:那些看上去积极的信仰常常却不过是对传统的一个消极默从(passive acquiescence)。"我们不应该将他们对到访人类学家的言说与其真正的信仰等同起来;其中有些人的话可以,有些人的则不行。大多数人都会相信某些事物而对其他持怀疑态度。我回想起曾经问过我的一位最为深思熟虑的调查对象,他为何厌恶向鬼魂献祭。他咧嘴笑着答道,"试想你正盘算着要翻过一座大山,此时有两条路可以选择。如果有人告诉你其中一条路上有强盗,那么你会选择哪条路?"

武雅士(A. P. W.)

(彭泽安译　郭潇威校)

引　言

武雅士(Arthur P. Wolf)

　　除弗里德曼(Maurice Freedman)所作的引论和由史密斯(Robert Smith)撰写的后记以外,该卷文集中的其他论文均是基于近期或在台湾或在香港所做的田野调查完成的。因此,读者不要期待能够在这些文章中找到中国宗教经验的全部范围:本书仅仅提供了一个局限于近来中国单一领域的研究视角而已。与此同时,读者也不应该先入为主地假设这些文章所讨论的是一个基本具有同质性的文化。从台湾到香港,从一个群体到另一个群体的变化是如此之大,以至于在宗教和阶级上也都存在着很大的差异。而如何去阐释这些差异就成了本书暨此次会议的主题之一。回到会议本身,作为会议讨论成员、专门研究日本问题的史密斯注意到,"每一个与会者似乎都把其他人当作了报道人。在香港进行研究的学者们对台湾的宗教实践和信仰表达出了很强的兴趣,有时甚至是礼貌的质疑。了解台湾北部的与会者采访了了解南部的人,并且常常对他们的发现感到诧异。此外,还有一些人发现这些报道人的叙述与正统宗教实践和信仰(如同他们通过经典文献和对已经难觅踪迹的精英成员的访谈所得知的)的差距巨大到让人感到不快,甚至怀疑已经不是中国的传承。"

　　本书第一篇论文的作者弗里德曼似乎对会议中有关宗教和阶级变

异问题的程度早有预料。在回顾了对中国宗教有着全方位观察的三位学者——杨庆堃(C. K. Yang)、高延(M. de Groot)以及葛兰言(Marcel Granet)的文献后,弗里德曼便树立起了要为"中国宗教社会学研究的发展道路"建言的宏伟目标。紧接着,他着重强调了自己将和那些把中国宗教作为整体进行研究的学者们站在一列。并且进一步认为我们应该从"中国宗教体系确实存在"的假设出发,尝试"去为占有统治性地位的观念法则以及形式和组织的支配性原则追本溯源"。至于上述原则在从农夫至精英层之间变化的范围,弗里德曼认为,这种不连续性在实际情况下并没有那么明显。在他看来,中国的精英宗教和农民宗教"依靠着共同的基础,它们各自代表着同一种宗教的两种版本(我们把它们看成是习惯用语式的互译)"。该观点进而引出了"除预言(prophecy)和狂喜(ecstasy)以外,中国民间每一种宗教现象都很容易转化(transformation)成为精英阶层的教义和仪式"这一大胆的假设。

弗里德曼为"转化"提供的一个实例,即堪舆师口中的"风水"概念就可以用普通宗教的语言加以重新陈述。本书中另一个"转化"的例子则出现在托培理(Marjorie Topley)对广东妇女关于妊娠、分娩和产后适应的信仰的分析当中。托培理在报告中称,未受教育的母亲们通常会把一些疾病归咎于碰见了某人、某物或者"怪"(kwaai)。接着她告诉我们,即便是接受儒家思想的医生也对患者的这类观念有所了解,但是,他们却"不谈论'奇怪的东西',因为'子不语怪力乱神'。调查对象所谓的'怪异(queerness)'在医生口中则被称为'两极化(polarization)':人或者事物朝着'阴'(yam, yin)或'阳'(yeung, yang)所发生的两极分化。"传统医生对"'两极化'也可以被称为'怪'"这一观点的接受似乎很好地证实了弗里德曼的假设。但果真如此吗?医生之所以用"怪(kwaai)"而非"两极性",也有可能只是为了方便患者理解罢了——我们怎样才能把从比喻说法当中甄选出真正的"转化"呢?

史密斯在对弗里德曼论文的评论当中,把该问题抽象成为一个更为普遍的形式。弗里德曼在文中设问:"如何清晰地将中国宗教作为整体来考虑?"对此他自己的部分回答是:"研究者可以从第一类假设出发,认为在被地位和权力严重分化的社会里,会发展出一种允许在信仰和仪式上存在多样性的宗教系统,以便使不同的信仰和仪式相互补充——或者更具争议地说,该系统会将宗教相似性当成宗教差异性来表达。"史密斯反驳道:"这等于是在说,该社会也同样会将宗教差异性当做宗教相似性来处理。"弗里德曼的意思是,复杂社会需要体现出权力和地位上的差异。而史密斯的意思则是,复杂社会同样需要表达社会团结。但是我们如何辨别以差异性形式表现的相似性和以相似性形式表现的差异性呢?根据托培理的研究,一些医生会说"两极化也可以称之为'怪'"。他们是真的如此认为,还是在告诉国外的调查者,所有中国人都是观点一致(stand together)的?很显然,其他医生否定了这一等同。那么,我们是接受上述"观点一致"的回答?还是认为他们这么回答的目的是把他们自己和病人区分开来?我相信将会有许多读者对弗里德曼有力的号召予以响应,去到广阔多彩的中国信仰领域中寻找这些问题的答案。然而,他们仍须注意要从表达社会差距的陈述中把揭示信仰的那些给甄选出来。

变异问题——在此处指地区性的变异——也是戴德安(Donald DeGlopper)对鹿港(Lukang,台湾中部的一座故港)宗教描述性论文的主题。在论文的开头部分中,戴德安要求读者把二林镇(Erhlin)和鹿港镇的仪式生活上做一对比。"它们位于彰化县(Chang-hua hsien)城西十八公里左右一块最早由泉州三县移民定居的区域,均属于拥有普通店铺和服务设施的贸易集镇。二林镇的人口约为11 000—12 000,拥有6座庙宇,平均一座庙宇对应1 900人,此外还盛行一个名为'拜鸾'的占卜群体……鹿港的人口约为27 000—28 000,拥有39座庙宇,平均1座庙宇对应690人,当地人表示对'拜鸾'从未耳闻。"我们如何解释此种程度的地方差异?戴德安列出了三条解释途径:

其一,强调各地的共同模式或者核心要点。当基础结构之外的偶然性被单独列出之后,地方性差异也将随之消失。仪式被视为浮在社会之上的一层油膜,对于支撑它的社区而言并没有决定性作用,因此从表面上看,它赋予了较之实际存在更多的地方性色彩。或者,研究者也可以将地方宗派和风俗解释为来自不同地区的移民世代相传的早期传统。地方性的宗教差异因此变得意味深长,但仅仅与历史相关联,除此之外它还能够被用作人口迁移和扩散的证据。再者,研究者还可以尝试对其进行功能性的解释,并试着找出宗教性变量与其他易于观察的社会要素之间的一一对应关系。研究者也许有望在两个看似显著不相关的社会因素间发现共变。

戴德安在他的论文里集中讨论了三个问题:为何鹿港的庙宇如此众多? 鹿港的仪式风格为何在精神层面(台湾人所说的"闹热"(lau-ziat))上显得如此单薄? 既然鹿港人的宗教热情如此缺乏,那为何他们还要拿出大笔钱财去维持大量现存的乃至新建更多的庙宇呢? 戴德安认为,归纳性的调查必须从对特定地区的历史研究开始。鹿港镇"庙宇众多"和"缺乏热情的仪式风格"之谜的答案似乎是:一个曾经作为重要海港以及台湾文化中心的城镇如今却成了为台湾欠发达地区服务的边远集镇。港口早已填埋;大型的行会组织也都销声匿迹;富贾士绅之家住进了潦倒的租房客;土地改革以城镇为代价促进了农村的发展。过去的已经一去不返,但是它依然为人们所珍视。如果不是因为有着辉煌的过去,"鹿港的人们"终归会和其他小镇上的居民没有任何差别。其结论就是,鹿港将庙宇看成是与"过去"的切实联系,并把"避免公共仪式中的竞争性方面"视为在这个不分好歹的世界中表达社会团结的一条途径。

戴德安的论据间接否认了他在上文中所提出的三条研究途径。鹿港镇奇特的仪式风格虽然关乎它的过去,但却并非只是历史的残留。事实上,戴德安也提供了在该镇的全盛时期,鹿港的公共仪式是有竞争力、嘈杂花哨并且相当"闹热"的证据。戴德安虽然认为仪式上的变化与其他的社会性变迁相关,但却也并未(按此逻辑继续)找出某个发挥主要影响作用的变量。相反,他强调应该将鹿港镇中发生的变化视为一个整体:"它作为商业和文化中心地位的下降"以及"地位的下降对鹿港居民在自我认识上以及处理与其他社区关系方面的影响"。这正是格尔茨(Clifford Geertz)(1972)"巴厘岛斗鸡现象"而非福蒂斯(Meyer Fortes)(1949)"塔伦西人祖先崇拜"研究中的精神。

如果把戴德安对鹿港镇的描述与王世庆(Wang Shih-ch'ing)对树林镇(Shu-lin)宗教历史的仔细重建相比照,前者"把仪式作为地方文化之体现"的处理办法与后者的潜在固有联系就变得显而易见。虽然今天的树林镇在规模和重要性上都与鹿港镇不相上下,但这两个集镇的历史却有着惊人的不同。作为海港和行政中心而设立的鹿港镇原本面向的就是大陆及岛上的其他城市。(是故)鹿港商人和当地官员对紧邻着城镇的乡村并无兴趣。相反,树林镇则起源于风柜店(Feng-kuei-tien,铁匠铺),并逐渐作为一个服务于农民和煤矿工人的集镇成长起来。两个集镇在遵循"地方需求"还是"区域利益"上的不同程度明显地反映在了两镇居民对超自然界的不同认识之上:鹿港人更愿意将他们的庙宇视为岛上其他庙宇的"根源",并对与周边乡村的仪式关系不予理睬;而树林镇的居民则相信他们的主神灵——保生大帝(Pao Sheng Ta Ti),是树林镇及其周边乡村超自然界的主宰。他们的神灵庇佑的主要是集镇周边的村民,而不像鹿港那样舍近求远。

王世庆的论文也包含了对施坚雅(G. William Skinner,1964)"中国社会的基本单元是基层市场社区(standard marketing community)而非村落"这一论点有价值的证据。施坚雅的模型认为,市场社区的边界标志着中国农民生活世界的范围。这使得中国农民倾向于将他们的神灵和官僚相类比(在本文集中有着丰富的例子以证明该观点)。其结果就是,大多数交易社区中的主神都被视为该社区边界范围内超自然界的主宰。如果某一基层市场社区实际是由村落和相邻社区所组成,那么代表这些子单位的神祇就将被视为比承担整个大社区责任的那位更不重要,并且在仪式上的等级也要更低。的确,基于这种官僚阶层的比喻,它们理应被视为其属下,至少树林镇的情况就是如此。树林镇作为明显的社区出现的过程与一位神灵从其他几位当地神灵中晋升为地方超自然界主宰的过程是并行的。自树林新镇与火车站合并以来,邻近村落的土地公就扮演起了保生大帝的角色。如今,保生大帝被当成了该地区所有土地公的直属上司,因此,人们在新庙选址以及旧庙搬迁的事宜上都会求教于祂。

然而,王世庆的论文也有其另一面。我们应该看到,除了那些作为社区中超自然界主宰的神灵之外,也还有其他作为同样居住在台北盆地该部分的其他族群保护者的神灵存在。虽然这些神明所代表的组织中有一部分被限制在了树林交易区(Shu-lin marketing area)之内,但其余的组织则将树林社区的成员与居住于邻近社区的其他族群团结在了一起:通过参与"四股妈"(Szu-ku Ma)(一个献身于崇拜观音佛祖的团体),居住在南半区的顶郊(Ting-chiao)人与集镇南部和西部的其他族群联合了起来;通过其在十八手观音会(Shih Pa Shou Kuan Yin Hui,同样献身于崇拜观音佛祖的团体)的成员,住在靠近树林北部边界的顶郊人则展示了他们与北方诸集镇伙伴们之间的团结。这些人都是公认的树林交易社区成员,是保生大帝的忠实臣民,但他们的社交范围却远不止于保生大帝所管辖的范围以内。

根据布里姆(John Brim)关于香港乡庙(village alliance temples)的描述来看,施坚雅模型的某些方面就更有必要重新考虑了。只要将它们明显的宗教功能考虑入内,这些庙宇与树林济安宫(Chi-an Kung)之间的差异也就只不过是细枝末节而已。其中最主要的差异在于,后者是服务于一个基层市场社区的仪式中心,而前者仅仅以单一集镇周边区域组成部分的一个村落群为社会基础。布里姆告诉我们,过去这些集中在这些庙宇的联合会(alliance)曾经相互竞争,有时甚至会为了控制当地市场发生暴力冲突。因此,他认为基层市场社区应该是被组织在庙宇周围的联合会分划为蜂巢状,而非像王世庆论文中所认为的那样,是被宗教团体(association)所正交切割。

至于这些案例对于研究基层社会组织模型的意义,我打算将其留待后人。而此处所记录下的观点表明了仪式不仅仅是简单地标记了为其他目的所成立的团体的边界,Brim 论辩道,乡庙以及和它们相关的仪式解决了他所谓的"维模问题"(latency problem),即"在时间的推移中维持系统的激励模式和文化模式"。Brim 写道:"村庄联盟担负的大部分重要活动,就其性质而言,是具有高度间歇性的。"他认为他们的庙宇通过对私人和集体崇拜的参与者给予超自然奖励的许诺,帮助维持了联合会本身。王世庆在一些案例中进一步给出了"组织的宗教角色或许已经超越了其他的功能"的证据:虽然他所描述的跨社区的联合会源于族群团结(ethnic solidarity),但是当族群划分失去社会意义时,这些联合会也并没有完全衰落和消失。相反,一些组织还重新把自身定义为以崇拜特定神祇为主要目的的地域性群体。其中最明显的案例便是十八手观音会,它不单将其起源保留了下来,而且还将其范围扩大,以致将散布在台湾北部的诸多社区都包含在内。是故,宗教角色在维持和转变由其他目的产生的社会形构(social forms)上的作用显然值得引起更多的关注。

　　接下来,王斯福(Stephan Feuchtwang)的论文又将我们的注意力从"宗教组织"转向了"中国人的超自然观念"。该文章及其随后的三篇——我、王崧兴(Wang Sung-hsing)以及郝瑞(Steven Harrell)的论文——都基于在台湾北部地区所做的田野调查工作,并且均关乎底层民 *6* 众:农民、煤矿工人、渔夫以及零售商的信仰问题。令人振奋的是,尽管在经验和研究旨趣上各不相同,可我们却意义非凡地得出了相同的结论——我们在一般性问题上的分歧在任何社会里的宗教研究之基础上都无法解决,而在那些重要事实以及它们对于被调查者们的意义方面,我们则达成了一致。因而,我将把这四篇论文作为一个单元,而不是将它们分开讨论,并尝试去总结它们所得出的结论。

　　王斯福对于"仪式表演中隐含着三种主要的灵性存在,它们分别是鬼(kui)、神仙(cieng-sin)和祖先/公妈/祖公(kong-ma, co-kong)。这些类型互相分别两两结合,与另外一个对立"的记录,为这四篇文章确定了初期的主题。不论讨论的起点是家庭和寺庙建筑、指代祭祀行为的术语、适合不同种灵性存在的供品形式或者人们对于自己行为的说法,它们所得出的结论都是相同的,即"鬼"与神祇同祖先相比照;祖先和"鬼"、神又形成对比。比如说,神以生食(或整头牲口)献祭,"鬼"和祖先则用熟食;"鬼"被供奉在家庭和庙宇之外,神和祖先则被供奉在其中;祖先被敬献偶数数量的香,而敬给"鬼"、神的香则是奇数。或者,在另一套对立关系当中,神祇被供奉给金纸,鬼和祖先则为银纸;供奉"鬼"叫"祭"(ce)的,而纪念神祇与祖先则为"拜"(pai)。祖先之所以被祭祀是因为"后人欠了他们的";而人们祭拜鬼神则是"为了向它们索取回报,或者希望它们不要带来灾难"。这四篇论文共同为我们提供了台湾民众能够辨别这三种超自然存在(supernatural beings)——神祇、鬼怪和祖先——的有力证据。

当然,这些文章的贡献还远不止这些:它们还察觉到这三种超自然存在的一些特征与三种人类社会特征的密切相关。神所穿着的是古代的官袍;其庙宇由灵界将军守护;它们惩处那些犯下对抗社会罪行的人,很容易被冒犯,也会收受贿赂;它们写报告,保留档案,并与离散的行政区域保持着相互联系。很显然,神祇是帝国官僚机构在超自然界的同行。"鬼"被供奉在家庭和庙宇之外以及房屋的后门上。它们是危险(有时候甚至是恶毒)的。人们给他们供应大量的吃穿,而这些祭品在人们看来则是施舍和赏钱;显而易见,它们是被人们当做恶棍、乞丐和歹徒来看待的:"鬼"是超自然界中粗鄙、危险的陌生者。接下来,祖先是那些在血统系谱中地位较高的成员。他们给后代留下遗产、社会地位并赋予其生命。是故,他们有资格接受祭拜,并以正常膳食的形式得到食物供奉。正如我的一位调查对象所说:"他们是自己人。"

将中国农民关于灵性存在的观念仅仅当成是其"社会认识在思维中的反应"的结论是荒谬的。虽然神祇并不具有全能性,但他们却拥有远比人间官员大得多的权柄。虽然"鬼"经常被比作恶棍和乞丐,但是它们也拥有怪异的特质得以与人类相区分。另外,已经十分明确的是,农民的超自然世界观念是由他自己对现实社会的想象所塑造而成的。我们所讨论的这四篇论文均注意到了灵性存在间"亦神亦鬼"或者"半鬼半祖"的存在。它们例外于三种超自然存在的主要分类,但它们却也有在社会当中相对应的人物。比如,就人们所论及的"三面壁"(san-mien pi)来说,一些人会向它们供奉金纸,其他的向其则进献银纸。人们将其作为神明一般来祈求,但其"庙宇"却又不具备真正神祇住处的建筑特点。这些半神往往是在保卫共同体时阵亡"将士"的魂魄,或者一些当地具有罗宾汉侠盗品质的匪徒。进入超自然界之后,它们仍旧扮演着与现实世界里同样的角色。

这一显著的相关性对中国宗教研究界而言意味着什么?王斯福、王世庆以及郝瑞对该问题在各自论文的结束语中均表明了自己的见解,在此我也就不再赘述其观点。于我而言,它则意味着两件事。第一,对中国宗教的研究必须从特定社区的社会和经济史入手。虽然超自然观念是人们与社会关系的产物:超自然世界从来都不是人们对当下的一项简单投射(projection),每代人的人生经验都通过仅仅随着环境的变迁而缓慢转变的传统习俗这一媒介传递给下一代。今天的台湾人把"土地公"和他的庙宇想象成地方警察和派出所,而施舟人(Kristofer M. Schipper)(1975)却把土地公的帽子视为"虽无官衔但有很大影响力的富有乡村士绅所戴的员外帽(yüan-wai-mao)"。这个例子虽然琐碎,但却意义重大:即要理解某段时间中人们的信仰,研究者必须同时查考社区的历史以及当前的状况。

其次,我认为"底层民众信仰"和"对社会的看法"之间密切相关的迹象表明,在"精英宗教"和"农民宗教"之间一直存在着一个巨大的分歧/断裂(gulf)——我无法想象富商权贵和乞丐、小混混会把他们各自的恐惧概念化为同一形式。对他们而言,鬼的意义肯定各不相同。也许诸如"阴阳对立"的看法在所有阶层的宗教中都扮演了某种角色,但它一定不是或不完全是占据任何宗教核心地位的观念准则。因此,对弗里德曼必须坚持把"中国宗教体系确实存在(Chinese religion exists)"的假设作为研究的出发点的看法,我持相反的态度——我们应该重建那些"以不同视角来观察中国社会景象中的人们"的信念——帝国官僚机构对待那些"仿照官僚体系而设置的神祇"态度当然与那些"为帝国官员权力所威慑的农民"的态度不会一样。某一看法为视角差别如此之大的人们所共享的事实,一方面提示我它相对而言是无关紧要的,而另一方面却也暗示着它极易被赋予不同的内涵。

接下来的三篇论文则把我们从台湾带到了香港,并且再次引入了地区差异的问题。第一篇是波特(Jack M. Potter)对"问醒婆"(mann seag phox,能够通灵的老妇人,通灵婆)的引人入胜的研究。文章以波特在一个地处新界(New Territories)的宗族村落——屏山——的调查为基础,该村落在许多研究主题上都有着大量的原材料,但最为引人注目的还是波特所描述的一场屏山"年度组降神会"(annual group seance)。在中秋节那天傍晚,全村村民集中到祠堂附近的一片开阔地上,去参加一场由村中三位"通灵婆"免费操办的降神会。在其中一位"通灵婆"进入恍惚状态并反复地吟唱后,集会的人群便知道她已经和其鬼使/精灵(familiar spirits)取得了联系(召唤出了她的鬼使/精灵),而这些鬼使/精灵则将带领她升天并进入天堂花园(Heavenly Flower Gardens)。这场旅行的最终目的本是为了检查代表村民个人命运的那些花卉,然而相比于通灵婆一路上所遇见的鬼魂而言,村民们对此反倒并不是特别感兴趣。已故亲友的亡灵借此机会得以与生者取得联系。他们提供忠告,要求帮助,吐露抱怨,并且偶尔责骂他们的子孙。在波特参与其中的"降神会"上,通灵婆"遇见"了一位村民死去弟弟的鬼魂,它因"我还不到死去的时候"而愤怒和不安;另外,她还"碰到"了一个"指责父母就医不及时而导致她死亡"的孩子的鬼魂。

在"降神会"众多有趣的现象中,"整个社区都参与进来"的事实便是其中之一。艾略特(A. J. A. Elliott,1955)和弗里德曼(Maurice Freedman,1967)均注意到,这类降神会通常都是在最为严格的保密和隔离条件下进行的。"熟练的招魂者(soul raiser)能够揭发家族中不可告人的秘密,并且揭露一些容易被外人所忽视的个人恩怨"(Elliott

1955:136)。要想知道为何屏山人愿意冒险在公共场合下与死去的人们沟通,更有经验的研究者就必须意识到:"通灵婆"能够利用这次机会将村中的绯闻戏剧性地曝光或者捏造一些借亡者之口说出的使人尴尬的消息。波特告诉我们,邓(Tang)姓宗族是"一个各个小家庭、支系间竞相攀比/抵触的大杂烩"。这对肆无忌惮的"通灵婆"而言是一个取得政绩的绝佳机会。对上述好奇心的回答可以仅仅是一个整体性的理解,即"通灵婆"会避免政治议题并且不提任何会导致村民领袖们尴尬的事情。

　　"公共降神会对判决的需求"以及"秘密会议对敏感性的需要"意味着"通灵婆"必须有熟练运用社会学知识的能力。她们必须懂得如何去刺探情报,并掌握好在披露所得消息时时应该把握的"度"。卢蕙馨(Margery Wolf)认为,这就是大多数波特所描写的那类招魂者(soul raiser)和灵媒(medium)均为女性的原因。"中国女性自出生起就被训练得对态度之变化极为敏感,以便理解并利用人们之间的亲属和情感关系,在某种程度上,'靠她的智慧生活'无疑是源自于招魂者所拥有的基本'必备技能'的。"(1974:166)而我却认为,就算男人缺乏此类必备技巧,但倘若他们觉得有利可图的话,后天习得也无不可能。是故,我得以提出以下假设:即女性的优势在于其男性委托人并不愿将此类秘密公诸于其他男性。在台湾的农村地区,男人要是想向邻居借钱却又怕遭到拒绝,他就会让妻子先去向邻居的妻子打探口风。男人肩负着在社区中代表家族名誉的重担,因此他们不愿意冒险在有其他男人的场合里露出窘态。

　　我已经对托培理关于弗里德曼对精英宗教与农民宗教之间关系认识的评论做过一定的介绍。除了由文本引发的那些相关问题以外,评论还表达了作者对"异常事物"(anomalous things)的人类学兴趣。这类事物被称为"奇怪"(k'ei-kwaai),或者用通俗的粤语口语来讲,叫做"不三不四"(m-saam, m-sz)。像新娘、送葬者这样的事物只是暂时的奇怪;而其他的,正如托培理所说,乃是"永恒的极化(permanently polarized)"。它们包括鳗鱼(eels,一种亦"鱼"亦"蛇"的东西)以及一种被称为"妖怪"

(iu-kwaai)的灵物。托培理解释道,妖怪之所以被认为奇怪是因为它们"亦神亦鬼"。该看法扩大了"将中国民间宗教中的超自然存在归纳为三种类型"这一观点的影响:如果没有固定的神、鬼分类作为参照系的话,那么所谓妖怪的"异常性"也就无从说起了。

评论还包括了一个关于操纵亲戚关系应对由"八字不合"(horoscope clashes)和"前世业障"(wrongs committed in a previous existence)带来疾病的有趣讨论。在我看来,虽然最重要的问题是由广东母亲们对此现象的多种不同解释引出:母亲、孩子所患的任何此类疾病都将被归结为母亲在妊娠期内或产后未能遵守正确的饮食限制。这会导致母子、父子或孩子与祖先之间"八字不合"(horoscope incompatibility)。这也就暗示着孩子将很难养大,因为他的命运很"怪"(Kwaai)。也有说法认为,"八字不合"暗示着该新生儿有可能乃"回魂"(coming back)处理前世(previous incarnation)未尽事务者托生降世。虽然托培理并未对这些可能性进行探讨,但我们却可以假设孩子的疾病也可以被认为是来自神祇或者祖先的惩罚。在诸多解释途径之中,人们如何选择他们对于疾病的解释?虽然托培理对此做出了一些推论并提供了相关的重要依据,但我们必须掌握的知识却应该远比这些依据要多得多:除非我们能够详细地列举出在何种条件之下,这个解释会比那个解释更受欢迎,否则便无法对与这些种类繁多的解释模型相关的信仰进行理解。

香港研究的第三篇论文是纳尔逊(N. G. H. Nelson)关于新界(New Territories)一个规模较小的穷困宗族(lineage)中"祖先崇拜"以及"丧葬实践"的研究。该论文从检测"在一个不使用书面文字的祖先崇拜社会中,地方化了的中国宗族的结构也是由人们在世上的政治和经济联系所决定的"假设出发,提出了"丧葬实践,以及在记录祖先谱系时特定周期性的低效使得文化社会中生物血统所带来的不便有了可以屈从生活需要的可能"这一新的假设。接下来,纳尔逊严谨地检查了雷氏宗族(the Lei lineage)的族谱、与宗族发展相关联的口述史、在祠堂和家里找到的祖先牌位、祖坟以及土地记录。他发现,虽然在雷氏族谱中留有一个"为了造成宗族各部分大小和地位均相等印象"的空白,但宗族自己的记录则表明它们在事实上却并不是那么均衡的。因此,他总结道:"宗族的记录是准确的;对它的阐释决定了宗族在政治和经济上的平衡。"

虽然纳尔逊对这个结论似乎并不满意,但我却认为它是让人耳目一新并且备受鼓舞的。该结论证实了"环境的变化会对人们的历史观产生影响"的假设,并且也表明中国的族谱是能够用于对历史原貌进行修补的工作的。此外,我也相信纳尔逊的结论能够应用于大部分中国的宗族记录。我在台湾的第一份田野调查是在一个沿不同世系进行分支的共同体里进行的。其中五房(wu-fang)、七房(ch'i-fang)分支之间的比照最为明显。人们告诉我说,这两个支系的"开基祖"是一起移民至台湾并共同定居此地、同父异母的两兄弟。之后,我得到了一份该宗族族谱(lineage genealogy)的副本(抄本),并且在王世庆的帮助下,我发现这两个支系间"胞兄弟"共有的、离他们最近的祖先是其曾曾祖父(great-great-grandfather)。于是我猜想:宗族族谱的修订并非完全服从于群体对自我的感知,而且同样服务于许多其他的目的:它们并不仅是群体的"宪章"而已。通过这些族谱,人们得以找到关于自己先人的信息,并以此作为争夺继承权以及从共同财产中索取利益的凭据。

我希望读者们继续把注意力重新放回到纳尔逊对雷氏宗祠(Lei lineage halls)的描述之上。该描述与芮马丁(Emily Ahern,1973)讨论台湾的文章均认为我们应该对宗祠做出两种区分:纳尔逊所谓"祠堂"者,乃是当其需要修复之时,只需交纳一定数额的金钱就能准许放入新牌位的那种"祠堂"(tz'u-t'ang)。这就导致此类祠堂仅只对那些年代久远的(remote dead)和近期能够负担起"入场费"的祖先开放。这正是在弗里德曼对中国宗族组织的创见性分析(Freedman,1958)当中所假定的那种宗祠。但就现在看来,似乎还存在着另一种宗祠类型:纳尔逊注意到,除作为雷氏宗族仪式中心的"祠堂"外,还有两个属于该宗族两个支系的厅堂。在这两座神厅(shen-t'ing)里,"没有像祠堂中那样,新牌位只能在厅堂需要修复之时才能够被移入——而且还需要'入场费'的规定。"其结果之一就导致了在这两个支系中,成员家里是不会放置牌位的;另一个结果则是,祖先的牌位并不按照等级而被隔离开来。

除在现实中将"支系"(branches)而非"宗族"(lineage)视为整体以外,雷氏的"神厅"与芮马丁在台湾调研的四个宗祠是完全对等的:台湾的宗祠也是在任何时候都可以免费地接受新的牌位。它们只会拒绝那些因入赘到女方家中而丧失在宗族里的"人丁"(manpower)和后裔资格的人(Ahern,1973:123-24)。因此,我们发现,在台湾和香港都存在着与"祠堂"有着显著差异的宗祠。"祠堂"对祖先所进行的拣选为的是强调辈分和等级(class)间的区分,而神厅(在台湾被称为"公厅",kung-t'ing)则(人为地)缩短了世代之间的距离,并且完全忽视了等级上的分别。在这些和其他的一些方面上,它们更为接近于"家庭祭坛"(domestic altar)。芮马丁讲解道,"订婚礼"与正式婚礼都在这些公厅,而非在家里举行的。她甚至还发现,"家庭崇拜(domestic cult)是出类拔萃的(par excellence),对灶神(kitchen or stove god)的祭拜活动同样也在公厅里举行。"(1973:94-95)纳尔逊的研究则没有那么具体,但是他也写道,"对我而言,神厅具备着家庭祭坛的所有功能。"

出现该差异的原因似乎仅仅是因为,相比之下,规模较小的宗族团结意识更加。芮马丁研究的四个宗族都是规模较小、内部分化得到抑制的紧密地缘群体(residential groups)。纳尔逊告诉我们"与村内其他无组织的地方相比,两座神厅在村里所处的位置则是被明确界定、自我意识、紧密相关的亲属群体所占据的"。该发现在宗教研究方面的意义在于,它将修正弗里德曼(Freedman,1958:81-91)对"祠堂崇拜"(hall worship)和"家庭崇拜"(domestic worship)这一重要区分的一个面向。该区分把在"祠堂"(tz'u-t'ang)中进行的祭拜活动与在家庭祭坛前的祭拜进行了比照。"存在着处于中间状态的祭坛"的事实意味着或许也可能会有"中间形式的祭拜活动"。

我在上述提及的四个台湾宗族也是芮马丁收录于本文集的此篇论文的研究对象。虽然她在文中所涉及的更偏向于"婚礼仪式"和"姻亲关系"而非"祖先崇拜"。但从会议上由该论文的一个初稿所引发的激烈辩论可以看出，它注定要成为本文集中最具争议的（并因此最富成效的）文 章。在中国姻亲关系的研究中，为人们所普遍接受的观点认为：婚姻关系"使得女方娘家在仪式和社会地位上都将逊于娶方"（Freedman，1970：85）。然而，芮马丁则完全改变了这一命题。她认为"至少在中国社会的一隅，比如溪南村（四个被调查宗族所居住的社区）……婚姻导致嫁方（wife-givers）远比娶方（wife-takers）更高的优越地位。不论先前双方经济社会地位如何，总之自订婚起，新娘方就被认为在仪式上要高于新郎方"。

会议上大多数的讨论均围绕芮马丁对相关证据的解释而展开。比如，研究者如何解释女方在婚礼和生日场合中都会向男方赠予奢华的礼物？对此，芮马丁将其解读为女方娘家需要"通过一些优越的礼仪来确定自己优越的地位"。在批评环节中，作为芮马丁论文的评论者，弗里德曼认为，同样的现象也能用以证明相反的结论："赠送奢侈礼物可以被解释成一种缩小地位优越者与送礼者之间差距的尝试。"再举另外一个例子：为何新郎和娶方家庭要对新娘表现出极为夸张的尊重？芮马丁认为，这恰恰证明了新娘优越的地位；弗里德曼则反驳道，这也不妨可以拿来证明新娘的地位低下。"仪式性的尊重并不能够被简单地作为判断地位高低的证据。提供夸张的尊重也许正表明了受尊重一方地位的低下。"

虽然我完全同意弗里德曼的这一观点，即芮马丁所列举的仪式行为可以从相反的方面来解释，但是我却依然接受她关于"溪南村人的婚姻中嫁方地位高于娶方"的观点。对我而言，该观点至为关键的论据在于"溪南人认为'嫁方'地位的优越性并不仅仅表现在仪式语境下（ritual contexts）的顺从之上"。弗里德曼出于各种原因最终还是拒绝了这一结论，但主要还是因为它直截了当地向中国其他地区已知的姻亲关系提出了挑战："如果嫁方对娶方的优越地位是成体系的，那么新娘家庭就一定要在地位上与娶方对等甚至是超越。但是，据我所知，这与在中国所观察到的现象又恰恰相反。我们中的大多数人假设中国人的原则大致是嫁娶时要门当户对,与这一现实相随的是这一做法,即如果存在着地位差异,它总是偏向于新郎的家庭。女孩不会下嫁,而是高攀。(girl does not marry down; she marries up.)"

虽然弗里德曼将"嫁方只是仪式性地处于优越地位的理论并不是十分有力"看作是"对认为嫁方在社会地位上具有优越性的主张的处置",他却也承认道,"芮马丁的论证也许是对错参半的:可能虽然关于嫁方社会优越性的论证有误,但是他们在仪式上的优越地位却是毋庸置疑的。"相比之下,芮马丁则坚持认为"嫁方"的"仪式优越地位"恰恰反映了他们的"社会优越性"。并且,虽然她承认她无法证实这一点,但是却仍然坚持认为它反过来也反映出女方下嫁而非高攀的趋势。这个辩论引出了"理解中国亲属关系和亲属与仪式之间关系"的基础性问题,即"嫁方"与"娶方"的相对社会地位在中国是否会随着地域的变化而发生显著变化?有无可能在某些社区中新娘被看得很重,以至在婚姻关系中女方被"娶方"自动地赋予了优越地位? 仪式声明与社会事实之间是何关系? 我们静待这些由芮马丁论文所引发的问题为后人继续研究。

分别由施舟人(Kristofer M. Schipper)、苏海涵(Michael Saso)撰写的、文集里最后两篇论文值得读者特别关注。人类学家通常都是经由底层民众的眼睛来看待中国宗教,而这两篇文章则把我们的视角转换到了道士的层面。由此,我们得以进到道观之中,并获得了一次观察"中国宗教之于该阶层仪式专家(ritual specialist)所意味者何"的机会。每篇文章都使用了大量道家经典(Taoist texts)及其相关文献,但是这些经典却又并非那种"形成作为精英哲学的道教研究"的基础典籍。因此,这对那些从历史学家和神学家著作中认识道教的读者而言也是一次视角的转换,即本案例中,由哲人至道士、从理论到实践的转换。

施舟人的文章开篇就指出了"定义道教",具体而言即"识别道士的功能"是一件十分困难的事情。在今天的台湾,道士(Tou-su)"并不仅仅是一个仪式大师(ritual Master)","他还扮演着驱魔师(exorcist)和治病术士(healer)的角色,驱魔安魂(expelling and pacifying demons)",这些功能也同样为法师(Huat-su)所具备。"道士甚至在服饰上'借鉴了'一些法师的元素;在自己头饰上缠上一条红头巾。"虽然道士和法师有着一些共同的仪式,有时候还戴同样的头巾——施舟人告诉我们——"但它们之间却有一个本质上的差异,即在纯粹的法师仪式上并不会使用疏文,而在道士仪式则会用到它。"比如,为了达到焚烧纸钱以补充自己在 ¹⁵天堂的财富(积德、进钱补运)的目的,法师"通常会将一位灵媒置于祭坛上,并让他来完成向神明进钱的使命"而道士则会写一张疏文(memorial),"燃烧的请愿符就能达成目的。"

道士们会通过使用被称为"疏文"的祈求文函(written prayer)将自己与作为竞争对手的法师区分开来。这一事实让我觉得很有意义,其原因有二。首先,道士清楚地将自己放置在"精英、平民二分法"中精英的一端:读写能力是这两个等级的传统分界线。其次,其祝祷疏文(labeling memorials)的行为表明在道士看来,他不仅仅是一个仪式专家。而是认为"自己与平民之间的关系"和"帝国官员与平民之间的关系"之间具有相似之处。施舟人通过对台南地区阿莲村(A-lien)于1969年举办的"醮"(chiao)中的一张疏文的仔细分析发展了他在该观点上的依据。他注意到,疏文使用了具有帝国行政机构文件特征的书写格式,他还把注意力放在了疏文上"包含着全村人口普查"的那一部分。确实,在他看来,"周期性的醮祭完全不亚于一个自治州的制宪会议,首脑们续订盟约和封地,并且制定公共契约。"

因此,我认为将道士与底层民众(其信仰是本文集中大部分论文的主题)的社会视角进行明确区分是具有一定正当性的。虽然道士并非官员,然而,至少在自己的观念中,他是精英中的一部分,并在某种程度上甚至可以算得上是管理人员。如此,我们就不再会对"虽然道士为农民的神祇留以一席之地(a place in the scheme of things),但却又不将其当成自己崇拜的对象"这一发现感到惊奇了:它显著地表现在庙宇将在"醮祭"的准备工作中被重整一新之上。农民的神祇,道士们所谓的"神明

(shen-ming)","被从他们的神位上沿着庙宇的北墙移至南边出口附近人们通常进行拜祭的位置"。其目的在于让庙宇的圣地为"先贤(the Heavenly Worthies),即道教仪式的特殊崇拜对象的驾到"(Saso,1972:33)做好准备。

施舟人的文章帮助我们明确了道士与社会之间的关系,而苏海涵的则把我们带入了道教徒的世界并让我们得以一瞥道教徒彼此之间的关系。我们得以认识了一些他们用来判断彼此行为、教职等级、新手进步的手段,甚至发现了道士会将彼此区分为为不同竞争阵营的问题。对我来说,至少它展示了一个流派的法术在另一派看来是"极为对立的",以及"箓与箓之间的不同不仅仅停留在'正统'和'异端'的名分上,在现实当中,这种差别一方面是许多道观在主导权上发生争执的导火索,另一方面则牵涉到各类的斗法(magical jousts)(无论是'咒语',conjurations;'手印',mudras,还是'召唤神灵',spirits)"的发现。直到今天我们也能有趣地看到,道教除了公众面貌之外也依然有其私下面孔存在。苏海涵告诉我们,许多道士"把通过内丹术(internal alchemy)成仙(hsien-hood)或者长生不老的努力放在比个人利益的动机更为优先的地位,有时甚至取而代之"。

苏海涵论文所得出最为重要的结论是由他关于"一名'红头神霄(Shen-hsiao)'也就是闾山道士(Lu Shan Taoist)在治疗一名生病的儿童过程中所使用的方法和一名黑头正一(Cheng-i)道士所使用的五雷法"的比照所引出的一系列推论。通过对道士眼中这两种仪式的描述,苏海涵为我们展示了"即便道士本身,对于超自然的认识也是很不相同的"。虽然苏海涵并没有告诉我们这些仪式对这两个对手派别的病人而言意味着什么,但是很显然,从他对道士们的描述来看,不同仪式的意义肯定不会一致。正一派道士所构想的神祇,正如在其周围建造的先天道场(Prior Heavens Mandala)那样,"不为普通信众所知,但却为他的教派所熟知"。底层民众通过严格传承方式和专业的戒备(professional jealousy)被系统地从道教世界中排除出去。"神灵的名字、召唤他们所用的手印和咒语、使他们为己所用的冥想"都是只能够向"道士家族中一代人里的一个儿子"传授的"最为重要的秘密"。对我而言,并没有类似"中国宗教体系"之类的事物存在,这部分是因为道士(priests)并非传教士(preachers)。他们将自己的知识视为职业机密而非教化大众的手段。这就首先允许了不同派别的存在,而且在这些派别内部也都各自发展了自己观念的不同传承,并且最终在道士观念与农民信仰之间造成了巨大的断裂。

　　由于本系列中的第一卷文集以一篇后记结尾,那么本卷的结尾也将由一篇比照中国和日本的后记对全书做出总结。再者,多样性是学生们在学习、研究复杂社会中的宗教时所必须面对的问题,是故在后记中也将对这一问题做一说明。我们对任何主题的理解都是随着辩论才逐渐深入的,然而幸运的是,史密斯关于多样性问题的观点与弗里德曼在文集中第一篇论文中的观点形成了鲜明的对比。弗里德曼希望把我们的注意力放在那些为全中国人所共有的观念和原则之上,而史密斯则希望我们把注意力放在多样性上,并认为这是"极为重要的"。虽然史密斯避免自己在中国宗教问题上许诺,但是他对日本宗教是否存在的质疑是明确的。在简要地概述了日本佛教、神道教以及儒教的历史之后,他告诉我们,"今天我们不难发现这段历史的影响。不同的宗教实践和信仰共存并构成了一个多层次的结构。即便在很小的社群内部也会存在宗教实践和信仰的差异,即便一个人也会存在本质上的内部矛盾。"通过这一阐述,他试图暗示我们"这一集合(totality)无法被化约成为一个系统的整体(whole)"。我坚信这正是中国的实情。有一致信仰系统的地方,人类学家除了"一致性的历史起源"就别无所获;而在有信仰系统多样化的地方,就有无数迷人的"为什么"。

（彭泽安译　郭潇威校）

论中国宗教的社会学研究

莫里斯·弗里德曼（Maurice Freedman）

> 当你抱怨毛泽东的宗教政策时，
>
> 显而易见的是你完全不了解中国的历史。
>
> ——安田朴（Etiemble），《你了解中国吗？》（原文为法文，译注）

这篇论文的特征，可由其早先版本的写作目的得到部分解释。正如本书读者至此已经了解到的，本书起源于一个关于中国宗教与仪式的会议，即一个关于中国的社会学和人类学研究的一系列会议之一。在还没有了解与会同行们将要在他们的论文中探讨的内容之前，我曾擅自扮演编程者的角色，并以这种角色的身份勾勒了中国宗教的社会学研究发展的大致轮廓。正如事实表明的那样，我的一些说法被尴尬地证明是不必要的，但是，为了强化中国的社会学研究现状中我认为已经具备的合适倾向，在这个修订的版本中，我保留了其原初精神。①

除了其他的权威著作之外，我又重读了杨庆堃的《中国社会中的宗教》，由此开始令自己思考我的研究课题。毕竟，那本书是寥寥可数的同

---

① 现在的版本不仅反映了会议本身的讨论，还包含了对这篇论文的缩写版本的评论。缩写版本曾于 1971 年 12 月 15 日在伦敦政治经济学院召开的宗教社会学高校联会的一次会议上宣读。

类著作中最新的:它试图把中国宗教作为一个整体,并将其置于它被思考和实践的社会中来描述中国宗教的特征。[1] 接着,我回溯了我在1962年写的对杨庆堃此书的书评(弗里德曼对《中国社会中的宗教》的评论,见 *The Journal of Asian Studies*,Vol. 21,No. 4. (Aug.,1962),pp. 534 - 535.——译注),并且发现较之于这篇评论,我更赞同它所批判的 19 这本书。在我看来,1962年时的我还停留在人类学的傲慢中(杨庆堃对祖先崇拜的简单处理使我恼火),并怀疑对中国宗教的研究是否有可能取得进展,如果没有——正如我所说——"方法的转变和新资料的发现,人们可能主张,下一阶段要做的是形成一系列界定清晰的问题,继而对文献进行详细审查,对中国人在宗教语境中信仰的实践与表达进行精心的田野调查,在此基础上处理这些问题。"(Freedman,1962:534 - 535)如今,我并不那么在意这一观点以何种方式提出来的,尽管我并不认为我建构它的过程是完全错误的。但是,我希望,在1962年我并没有忽视杨庆堃的主要成就以及我们在它的基础上可能得到的进展;我指的是他把中国宗教作为一个整体来解释的方法。这正是本文发端的主题,并也将以此主题结束。

中国宗教作为一个体系确实存在;我们应该从以下这个假设开始:中国人的宗教观念和实践并非随意堆积的元素的集合,即便所有的现象和大量的尤具分量的文献都指向了其反面。比如,想想禄士遒(Henri Doré)和戴遂良(Léon Wieger)汇编的资料吧,它们尽管毫无疑问是珍贵

---

[1] 杨庆堃在社会学上的重要前辈是马克斯·韦伯和葛兰言,我很快就会提及他们。人们可能还会将埃德温·D. 哈维(Edwin D. Harvey)的《现代中国人的心灵》(1933)作为候选,这是一位对中国有长期经验的社会学家所写的书。但是,哈维书中的社会学意味太少,尽管可以有充分的理由认为,埃德温·D. 哈维试图把中国的宗教观念作为一个整体,但是,他似乎并没有把中国社会作为探询的中心。我发现,在方法上,埃德温·D. 哈维的书,似乎是对从文献资料和相当不系统地观察到的田野资料搜集而来的事实的一个松散集合起来的分类。(文本和脚注所引用的所有的书目信息均可以在第351-354页找到。)

的资料来源,却使读者在一大堆非聚合性事实面前陷入茫然状态。[1] 事实上,在表面的多样性背后,存在着某种秩序。我们可以如此表达这一秩序:在观念的层面(信仰、表征、分类原则,等等)和实践与组织的层面(仪式、群体、等级制,等等)上存在着一个中国宗教体系。但是,显而易见的是,系统性地使用"体系"这一词将会承担持久的风险,即似乎转嫁给中国宗教一个它明显并不具有的完全一致性和紧密性的特点。这里所做的起点性假设更为节制,也更为复杂。这一假设认为,存在某种秩序,使得我们(如果我们不避烦劳的话)能够跨越庞大的、表面上异质的信仰领域来发现观念的支配性原则,同时在同样庞大的、有着多样行为和协作的领域中探寻行为和组织的支配性原则。观念和行为(form)不一定是协调统一的;它们可能是彼此之间的反映,也许是残缺的反映,也可能是彼此之间惯用的转换(idiomatic translations)[译者:idiomatic translations 主要用于语言学上,指的是习语翻译、地道的翻译或符合语言习惯的翻译,此处根据上下文意思暂译为"惯用的转换"],正如它们在不同的社会阶层之间、在"教派(sect)"和"教会(church)"之间以及"教会"和"教会"之间、文本和鲜活的语言之间、精英和大众之间来回传播那样,它们的中国性(Chineseness)在于一个基本的根枝(stock),正是以此为基础,复杂的社会生活和智识生活才得以生产并发展出多样性。中国宗教并非铁板一块,终归会有大量的东西无法归入任何秩序,但是,我们应该尝试向一些界限努力,这样才可能了解它们。

接近秩序——这只是一个开始——的一种途径是把握中国社会不同部分之间的关系。(当然,我说的是传统的中国社会以及在我们今天以及在其直接影响范围的延伸地区,尤其是台湾和香港,我的同行们正是从中国的这些地区获得了这本书中的大部分材料。在此,我将完全不考虑现代变迁本身。)我们可以从两个简单并相互关联的假设开始。首

---

[1] 禄士道的《中国民间迷信指南》(*Manuel des Superstitutions chinoises*)近期(1970 年)的再版表明,分散在他关于中国"迷信"的多卷本著作中各处的资料仍是有用的,但是,尽管书中进行了分类和系统化,却并没有进行分析。

先,中国宗教成为一个巨大的政治统一体的一部分。第二,它是等级制社会的一个内在部分。

早期观察家几乎无不注意到中国宗教狭义上的政治意义,但是,我想不出还有谁的研究能与杨庆堃相媲美,除了亚瑟·莱尔爵士(Sir Arthur C. Lyall,1835-1911)——英裔印度人,一位杰出的学者及官僚——首次于1882年出版的著作。我认为,亚瑟·C.莱尔的著作是如此出色,以至于在我将要探讨的一小撮社会科学家里面,我十分推崇他。(关于莱尔著作的一个古怪之处是,它基本上不为研究中国的人们所知,我自己也是偶然看到它的。)莱尔是从非常有限的资料中了解到中国宗教的:艾约瑟(Joseph Edkins)、高延(Jan Jakob Maria De Groot)、翟理斯(Herbert Allen Giles)以及——最重要的——《京报》(Peking Gazette)的英文本。① 莱尔的研究(1907)首先(以及祛魅地)展示的是,我们对一个社会之理解的进展并不必然是由对其知之甚多的人所推动的。莱尔从对印度政府和对比较宗教的兴趣开始自己的研究,这促使他质疑——正如他说的那样——"这个帝国曾达到了纯粹的亚洲文明所取得的最高水平"(1907:107)。莱尔早些时候就说过,从伊斯兰教"不宽容的一神论"移开,并"考察一个国家中的公民政府与宗教之间的关系可能是更为有趣的——在这个国家里,信条与仪式仍保留着原始的多样性,但是,它们都有自由活动的空间,同时统治者发现无所不在的掌控是可能的并且是有益的。"(p. 106)

我从莱尔的书中引用以下的段落来说明其论述的品质。莱尔很重视实际存在的宗教多样性,但也认为,它被用来服务于政治统一体。

---

① 这份材料是很鲜活的。例如,《1882年京报译本》(上海,1883,第110页)里有一个对官僚制实践之宗教基础的细致说明:据八月的一份报道,在广西监察官备忘的一份附录中,一位官员"号召在六月份重新履行'屠杀水龙……'的行为,六月份根据《礼记·月令》是最佳选择。这一风俗,尽管从没有以法律强制推行,却因农民和古老的乡谣而被回忆起来……在挖掘五英尺左右之深的时候,总是能发现这一动物。消除隐藏的邪恶而不是单单预防它引发的洪水……岂不更好?"

……中国已经超过了印度,她在数世纪之前就已经成功将宗教教义和崇拜[原文如此]带到与世俗组织的实际合作中。(p. 108)

这一系统不仅完全与这一政策——即把宗教与公共服务的每一个部门都联系起来,并将政府的法令与天意等同起来——相协调,也支持这一政策。(p. 110)

因此,为这一巨大的组织奠定基础的原则——即不受质疑的权威;公德高尚的仪表;对寺庙宫观、仪式和所有与神圣有关之物的深刻敬畏感;对传统和祖先习惯的深厚尊重以及对经典学习的提倡;完全的宗教宽容与政府至高无上的绝对断言相结合;省份地方的管辖至少在形式上由专断的中央行政机构所控制——对以上这些原则形成一些可靠的观念就是可能的。简而言之,许多世代连续积累的经验被一个外来王朝用来管理各种部落、种族和大量混合的人口。(p. 118)

相当明显的是,莱尔对中国的兴趣是这样一种兴趣,即为英国在印度面临的同类问题寻求解决之道:一个外来的王朝如何能够成功地调和宗教宽容与有效统治之间的关系。从我们的观点来看,随之而来的结果是,莱尔可能过于狭隘地看待问题(因为中国的清朝统治者在宗教事务上与其本土的前朝【指明朝——译者】并无实质的差别);但是,我认为,在杨庆堃首次写出关于中国宗教的普遍研究之前(杨庆堃 1957),对中国宗教之政治性的理解,无人可与莱尔相提并论。这个英国人是以一个局外人的身份来写作的;杨庆堃则是以在中国长大、在美国获得社会学训练的人的身份来写作的。无论如何,两个人都围绕着一个整体的宗教-政治体系,其中的一个人不理睬细节,也不受专业知识的限制来展开论述,另外一个则有这方面的知识,并超越了它来展开论述。研究中国宗教的几乎所有其他的作者要么缺乏社会学视野,要么——即便已经有了社会学视野——将其限定在比"政治中的宗教这个总体的体系"(the total system of religion-in-politics)要小的范围之中。①

让我们转到第二个假设，即中国宗教是中国社会等级制的一部分。较之于第一个假设，它不那么明显，而且也更难谈到位，这恰恰是因为构成其主题的分层(stratification)现象。以英语为母语的社会科学家在本世纪早些时候(比如，从 30 年代到 50 年代)所做出的伟大的"发现"是，在儒教烟幕之下还隐藏着一种不同的生活方式和一套不同的价值：粗略地说，就是农民文化(culture of the peasants)。20 世纪的后半叶则已经看到了进一步的"发现"，即第一个发现其实是一个幻觉。也就是说，精英文化(elite culture)和农民文化并非不同的东西；它们是彼此的变体(versions)。如果没有阅读大量关于中国宗教的研究，我们可能就不会意识到第二个发现已经达成。例如，菲茨杰拉德(C. P. Fitzgerald)告诉我们(1969:389,391)：

> 在一般的宽泛意义上，我们可以说，人们既是佛教徒，又是一个被称作道教的古老多神教的追随者：学者是儒教徒……大众宗教(popular religion)则由于缺乏任何已被接受的整全的神学或者中央组织而是混合的、不成熟的……不可知论并非仅仅由富贵阶层稳妥地采取的一种少而罕见的态度，而是由统治阶级承认和宣扬的观点，也是高等教育——确切而言是所有教育——的基础。大众宗教并不处于专注于学问的人的指导与鼓舞之下，它们是留给没怎么受

---

① 在我看来，马克斯·韦伯并没有十分超脱"所有其他的作者"的范围。确实，他试图处理整个宗教体系，而且也已经触及了一些关键问题，例如，韦伯援引——尽管不像莱尔那样广泛——《京报》中的材料(韦伯，1951:260 - 261，注 57,60,63)，讨论了中华帝国对神灵的敕封或降级(韦伯，1951:29 - 32)；但是，受其中国未能发展出资本主义的先入之见所限，他未能达到令人满意的综合。人们可能会说，由于对细节的吹毛求疵，韦伯抛弃了他喜欢的、完全从外部视角来写作的优点。比较《宗教社会学》(1965)中，尤其是第 95 页对中国的评论，在那里，关于"中下阶层"中间，尤其是工匠中间的宗教，他拿"万物有灵论"作为例子。由于在即将到来的"韦伯论宗教"研讨会，会有斯普伦格尔(Sybille van der Sprenkel)的《儒教与道教》一文发表，我就没有必要在此评论韦伯的著作了。比较杨庆堃在 1964 年对韦伯著作(1951)重印本所写的"导论"以及斯普伦格尔，1964。

过教育和通常不那么正直的人的。①

但是,更为崭新的观点在杨庆堃《中国社会中的宗教》那里被坚实地提出来了,我们可期待这种观点被越来越平常地表达出来。②

在详细评述杨庆堃的书之前,在时间上回溯并超越英语世界的社会科学传统,来思考荷兰人高延(J. J. M. de Groot,1854-1921)和法国人葛兰言(Marcel Granet,1884-1940)对于农民宗教与精英宗教之间相互关系的阐释是颇具建设性的,这二人是对这一争论做出贡献的最为重要的社会学-汉学家。我并不是第一个对这两位作者表示尊重或看到二人之间显著差异的人(参艾伯华 1971:338 页以下及 362 页以下),但是,他们两人尚未得到人们充分地研究。在这里概述他们——作为互补的两个作者——的重要性是有益的。③ 他们二人都寻求中国宗教之多样形式的根源,讨论其在中国社会不同等级中的传播,但是,高延在他成熟期的著作中,是从一个精英-经典的视野开始的。从这一视野来看,可以说,所有其他的宗教形式都是低劣的失常

---

① 一个中国学者的相似观点,可参萧公权 1960:225:"因此,粗糙的多神论是一种大众的生活方式。"

② 大众宗教和精英宗教之间存在鸿沟,关于这一仍然存在却(像我认为的那样)错误的观点,它的一个更为精致的版本可见于艾伯华(1965:1931),在书中,作者延续了她一般的命题,即不受精英模式(elite model)支配的社会行为(social conduct)领域会表现出极大的变化,她说道:"由于在形式上文士轻视大众崇拜,所以,我们应该可以预期,这一领域内会涌现无可计量的多样性。有大量的证据可以支持这一论点。换言之,在国家崇拜和祖先崇拜(二者是一致的)的宗教行为之外,不会再有由文人所驱动的模式(literati-derived model),大众崇拜会得以发展而适应地方的喜好——确实如此。"真的会像这一陈述所想象的那样,在大众崇拜中存在着大量的多样性吗? 我不这么认为。在我看来,将精英和大众在祖先崇拜领域中的表现也想象为并无差异,这是错误的。但是,无论如何,表面的差异是一回事,潜在的相似性则是另外一回事。

③ 下面对高延和葛兰言的论述来自我目前正在从事的一项研究。自从准备本文初稿时,我就已经在莱顿(Leiden)和巴黎开始了对二人的"田野调查",与此相关的工作,我要感谢社会科学研究会(Social Science Research Council)的财务支持。鉴于文件材料的复杂性——我将在以后的作品中谈及这一点——以参考文献列举出尚未出版的材料来使我的论述具有正当性是毫无必要的。这里呈现的只是我于 1973 年 8 月研究的一部分的摘要。但是,在 1973 年 9 月本文的现稿完成时,我终于找到了高延的手稿日志,这使我能够了解更多,尤其是其宗教思想、教育及阅读情况。

（精神性的教派运动[spiritualized sectarian movements]除外）；而葛兰言则似乎是从所谓的农民起源出发来逐步建立精英-经典视野的。在其事业的几个关键年份中，高延是一个田野工作者——荷属印度的部门派往中国来熟悉中国生活的官员，随着他研究的进展，高延试图在古典的过去中锚定他所看到的当下；葛兰言则透过中国的古典文献而成为中国古代的研究者，他的许多著作都旨在穿透过去，捕捉一个更为卑微的起源——他认为，古典文献背后试图掩盖这一起源。二人都试图至少部分地透过起源来进行解释，但是，他们遵循的却是相反的社会方向：作为田野工作者开始的高延，从大众到精英；从中国经典文本开始的葛兰言，从精英到大众。每个人的研究都令人沮丧，因为一个贬低了大众，另一个贬低了精英。

高延最为我们所熟知的，是他未完成的六卷本《中国的宗教体系》（*The Religious System of China*，1892–1910）这一不朽著作，这本书的副标题是"其古代形式、演化、历史与当前的面向；方式、习俗以及与之相关的社会制度"（*Its Ancient Forms*，*Evolution*，*History and Present Aspect*. *Manners*，*Customs and Social Institutions Connected Therewith*）。即使我们只考虑这一著作本身，而不考虑该作者非同寻常的作品产量（以英语、荷兰语、德语和法语写作），那么明显地，我们与之打交道的是一位给自己确立了一项综合性研究任务的人。理解如何以及为何要写这一伟大著作是很重要的——另外，几乎所有研究中国宗教的学者都引用了他的书（正如我过去做过的那样），而对其学术背景却没有了解，[1]因此，我想在这里对其学术背景进行简短的讨论。在莱登学习汉语之后，高延为了给他在印度部门作为中文翻译的职业做准备，于1877年来到中国待了一年时间，主要是在厦门。在学习期间，高延为他的一项研究收集了资料。这项研究，我们通常可在其法文译本——《厦

---

① 这一点可由杨庆堃令人惊讶地把高延描述为"愤懑的荷兰传教士"而得到表现；参他在1964年对韦伯1951年著作重印本所写的导论，P. xxxix.

门岁时记:中国人的民间信仰研究》(*Les Fêtes annuellement célébrées à emoui (Amoy): Etude concernant La Relgion populaire des Chinois*, 高延 1886) 中查阅到。事实上,田野研究(在这当中,没有任何正式社会科学背景的高延发明了自己的一套田野方法①)硕果累累的那一年他在中国做了两次短暂停留;1878 年他在印度开始作为一名专门负责中国事务的公务员(在他其他的著作中,他对西婆罗洲(Borneo)的"公司"(kongsis)的重要研究[高延 1885]也可归于这一时期),当高延在荷兰养病期间,他重返中国调查的请求被批准,这一职业也就提前终止了。他的第二次逗留从 1886 年 6 月持续到 1890 年,绝大多数的时间仍然是花费在厦门地区。对荷兰而言,这是荷兰借由中国移民与这一东方帝国保持联系的利益攸关区域。

25

在《厦门岁时记》中,高延至少在一个方面表明他是其在莱顿的老师、汉学家施古德(Gustave Schlegel)的忠实学生。在他看来,施古德是 18 世纪与 19 世纪下半叶汉学研究中承上启下的重要人物。《厦门岁时记》中绘制的中国图景是赞美性的(与其法文译本相比,其最初的荷兰版本更是如此)。尽管在起源上与欧洲文明有相同之处,中国又是一个不同的文明。与欧洲相比,它在某些方面是非常讨人喜欢的。这本书表达了反基督教、尤其是反天主教的感情倾向,强调了在中国盛行的宗教宽容。高延把"三教"(three religions)与大众宗教相联系(后者正是他研究的主要对象——高延想知道,人们在委身于中文文本所写的内容之前是如何行动的);尽管高延并没有建构一个关于它们的体系,但是,在我看来,他那时是准备这么做的。然而,只有在高延的智识发展上的一个断裂,以及对中国的观点的一种完全转换都发生了之后,这一体系才可能达成。这一变化发生的确切时间已很难推断;但是,它必定是发生在 1886—1891 年之间。这一变化可能是高延第二次到中国和学术生涯转

---

① 在莱顿学习时,高延可能参加了荷属东印度的民族志课程。但是,他在那里的时间主要致力于学习汉语。去莱顿之前,在代尔夫特 (Delft),他确实接受了一些关于印度的民族志指导。

换二者共同作用的结果。

1890 年高延回到荷兰,在阿姆斯特丹教授汉语和马来语,但是他很快被召来填补威尔肯(Wilken)在莱顿空下来的席位。高延成为"荷属印度人种学"教授。此时他是一个民族志学的教授,并不是因为他是一个民族志学者(当然,尽管他已经写了关于在中国和印度的中国人的描述性著作,并从开始写作起就采用了比较民族志的方法);而是因为他从事这一主题的研究。在得到莱登的任命之后,他呈现中国的方式就反映出当时的人类学特征。斯宾塞式的进化论在其最早的著作中有所体现,但是,这被 18 世纪对中国的尊重抵消了,此时高延采取的是一种没有受到那么多制约的欧洲观点。1904 年,高延不情愿地接受调动,接替施古德的空缺。当他最终接受了柏林一处关于中国的教席的邀请时——他于 1912 年在此处就职——他就确定了其更为狭义上的汉学生涯。(假设高延 1902 年接受了来自哥伦比亚大学的邀请,那么,中国研究的转向可能就会在美国发生,人们可以以此假设来自娱。)他在德国目睹了战争经过,于 1921 年逝世于此,这个他已经深切认同的国家的悲剧使他心痛不已。

26

尽管在中国和印度,高延关切的都是实际的事务(并以它们为研究对象写了书),显而易见的是,首先,引起他注意的是宗教;当然,他最大的工作也集中在这一领域之内。在六卷本《中国的宗教体系》的首卷总序(p. Ⅶ)中,他指出,到那时为止,人们从来没有将中国宗教作为一个整体和如其存活的那样去进行研究:"汉学家们从未花费精力来深入到这一民族密切的宗教生活中去。"他继续说道(p. Ⅷ),他这一著作的目的恰恰在于,描述"中国宗教,像它真正被这个民族所实践的那样"。但是,他要谈论的社会和宗教事务,是"建基于过去……要正确地理解它们,古代的知识就是必须的"(p. Ⅹ)。正是出于这一原因,以田野调查(实际上,这是最早在中国进行的持久而系统的田野调查)为基础的民族志工作——必定正如许多读者看到的那样——才会由于对古典文献的参考和引用而搞得乱糟糟的。①

高延的阐释还有另外一个面向：对于宗教和文化，他总是含糊地采取演化论的视角。但是，对他来说，中国人已经变成了仍然是半开化的民族，他认为，他有义务尝试性地把他对于中国人的发现与比较民族志（或者像我们现在说的那样：不加区别的民族志）的发现联系起来。"许多仪式和实践仍然在中国人中盛行，除了在处于文化低级阶段的野蛮人中间，人们很难期望在任何地方发现此类东西。"（高延Ⅰ：Xi）（不同的欧洲已经消失了。）令人庆幸的是，出于编辑的原因，高延几乎删去了所有的比较性参照点，但是，正如他自己所说的那样，我们"很快就会意识到，这些参照给本著作留下了一个独特的标志，一个主要由如下事实而显现出来的标志：作者对普遍意义上的宗教与社会学的研究没有逃出科学主义（Science）的窠臼"（高延：Xi - Xii）。人们可能有充分的理由希望他远

27 离科学主义，而贯彻其早期著作中的人文主义。

高延是以自上而下的视角来看待中国社会的。首先，

> 正如当下的中国人所观察到的那样，在经书中（the Book）描述的风俗绝没有被社会中的所有阶层所遵守。正如古代的《礼记》评论的那样……"礼不下庶人"，庶人的资力微薄，仪态粗鲁。我们选择了上层阶级和名门望族作为描述的基础，在中国，我们主要是与他们来往的，在维护习俗准则所规定的整个仪式和礼节体系方面，

---

① 为了方便引用，我们将这一著作的每一卷称为高延Ⅰ（De Groot Ⅰ）、高延Ⅱ等等。尽管如斯庞大，《中国的宗教体系》却只完成了计划中的十二到十四卷里面的六卷。在这预见到的六"卷"中，我们拥有的则不足两卷，《安置死者》（Disposal of the Dead）已经完成，《论灵魂和祖先崇拜》（On the Soul and Ancestral Worship）则没有完成。另一方面，原本用作已经遗失的四卷中的许多内容已经在其他地方出版了。例如，关于节庆的年度循环，我们有的，就是以《厦门岁时记》的形式在1886年发表的，而《中国的大乘经》（Le Code du Mahayana en China，1893）则可能代表了已遗失的第五卷中的一部分。但是，为了把未曾完成的著作作为一个整体而重现，不论有多大的可能性，只要一想到大量信息无可挽回地丢失了，我们肯定会为之感伤。

他们可谓做得最好。（高延Ⅰ：1-2）①

第二，在富裕阶层和望族身上看到以及为他们记录下来的习俗（要是沉浸于高延的语言中，人们会获得一种无需为其负责的趋炎附势的乐趣），且主要在帝国的一个偏狭角落里（指厦门），表现出对于古典规范的直接依赖。

后一联系在高延那里是如此具有决定性，以至于他在描述坟墓是如何布置的时候，竟诱使自己采取了与自己的田野证据相对立的立场。

> 直到今日，宗族生活和家庭生活仍然没有任何重大的变化。将死者葬于宗族墓场或家庭墓群中，以及将近亲的死者葬于同一个墓地中这样的古代方法，可能未曾中断地保持着时兴的势头。（高延Ⅲ：831）

> 《家庭生活的仪式》(Rituals for Family Life)当前的版本一般都包含一个附录，叙述如何在家庭墓群中布置墓穴……由于《家庭生活的仪式》是关于人们家庭内的仪式与礼节的主要手册，所以，我们可以推测，家庭墓葬在大多数情况下必定是根据这些说明来布置的。（高延Ⅲ：832）

在《家庭生活的仪式》中所描述的布置涉及一个复杂的模式。在这一模式中，共同始祖未婚的子孙被埋在他的北部，而已婚子孙及其妻、子则被埋在他的南面；后一群体是如此分布的，即相邻代际的成员在南北走向的轴线上并不彼此相邻（参图表，De Groot Ⅲ：833）。除非他某种程度上说服自己，古代的就是正确的，并因此被遵守，否则高延何以会想象他那个时候的墓群就是如此布置的？我们拥有的其他所有证据也与他

---

① 人们当然会想知道，既然被派到中国来了解中国海外移民（最宽泛意义上）的背景，高延如何能使其选择上层阶级作为最充分的交往和调查对象的行为合法化。到印度的中国移民中，几乎没有人来自于高延最为了解的那个阶层。对那些想强调精英和群众差异的学者，或对那些想展示大众在遵从精英理想时所经历的困难的学者来说，引用《礼记》是一个方便法门。（Levy 1949：99）

对"现代"中国的概括相反,更重要的是,当他后来转而谈论风水对墓地的影响时(De Groot Ⅲ:1017 及以下),他也陷入了自相矛盾之中。他后来的说法暗示了墓地是分散的,这与他早些时候的解释是背道相驰的。上文引用的段落是理论方案压倒观察到的事实的显著例子。或者,也可考虑一下他关于哀悼的看法,尽管这一看法显示了他对事物随时间而变化的敏感性,展现了他使其历史方法合法化的努力。在第 2 卷中(474 页及以下),我们被带到一个有关古代丧祭(mourning)实践的详细描述之中。高延中断了自己连贯的解释,转而评论道(533 页):"毫无疑问,我们的读者可能有问题不吐不快:为何用这些冗长的古代丧祭列表来折磨我们? 为何这么多页的篇幅都充斥着这样无趣的材料?"可以预见,这些问题的提出是为了充分地证明答案的正当性。它们在以下的表述中最为清晰:

> 超过至今为止所有其他原因的重要原因……:《仪礼》(I Li)的丧葬规则……已经透过所有年龄段的人,对中国社会及其组织产生了有力影响。随着重要性或多或少的更改和修订,它总是被立法者用来给家庭中的每个个体指派一个固定的地位。(高延Ⅱ,534)①

我们很快陷进清朝法典(Ching's code)中规定的丧祭条例,紧随其后的是关于"厦门的现代丧服"(modern mourning attire at Amoy)这一部分(第 582—602 页),它指明:

> 在这一方面,中国人的根深蒂固的守旧性在很大程度上被自我舍弃了。这个民族严格模仿一切的特质由神圣的古人遗赠给了其后代子孙,然而这种特质确实已无力阻止当下的人们对古代丧服的巨大偏离,而这并不能被恰当地归为对古代经典的错误理解(高延

---

① 高延对古代中国亲属体系的追溯,是对上文援引的断言——"家族生活和家庭生活没有经历任何重要的变化"(高延Ⅲ:831)——的针锋相对的反驳。

Ⅱ:586)。①

那么,为什么会有偏离?高延没有回答这一问题,因为这一问题根本就没被提出过。高延自始至终都在说的是,他了解到的中国人是遵循着他们古代祖先的步履的——如果他们没有这样做,就处于令人愤怒的不一致中。

我们回忆起莱尔谈到的"整个宗教宽容与文人至上(civil supremacy)这一不容置辩的断言之间的联结";中国宗教宽容的本质和范围是关于这个国家的研究的众多分支中不断出现的一个主题。对于这一重要论题,高延的观点是颇为有趣的。这部分是因为,这种观点与其对中国人的总体态度产生于他的晚年。他已经开始贬损这个民族了——对于这个民族,他已经进行了如此长时间、又如此集中的研究。尽管他为其作品带来了汉学的构造与博学,但是,人们可以在他身上发觉 19 世纪晚期西方欧洲人面对一个日落西山的帝国时的些许不那么有教养的傲慢。在高延的大部分著作中,他少有基督教传教士的倾向,②但是在一个重要的情境中,他奋起捍卫传教士。在《中国的教派主义和宗教迫害:宗教史的一页》(*Sectarianism and Religious Persecution in China*:*A Page in the History of Religions*)(高延 1903—1904)一书中,高延同时对帝国对于异端教派的迫害以及对于基督教传教工作的骚扰表达了愤慨。高延接着论证道,不宽容成为中国的政治控制体系的组成部分。他言辞激烈地表达了这样的希望:如果西方政治家能够重新考虑——正如在太平天国叛乱期间那样—— 他们"是否应该支持王座上的儒教暴君去镇压因受到血腥迫害而发动武装起义反抗君主及其爪牙的

---

① 事实上,人们怀疑,高延见到的丧葬实践较他所认可的古代规范要更为宽泛。在我看来,近期的一位汉学家已经被高延的解释所误导了:劳伦斯·汤普森(Laurence G. Thompson)说,在《中国的宗教体系》的第一、二卷中,"19 世纪末叶实践中的几乎每一个细节都表现出与经典训谕的一致性。"(汤普森 1969:111)

② 高延在一个天主教家庭中成长,但他在二十岁时离开了教会。《厦门岁时记》表现了他成年早期的宗教观点;之后的著作则表明了他对在中国的传教士的尊重。宗教是一件他明显严肃对待的事物。

人民"时,他们将会决定不要如此行事(1903—1904:565)。① 这本书中的中国社会是《中国的宗教体系》一书中的保守、僵滞和非理性的中国的梦魇版本。在《中国的宗派主义和宗教迫害》一书中,当然出现了一些英雄和教派主义者(sectarians),但是,他们不足以挽回高延眼中的中国。演化论驱使高延期待递增的文明;但这一期待被根植于高延著作中的另外一个理论抵消了:古代的退化。有时,人们还能在他书中找到第三个相反的主题:中国从未发生过变化。第一个理论,高延明显地受到欧洲思想的影响;第二和第三个,则可部分地归于这一欧洲思想的不同阶段,部分地归之于中国的自我形象(self-image)。我推测,想让非正统的中国以及基督宗教同时胜出,他的这一偶尔的弥撒亚式的希望,可能成为摆脱由他的两个主导的且互相矛盾的理念所导致的僵局②的方法。

30

从高延转向葛兰言,我们就进入了一个崭新的智识世界。在这里,我们发现了一个如此迥然有异的中国,以至于必然会怀疑这两个汉学家研究的是否是同一个国度。谈及葛兰言,当然会涉及涂尔干(他和沙畹[Edouard Chavannes]是葛兰言的老师)、莫斯(葛兰言的密友)以及整个社会学年鉴学派的研究领域。葛兰言眼中的中国是遥远的,这样就毫不奇怪为何葛兰言的一些读者把他当作早期的亚瑟·韦利(Arthur Waley),他从不亲自去看看中国到底是什么样子的。事实上,在巴黎接受了汉学和社会学的训练之后(先是在巴黎高等师范学校,接着在梯也尔基金会[Foundation Thiers]),葛兰言靠奖学金于 1911 年去了北京,

---

① 这本书献给"所有在中国传播基督教教义的传教士"。参看高延在康乃狄克州的哈特福德研讨会做的拉姆森演讲(Lamson Lecture)(高延 1910),在讲座中,他表达了对儒教唯物主义(Materialism)的轻蔑("这是低层次的宗教";第 131 页)以及他对中国的教派与基督教的趋同处理(pp. 222—223)。这本书的最后说(p. 223):"这些卑下的教派注定要成为基督教在中国的先驱,这难道会是无稽之谈吗?"

② 从《厦门岁时记》到《中国的宗教体系》的线索扩展到了高延关于中国宗教的最后一部巨著,即《普遍主义:中国的宗教、伦理、国家性质与科学的基础》:*Universism : Die Grundlage der Religion und Ethik , des Staatswesens und der Wissenschaften Chinas* (1918);现在,我们最终处于纯粹文本的汉学世界,田野观察已经从视野中消失了;中国的单一宗教,即"普遍主义",在其最终形式中铸成。

在那里待到 1913 年,见证了革命时期的一些事情。1919 年,葛兰言随同在西伯利亚与布尔什维克战斗的联军,在返回法国的路上,在中国待了几个月的时间。但是,葛兰言在中国所做的与田野调查毫无相近之处,因为他的社会学完全是涂尔干式的,而少受莫斯式的社会学的影响,后者将直接观察提升到尊崇的位置。

使葛兰言在几乎整个巴黎生涯——他在那里是学生和老师的身份——都为之全神贯注的中国,是跨越了原始时代、"封建"时代以及帝国时代开端的中国。(在他生命的晚期——他因 1940 年事件而折寿[指德国军队占领巴黎——译者]——葛兰言将研究扩展至唐朝。)葛兰言沉浸于中华帝国的起源以及中国的高级文化和高级社会组织的农民起源。然而,在某种意义上,他的社会学方法却是公然反历史的,其仅仅通过起源诅咒(origin anathema)来进行解释。① 涂尔干的方法需要对一套事实 *31* 进行精细剖析,并分析其间的联系。(葛兰言所指的"事实"过于复杂,难以在此讨论。)而在葛兰言第一本伟大的著作《中国古代的节庆与歌谣》(1909)中,他从先秦选取"中国宗教历史中最古老的事实"(葛兰言 1932:207),通过仍令其读者惊奇不已的学术戏法(scholarly prestidigitation)推论出了一种农民的生活方式,之后他对这种生活方式以及中国社会秩序中的其他形式一起进行了如此详尽的阐释,以至于它为那些对中国本身不感兴趣的社会学者都提供了模型。②

就宗教方面而言(我在其最宽泛的意义上使用这一词),这一方法主要在其《中国人的宗教》(1922)、《中国古代的舞蹈与传说》(1926)以及两部通论性著作《中国文明》(1929)和《中国思想》(1934)中再次出现。但

---

① 在第一本关于宗教的书中,葛兰言严厉批评高延以传统的方式写作,即试图通过中国人自己或者通过参照诸如自然主义或万物有灵论这样的时髦理论,将当前的宗教实践归因于它们,由此解释这些实践。"对事物起源的探求通常容易误入歧途;中国的情况尤其如此,在那里,本土学者倾注精力想发现的不是事物的真实起源,而仅仅是人们何时首次用文字以意指这些事物。"(葛兰言 1932:2-3)

② 注意葛兰言有关中国亲属制度和婚姻制度的著作对于列维-施特劳斯《亲属的基本结构》(1949)的第 19—21 章的重要性。

是,在此我想对上述著作中的第一本给予格外的注意。尽管这属于葛兰言早期的作品,却表明了他大部分时候要维持的主张。不止如此,这还是葛兰言唯一一本试图涵盖整个中国历史跨度和中国宗教所有方面的著作。这部著作的精炼和全面,是由于它是应一个出版社的要求——即需要一篇关于中国宗教的简短而全面的研究以符合某一套丛书——而写成的。

这本书的结构在很大程度上提示了它的论点。它以农民宗教(peasant religion)开始,经过"封建"宗教("feudal" religion),并由此转到官方宗教(official religion)。我们现在已经通述了全书的三分之二。这本书其余的部分致力于"宗教复兴"(道教和佛教)问题,结论则是对中国当代宗教的评论。

农民宗教和"封建"宗教均早于帝国宗教(imperial religion);而前两种宗教当中,农民宗教则更早些。诚然,葛兰言有时把农民和贵族、乡村生活和城市生活描述成从来就是互补的。但实际上,他将农民的生活和思想看作一切中国文化的终极基础。这正是"封建"和帝国宗教得以产生,以及众多教派运动(sectarian movements)得以形成的根源。如果我们为了如其所是地描述今天的宗教生活而去质疑农民大众这一国家的主体部分,那么,可能会再一次发现共同的农民基础(common peasant base)(葛兰言1922,第二版:Xi)。人们可以补充说,对葛兰言而言,农民宗教实质上是高贵的,没有那些从它发展而来的宗教形式的令人不快的特征。(p. 107)

32 葛兰言在对农民生活和宗教进行描述与分析的时候,有着其著作的确定性特征——他简短地转向当下的中国的时候则例外。在他的引导之下,我们离现代和有着更为充分记录文献的中国越近,但看起来似乎却越遥远、越模糊不清。农民有着他们独特的生活方式,以贵族气的仪式准则为标志:"礼不下庶人(p. 1)。"[1]他们住在高地村庄里,四周环绕着

---

① 葛兰言设法为这一陈腐的准则注入一些生机,比较上文的注释12。

树篱,一年的部分时间里,男人们住在田地的棚屋里。劳作的季节节律对男人和女人是不同的,男人在温暖的季节从事劳动,女人则是在寒冷的季节。每个村庄由同质的人群组成,仅仅通过血统(descent)来区分——性别和代际关系是两个主要的组织原则(血统一开始是母系的形式)。异族通婚把这些紧密结合的共同体联结起来。自此开始,形成了仪式中心("神圣的地点")的考究而多样的制度和农民的节庆,标示了一年中的季节与社会变迁,突出了性别和婚姻关系的重要性。我们面对的是农历的起源——它注定仍是中国宗教中的一个关键因素——与阴阳的基本观念。这一由农民构成其基础的早期社会产生了地(the Earth)的仪式化和祖先崇拜的最早形式(pp. 2—26)。我们处于与涂尔干的澳大利亚同样的世界(吊诡的是,尽管葛兰言研究的是一个拥有书写文字的文明,但是,与涂尔干相比,他可以采用的文献的质量却更为低劣);有充分的理由对他生动而丰富的描述感到吃惊,在第一轮冲击之后,我们就想知道这是否与葛兰言出色的社会学想象力之外的东西有关。[①] 幸运的是,我不必在此讨论这个问题。

在"封建"宗教这一章中,呈现给我们的是对于社会生活及其在城镇中——即贵族生活的所在地——的相关因素的相应说明。在此,葛兰言的修辞致力于对男系亲属和长子世系的亲属体系进行阐述,以及相伴而生的对祖先崇拜的说明;对天的祭拜,这是一种居于土地崇拜和祖先崇拜之上的王朝和官方的崇拜;对地(Earth)的祭拜,则是以对地的土地崇拜(agrarian cult of Earth)为基础的,并对其进行了扩展。

在论述"官方宗教"的部分,葛兰言达到了这本书的最高点,剩下的

---

① 大多数对古代中国的现代研究,更多地停留在对它们的重构上,而作为历史学家的葛兰言似乎在很大程度上已经被遗忘了。但是,我们可能注意到,葛兰言的法国后继者之一,接受了他关于古代农民的一些论断,似乎它们是历史上的既成事实:参见谢和耐(Jacques Gernet)《从开端到帝国的古代中国》(Ancient China from the Beginnings to the Empire)(1968),PP. 51 及以下。一个相似的美国研究——列文森(Joseph R. Levenson) 和弗朗兹·舒尔曼(H. Franz Schurmann)的《中国:一个解释性的历史,从开端到汉朝的衰落》(1969)——则甚至不曾提及葛兰言。

章节和结论则滑向了一个不那么醒目的结束。宗教的农民形式和贵族形式都逐渐发展成为服务于帝国政府及其官员——即文人(literati)——之需要的信仰和崇拜。中国已经变成了一个统一的国家,其主导观念体系触及社会的每一个层面。在葛兰言看来,这并不是一个在各方面都值得赞美的宗教,但是,至少宗教生活依然被一种实用精神(practical spirit)所主导,这一实用精神在极大程度上使中国免于神秘主义的冒险(p.99)。即使时不时需要对付道教,但是,儒教已经大获全胜了(pp.88—120)。

但是,道教与其更强大的对手开始于同一起源,而与其"外来"的同伴——即佛教——一起补充了官方宗教。正如为了让自然之力能够继续为中国人所用,道教不得不被召唤来担当官方宗教的帮手,佛教则通过安抚死者的世界而确立了自己的影响力(p.150)。我们取得了一种综合,其中,在表面的多样性和文献复杂性之下,存在着少数简单而基本的宗教观念,这是从农民的历史(peasant past)继承而来的遗产(pp.121—75)。①

高延和葛兰言业已以各自的方式,指出了一种理解"在现代,人们何以认为有着庞大等级体系的中国社会显示了一个单一而根本的宗教,尽管它采取了众多的伪装矫饰"的途径。其中一个汉学家(在其成熟的著作中)认为,一个古典的传统几乎可以解释一切;另外一人则假设,在同一传统的名义下实践、执行着文过饰非和扭曲,穿透它们,就可以找到所有中国宗教的最终起源。我们现在可以回到杨庆堃以及他对整个中国宗教体系的分析。

杨庆堃在书中的"中国宗教的政治作用:历史的视角"一章是这样来开始的,他指出,中国的政府(state)和宗教之间的关系问题是一个尚未

---

① 请让我从众多关键的段落中仅仅引用一个例子(第170页):"中国人的宗教生活是由少数简单而深藏的观念——这是古老的农民历史的遗产——所激发的;它们为最卑微的中国人提供了生命的意义;在那些受到更多教化的人当中,宗教情感则在民族传统的框架中追求内在修养的努力从而得到表达的。"

解决的问题:"在中国,宗教的政治角色多少被正统儒家功能上和国家结构中的支配地位给遮蔽了,因为儒家有着最显著的非宗教的世俗特征。"[34](杨庆堃1961:104)实际上,杨庆堃认为,近来,中国的宗教与政府处于每一种可能的关系中——弥漫(suffusing)并支持政府,反抗它(正如教派发动叛乱那样的例子),从中隐退而脱离俗世(如躲进禅林)。为了理解这三个应对措施,需要探究历史上宗教与政府的关系;在杨庆堃的探求结束时,可以发现,在现代之前,佛、道教采用的是多少有些消极的角色,服从于政府,但是,服从的程度并未至于不能偶尔充当叛乱的唆使者这样的角色。

下一章处理天命问题(Mandate of Heaven),这一主题大大有助于对宗教和政治之间关系的分析,但是,这一主题在杨庆堃那里不止停留于此(p. 134),他提在此出了一个关键的问题:民众如何会相信天命的观念,又如何会接受"皇权的至高无上是基于一种由神预先注定的进程? ……考虑到中央皇权与大众的私人生活之间相对淡薄的纽带,这一问题就尤其迫切。"我认为,当他提及"巫术导向的大众(the magic-oriented common people)"(p. 134)时,杨庆堃滑入了与其思想并不相宜的表达方式,因为他的论证假设在精英观念与他称之为大众的观念之间存在系统的连贯性。

> 研究者普遍认为,这些占卜预测和风水的信仰是愚昧迷信的杂乱混合物。实际上,凭借对事物发生之际时空的控制,占卜和风水体现了一种宗教观念的和谐体系,包括信仰"天""地"具有预定万事万物发生过程的力量……从这种意义上讲,阴阳五行神学体系具有连接国家事务的超自然基础和人们日常生活的作用。(p. 136)

除此之外,他继续论述道:

> 对上天具有凌驾神明和人类的至高无上权力的普遍接受,为皇权在政治上整合这个庞大的国家提供了一种重要的宗教基础……在这一体系下,尽管浙江和广东的农民仍然供奉具有地方文化特色

的神灵,但这些神明是从属于由"上天"主宰的、具有等级性特征的超自然力量的一部分;而对"上天"的正式祭祀则完全由朝廷所垄断。(pp. 136—137)

接下来的一章"政治伦理信仰"(Ethicopolitical Cults),尤其表现了官方和民间崇拜的交织(特别参考第 145 页),提出了诸如韦伯那样难以立足的观点,使得官方宗教看起来仅仅是形式的和符合习俗的,与民众的宗教热情相距甚远(pp. 178—179)。

我将跳转到第十章,"儒家的宗教面向……(Religious Aspects of Confucianism)",在此,我们发现了对于一个我也赞同的主题的清晰表达:

> 即便考虑到巫术信仰和神秘信仰的相对差别,儒家也没有组成一个与传统中国社会宗教生活主流相分离的独立群体。他们在天、命等超自然概念上与公众共享一个宗教信仰的体系。更重要的是,儒家和普通民众之间存在着稳定的宗教思想交流……因此,儒家学者不能被看作在宗教立场上完全不同的群体,而应该承认他们与大多数中国人持有同样的宗教生活模式。只是由于他们社会经济地位的不同,在宗教方面他们的行为和活动与普通老百姓产生了一些相对的差别。(pp. 276—277)①(以上三段译文采用了《中国社会中的宗教》一书中文译本,杨庆堃著,范丽珠译,上海人民出版社,2007 年)

关于杨庆堃,我们就此打住。

---

① 我认为,杨庆堃在第八章"国家对宗教的控制"(State Control of Religion)中犯了个错误。他说(pp. 192—193),儒家国家对宗教异端的迫害,不是出于宗教动机,而是基于政治动机。当然,宗教教派时常——也许总是——是政治上具有威胁性的力量,但是,还有比这更重要的原因。异端对儒家的社会原则也是一种冒犯,当然,后者反过来也依赖于宗教基础。我所知道的对这一点最好的讨论是石泰安(R. A. Stein)的《中国的宗教》(Les de la Chine)一文(1957),这是一篇非常卓越的综合之作。石泰安写道(第 54—55 页),淫祀(immoral cults)是指被禁止的社会杂交和宗教杂交——神化身为人,并与人相混杂。

至此所言是在试图表明，存在着一个社会学传统，将中国宗教看作一个单一的实体（one entity）。该传统在杨庆堃的著作中达到了顶点。当我们审视过去 30 年或 50 年关于中国宗教的社会学著作时——杨庆堃的著作除外，我们很难相信这里有一个一直可以坚持的传统。我认为，我们可以部分地将这种反常追溯至上句话中的形容词"社会学的"实际上指的是"人类学的"这一事实所带来的两个后果。第一，得到研究的是中国社会和宗教的一些片断，而不是作为一个整体的中国社会和宗教；①第二，从书本走向田野这一努力值得赞美，在此过程中，观察中国的特殊的农民视角得到了提升，这颠倒了——但在其他方面则再生产了儒家视角中的扭曲（参李安宅 1938；弗里德曼 1963：9—10）。我们发现，自己处于大传统和小传统这一相当陈腐的智识世界中。② 因为田野工作者大体上意识到，他所研究的人们的宗教观念和实践与这个国家中受过充分教育的精英的宗教观念和实践之间有着差别——但是，实际上，他对精英的宗教观念和实践所知甚少（因为他研究的并不是他们），③他还不足以认识到精英和农民宗教在多大程度上依赖于一个共同的基础，二者代表了同一个宗教（one religion）的两个版本，我们可以把它们看作是彼此之间惯用的转换（idiomatic translations）。因此，在中国进行田野工作的研究者自信，他们在确立"农民宗教不属于三大宗教中的某一个，而是一个悠久的融合传统（syncretic tradition）的继承者"这一论断时，已经做

① 但是，我确实应该把自己限定在英美汉学的人类学传统之中。从人类学研究的其他传统来看，就会发现更为宽广的视野。可比较杰出的俄国人类学家史禄国（S. M. Shirokogoroff）对于选取"村庄"（village）作为研究单位这一做法的批评（史禄国 1942：3）。注意他在第 6 页的评论："如果一个人去读像费孝通或者像葛学溥（D. H. Kulp）那样的著作，就可能会对民族志调查得出一个总体上错误的印象。"
② 对雷德菲尔德式（Redfieldian）方法的中肯评论，参谭拜尔（S. J. Tambiah）1970：3—4，367—377。
③ 如果把自己限定在文本，那么，他可能就会被严重误导。人们太容易陷入这样的谬误：文本＝精英，口头文化＝农民。问题当然要复杂得多。

出了一个发现。①

现在,问题可以提出了:从人类学研究那里得到的对当地宗教的碎片式视点(fragmentary view)是否可单独归之于职业性的歪曲? 我们有充分的理由这样问:为何华人人类学家自己——由于对他们自己出身所在的中国社会的各阶层的宗教所知甚多,他们原本应该与西方人类学家不同——似乎也和其他人一样,描绘出了几乎同样歪曲的,或者至少是不完整的图景。我本不该妄自谈论那些对其智识和社会背景我并不那么了解的学者——除了看到,他们可能展示了中国精英宗教的多样性的一个方面,而这正是此刻我要谈及的:作为文人,在总体的宗教领域之内有几种向他们开放的立场,他们的社会赋予他们通过采取其中的一种立场来忽略或甚至藐视大众宗教的权力。大众宗教是奇怪的、迷信的或可忽略的,这种立场并不是由现代思潮突然制造出来的。当然,这是精英的中国文化一个古老的主题——这一主题也符合精英文化和农民文化共享同一基础这一事实。但是,无论是什么原因,本世纪的中国知识分子尚未表现出任何对普通人的宗教的显著兴趣。②

但是,如何恰当地将中国宗教视为一个整体? 我们可以合理地设想(我认为),一个有着中国那样辽阔幅员和政治凝聚力的国家,将会表现出其所有民众中在宗教假设(religious assumption)上的高度一致。而且

---

① 一个早期的例子可参葛学溥 1925:1 308,近来,戴璐玛(Norma Diamond) 在《鲲身:一个台湾渔村》(K'un Shen, A Taiwan Village, 1969:84 - 85)中写道:"中国的民间传统和文本传统难分难解地融合到了总体的信仰体系中……鲲身的宗教生活不能根据一个固定的、系统阐明的教义来进行讨论;它只能被看作是一个兼收并蓄的信仰和实践的整体,在农民的心目中呈现为一个完整的整体。"

② 注意陈荣捷(Wing-tist Chan)的《现代中国的宗教倾向》(Religious Trends in Modern China, 1953:144)中的一段,在此,他评论了中国研究者对"大众宗教"这一主题的忽略:"近五十年来,没有一部关于中国大众宗教的书出版……要了解中国大众的宗教,我们还必须依赖马伯乐(Henri Maspero)、苏慧廉 (William Edward Soothill)、何乐益(Lewis Hodous)、禄是遒(Henri Doré)、队克勋(Clarence Burton Day)、施瑞奥克(J. K. Shryock)与赖德烈(Kenneth S. Latourette)。"当然,许烺光 (Francis l. k. Hsu) 的《祖荫下》(Under the Ancestors' Shadow)和《宗教、科学与人类危机》(Religion, Science and Human Crisis)极大地丰富了我们关于中国民间宗教的知识,但是,直到最近,他一直是个例外。

更为重要的是,人们可以从第一原则推测,一个社会阶层和权力差异如此大的社会,将会发展出一个宗教体系,它允许信仰和仪式上的差别相互补充——或者,以更容易引起争论的方式来说:这种宗教体系允许宗教相似性(religious similarity)表达出来,却好像它就是宗教差异(religious difference)一样。若是一个受过教育的中国人从外部视角出发来论述中国宗教,那么,当他说精英宗教的特点是理性的不可知论,而大众宗教的特点则是混乱的迷信时,他实际上是从内部视角来写作的,表达的也是精英对于他所在社会两个阶层之间差异的观点。我想到的一个例子是由陈荣捷(Wing-tist Chan)提供的,在其广受推崇的《现代中国的宗教倾向》一书中,他说:"我总是坚持,不要把中国人的宗教生活分为所谓的儒释道的三个不同部分,更准确的做法是将之分为两个层次,大众的层次和受过教化的层次。"(陈荣捷 1953:141)[1]继而,他(p. 141)首先用宗教服侍的不同词汇区分了两个层面:拜(pai)和祭(chi)。"大众的拜,是在正式的、正统的、严格宗教意义上的崇拜,但是,文士的祭则是献祭或供奉……和解(Propitiation)和赎罪(expiation)的观念从未出现过。"[2]

但是,对精英宗教的实用主义-不可知论(pragmatic-agnostic)的解释,正是因为这种宗教所依赖的假设而成为可能的:宇宙中存在一个由上天合乎德性地主管着的秩序,天的运作(workings)可借助阴阳五行的观念来进行分析。(例如,可见托普雷,1967)由于所有这些恰恰已被视为理所当然的,所以,将因官方-政治的理由而做出牺牲的实体(entities)

38

---

① 但是,必须注意到的是,陈荣捷(第 142 页)是以一种非常规的方式来界定"受过教化的人"(enlightened)和"大众"的。因为"大众指的是中国人中的 85%,他们虔诚,但无知;受过教化的人则指的是知识阶层,以及一些没怎么受过教育的农民、渔夫和类似的下层民众,这些人可驾驭的词汇通常可能寥寥无几,却可表达大智慧"。

② 注意这一种特征描述如何反过来影响了西方学者的观点。比如,参见休斯顿·史密斯(Huston Smith)的《传统中国的超验》("Transcendence in Traditional China"):"我们首先必须在农民的观点和知识阶层的观点之间做出区分。农民相信不可见的世界中居住着无数的神灵,既有神,也有鬼,他们会附着在偶像和自然物上,可以用巫术和献祭来调用或驱逐他们。"(史密斯 1970:109)

看作是方便的虚构——如果人们选择这样做的话——就变得可能了。但是,作为局外人的我们并没有做出如下总结的资格,即实用主义-不可知论的解释在精英当中是司空见惯的。且不说其他的错综复杂的因素,对于一个文人,他作为官员和作为私人市民所相信的东西,我们将很难对它们进行区分(比较唯慈[Holmes Welch] 1970:616;石泰安 1957:54-4)。[译者:Holmes Welch 在汉语中也有译为威尔奇、韦慈、尉迟酺的]中国宗教的多样性不仅允许精英宗教当中存在变体,还允许个体文人的宗教生活当中存在变体。除了预言和狂喜,在中国的大众当中发现的每一种宗教现象都可能转化为受教化的精英们的信仰和仪式。异端可能是正统转化了的变体,反之亦然。这是几年前我就风水这一更窄范围内的问题所提出的观点。我接着说道,尽管风水师和神职人员因他们不同的角色而在功能和信仰上彼此有别,但是,他们之间的"形而上"的鸿沟

> 根本不是鸿沟,毋宁说是一种相当巧妙的转化。风水中绝大多数的因素都可在普通宗教的语言中得到重述。正如在新儒家哲学著作中,具体化的词汇如神和鬼……祛除了拟人化(anthropomorphic)的内涵,而被用来表示积极和消极的精神力量(spiritual forces),……所以,在民间宗教中,则是一个相反的转化在运作,通过这一转化,风水师脱离实体的力进入了人的实体。(弗里德曼 1969:10)

乍眼看来,大众宗教中风水浮华奇特的装饰看来可能与精英简洁的宗教想象截然相对;但是,经过仔细审察,情况则变得明显了:两套信仰均是同样假设的产物,处理着同样观念的不同变体。我现在假定,在中国宗教众多其他的领域中也可能发现相似的转化。①

39　　当政治中心通过口头语和书面语来亲自负责传播其信仰的时候,当

---

① 比较魏斐德(Frederic Wakeman)对士绅思想和有关诸如传统中国"拳术"此类事物的观念之间的可能联系的扼要讨论,魏斐德 1966:27-28。一些相关资料,可参村松祐次(Yuji Muramatsu)1960 和纪尧姆·东塞穆尔(Guillaume Dunstheimer)1972。

读写能力——无论传播如何有限(牟复礼[F. W. Mote] 1972:110)——成为乡村生活制度化的一部分的时候,当乡村与城镇同样都以精英为基础的时候,①当社会流动性保证了普通人和高素养人习性之间的稳定交流的时候,中国何以未能建构一个观念的共同体? 精英群体可能坚持对中国宗教进行极端拘谨的解释,并且以这种姿态来谴责大众迷信的荒诞;但是,作为一个群体的精英其宗教信仰和实践则难分难解地与大众联系在一起。在这种信仰和仪式行为的统一体中,可能会爆发叛乱,形成宗派,非正统可能会启衅;道教可能会苦心经营当地的社区组织,而佛教则使从世界隐退正当化。但是,让我们将此作为一个工作假设(working hypothesis),即所有的宗教论断和仪式的差异都可以从一种基本观念、象征和仪式形式的共同语中推导出来。

这一庞大的宗教共同体不是通过教会达成的,除非我们选择把政府本身称作教会,而在这种情况下,这两个术语中的一个就变得多余了。官僚在他们的官方权力内履行仪式,管辖神灵(或者,正如有时发生的那样,声称有管辖神灵的权利);②但他们不是神职人员。中国有神职人员:道士和和尚;通常说来,他们是地位低下的人。③ 在宗教专家之中,似乎只有风水师始终如一地获得了人们的尊重——这种尊重附属于市民美德(civil virtue),因为尽管他是宗教实践者,他也是另一类型的知识分子(Freedman,1969:9 - 10)。在某种意义上,中国宗教是一种公民宗教——不是被苛刻而巧妙地筹算出来以服务于政治利益,而是依赖于对

---

① 城镇与乡村之间相互的系统渗透,以及观念与实践之间来回相互运动的渠道,在施坚雅的著作中得到了最好的阐释,参见他的论文《乡村中国的市场和社会结构:第一部分》(Marketing and Social Structure in Rural China,尤其是第 40 页)和《中国农民和封闭的共同体:真相大白》(Chinese Peasants and the Closed Community:An open and shut case,1971;尤其是第272—274 页)。也可参见弗里德曼 1974。

② 施洛克(1931:14)提到,这种实践延续至民国时期。亦可参看 Ch'en 1939:239。关于宗教在行政事务中的影响,参看白乐日 1965:63—64(论汪辉祖);翟林奈 1882:163—168;萧公权1960:22—25;布迪和莫里斯 1967:271—278,288—292。

③ 这一概括并不意味着排除了特殊语境的可能性,在这种语境中,道士与僧侣受到极大的尊重并被给予很高的地位。

社会和宇宙的解释,依赖于对权威的理解,这种权威归根结底不允许宗教与世俗相分离。凯撒就是教宗,教宗就是凯撒(Caesar was Pope, Pope Caesar)。如果教派因为对按惯例构成的社会感到厌烦而企图在世俗和宗教之间引进鲜明差异的话,那么,他们会招致政府的应对措施——政府会杀害他们或割去他们的器官,这种反应应该昭示作为局外人的我们,持有权力的精英不准备容忍权威的分裂。中国在使宗教权威保持缄默这一方面基本上是非常成功的。这是中国宗教统一性的一个方面。

(李华伟译 邵铁峰一校,郭潇威二校)

鹿港的宗教和仪式

戴德安（Donald R. DeGlopper）

几乎在台湾的所有社区中，庙宇与其周围单调的建筑相比照都显得格外地引人注目、金碧辉煌。不论在城市还是乡村，由乘轿神像、盛装乐队、杂技团所组成的游行队伍都十分常见。对许多人而言，充满宴会和公众娱乐的宗教节庆（拜拜，pai-pai）成为他们主要的节假日。尽管中央政府反对其传播、所有学校都例行贴之以"迷信"的标签，再加之世俗化的假设以及来自现代城市化、工业化的压力，民间信仰（popular religion）却依然兴盛不衰。台湾民众在宗教实践上投入了大量的时间和精力。无处不在的仪式、其活力以及繁荣程度都十分令人震惊。

同样惊人并更加难以理解的是，这些宗教是如此种类繁多、差异巨大，以至于它们只能被广义地称为"台湾民间信仰"。为地方提供假日盛会的年度节庆所能影响的范围不过方圆十里；在某些地方非常流行的神明在其他地方有时却处于次要地位；像"赤足蹈火"、"神猪竞赛"、"乩板占卜"这样的活动在一些社区虽然很普遍，但在其他地区却可能从未耳闻。即便简单如清明节（冬至后一百零五天），在台中各地区之间都并不十分明朗：人们把"旧清明"定在三月三十一日，而"新清明"则被定在四月五日。

在这些看似复杂的现象背后，一定存在着一套基本的概念和实践，而且要想抽象出一个能够称之为"台湾宗教"甚至"中国宗教"的普遍模式或者系统也并非难事。岛上所有的民众都敬拜祖宗,并在清明那天为祖先扫墓;对占卜板(divining blocks)的解释也有着一定的标准;所有的庙宇中都有香炉(incense pots);各地的节庆都由被称为"炉主(lo-cu)"或者"头家(thau-ke)"的礼官(ritual officers)来主持。虽然这些节庆有许多相同的主题,但是这些主题之间的"变异程度"(degree of variation)让我震惊,并且感到很难对其做出解释。如果将这些符号视为森林中一棵棵大树的话,这片森林可能的确具有一定的同质性,然而树与树之间在种类和数量上的差异却也同样十分明显。在此,我打算将注意力放在一棵棵大树而非整片树林之上。

某些种类的变异并不会让我觉得难以解释。人们观察到的许多"表面上的多样性"是基于他们对"'台湾民间信仰'中大量的实践、崇拜(cults)以及风俗除了都是在台湾观察到的之外,没有任何相通之处"的认识而强加上去的。我们没有理由期待多样的台湾风俗和信仰能够形成一个连续的、逻辑上一致而且统一的系统,如同没有理由期待"三位一体"、"牙仙子"(译注:Tooth Fairy,美国童话里的一位哄孩子睡觉的仙女,又叫牙齿仙女、牙仙女,美国小孩子都被告知,有一个仙女专门收集小孩子换牙时掉落的牙齿,如果晚上将新拔下的牙齿放在枕头下面,该仙女就会拿走牙齿,而放下一个钱币,不然就会遭到厄运)以及"复活节彩蛋"能够相互调和,并成为"美国民间信仰"的组成部分一样。台湾的宗教——要知道它连一个固定的称谓都没有——是无法用在基督教或者伊斯兰教研究中对教义、教条的阐释来描绘的。并且台湾人在信仰选择方面远比爱尔兰人或者沙特阿拉伯人要自由得多。现代台湾社会是一个复杂的、存在差异的社会。半文盲的农民与受过教育的台北工厂主之间在宗教的选择上存在一定差别也并不奇怪。

这种多样性——根源于"民间信仰"不加区别的天性、相对而言对教义的不重视以及专业神职人员在大部分中国宗教当中仅仅发挥着细微的作用;根源于个体对符号可以有不同的解释以及台湾社会的分化——

理解起来似乎并不困难。但是,地方性变异则相反。如果将研究者的注意力限定在闽南语社区的公众习俗上,他将会发现在看上去十分相似的聚落之间实际却存在着惊人的差异。大多数村庄有自己的庙宇以及年度性的节庆,但一些与邻近村庄并无明显差别的村子就没有这些。一些社区经常花费大量精力抚慰饿死鬼、祭拜一些安放着无名遗骸的"阴庙"。(译注:即"有应公庙"。在清代开台初期,有大量偷渡台湾的大陆人,有些人在偷渡的过程中,因为发生船难或被海盗洗劫,所以在海边就会有很多浮尸。另外有些成功的偷渡客,上了岸却不知道该投靠谁,又要到处躲避官府的查缉,于是开始流浪,到处打点零工,成了所谓的"罗汉脚仔"。最后客死他乡,也没人替他们料理后事,成了孤魂野鬼。有善心人士出资盖庙,集中这些异乡人,让他们死后有栖身之所。希望他们平安,也希望他们不要作祟。渐渐地,前往祭拜的人觉得他们"有求必应",故称之为"有应公"。)另一些聚落则对饿鬼较为怠慢,而将主要精力放在祭祀自己的祖先以及田间大多数供奉土地公(T'u Ti Kung)的小神龛上。此类例子还有很多,并且每一次新的田野调查都能使其继续增加。

我们不妨把二林镇(Erhlin)和鹿港镇(Lukang)的仪式生活作一比照。它们位于彰化县(Chang-hua hsien)城西十八公里左右一块最早由 44 泉州(Ch'üan-chou)三县移民定居的区域。均属于拥有普通店铺和服务设施的贸易集镇。二林镇的人口约为 11 000—12 000,拥有 6 座庙宇,平均一座庙宇对应 1 900 人,此外还盛行一个名为"拜鸾"(pai-luan)的占卜群体,该群体在 1968 年曾准备建造自己的庙宇。鹿港的人口约为 27 000—28 000,拥有 39 座庙宇,平均一座庙宇对应 690 人,当地人表示对"拜鸾"从未耳闻。在鹿港,游行和小型的公共仪式要更为普遍。

我的问题是,为何在一个直到近 250 年以来才被来自大陆一小块区域的人们大量移民的不大的岛屿上,其地区之间竟会存在如此之大的仪式多样性,与此同时,这些地区又在大多数其他的领域,如语言、烹饪、建筑,疾病分类上,却又相当一致。换言之,这种多样性在百年前,岛上的居民被分隔在小块的聚落之中、彼此之间鲜有联系时尚能理解；然而，到了今天它却依然存在，这就使人十分费解了。台湾的大部分历史，至少从19世纪80年代起，可以被概括为日趋"整合化"、"集权化"和"标准化"的。在今天的台湾，汉语"交通"一词的所指涉的一切手段和设施都较为完善，并且在平原地带任何地方都称不上是与外界隔绝的。初级教育几乎像兵役制那样得到了普及。人们到城里寻找工作机会或者走亲访友，他们阅读在全岛发行的报刊，看电影，听广播，并且对岛上其他地区的生活方式有一定了解（虽然这种了解也有不准确之处）。都市潮流和时尚在乡村中被迅速并狂热地接受和流传。去异乡的庙宇朝拜盛行异常，并且，这种去其他社区进行仪式互访的运动席卷了大多数的庙宇。

然而在仪式方面——为某社区全体成员所共有的仪式（public communal ritual）——依然存在着惊人的差异，这为人们区分那些在其他方面都很相似的不同社区提供了途径。宗教似乎是现代台湾文化中最易变、最不稳定并且分化最为严重的一个领域。与"世俗化进程"、"祛魅"（Entzauberung），或者克利福德·格尔茨（Clifford Geertz）在他的《伊斯兰观察：摩洛哥与印尼的宗教发展》（*Islam Observed*）中提到的那种"现代"宗教运动不同的是，这些现象在台湾宗教中似乎都能找到相应案例。研究者在台湾看到的将是百花齐放，每种不同的信仰都讲述着自己独特的故事。

如果有人假设，在仪式和人们的其他生活领域或者宗教与社会结构之间有某种联系的话，那么他就必须对仪式中存在明显差异的问题做出解释，并且尽力找到那些支持这种差异的证据。如果研究者把注意力限制在社区之间的变异之上，该问题就可以从以下几种途径来处理。

其一，强调各地的共同模式或者核心要点。当基础结构之外的偶然性被单独列出之后，地方性差异也将随之消失。仪式被视为浮在社会之上的一层油膜，对于支撑它的社区而言并没有决定性作用，因此从表面上看，它赋予了较之实际存在更多的地方性色彩。或者，研究者也可以将地方宗派和风俗解释为来自不同地区的移民世代相传的早期传统。

45

地方性的宗教差异因此变得意味深长,但仅仅与历史相关联,除此之外还能够被用作人口迁移和扩散的证据。再者,研究者还可以尝试对其进行功能性的解释,并试着找出宗教性变量与其他易于观察的社会要素之间的一一对应关系。研究者也许有望在两个看似显著不相关的社会因素间发现共变。

第一种途径聚焦于系统和总体结构,把仪式中的差异问题视为不重要或者是无法回答的。第二种途径把研究的主体分解成一系列的特征,并且最后把问题往回推了一步,于是该问题就被偷换成"三百年前福建省内宗教信仰的地方性变异"了。最后一种途径十分引人注目,但是操作起来却比较困难:社区之间似乎并没有明显能与仪式的变量一一对应的差异。在本文中,我将从"地方宗教的多样性并非一定琐碎"的假设出发,对一个案例作详细分析,希望能以此发现其间存在的微弱联系,并为我提供一些用以解决一般性问题的启发。我所选择的案例就是鹿港镇的公共仪式(public rituals)。

1968 年 10 月的鹿港,常住人口约在 2.7 万—2.8 万之间,境内共有庙宇 39 座。在我的印象中,鹿港有着比大多数与其规模相当的台湾社区更多的庙宇。至于庙宇,我指的是那些供奉着神像、祭坛、香炉并且对大众免费开放的建筑。至于说鹿港境内有 39 座庙宇,是在略去了大量供奉着孤魂野鬼的阴庙(有应公庙)、供奉祖先而非神明的建筑(两座)、基督教堂(四座)、在私人家中供奉香炉或者神像的焚香会(incenseburner associations)以及"童乩"(tang-ki,即灵媒)、家庭祭坛这样的私祭场所(shrines),或者像现在已经消亡的泉州行会后厢存放行会财产的药房那样的祭祀场所之后的数字。那些被供奉在大庙后面或者旁边的神龛也不包含在这一数字之内。

比较而言,鹿港拥有很多庙宇。为什么鹿港人需要如此众多的庙宇,而他们大多数同胞的需求却少得多呢? 这是我将要探寻的问题之一;另一个问题所涉及的则可以被称为公共仪式的"风格"。基于我自己对其他地方公共仪式的观察以及其他田野工作者的陈述,鹿港的公共仪式——特别是与庙宇和宗教游行相关的那些——表现出活动和表现范围极为受限的特征，给我留下了很深的印象。很多其他台湾人都会做的事情——鹿港人对此虽然心知肚明——当地居民却只会选择性地去做其中很少的一部分。大致来说，大部分鹿港的仪式都可以被描述为保守、老套、乏味并且相当沉闷的。

对于那些地方有而鹿港没有的东西，如果没有繁琐细致的民族学说明，那么，就很难去支撑这一普泛化概括，反之亦然。而我将以一些恰当的例证或者事物本质的显现来完成这一工作。

"暗行(am-hang)"是神明——主要是"王爷"(Ong Ia)——在夜间的游行。它似乎是鹿港比较典型的仪式，其目的在于驱赶区域内的不良影响(malign influences)。这是一个偶发型仪式，可以在任何时间为任何区域所用，但此外，在每年春天都必定要举行一场全镇性的"暗行"。天黑后，由土地公和城隍爷(Ch'eng Huang)领头，十五六台轿子组成的游行队伍，穿过市镇里每一条街道和小巷。该游行将一直持续到天亮。游行队伍在寂静和黑暗中蜿蜒穿过整座市镇，唯一的光亮只是轿子上一点灯光和燃香的火光。当队伍从自家经过之时，各户户主通常都穿着睡袍，手持几炷香站在门口拜祭(pai)(身体微躬，双手作揖，表示对神明的敬重并默默祈祷)，并从游行队伍那里领取了符纸(hu)。

多数台湾的宗教游行，显然都十分地闹热(lau-ziat)(普通话叫"热闹"，je-nao)——意为令人兴奋、愉快、拥挤并提供了最大的感官刺激。宗教节庆以及游行常常被简单地称为"闹热"。鹿港的"暗行"并不"闹热"，而是有些令人毛骨悚然。没有乐队、花车、盛装的剧团，没有像在台湾北部的游行中那样巨大的人偶。参与者多为身着便服的年轻男子，他们轮流抬着轿子快步穿过安静的街道。没有童乩，也不指望抬轿者会进入恍惚状态。(我曾经观察到的一个有进入恍惚状态征兆的人，他立刻就被其他人取代并被他的伙伴们抛在了身后。)所有的神明都来自鹿港本地；没有其他地方的神明加入到游行队伍中来。游行也没有观众；事实上就算有观众的话，他们除了一些依稀晃动的灯光之外也什么都看不

47

清。在"暗行"过程中没有任何宴会,而且这也肯定不是一个请客的时候。在整个活动中弥漫着一股紧张、又有几分匆忙和鬼鬼祟祟的气氛。据我所知,这个安静的、无疑有些怪异并且穿过鹿港全镇沉睡的大街小巷的游行是乃唯一将所有家庭都动员起来的仪式活动。不论如何,这场游行显然(只)与区域(territory)及位置性(locality)有关,每家每户无论贫富,这场游行都一视同仁予以"服务",先路过谁家完全取决于他家所处的地理位置。不夸张地说,游行限定了市镇的边界并且按照居民们最基本、最普通的地位,即市镇居民来对待。该游行并没有为人们提供太多话题,人们也不会像谈论"妈祖(Ma Tsu)圣诞"、七月的中元节(festival of hungry ghosts)或者新庙宇的落成典礼那样来谈论它。"那就是'暗行',一个古老的鹿港习俗。"

更为常见的一类活动是当地 39 座庙宇所供奉的任何一位神明的生辰。(在那些日子里)家庭主妇们纷纷带着食盒来到庙里进献神明。她们摆出饭菜、给神明进香。忙碌了一上午,最后把食物带回家招待客人。下午则有木偶戏或者戏剧开演,整场活动参与者甚众,并且该活动将一直持续到午夜。宴会和木偶戏是节庆中最为重要的环节,在街坊庙宇(neighborhood temple)中的活动尤甚。没有职业神职人员,道士(tao-shih)、和尚不在活动中扮演角色,乩童和法师(fa-shih)更不曾在节庆里出现。当天下午,过生日的神明会被庙宇附近的居民抬出,一支明显业余的乐队充作其仪仗。其他庙里的神仙也可能会被邀请前来做客,接下来出场的则无疑游行队伍。如果来做客的神仙来自城外,那么游行队伍将会沿市镇大街进行,以便全镇的民众都能参与其中。

在这些场合下,如果有鹿港镇外的群体来到镇上,本地居民与外来人员之间在仪式风格上的差别就更为凸显。由于古老的妈祖庙坐落于此,鹿港因此成为了朝圣中心,又因为镇上曾有大量居民外出淘金,并将其在外地崇拜的神明带回了鹿港,所以代表城外庙宇的游行和表演在鹿港也十分常见。他们带来了引人入胜的"童乩"表演、疯狂的抬轿者、精心打扮的操典队、花车、舞龙舞狮、指挥以及各种乐队。它们同样十分精彩，鹿港人也很喜欢观看这些外来游行队伍的表演。

1968年10月，许多来自像台北、高雄(Kaohsiung)那些远方城市庙
宇的神明来到鹿港做客，参加"苏府大王爷(Su Fu Ta Wang Yeh)"(当地
称"苏大王"或者"大王爷")的新居落成典礼。成百上千的客人参与其
中，以致整个游行队伍要花大约两个小时才能全部通过大街。那天夜
里，在鹿港居民的家庭宴会基本结束之后，"苏府大王爷"就正式搬进了
他的新家。整场安居典礼本应该按照道教的程序严格执行。然而，主办
方连专门操办仪式的人员都没有请——虽然他们完全有能力负担这一
费用——取而代之的是负责为建设新庙筹资的人，一位在地方政治团体
当中较为活跃的商人，在其助手的陪同之下，他用一把线香点燃了新庙
门上的封条。在放完烟火之后，他又点燃了供奉神明的纸钱。接着，庙
门被打开，人们进到庙中参观。整场典礼表面上虽说邀请了成百上千由
台湾各地前来的客人，实际上只持续了不到两分钟。大量在庙前看戏
的、看来自埔里(Pu-li)舞狮表演的以及参与竞技游戏、光顾小吃摊的群
众丝毫没有注意到典礼本身。鹿港民众从两个月前就开始谈论、期待的
本次庆典的焦点就是游行、娱乐活动和家庭舞会。新庙开启和神明安居
都只是匆忙、草率地由一小群地方商界、政界人士应付了事。

鹿港式的公共仪式集中于街坊庙宇(neighborhood temple)中频繁
的、小规模的庆典。游行队伍通常由当地小伙子组成，他们中的一部分
负责抬轿，其他人则敲锣打鼓地跟在后面。"童乩"的附体和其他表演则
比较少见。无论是道士、和尚还是童乩、法师主持的庙宇仪式也不多见；
即便有也只是以比较粗糙的方式完成的。为仪式所附带的那些游行、庆
典，军鼓队、精致的花车、盛装的孩子以及其他助兴的活动，节庆中的"闹
热"场面也几乎看不到。大多数节庆都是在大同小异的小庙中举行，每
场庆典给人的感觉都基本相同。在重要庙宇中举办的庆典则主要靠那
些带来了像童乩、舞狮队以及由花季少女所组成的舞龙队的客人来活跃
气氛。

鹿港人虽说喜欢客人们带给市镇的童乩、军鼓队、花车表演，但是他

们却显然没有自己去做这些的意愿，当然，只要想的话他们也能做到：可以雇佣专业人员到庙中举行仪式，或者在本地培养法师。但是他们却不这样做。随从神明附属于游行队伍的表演人员的功能之一，在于通过精彩的演出给民众留下深刻印象，以示自己的队伍才是神明真正的代表。研究者在游行队伍中所观察到的精巧、创新的民间艺术，尤其是在大城市中——像规模更大更精致的花车、由女演员组成的剧团——都可以被视为相互竞争的产物。但是，鹿港人却似乎是在尽量回避它们。他们不是在用游行队伍来显示"我们的队伍是突出的、更加引人注目因此也是最好的"，而是在表示"我们的队伍虽然更为杰出，但又和你们的本质并无差别"。然而这只适用于市镇内部的队伍之间。在鹿港，公共仪式中更惹眼、更具个性化特点的方面都将遭到贬抑，人们更为看重的，乃是民众间的相互家庭宴会以及诸如木偶戏这样的能让所有人欣赏的公众娱乐。

在与镇外宗教团体和庙宇的关系中，该镇却表现出另一种完全不同的精神。此时就有必要多谈一谈关于鹿港 39 座庙宇之间以及它们与镇外庙宇的关系了。在鹿港居民看来，他们的庙宇大致可以分为两类："阖港的"（pan-Lukang，泛鹿港的，hap-kang-e）和"角头的"（neighborhood，街坊的，kak-thau-e）。由全镇居民集资赞助的泛鹿港的庙宇规模最大、装饰最为华丽，并且和镇外宗教群体关系最为频繁。它们往往是来自台北、台中和高雄的宗教团体朝圣的目的地，几乎每一位造访者都要去到它们那里敬拜。它们的管理者是一个由富商、退休议员、镇长等地方精英组成的委员会。节庆的礼官则从对先前节庆或者建设基金贡献巨大的赞助者当中挑选出来，这些被选出来充当礼官者基本是那些镇上富有、杰出的人物。

"阖港的"庙宇中最具代表性的就是"妈祖庙"（鹿港天后宫）。直到今天，它都依然是三座规模最大、名声最响的妈祖庙之一。该庙建于 18 世纪初、第一批来自泉州的移民在鹿港定居后不久。该庙中的神像据说是由清 1684 年收复台湾的主将施琅（Shih Liang），从福建沿海的湄洲

50 (Mei-chou)岛妈祖祖庙中带至台湾的。人们猜测施琅将军把这尊神像。（译注：当时施琅从湄洲岛带的古妈祖黑面二妈，目前安置在鹿港天后宫，供众信徒膜拜，此尊神像已有一千年的历史，目前全世界仅此一尊，大陆本有两尊开基妈，但都毁于文化大革命。）留在鹿港，是为了让它庇佑由泉州府晋江县（Chin-chiang hsien）衙口乡（Ya-k'ou hsiang）移民鹿港的"施"姓（Shihs）族人。现在庙宇所占的土地据说就是由施琅之侄（施世榜）所献，其神像被奉于该庙的侧间之中。本故事并没有太多的历史基础，但是却（从侧面）反映出鹿港天后宫是台湾岛妈祖崇拜最古老的庙宇，乃至该庙正是全岛妈祖庙的发源地的说法。鹿港人声称他们的妈祖庙的仪式级别比台湾岛上所有其他妈祖庙都更高，包括北港（Peikang）上远比它受欢迎的那座。

在过去的 250 年间，该庙曾多次重建。如今仅在善款方面一年内就能入账 50 万元（新台币，折合美金 10 250 元），这笔钱被用于庙宇的内饰和建设。镇上的家家户户至少在每年妈祖圣诞庆典上都会捐出一些钱，一些富裕家庭甚至会捐出大量的资金。根据政府的规定，庙宇管委会在妈祖圣诞前夜由"信徒"（hsin-t'u）选出。民众普遍认为能够被选入管委会的人都是鹿港镇当地的权贵。据说他们是控制着镇政府、农会的地方政治团体的成员，并在彰化县议会中占有大多数的区域参议员席位（area's seats）（译注：台湾县议会参议员选举采用间接制，含区域选举与团体。往往将全县分为若干区，由每一区域选举各自的参议员。本句意在暗示这些镇上权贵在县里也有一定影响力）。管委会最早可以追溯到 1958 年，它孜孜不倦地将该庙作为台湾最古老、最重要的妈祖庙之一来推广。每年前来朝圣的群体、妈祖圣诞时报纸上对鹿港天后宫的大幅宣传都是他们业绩的明证。大殿中悬有施琅将军，乾隆、光绪二帝以及前台湾总督亲笔的牌匾，一张 20 世纪 60 年代早期美国大使造访该庙时留下的照片也被摆放在很显眼的位置。庙中附属的神像（divided bodies，各部分）则分散在鹿港周围的乡间（Bernard Gallin, Hsin Hsing, Taiwan: A Chinese Village in Change（Berkeley, Calif., 1966), pp.

251-52）。然而，鹿港人和管委会成员对此并不感兴趣。他们更愿意谈论那些从台北、高雄甚至台东来朝圣的群体，或者解释为什么从没有来自北港妈祖庙的代表团前来承认自己作为鹿港祖庙"分支"的地位。 *51*

鹿港天后宫是七月十五中元节"醮祭"（chiao）的举办地。庙宇管委会经营起一处薄利供应线香和纸钱的货摊，在祭坛右侧总会有一位管委会成员坐在桌前聊天或者记账。孩童在庭院中嬉戏，老年人在前门台阶上闲坐。人们在祭坛前焚香占卜，以求妈祖能够帮助自己解决家庭中的种种问题。庙中有许多小神像，任何想请妈祖代祷、履行誓言的人都可以借去。所以经常可以看见一些穿着他们最好的衣服，虔诚捧着两英尺高妈祖神像的人骑三轮车在大街上穿过。大多数在军中服役的年轻人都被自己焦虑的母亲逼着随身携带了一小袋庙中香炉的香灰。1958年，在台海危机平息之后，天后宫庭院中到处是前来兑现保佑自己应征入伍的孩子平安誓言的家庭奉献的家畜。许多人将鹿港没有遭到1949年轰炸附近彰化、台中县的美军炸弹袭击的功劳归给了妈祖。管委会出版的小册子中列举了一系列过去妈祖的作为：保佑城镇免遭海盗、土匪以及漳州人叛军的攻击。"贫困渔夫虔诚、纯洁的女儿"这一版本的妈祖传说在鹿港家喻户晓。并且，许多人还会添加一些身边轶事以见证妈祖的灵验程度。比如"我姐姐的婆婆病得很厉害，后来她向妈祖祈祷云云"。简而言之，在妈祖庙中发生的事情在数量和种类上比其他地方都要多得多，这似乎满足了大多数当地人的仪式需求。

另有五座大庙——虽然在繁荣程度、香火（support）以及活动规模上（朝圣团体数量、年度节庆规模、管委会成员社会地位、祈愿人数方面）都不及天后宫——也被镇里人视为"阖港的"庙宇。它们是1787年由一位满族将军修建的新妈祖庙（它在很多方面与天后宫非常相似，简直就是天后宫落败之后的样子）；一座供奉观音的佛寺：龙山寺（Lung-shan Ssu）；供奉被民间视为冥界统治者和饿鬼之王的地藏王菩萨的地藏王（Ti Ts'ang Wang）寺；城隍庙；文武庙（Wen-wu Miao）；最后是一座供奉着孔子和关帝（Kuan Ti）的"伪官方（pseudo-official）"庙宇，过去曾是地 *52*

方书院(Shu-yüan)机构的所在地。1947 年被征为军方居住区,今天已成废墟。经当地领导多年请求,军方终于在 1968 年夏天清空了三座残存的建筑之一。该年秋,在全镇的集资下,破败的建筑被完全修复。在当时,镇上还有另外两座供奉关帝的庙宇。

另外还有三座庙宇在是否属于"阖港"上存在一定争议。作为镇上唯一仅有的土地公庙,而且在各大主要游行活动中它所供奉的神明也都坐在领头的轿中,那么这座土地庙就应该可以算作是"阖港的"庙宇。然而,另一方面,它的规模却很小,而且平日里几乎门可罗雀,香火也主要来自紧邻的"船头(Ship Head)"居民,只有他们才会在年度节庆里出资赞助。其他两座大庙:供奉"大将爷"(Ta Chiang Yeh)和"苏府大王爷"的新庙(在 1968 年的安居典礼在上文中已有描述),虽被其管委会视为"阖港的"庙宇,然而,它们的香火虽旺,但距普遍性却还差得很远。除此以外的其余三十座庙宇则明显属于"角头的"范畴。

乍看上去"角头的"庙宇除了它们均扮演着"角头的"庙宇的角色之外并无共同点:有一些可以上溯到 18 世纪;其他的则多建于 60 年代。有一些新近翻修饰有金龙;其他则衰老破败几近荒废。庙中所供奉的神明从"妈祖"、"关帝"、"上帝公"这样明确的神到像"王爷"这样个体性较为缺乏的对象不等。一座位于鹿港主街道的庙宇自 1737 年起就开始供奉"三山国王(San Shan Kuo Wang)",一位对台湾仪式而言很奇怪的潮州客家(Hakka)神明。在人们的记忆中,鹿港并没有客家人,而且应该自 18 世纪至今都从未有过客家人,然而住在附近供应香火的人们却似乎并不在意神明的民族区分。尽管"角头的"庙宇各自有着不同的历史和神明,但却被视为同一等级的功能等同物。它们所供奉神祇的特点和灵(ling)验与否并不重要。事实上,许多人并不知道住在附近庙宇中神祇的姓名,当我问他们崇拜哪位神明的时候,他们的回答往往是"角头神(Kak-thau-sin)",或者"王爷公(Ong Ia Kong)"。如果有人想得到神助,他通常会到妈祖庙祈祷、去问"童乩"(算命先生)或者游方道士(Taoist private practitioner),而不会去求"角头神"或者"王爷公"。"角头的"

庙宇往往人迹罕至、落满灰尘,并且有的还被当成小作坊或者住房使用。
似乎对于民众而言,"有一座角头的庙宇存在"的这一事实要比庙中供奉
着某位特定的神祇要重要得多。

在我住所的对面有一座叫"顺义宫"(Shun Yi Kung)的庙宇,其中住
着两位神明:"玄天上帝(Hsüan T'en Shang Ti)"和"顺义王爷"(Shun Yi
Wang Yeh)。后者似乎除了名字和庙名(顺义)相同之外(后头再加上
"王爷"的名誉头衔),其事迹、身份等信息几乎不为人知。庙里还住着一
户穷苦人家,他们带着自己微薄的财产和家禽与祭坛、神像挤在一起。
烧纸钱的火炉、墙上的漏洞(missing several bricks)随时可能引起房屋
坍塌。除了它两个年度节庆日之外,从没有人会进到庙里烧香、占卜,一
年中有 363 天,根本没人能看出顺义宫是座庙。

在它的两个年度节庆日——三月初三和六月初一——里,人们都
会以木偶戏和家庭宴会的形式来加以庆祝。六月初一的庆祝内容更为
丰富,庙宇附近的居民都会在家里宴请宾客。当天下午,在庙前演奏
的乐队将随同香炉在庙宇周围做一简短游行。晚上人们则相互串门、
被站在门口的邻居们拖进门去喝上一杯。1968 年六月初一那天上演
了一出戏剧,第二天夜里又有木偶表演。请戏班的钱是由黄老先
生——他从前是一位颇有声望的地主(former landlord)——挨家挨户
凑出来的。惯例是每家 20 新台币(一位技术工人的全天工资约为
60—70 新台币)。有些家庭最高甚至会捐 50 元,有些家庭则不足 20
元,但再少也必须得捐出钱来。拒绝捐款的家庭会被视为不敬神明,
或者更为确切地说,会被其他邻居所嘲笑和鄙夷。木偶戏的费用则由
一家人独自承担。这户人家的主人在地方政坛上颇具权势和影响力,
并且还是天后宫管委会的成员之一(但在顺义宫却不扮演任何角色)。
顺义宫没有什么管委会,它的一切事务(一直以来)都交由"邻里的长
者"操办。大部分零星的事务,包括集资、找戏班子似乎都掌握在"黄
老先生"手中。

正如当地人解释的那样,在鹿港存在两种类型的庙宇:"阖港的"和

"角头的"。前者是全镇性的,后者则只在镇上部分地区发挥作用。所有
的庙宇都是参照领域的不同来界定的。虽然曾经有些职业群体、来自福
建省某一地区的老乡拥有过自己的庙宇,一座"角头的"、一座"阖港的";
但现在却没有根据其他原则来界定的群体存在。"到天后宫去要交大约
五块新台币,而去自己的地方性庙宇则可能要花五十块。"大型庙宇因其
由富商和权贵组成的"管委会"或者"节庆委员会"而为人们所熟知。街
坊庙宇("角头的")则没有"委员会",人们被再三告知其相关事务是由该
地域内全体成员来承担。"附近的人们都相互熟识,有什么要干的大家
一起去便是。""角头的"庙宇事务将邻里所有人都囊括在内,人们把主持
仪式的人称为"炉主"、"头家",该职务任何人都可以担任。在更近距离
的观察中,我们会发现事情有时会更加复杂。但重点在于,几乎鹿港的
所有人都把街坊庙宇描述为一些强调"社区团结"、"集体参与"的简单模
型,并假设所有街坊庙宇都是以同种方式在运转。

　　鹿港的庙宇形成了一个封闭的、自给自足的系统。虽然大型庙宇将台
湾的其他庙宇视为其"分支",但同时也认为台湾岛上并没有"根(roots)"。
它们的"开基庙"(founding temples)都要追溯回福建,所以从镇上人的角度
来谈论台湾仪式的层级,鹿港庙宇是处于最顶端的。与镇外庙宇的仪式交
流要么被视为"分支"庙宇回来寻根,要么则是平等庙宇间的友好访问,"就
像请别人到家里做客一样。"大多数仪式交流不是和彰化县、云林县(Yün-
lin hsien)北部的主要市镇的庙宇,就是和台北、台中、高雄、嘉义这些大城
市的庙宇。鹿港周边的乡村虽然也有自己的庙宇,但却无法同镇上的庙宇
互通有无。这与台北平原三峡(San-hsia)周围的情况非常不同。比如,在
整整一个月当中,三峡周边农村地区的代表们轮流造访清水祖师公庙
(Arthur P. Wolf, personal communication,与武雅士私下交流得知)。
此外,鹿港庙宇也不与那些古老的台湾城市,诸如台南、新竹、北港、淡水
的庙宇往来。

　　鹿港镇内并没有明显的庙宇层级概念,庙宇之间也不存在相互的关
联,庙与庙之间只有"阖港"和"角头"之分。"角头的"庙宇不会将镇内其

他庙宇或者其他地方的庙宇视为它们的"祖庙('root' temple)"。"角头庙 ⁵⁵
宇"崇拜的起源不是极大的兴趣或者讨论,而那些我所耳闻关于其起源
的故事都将此视为神明的直接行为(神明托梦,或从海上漂来了神像),
或者古时候某人从福建带来了神像或者香灰。

我在鹿港生活的一年半时间里,1967 年 5 月至 1968 年 10 月间,有
两座新庙落成,这使鹿港庙宇总数从 37 座上升至 39 座;"苏府大王爷"
搬进了新居;文武庙在军方征用了 20 年之后得以重新开放;许多老庙普
遍得到修缮。大量金钱被投放到庙宇的建设和修缮以及节庆当中。东
石(Tung Shih)的居民认为他们的街坊与同名的东石里(li)辖区范围相
同,当他们的新庙于 1968 年夏落成之际,该"里(li)"有登记人口 236 户,
计 1 708 人。东石里是一个相对贫困的区域,它位于市镇边缘,居民多为
渔夫、牡蛎贩(oystermen)、农夫以及非技术工人。新庙花费了 20 万新
台币(约合 5 000 美元)。平均每户奉献 850 新台币,这相当于纺织工人
一个月的工资,或者细工木匠 10 天的薪酬。车围里(Cart Field)一座小
庙的翻修花费了 71 084 新台币(约合 1 773 美元)。鹿港不仅有大量的
庙宇,而且该镇居民也对其非常关注,以致常常会将自己收入中的很大
一部分投入到对它们的修缮乃至新建当中。

为何在一个并非特别繁华的小镇上竟会有如此之多的庙宇? 多数庙
宇规模较小而且显得很多余,却又为何会得到众多居民的狂热支持呢? 该
地区与鹿港在规模和经济结构上相仿的其他集镇,庙宇数量要小得多。我
将试着去检验一些对这一问题的解释,这些解释都并非完全可信。

今天的鹿港镇与许多分布在西台湾平原的集镇和小城并没有明显
的差异。从公交车里走上大街的外行观察者(casual observer)根本不会
感到惊讶或者迷惑。人们的穿着和其他地方基本一致:看上去既不穷也
不富;沿街排列着一样的店铺;墙上贴着普通的爱国标语和广告纸;庙宇
看上去和其他地方也没什么两样。从所有可获得的统计指数上看,鹿港
和其他集镇的差别是微不足道并可以用鹿港的"轻工业和手工艺品中
心"的地位来解释的。这并不是说该镇和所有其他地方完全一样,或者 ⁵⁶

说它是一个"典型的"集镇/小城。任何城镇都不能被如此定义。台湾中部的每座集镇都有其特殊性质,如果研究者仔细观察、与当地居民沟通,就能发现它们各自的"独特"之处。但是似乎并没有简单、明显的办法能将今天的鹿港和该地区所有其他集镇区分开来。它有更多的庙宇,或许还有这独特的公众仪式风格,但却并没有与庙宇数量相关的其他特征。

如果我们反观过去,则会看到一幅完全不同的图景。今天的鹿港是一个普通、平静的偏远小镇。但其在历史上曾是台湾中部的主要港口,是广阔的经济网上台湾中部和大陆的联结点。并且还是岛上仅次于台南的第二大城市。该地位至少保持了一个世纪(18世纪60年代至19世纪60年代),直到1911年它还是台湾第四大城市。从18世纪中叶起,来自泉州的富商就在鹿港定居、发展,并且控制着台湾中部和福建南部之间的贸易往来。他们成立了支配着镇上经济、公共事务以及仪式活动的八大行会。这些行会建造庙宇、拥有耕田和城镇地产,与帝国官方共同管理往来贸易并征收税款;并得到该地区主要军事力量泉州义勇军/民兵(militia)的支持。镇上的两个最重要的年度节庆:"妈祖圣诞"和"中元鬼节",也是由八大行会协作举办的。该镇上从未有过行政机构,但却有官员。包括一位级别略高于地方推事(magistrate)的副县长(subprefect),主管当地的贸易和贸易税。并且还有一支规模较大的帝国卫戍部队驻守港口。从18世纪中叶到19世纪80年代,鹿港都是一个财富、权力、知识的中心。今天的各大庙宇都可以追溯到那个时期。在行会和官员的联合行动(joint action)下,庙宇的建设和维修都被刻在石碑上并嵌入了墙体。1953年土地改革(land reform)之前,这些大型庙宇都拥有自己的田地,龙山寺、城隍庙分别有良田五甲(chia)(一甲约为2.4英亩,1.03公顷),一甲于1948年被捐赠给了镇上新的初级中学。(译注:"甲"源于荷(兰)据台湾时期的"morgan"一词,台湾人以台语取其音。1甲为625平方戈(即边长25戈的正方形面积),1戈约为2.5号,1号为5营造尺(1营造尺约合32公分)。在台湾荷西殖民时期,甲就是土地的面积单位,郑氏王朝和清治时期也沿用了这一制度,台湾日据时期之后,逐渐采用甲和日制单位坪通用,1甲约合2930四坪。后来台湾全面采用公制度量衡,面积单位改为"平方公尺"和"公顷"。但在习惯上,台湾民间一般都使用坪和甲来表示面积,其中"坪"多用于城市、房屋面积,"甲"多用于农地和山坡地。)

鹿港贸易在19世纪后半叶开始缓慢下降。该下降趋势在1895年日本侵占台湾之后开始加剧。自高雄至彰化的铁路建设历时三年,于1908年正式通车以后,鹿港的贸易活动就几乎停滞了。在20世纪第一个十年里,商家纷纷倒闭、行会逐一解散,成百上千的居民迁居台北或其他大城市。移民现象一直持续至今,所以鹿港人口自20世纪起就几乎保持零增长(从2万增长到2.7万或2.8万),相比之下台湾总人口则由当时的260万增至1400万。

自从世纪之初起,鹿港一直是一个外迁社区:人们成百上千地离开,却没有外地人迁入。19世纪末在台北市成立了一个鹿港行会,时至今日,正式的鹿港联会仍会在台北、台中和高雄等地举办。这些移民——至少是其中相当一部分——依然保留着其鹿港身份:他们给自己的家族汇款,向鹿港寺庙奉献,并不时地回乡探访。一些在大城市中有所成就的生意人甚至会退休还乡,回到鹿港。鹿港移民的典型形象是"善于经商"、"凝聚力强"以及"互帮互助"。有人观察到,迁至台湾其他地区的鹿港人就如同在东南亚的海外华人。许多关于他们的故事所讲述都是一穷二白的年轻人在台北或高雄如何大赚一笔的事迹,人们也乐于将杰出的实业家当成鹿港人。

在本世纪(20世纪)初期到战后的这段时间里,鹿港经济一直都不景气。一直被淤泥堵塞的港口在20世纪30年代终于被日本人所填埋。镇上剩下的居民多为地主、磨坊主、放债者、手艺人、店铺掌柜和少量公职人员。许多家庭依靠在大城市打工的家庭成员的汇款维持生计。鹿港迅速从中心市镇的地位上滑落,成为了人烟稀少、贫苦异常的台湾中部位于贫瘠、受大风侵袭的沿海地区的一座普通集镇。在此期间,很少有庙宇得到修缮,也没有任何庙宇新建。

战后,由旧地主家庭、不择手段向上流动的商人组成的鹿港领导层,从镇民和富裕移民手中筹集到大量资金,打算开挖新的港口以此恢复鹿港昔日的荣耀。"港口计划"未能得到政府的资金支持,并彻底失败,于是领导层再次集资建造了一座社区中学。学校虽然建起来了,但却仍未按计划所说超过台中、彰化的那些省立、县立中学。港口、学校计划展示了鹿港居民和富裕移民令人称奇的支持动员的能力,但以该方式筹得的资金还是无法满足这些目标的需要。从 20 世纪 50 年代初起,地方政治就开始采取向县政府、省政府取得资金的普通方式以保障鹿港那些计划得以顺利实施。

1953 年的土地改革消灭了地主阶级,许多旧式精英家庭离开鹿港去了台北。但是 20 世纪 50 年代也见证了鹿港工业以地方所有、生产从家具到绳索再到工具的小型工厂形式增长的起步。在 20 世纪 50—60 年代,鹿港的轻工业与台湾的经济都在一定程度上有所扩张。鹿港轻工业的发展一方面得益于交通环境的改善,使用货车运输之后,它的发展就不再受到铁路的制约;另一方面则得益于其比大城市便宜 10% 的劳动力。上千在大城市打工的鹿港人或许也为其家乡工业发展做出了贡献,然而我却没有在此方面确切的信息。1967 年的鹿港,其繁荣程度虽说还远不及 1767 年或者 1867 年的水平,但也不再是令人沮丧异常的贫困社区了。该镇的经济基础建立在大量店铺、农场以及近 500 座各式各样的小型工厂之上。20 世纪 50 年代末掀起的那股兴建庙宇的浪潮一直持续至今。

所有大型庙宇和多数小庙都可以追溯到 1895 年前。这些庙宇不难被视为从鹿港的光辉岁月中存留至今的遗迹。虽说该镇的历史并不比周边农村悠久,但在过去,镇上居民却远比农民要富裕。他们有更多用来建造庙宇的资金。在该区域还有其他集镇和小城市,比如今天的人口和鹿港相当甚至超过鹿港的二林镇和云林县,在本世纪之交都只有区区数千人。它们如今的庙宇人口比不及鹿港也就不足为奇了。但是,定居点的历史、人口数量以及庙宇数量之间表面上的显著相关取决于关于庙宇建立和维持途径的那些假设，这些假设仍尚有待检验。

我们可以假设台湾社区的规模一旦达到某一临界值时就会自动产生一座庙宇。或者认为随着时间的流逝，每隔一定时间，台湾社区就会有新的庙宇产生。就像贝壳和珍珠那样。鹿港不是因为比其他定居点更早达到规模临界值才拥有更多的庙宇，就是因为有着更悠久的历史，所以有更多的时间来产生这些庙宇。

如果我们接受了第一种假设，那么将会出现"鹿港庙宇数量在某一时刻达到适当值，并保持恒定不变"的结果。而像二林这类在短时间内迅速发展的市镇，虽然完全落后于鹿港，但是其庙宇数量却有望持续增加，直到它们也达到每700人拥有一座庙宇的理想比值。单一社区所能负担的庙宇数量显然是有限的。但在1968年鹿港却有两座全新的庙宇落成。也许有新庙宇落成的邻镇（其中一个镇要显然比其他市镇更为贫困），在自己尚有闲钱的情况下，兴建庙宇也不过只是为了赶上其他镇子而已。如果我们假设每过多少年就会有新庙落成的话，那么庙宇的数量就成了镇龄和先前人口数的一个直接函数。并且会出现"除非新庙的建设会延长下一个产生周期，不然其他定居点永远无法在庙宇拥有量上超越鹿港"的结果。

当然，假说也好，不那么头脑简单的想法也罢，都默认了庙宇一旦建起，就会持续存在。换句话说，对于庙宇数量直接、简单的史学解释似乎把庙宇和"神（shen）"视为能够像灵魂那样被自由创造但却永不泯灭。但事实却似乎并非如此。如果依上述所言，那么在广州、西安那样既古老又繁华的城市中，庙宇和崇拜早已经泛滥成灾了。虽然民族学意义上庙宇、崇拜的消亡原因并不清楚，但是由一些有记载的案例引出的论证和推理表明崇拜和"神（shen）"有时的确会静静地或者突然地消失。问题是虽然鹿港的部分庙宇已经存在了近两百年之久，但是我们却没有理由假设两百年前所有的庙宇和崇拜今天依然存在。这意味着那些今天尚存的庙宇之所以幸存的原因悬而未决，它们不能被仅仅被当做遗迹来看待。

这一疑问进而演变成为何在鹿港有这么多老庙被人们一直供养着。我并未就该疑问向鹿港民众咨询,但我肯定他们的回答将会是:"因为我们鹿港人相当地保守和传统。"此类言辞十分常见,而且不论外来人还是本地人也都认为鹿港是一个十分保守,有着各种奇怪、古老风俗的地方。人们经常被告知,鹿港中许多人的"思想"非常落伍。但是究竟何为保守,或者"传统"具体有哪些内容从来都含糊不清,同时也很难举例说明。虽然很多人都同意鹿港有很多奇特的古老风俗,但硬是(hard pressed)要他们将其一一列出,或者举出它们在日常生活中留下痕迹的例子也很困难。人们总喜欢谈论自"昔日"以来生活发生了多么巨大的变化,而且人们都相信巨大变化确曾发生。

确实,关于之前所讨论的那些公众仪式风格的方面,直至近期它们还保留着和在台中、台北的仪式明显相似之处。老人们回忆中的巨大、艳丽的游行是那些精致的花车和歌舞剧团。竞争和对抗的氛围如此紧张以至于游行常常在争执中结束。在现今活着的人的记忆里,七月份整月的时间都曾花在了由各大庙宇举办的公共宴会和庆典之上。鹿港的老年人还能追忆起镇儿童军乐队的声名远扬、地藏王庙前广场上剧团之间的杂技比赛、童乩爬刀杆比赛。"那时候非常的闹热。"在别处的这些场合下仍旧闹热,然而,在鹿港,却只有在外人造访时才能闹热得起来。

这些以及很多其他独特的"旧俗",诸如直到 20 世纪 30 年代仍然举办的大姓群体之间的"石战"(译注:主要流传于台湾中南部地区。所谓"石战",即男人在"前线"掷石作战。妇女则在后方负责运送石头战胜的一方可至战败的村子大肆吃喝一番。战败的村民则落荒而逃。若不幸被对方俘虏了,会被强迫脱裤处罚,当众羞辱一番。这项奇特的习俗,据说可保一整年好运,但是因为石战常造成严重的伤亡,再加上地方政府一再的禁止,遂在日据末期逐渐式微)都已被废止,并且似乎没有人想要恢复它们。我们并不清楚为何某些活动会走向消亡而另一些则被坚持下来。认为鹿港人大体上说是保守和传统的说法回避了这一疑问。我们必须分清什么是保守的,什么不是,然后再对这一区分做出解释。鹿港人被认为是极端保守和传统是一个重要的社会事实,但是它并不能作为对古老庙宇存在的解释。

照我看来,"全靠毅力"的解释是无法自圆其说的(self-explanatory)。认为鹿港人之所以供养古老庙宇是因为他们看上去很传统的说法会导致"循环论证":他们之所以传统是因为某个行为,而他们之所以这么做又是因为他们十分传统。功能性解释为走出该循环提供了一条途径:老庙的幸存或许可以用它们某些特殊的社会功能来解释。总的来说,我们可以说任何一座起着符号作用的台湾庙宇都维系、强化着团结在同一信仰周围的人们的社会团结。诸如炉主、头家这样的礼官头衔给为有公德心(public-spirited)、关心公众福利、在人群中广受好评的镇民提供了荣誉和认同。如地方政治人物那般有财有势的人也可以通过向庙宇捐款、充当礼官来提高自己的声望、赢得一定程度的公众接受和合法性。节庆为每个人提供了娱乐,使其从日常琐事中解脱出来并得以喘息。只有在像庙会(temple festivals)这样为数不多的场合下,户主才会邀请客人到家里赴宴。宴会和相互请客(reciprocal feasting)依次作为台湾社会组织中数一数二的重要组成部分,并且发挥着各自的功能。有些人到庙中礼拜、上香则是因为他们信仰这些神祇。这些解释帮助我们理解了为何台湾人总体来说都会到庙中进香这一现象。但是,如此的论证似乎还不足以解释各地的不同情况以及鹿港"角头"庙宇的激增。

鹿港天后宫香火旺盛的原因大多可以通过功能性论据加以解释。天后宫相当直接地象征着全镇的社会团结,并为地方政治领袖提供了合法性。在天后宫正对面的建起的苏大王新庙可以解释为不同派系之间的竞争。与和天后宫关联的小团体对抗的那些人使苏大王庙进一步成为其增加声望、募集支持者的途径。其中一些人曾经尝试着通过组织镇上的大姓"施"姓(Shihs)成员以构建政治性根据地,但最终并未成功。这一失败使其转投了"苏大王"这位很灵验的神明,并且正在促使一座小型"角头的"庙宇向"阖港的"庙宇转型。

鹿港和其他定居点之间仪式交流的模式可以用过去该镇的贸易网

络范围来解释。正是通过这些贸易往来,鹿港的移民才分布在台湾各地、建立起各地的分支庙宇,并保持着这些支庙与祖庙之间不断的往来。移民在不断发展的大城市或者像埔里镇、东部沿海这类的边境地区,而非那些和鹿港经济情况比较接近的,诸如淡水、新竹或北港定居下来。出于和鹿港移民相同的原因,周边农村的居民不会移居镇上,而是同样前往台中、台北等地。就这一点而言,鹿港的人口组成和该地区的其他小城市,如云林和二林,有着很大的不同。后者中很多居民都是近期由其周边村落移居城镇,并且与其家乡、庙宇都保持着联系。

　　鹿港繁荣的过去应该归功于其作为联结台湾中部和福建南部贸易网重要节点的地理位置,而与其乡村腹地(干旱的,居住着穷苦农夫、渔人和强盗的地区)并没有太大关系。集镇与村落间的通婚现象也十分罕见。大部分鹿港人要么选择本镇人联姻,要么与该地区其他集镇中门当户对的家庭结亲。该港口衰落之后,鹿港人似乎依旧在做一切努力保持着自己和包围着城镇的"乡巴佬(rustics)"之间的社会距离,虽然他们被迫无奈地要依靠后者生活。鹿港的地主们住在砖瓦房里,而他们的佃农则住在甘薯地里的茅草屋中。在过去的 20 年间,农村地区的不断繁荣使得城镇和农村的差距不再那么明显,今天的农民也住上了砖瓦房。鹿港宁静街道上的鸭子和牛车使其更像是乡村小道而非台北市塞满了出租车的林荫大道。今天那些没有移民别处的鹿港人,比 20 年前更像乡下人了。这让他们感到十分愤恨。也许是他们与农村人(rural folk)至少在外表上已经十分类似的原因,所以他们更是竭尽全力地去保持与自己从前的佃农之间的距离。店铺掌柜尖酸地说那些不识字的农民有了两台摩托车之后又开始想要电视机了,并且有许多故事都证明那些庸俗、易上当受骗、粗鄙的"乡巴佬","如今虽说有了几个臭钱,可文化程度仍然很低。"鹿港人看不起乡下人,并且和他们保持着距离;鹿港的神祇也更愿意和其他市镇中的神祇打交道,并且避免和周围乡间的神祇往来。(关于鹿港历史的研究文献可以参考本人的博士论文:《一个十九世纪台湾海港城市的社会结构》,康奈尔大学出版社:1973)

一旦对鹿港的人口、经济和社会历史有所了解之后,它的许多仪式生活也就变得容易理解了。但为何人们要捐钱供养像我住处对面的那些显然没有作用的庙宇仍然很难解释。我的初始假设是市镇是由许多"街坊"组成,每"坊"都有其自己的庙宇,就像乡间每一座村庄都有自己的庙宇一样。但是给"坊"与"坊"之间划定界限要比界定村落要困难得多,村落之间往往都由竹篱笆明确地分开,而坊与坊之间却没有如此明确的界限。虽然每个"坊"都有自己的名字,但一些诸如"北头"(the north end, gu-thau)的名字对于镇上的大部分地区都同样适用。在"北头"底下还可以细分,比如有"船头(Ship Head)"、"东石(East Stone)"、"后屋(Back Hut)"、"牡屋(Oyster Hut)"以及郭村(kuo village)。我所居住的那一带一般被称为"菜园(Vegetable Garden)",它包括"上菜园(Upper Vegetable Garden)"、"下菜园(Lower Vegetable Garden)"以及"车围(Cart Enclosure)"。一条不长的被人们叫做"后墙"(Behind the Wall)的小巷,可能是 90 多年前它就位于衙门后墙背后它才如此得名。"菜园",或者它的一部分地区也可以称为"黄坊(Huang Neighborhood)",因为住在那里的大部分人都姓黄。如果再考虑上行政区划将市镇分割为 15 个"里"的话,情况就更为复杂了,这些"里"也有其传统名称。虽然"里"实际上没有政治功能并且不被视为社会单元,但是他们自从日据时期就一直存在,对一些人,特别是受过一定教育或与政府相关的人员来说,这些"里"名可以用来指代特定地区及其居民。很难具体说"北头"北至哪里,"船头"是否为"北头"的一部分也颇具争议。"坊"名并没有形成纯粹的区分系统,甚至每家每户,确切地说是每个人对镇上的区域都有自己的叫法。可能并没有谁能够完全知道镇上所有地区的名称。这些名称并不与分立的社会单元或者群体相符合,即使镇上存在地域特征明显的群体,它们也不会按其所属的区域来为自己命名。

我还尝试过根据庙宇地区来定义"街坊"的边界。鹿港任何人家只要在节庆期间捐款就能得到一张写着庙宇名称的"符"(charm paper)作为回馈。该符往往被贴在家里正门之上，用以保家护院并作为"捐赠"的明证。通常位于庙宇附近的每家每户都会贴出这样的符。然而当我们由庙宇出发，不论走哪个方向，都终将面对一家没贴，一家又贴了，第三家没贴，下一家又贴了这样没有规律的事实。验证"符"假设的尝试就此中止，它们是呈散点图分布在庙宇周围的。有些家庭前门上贴着不止一张符，而且大部分还是来自于不同的庙宇。"庙宇地区"的区分法产生了重叠现象。偶尔还可以在某些家庭的前门上发现来自城镇另一边的小庙符纸。在这种情况中，城镇另一边的小庙可能就是户主妻子娘家所在"街坊"的庙宇；或者也可能是户主与该庙"炉主"有着紧密的商业联系；亦或是家庭中的某一位女性认为那座庙所供奉的神明非常灵验的缘故。如果来自不同庙宇的符纸都以不同的色点来表示并将这些点都贴到鹿港的地图上去的话，将会得到一幅莫奈（Monet）而非蒙德里安（Mondrian）（译注：莫奈是印象画派的代表人物，而蒙德里安是几何抽象画派的先驱，以几何图案为绘画的基本元素）画风的画作。

家庭可能会在多座庙宇的年度节庆上捐款，然而他们每次所捐的数额却未必相同，也未必在每个节庆上都会举办宴会。因此"庙宇地区"的边界是模糊的，并且参与度也沿着捐款数额梯度而下降。久而久之，庙宇地区就会发生流动。当新庙宇在老"街坊"中建起来，而在鹿港的所有街坊都还是老街坊时，一个新的庙宇地区就产生了，一些地区则消失了。在日据时期之前，鹿港的主街被牌坊（street gates）分割成五个部分，各个部分分别在其路段轮流举办"三山国王庙"的年度庆典。如今三山国王庙仍然存在，但是住在这条三里长的街道两侧的居民不再轮流举办它的年度庆典，也不把自己视为该庙宇地区的居民了。"上、下菜园"各有一座庙宇，"上菜园"的那座庙宇就是之前描述过的顺义宫。1968 年，"下菜园"的那座庙宇被重建，并且举办了一场精美的庆典。它的"头家"到"上菜园"来打算募集数量远大于象征性的捐款。他们认为"菜园"的上、下两部分实际应该是同一"街坊"，并且组成了一个"里"。因此"下菜园"的庙宇也应该被"上菜园"的人们所供养。"街坊"命名法的松弛使得这种说法成为可能。如果被这些来自"下菜园"募捐者所说服的人数足够，那么"下菜园"那座新建庙宇的领地也许会迅速扩张，而顺义宫则有可能会变得更加多余。我们没有理由假设在过去的两百年中，此类现象从未发生过。

我们对于"街坊"的观察越是深入，就越能发现它们与村落之间的巨大差别。"街坊"之间的边界是模糊的；人们并不会费气力去明确街坊之间的分界线，把线外的人定义为"外人"，这对于他们来说是没有意义的。鹿港的"街坊"中从来没有产生过合作群体。街坊的人们有着不同的姓氏，靠不同手段谋生，收入情况也大不相同。除了随机地同住在一个概念模糊的区域中、并因此拥有同种信仰之外，他们没有任何共同点。庙宇并不反映或者加强任何其他的结构，它仅仅作为建筑物而存在。似乎是庙宇在构建着"街坊"，而非"街坊"产生了庙宇。

如果人们是为了构建"街坊"才兴建、供养庙宇的话，那么肯定有人会问他们为何会认为如此大量的花费和麻烦对于"街坊"来说是值得的。该问题的部分回答可由 19 世纪时"街坊"在鹿港镇上所扮演的角色导出。简而言之，那时镇上的社会结构可以用群体之间相互重叠来描述。这些群体分别以三种不同的原则：职业、姓氏以及居住地来招揽成员。行会、同姓群体以及地缘群体（neighborhoods）的成员相互交织，这都强化了社会团结以及在公众仪式上的相互关系。如今，行会早已消亡，同姓群体也不再是中国东南部典型的团体性宗族，因此也不再重要。只有地缘群体存留了下来，虽然它们早已不是上个世纪时的那种地缘群体。和同姓群体一样，地缘群体偶尔也会彼此发生争执，这些争执往往发生在游行之中，有时甚至引发骚乱。每年的七月份四大节庆轮番上演，初一、初七、十五、三十均是全城设宴。除此之外该月每隔一天都有不同的街坊举行庆典，招徕从城中其他地区前来的客人。如今这一庆祝方式被警方所禁止，中元鬼节的庆典被限制在七月十五那一天之中。当然，今天由 30 余座庙宇组成的庙宇系统——每座庙宇都有自己的年度节庆，都会邀请客人参加家庭宴会——或许也可以被视为能够提供和过去七

65

月诸多节庆相当的、强化社会关系的庆典和娱乐机会。

在鹿港过去组织群体的几种方式里，只有通过住址组织的方式留存至今。过去人们会因为职业、籍贯、姓氏、地缘各种因素而团结在同一崇拜的庙宇之中，如今却只有地缘因素才能使其团结。但是基于地缘的庙宇组织要么是全镇性的"阖港"式，要么是区域性的"角头"式，远非只是历史遗存。它同样代表着一种对身份的认同、对如今的鹿港社区的种类的声明，准确地说，是鹿港自我认为的社区种类。我对于鹿港特殊的仪式风格以及该镇供养有如此之多"角头的"庙宇的解释都基于鹿港居民对其社会和城镇的认知和讨论方式的论据之上。我的假设是，鹿港人根据该镇的历史和如今的经济社会结构而使用某些特定——与庙宇和仪式相关——的依据来定义自己。这为鹿港人提供了其伙伴关系、社区和共同身份的唯一习惯话语群。

鹿港的许多自我定义都是基于一幅过去城镇繁荣的图景之上。城镇历史的细节——何时为何发生过何事——仅仅依稀地为当下的居民所了解。但是他们依然很重视历史，并且认为历史对于他们今天的生活而言是有意义的。除了在地理上相邻之外，如今为当地居民所共享的就只有历史了。但是历史一去不返，行会销声匿迹，港口早已填埋，甚至连海岸线也发生了变化：集镇已经向内移了三公里。过去的富贾士绅之家如今破败不堪，贫困人家只需向移民台北的房主交租便可栖息于此。战后想要通过开挖港口、兴办学校以取代出过四位进士（科举制度中的最高学位）的"书院"来恢复昔日繁荣的努力以痛苦的失败而告终。如今看来，鹿港的命运极大地取决于台北政府的决策。鹿港人认为，唯一能使其城镇与众不同之处就是其历史。而除了庙宇之外，鹿港的过去和现在并没有表现出明显的连续性，它们之间也没有任何关联。作为唯一可以跟为鹿港人所高度重视的历史扯上关系的纽带，庙宇成为了身份认同的切实凭据。来自全岛各地到天后宫朝圣的团体也表明着鹿港的重要地位确实非同寻常。从来没有人提及这些团体接下来要去朝圣的北港妈祖庙，虽然该庙在受欢迎程度上远远超过前者，鹿港人还是仅仅将其视为天后宫的一个分支而已。

　　庙宇还提供了一条描述城镇现状和社会结构的可行方案。鹿港的居民对自己"鹿港人"的身份认同有着很强的意识，并且很注意强调自己城镇与其他地方的不同之处。他们将其描述为"十分古老、传统、守旧"，描述为"台湾知识文化的中心"，并将其定义为处在"农村-城市连续体"上的中间位置。既不像他们眼中的乡间村落那般粗陋和下愚，也不似台北都市那样的败坏、喧闹、缺乏人情味。鹿港与世上其他地区之间的界限非常明确，而在城镇内部却没有那么明显的区分。人们将鹿港描述为人们互相熟识、互相关爱，充满人情味（jen-ch'ing wei）的地方。人们意识不到在个体家庭和城镇之外还有什么其他明显的群体（distinct groups）存在。在一种话语模式中，人们蜚短流长地讨论特定镇民（通常是那些其绰号为全镇人所知的镇民）的习惯和私事；在另一种较为公众的话语模式当中，他们则以十分整体的措辞来谈论"鹿港人"，并把该镇作为一个似乎没有差异的连续整体，一个纯粹的共同体/社区（gemeinschaft）来提及。在外行观察者看来，这无疑呈现了一幅相当奇 *67* 怪的景象：人口约为两万八千，与岛上其他地区有着广泛经济、个人关联的工业城镇，其居民竟会把它描述成一座封闭的共同社区。

　　因其对居住于同一区域的所有人开放，仪式语言如此强调社区和团结，其节庆便成为相互宴请（reciprocal feasting）的绝佳机会，庙宇为如此无差异的社区提供了一个内部组织模式。如果有人首先就断言该社区的存在，并像上述所说是由同种材质组成的话，那么就可以继续将该社区细分为任意数量的小单元，这些小单元之间互赠礼品并以此固化着彼此的机械团结（mechanical solidarity）。这便是鹿港社会结构的模式，该社会结构由镇上庙宇及其节庆活动来提供（provided by）。"角头的"庙宇被定义为具有同等性，它们彼此互相邀请对方前来参加庆典。"阖港的"庙宇以及它们的节庆则为社区之外的客人提供了参加庆典的机会。但是，有人告诉我说，如果某人自己也是客人的话，他就不能再邀请他人参加庆典。如果谁都是主人的话，那也就没有客人可言了。仅仅依据共同居住来定义人们的庙宇为维护城镇团结提供了途径,而"角头的"庙宇则将民众划分到等价的范畴之中,这些范畴可以彼此以明确、友好的方式进行互动。

当然,鹿港并非一座共同体(gemeinschaft),它的居民也远非如他们所宣称的那样相同。在经济和政治上它是一个紧密结合的现代化理性"城邦",其居民的人际网络超越了城镇的边界,扩展到台湾的每个角落,甚至超越台湾抵达日本、巴西、北美等地。它仪式性自给自足的虚荣(pretensions),并非微不足道,但却仅仅是自命不凡而已。城镇人口虽然依旧保持接近静止的状态,但是其经济、职业结构的分化程度却越来越深。劳动组织为单独的、彼此间区别越来越大的人服务。当人们与和自己属于同一职业分类的其他成员联合在一起之后,那么他们将最终和生活中的大部分人隔离,而生活在一小群伙伴中间。此外,经济增长迅速,并随之涌现出大量新兴职业。新的店铺和工厂也纷纷开张,其中有一些将会倒闭,有的的则生意兴隆。旧式由地主、商人和佃农所组成的阶级结构已经瓦解,在过去大约 15 年中,阶级结构具有很强的流动性,迁移现象也十分普遍。受过教育的人、雄心勃勃者以及在当地找不到工作的穷人都陆续离开鹿港,镇上每一位成年男子都在深思熟虑后选择了留下,并承诺将在镇上一直住下去。虽然民众逐渐富裕起来,他们的生活也发生了改变,但是,城镇自身在过去的 20 年中规模并没有明显增大,也没有发生任何令人震惊的变化。很少有新建筑落成;镇上依然缺乏公共供水系统和下水道;多数工厂都规模很小,并往往设立在偏僻小巷或者城镇边缘的棚屋之中。人们很难感觉到城镇正在不断发展,或者在往某个特定的目标前进。地方政治人物更多地被视为令人不快的恶棍和派系的象征,而非能够决定市镇未来命运和社会结构形式的领袖。从前的鹿港已经改变并且远去,而今天的鹿港则难以定义或描述。仪式的"机械团结模型"无法对当下的情境做出很好地描述,但是至少为讨论、思考某种社会关系提供了一个模式以及话语体系(idiom)。

如果情况果真如此,那么缄默、朴素(unelaborated)的公众仪式理解起来就容易多了。这一仪式风格的目的是能在不引起人们对差异性注意的前提下,那个十分暧昧的团结却仍能得以维护(assert)。在没有其他途径能将民众团结起来的时候,人们总能够转而依靠于地缘性和区域性,即使在居民之间没有任何共同点、区域除了在庙会时能将人们聚集起来之外没有其他作用。"角头的"庙宇在某区域中提供了一个团结的表象。"任何人都可以充当炉主。我们没有成立任何用以经营庙宇的委员会。附近的人们都相互熟识,有什么要干的大家一起去便是。"庙会提供了一个标准化、受限制的社交模式,以及一条能与镇上其他居民愉快互动的途径。如果像我假设的那样,鹿港人确实想要找到一些能够宣称共同身份、能够公开地描述他们愿意为之委身的社会的办法的话,那么他们可以通过把注意力都集中在鹿港的过去,而非现在和将来;并且通过以地缘而非职业、政见来自我认同来达到这一目的,而这正是他们之所以供养 39 座庙宇的原因。

₆₉

（彭泽安译　郭潇威校）

一个台湾城镇历史中的宗教组织

王世庆（Wang Shih-ch'ing）

　　乡土台湾的宗教组织通常采取两种紧密联系的形式中的一种，除了一些以祖先崇拜为主的集体外。① 一方面，一些群体以地域界定的社区为基础，所有居民都以某种方式崇拜一个神，后者被认为是他们的保护者与超自然的统治者；另一方面，也存在着被称为"神明会"（shen-ming-hui）的自我选择的社区，其中，成员资格并非以地域为基础来界定，而是以人的血缘关系（kinship affiliation）、族群认同（ethnic identity），或对一个特定的神的献身为基础的。

树林镇的移民

　　本论文的目的是要说明群体成员资格的界定标准，以及在该镇的发展、商业化、并最终成为一个工业郊区的变迁过程中这些标准发生变迁的方式，借此来追溯在一个台湾小镇中宗教群体的发展。我的论题简要表述如下：一个中国小镇中的宗教组织，最好被当作其社会历史的一个方面来加以理解。庙宇崇拜与神明会组织仅仅是多样化标准的一种具

---

① 本论文强调树林镇的宗教机构的发展的社会学意涵，关于这些机构的更为详细的历史，可参王，1972。

体表达,这些标准在一方面将民众集体区分开来,另一方面,则将他们作为一个更大的社区的成员而联合起来。

为了对这一论题做出具体的说明,我选取了坐落于台北市以西大约十英里的台北盆地南面的一个镇子。这个镇子以及与其联系的乡村地区,涵括了大部分——但并非全部——的树林镇。在清朝早期,这一地区是一个更大的叫做海山庄的行政区的一部分,当地人称它为"风柜店",作为树林的代称;后一个名字在日据期间更为常用。现在,树林既是该镇及其周边乡村地区的官方与民间称呼,也是该镇的镇名。

树林地区的移民历程沿袭了北部台湾的典型模式:那些显赫的人被政府授予土地,再招募来自中国大陆的贫穷农民与工人,以管护和丰富他们的地产。作为对其开发土地的劳作的回报,同时大概也是因为受让人无力阻挡,这些移民通常要求获得对于他们所定居的土地的包括出售权在内的永久权利。不少移民占据了大量土地,最后成了地主。由此而来的是一种土地权的双重——有时候是三重——的分层系统。最初的受让人,即大租所有者,从移民即小租所有者那里收租;后者则转而从耕作土地的农民那里收租。

尽管最初授予的土地数量是非常庞大的,但只有少数受让者发达了。包括现在树林在内的最初的转让,在 1713 年给了四个人:郑真、王默、赖克与朱冠候。1724 年,王与朱将他们的股份售予邓轩,后者因无力支付租金,不久即将包括树林在内的股份售予胡昭。胡昭发展了灌溉设施,拿出一部分地产投入种植业,但是未能赚钱。1751 年,胡与其儿子将他们的一半地产以 3500 两白银售予张必荣、吴珞与马肇文;1752 年,胡家以 1500 两白银的价格将另一些土地售予张与吴;随后,1754 年,胡昭去世,此后胡家中落,最后将他们剩下的地产售予了张、吴与马。

张、吴与马开创了名为"张-吴-文会社"的组织,其前辈没有做到的事情,他们似乎却获得了成功。在购进了邓轩售予胡昭的所有地产之后,会社从邓轩之子——为了支付父亲的葬礼费用,他不得不出售土地——那里购买了他产业中的另外一大片土地。1757 年,马将他的股份售予龙洱,会社分裂,并最终于 1760 年解体。是年,吴撤出了他的股份,成立了一个独立的会社,即吴计盛。张家将他们的产业分为两个独立的会社,其中一个以张必荣之名命名,另一个则以他的亲戚张方达命名。前者,包括树林在内,似乎百举百捷,在之后的 20 年里,张必荣的后裔扩张他们大租权的区域,买进不少移民的小租权,购买大部分地区的水权,建立五个粮仓,并为控制大部分由原住民所拥有的土地而进行了成功的协商。在 1783 年——是年,该会社的规章被刻于一块石碑之上——之前,张家人几乎掌握了后来被称为"海山庄"的所有地方。树林地区仅存的、还有点儿分量的其他地主是刘昆山以及一户来自漳州(Chang-chou)的赖姓人家。

除了一些彭姓的客家人——他们定居在至今仍被称作"彭厝"(P'eng-ts'o)的地方——所有胡昭与张必荣雇佣的移民都来自漳州或福建南部的泉州府。结果是:一众人同操一种语言,许多习俗亦相同,同时他们却来自不同的族群。由于他们籍贯的确切位置不用,人们说着不同的福建方言,在婚礼与葬礼上也表现出不同的习俗。因此,值得注意的是,早期移民并未依据各自的民族界线而扎堆,而是散居于民族混杂的移民区。例如,彭厝的移民,居住于现今树林镇的南边,他们包括(除了彭姓的客家人)来自泉州的廖姓、张姓、王姓、洪姓与林姓,来自南安(Nan-an)(泉州)的周姓与陈姓,以及一家来自平和(P'ing-ho)(漳州)的姓赖的人家;潭底(T'an-ti)的移民居住于现今镇子的北边,包括来自南安(泉州)的王姓,来自东安(T'ung-an)(泉州)的王姓与洪姓,来自平和与南靖(Nan-ching)(泉州)的赖姓,和来自龙溪(Lung-ch'i)(漳州)的刘姓与林姓。

最为重要的族群区分存在于客家人与闽南人之间以及闽南人——即来自漳州与泉州的人——的内部。但是,一个家庭,比如它来自平和而非南靖,这一事实也是至关紧要的。在泉州移民中间,来自南安、金清(Chin-chiang)与惠安(Hui-an)的民众,一道被归为顶郊(Ting-chiao)或三义(San-i)人。与来自东安与安溪(An-ch'i)的移民不同,在漳州人中,则是根据他们是来自平和还是来自南靖而得以区分的。这些民族群体中，最大的一支是顶郊，其次则是来自平和与南靖的移民，以及来自东安与安溪、泉州的移民。安溪人在总人口中所占比例不大，却在当地事务中起着举足轻重的作用，原因是他们与安溪的移民有着密切的联系，而后者则直接支配着树林南部的三峡地区。

由于社区之间的方位在当地历史中扮演着重要角色，读者须对我讨论的地域及其划分方式略知一二。如插图所示，这一地区包括一块低陷而肥沃的土地，在西边以淡水河为界，东边则以龟仑山为界。我们关注的时段，在其大部分时间中，居民将这一地区分为八个社区。在清统及 *73*

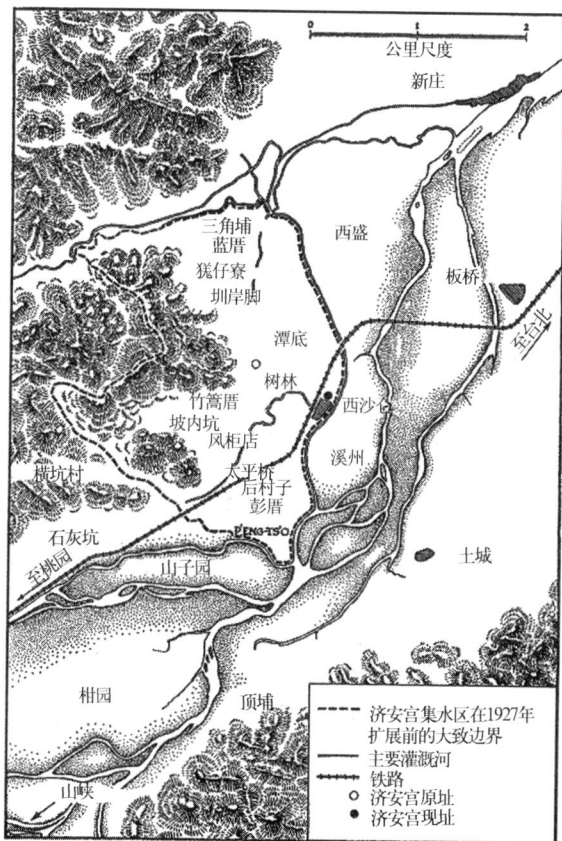

地图

日统的大部分时间里,自北向南所使用的名字依次为:三角埔(San-chiao-p'u)、猄仔寮(Chiang-tzu-liao)、圳岸脚(Chün-an-chiao)、潭底、竹篙厝(Chu-kan-ts'o)、风柜店(Feng-kuei-tien)、彭厝,以及在西山中的坡内坑(P'o-nei-k'eng)。在1901年铁路延伸到树林以前,潭底乃是这一地区的仪式与商业中心;1901年之后,现在的树林镇围绕着地处风柜店的火车站而得到了发展。读者亦应留意:三角埔包括一个被称作"蓝厝"(Lan-ts'o)——即蓝姓人的寓所——的小村庄;彭厝则被分为三个指定的区域:太平桥(T'ai-p'ing-ch'iao)、后村子(Hou-ts'un-tzu)与彭厝。

树林的众神

尽管台湾北部有着富足的农耕用地与充沛的水源供应,但对于早期的移民而言,它仍难以称得上是舒适的环境。首先,他们不得不抵抗来自被他们取而代之的原住民的袭击;之后,由于遭受中国匪盗——这些人取代了原住民在山中的据点——的强索,他们受到尤为惨重的损失。然而,祸不单行,一种未知的疾病夺去了许多人的生命。中国移民对于台湾北部的印象在1717年出版的《诸罗县志》中得到戏剧般的描述。该岛的北半部被这样描写道:"此地山颓水坏,山雾海氤缭绕。顽疾肆虐,它们随风侵袭,以至于人们在清醒的时候也是神智昏沉的。"(1968,284)

为了抵御这些危险,移民从大陆带来了在他们原生地更为赫赫有名的神祇。我们不能将所有的神及其来源地辨识出来,因为我们不得不做出这样的猜想:当将神带至这个岛上的家庭不复存在的时候,那些木像或盛着香灰的香囊,亦随之毁灭或消失了。但是,一些幸存下来的移民在岛上建立了一个中国聚居地,他们的神祇亦如是,众神的历史阐明了社会本身借以构成的过程。在树林,从大陆带来的最重要的四个神是:清水祖师公、保生大帝、刑府王爷(Hsing Fu Wang Yeh)与天上圣妈(T'ien Shang Sheng Ma),即妈祖,这一名字更广为人知。

75

妈祖是简家从南靖(漳州)带至树林的。简家在竹篙厝以及坡内坑的低地部分定居。他们最初居住于竹篙厝,即有墙壁围着的竹篙厝,它在 1860 年漳州人与泉州人的一场争斗中被毁。但是,简家人自己劫后逢生,并成为竹篙厝与坡内坑的大部分地区的执牛耳者。妈祖被确立为简氏宗族的守护神与公共符号。宗族自己创立了一个叫做天上圣母会的宗教社团,或者可简称为简妈祖会。在人们的记忆里,简氏宗族的成员就一直轮流担任妈祖会的炉主,即香炉的师傅。[①] 炉主每天向妈祖奉上供品,并在每年的阴历三月初二组织举办节庆。每年节日妈祖会的成员与参与者仅限于简氏宗族的成员。

清水祖师公是由蓝氏宗族——他们定居于至今仍以蓝厝为名的地方——的四个分支"请"至树林的。蓝氏宗族与清水祖师公之间的关系,实质上正如简氏宗族之于妈祖。在每年的阴历元月初六,宗族成员会宰杀一只牲畜作为清水祖师公的祭品,并参加"过火",即"火上行"(fire walking)仪式,以取悦神,使他有求必应。负责组织这些活动的炉主都是蓝姓,同一天所举办的节日的出席者也只限于宗族成员。规矩是,该宗族四分支的每一支必须贡献 80 石米当作这一节日支付的款项,赤字则由一家之主担任炉主的家庭来负荷。[②]

彭厝的林氏宗族的成员为了敬拜刑府王爷而组建了王爷公会,它在大多数的细节上与简妈祖会及蓝氏的清水祖师公会相似:同样是一个宗教社团,即神明会,其成员资格与本土化了的宗族成员资格是重合的。从大陆来的四个神中,惟一不属于某一具体宗族所专有的神就是保生大帝。保生大帝是由定居于潭底大部分地区的赖家带至树林的,人们最早在山脚下的一个小茅草棚里面进行敬拜活动,之后,赖氏宗族创立大道公会,系统化了对神的敬拜,费用从"赖氏献祭会社"(Lai Sacrificing Association)占有的土地而收取的租金中支出。如此一来,人们或许会 *76*

---

① 炉主负责照管香炉与组织崇拜活动。他通常由神拣选,供职一年。
② 一石米相当于 100 斤或大约 133 磅。

预料保生大帝将继续会是赖家专有的守护者,但是,事实并非如此。这个神成为整个树林的超自然统治者,是树林所有人——不管他们的血缘关系与族群身份是什么——的财产与关切所在。

　　保生大帝如何脱颖而出成为树林的超自然的执政官,解释起来颇费唇舌。一个故事释之如下:一些孩子玩弄了保生大帝的香炉,随即因胃痛而病倒,在他们祈求神的饶恕之后方才痊愈,由此,保生大帝变得声名鹊起。更具有社会学的说服力的乃是这样一个故事:权势显赫的地主张必荣一病不起,由于之前他曾听说过保生大帝的法力,就遣使他的一个工头以他的名义去敬拜这位神。张很快康复了,为了感谢神,他捐献了一大笔钱修建了名为济安宫或大道公庙(Ta Tao Kung Miao)的庙宇。还有一种可能性,即潭底的方位,它毗邻一个所有进出口均须经过的码头,这就使得保生大帝有着广泛传播名望的地利之便。此外,另一个可能性是,族群矛盾使得冲突频仍,杯弓蛇影,而保生大帝则可用于"调解"这些矛盾。将保生大帝带至树林的赖家是来自南靖与平和的漳州人,但是,相传,保生大帝在东安也是有名的官员,并因此是一个为泉州大多数人口所尊重的神。

　　保生大帝变得位高权重,个中缘由不论是有一个还是有多个,明了的是,地主张必荣事实上扮演了重要角色,因为最早的济安宫是他在1788年捐钱修建的。1871年版的《淡水县志》显示,这一庙宇在1812年重建,1836年再次修建。1836年重建时捐献者的名单被记录下来如下:裴聪、洪英、涂民富,12块银元;张必荣,40块银元;赖永和,24块银元;张恪枚,20块银元;简璧明,20块银元。在日本人占领台湾从而促生更多的根本性变化之前,庙宇在1893年最后一次得到重建,原来的庙宇被修缮一新,门旁搭建了一个戏台。其时,原属潭底福德宫的八分稻田与两分林地被转给济安宫所有,①这些地产的租金给庙宇提供了每年418石米的收入。

————————

① 一分是一亩的十分之一,等于0.9666公顷或2.3968英亩。

随着济安宫的建立,人们开始表演戏剧以祈求神的喜爱,并组织游 77
行让神进行全面"巡视",以此来纪念保生大帝的诞辰。首先,人们以抽
签的方式从树林所有的户主中选出炉主,后者召集社区中所有的年轻人
轮番为神抬轿。这道程序一直延续至 19 世纪 80 年代的某一时间,其时
兴起了一种新的组织形式,主要是因为树林人口的增长使得旧的程序显
得冗长。新的形式是,整个地区被分为四股——潭底与圳岸脚,猴仔寮
与三角埔,风柜店与竹篙厝,坡内坑与彭厝,这四股从那个时候起开始轮
流提供炉主与神明的抬轿人。① 这一组织形式反映了这八个区域作为不
同的社会实体的出现,它们一并构成了以济安宫为中心的更大的社区。

济安宫历史上的下一个重大事件带来了另一种变化。日本人甫一
粉碎当地人最后的抵抗,殖民政府就选择修建了新的铁路线路,并开始
对刘铭传时期尚处于试验阶段的铁路进行现代化。新的线路起自基隆,
经台北市,再由台北到板桥、树林与莺歌,最后到达该岛最南端的高雄。
铁轨在 1901 年通至风柜店,次年在该地修建了站台。正如铁匠铺
(Blacksmith's Shop)这个名字所示,长久以来,风柜店一直是一个小型
商贸中心。但是,在铁路通至此地之前,潭底因其码头而成为这一地区
的枢纽。铁路取代了老的渡船,不久,这一地区的重心也就向南转移到
了风柜店,寥寥几年,大量的商铺在日本人所建的新站台、学校及行政机
关的周边开张。尽管我尚不敢就此论断道:宗教组织的发展总是追随社
会组织,但显然,一些时候确实如此。1922 年,济安宫的两名杰出成员黄
俊卿与王徒隆,感到旧的庙宇已经破落得无法再修缮,就建议修建一座
新的庙宇,并询问神以选取地点。保生大帝所选方位就在新火车站之南
仅几百码之远的地方。在其后的五年内,黄与王共募集了 43455 块银
元,在 1927 年的阴历十月二十四,新庙竣工。同年阴历十月二十三,为
施益于地狱中的孤魂野鬼而进行了"醮"仪式。② 因此,风柜店——树林 78

① 正如给出的例子所显示的,"股"这一用语指的是股份或呈交一次循环。
② "醮"是一种为神圣化庙宇或更新其宗教章程而由道士执行的神秘仪式。可参考苏海涵
　(1972)的精彩说明;亦可参施舟人在本书中的论文。

这一名字更广为人知——成为了这一地区的宗教与商业中心,而这一地区先前则是张必荣的地产。

自1922年起的数年里,被视为保生大帝管辖权限内的这一地区扩张了两次。1927年,新的济安宫竣工后,山仔脚、横坑仔与石灰坑作为济安宫的责任区的组成部分被吸收了进来,因此,原初四股之外又加上了第五股。30年之后,即1957年,五股系统根据国民政府所划定的执政区域得到了重组,西沙仑,即板桥镇的一部分被划入了第三股。结果,目前供养济安宫庙的地区,包括树林镇的大部分地区与板桥镇的一小部分。溪州则是个例外,这一区域是板桥镇的一部分,但与树林位于河的同一侧,距离新的济安宫只有五分钟的步程。除了溪州,保生大帝所辖区域与树林站及簇拥在其周围的商店所服务的区域大致相同。

山仔脚地区与西沙仑被纳入到济安宫组织中来,以及溪州继续独立的地位,这些均突出了社区构成中商业与族群纽带的角色的重要性。显然,市场围绕着新的站台而得以增长,通过参与到这一市场中,山仔脚与西沙仑也被吸纳进了济安宫组织,尽管就西沙仑而言,其为办公处设在另一个镇子的行政区。不论是较之于山仔脚还是西沙仑,溪州的大部分地区与那个站台都更为接近,并且还是以那个镇为中心的市场地区不可分割的一部分,尽管如此,它并未以任何方式参与到济安宫这一组织中来。溪州的个体居民在需要的时候会寻求保生大帝的帮助,因为他被视为灵验的神,但是,溪州作为社区并不向他的庙宇进行捐献,在它正式构成中亦不扮演任何角色。其原因显然在于,溪州的绝大多数居民都是来自安溪的移民的后裔,因此与三峡多数的安溪人有着密切联系。在后面我们将看到,溪州惟一参加的外部组织是以三峡的大清水祖师公庙为中心的组织。

社区的出现

济安宫的扩大因为树林作为一个整合的社区(community)的发展而

成为可能，与此相同，当地村庄及邻近地区的其他宗教组织的建立，也反映了它们作为社区而出现。自其最初的移民区开始，树林的历史就是一部关于混合、关于多元来源的人们联合起来创立组织克服差异的历史。最早的例子即为1756年潭底的福德宫的建立。潭底的居民在一处至今仍被称作土地公埔的地方，为保护神土地公修了一座小庙，并捐钱置了八分稻田来支出庙宇的供养与每年的敬拜活动。这一共同的努力，加之这一普遍的观点，即土地公是一个以地域界定的社区的超自然统治者，揭示出这一事实：1756年之前，潭底的居民已经将自己视为一个社区，并能够将他们的多样化的来源与族群冲突置之度外，而如同一个社区那样去行动。

与福德宫(Fu-te Kung)的建立同时，潭底的农民建立了一个吃福会(Ch'ih-fu-hui)。表面看来，该协会的目的是：一年内聚会一到两次，共庆节日，敬拜土地公。但是，它的创立这一事实本身也对组织它的社区做出了鞭辟入里的说明。这些组织为安排修筑灌渠与公路的工作团体提供了制度性途径，也为边界与水权争论提供了一个协商平台。吃福会的存在说明，成员们认识到并能够合作以推进共同的利益，即使他们可能隶属于在其他议题上存在着矛盾的不同集体。

1800年以前，树林地区的大部分村庄已经建立了土地公庙和一个与之相应的吃福会，其中，许多都拥有从潭底的福德宫带来的香火。三角埔成立的吃福会尤为有趣，其成员包括几个族群，也同时包括地主与小户农民。会社由16家股份确立，股东每年轮番负责组织四次节庆。一个举足轻重的地主李申发持有两份股份，来自东安的仲家持有两份股份，来自南安的郑家、来自顶郊的陈家、来自平和的蒋家、来自漳州某处的李家，以及同样来自漳州的简家与简氏宗族的献祭会社各持有一份股份。另六个分别姓陈、李、蒋、曾、吴、张的家庭——我还没能找出他们来自何地——亦各持有一份股份。三角埔中惟一未参与吃福会的人家是蓝厝的蓝氏宗族成员。他们创建了自己的土地公庙，作为一个独立的社会单元而行动。

80

作为族群纽带(ethnic tie)与社区庙宇之创建这二者之间联系的例证,彭厝的重兴宫(Ch'ung-hsing Kung)与土地公庙的历史也饶有妙趣。重兴宫由两个族群的代表所建,象征着冲突岁月终止的休战协定。清朝年间,树林地区被划分为八个指定的区域,其中,彭厝的族群裂痕最为深刻,其移民包括来自广东的客家人与分别来自漳州和泉州的闽南人。尽管彭厝早就有了移民区,并且作为张公馆——即由张-吴-文会社所创立的收租站——的所在地而地位尊显,但是大概因为这种族群的多样性及其所促生的冲突,它是最后建立土地公庙的地方。这一地区的漳州与泉州居民在 1853 年发生争斗,并在 1859 年再次争斗,此后,双方均未获得好处,在 1861 年宣布休战。这一年他们将麻烦迁怒于他们的客家人邻居,并把后者赶出了这一地区。为了对休战进行确认,可能也是为了庆祝他们对客家人的胜利,一个来自泉州的廖姓家庭与一个来自漳州的赖姓家庭提议修建一个土地公庙。他们共同出资购买了一甲稻田,将其收入作为赞助捐给了重兴宫。在这个例证中,我们同时看到了族群差异(ethnic difference)的分裂性后果与它们的解决之道,后者即体现为创建地方层面的庙宇。

较之于血缘关系,族群在树林史上一直扮演着更为重要的角色,尽管如此,忽视宗族组织的影响仍将是错误的。三角埔的蓝氏宗族是这一地区惟一拥有自己的土地公庙的宗族,也不参加由更大的社区所创办的组织,但是,它并非惟一的与超自然有着独立联系的宗族。我们已经提到了简氏宗族的妈祖会,林氏宗族的王爷公会与赖氏宗族的大道公会。然而,三角埔的仲氏宗族提供了另外一个例证。尽管仲家持有当地吃福会的一份股份,并且帮助供养土地公社区,但是,他们也有自己的土地公庙与一个独立的组织。属于这一宗族的大约 12 户人家,轮流在每天的早上与夜晚为神烧香,而一年中有七次,即阴历元月初二、二月初二、八月十五、十二月十五、大年初一,以及该庙开工与竣工的周年纪念日,每一户人家都会准备一份更为精致的祭品。

大多宗族都注意维持自己独立的身份,这在潭底赖氏宗族的案例中表现得最为突出。该宗族的成员尽管支持建立济安宫,且在1836年资助该庙的重建活动中榜上有名,但是,当保生大帝成为整个树林地区的超自然统治者的时候,这一宗族并未抛弃它为保生大帝举行的专有仪式。相反,赖家人将他们专有庆典的日子从阴历三月十五改到十六,也就是在参加了前一天社区的庆典之后,再举办他们的专有仪式。对于他们的保护神的显赫地位,赖家人似乎引以为豪,但是,他们同时仍然极为珍视这一象征着他们作为一支独立的社会实体之地位的符号。

区隔(segmentation)

树林定居的多个族群之间的交融与地方社区的发展,在稍后的数年里也伴随着一个区隔的过程。随着树林人口的增长,已存的社区里出现了新的社区。彭厝的历史提供了一个相对简单的例证。如前所述,按照彭厝的居民的看法,社区被划分为叫做后村子、太平桥与彭厝的三个村庄。这三个村庄都参与了1861年重兴宫的创建,至今也都参加它每年的庆典。但是同时,由于礼节性地认可这一事实——即它们是彭厝社区不同的部分(segments),因此,两个新的庙宇建立起来了,一座位于后村子,一座则位于太平桥。两座庙宇中较为古老的是后村子的村德宫(Ts'un-te Kung),它是在张丰顺——他是张佩师的后裔,张佩师则是地主张必荣的一个亲戚,也是一个主要的支持者——的提议下于1925年建起来的。我们并不知晓张提议的背景,但是,可以设想到,该提议之所以被接受与这一事实有关,即在14户加入新组织的人家中,8户都姓张。

位于太平桥的庙宇是由一个叫洪水龙的人修建的,稍后,他将这一机构转交给社区。我所知道的说法是这样的:洪的儿子病重难愈,以至于不能走路,咨询过中医西医之后,洪万念俱灰,转而去寻求上帝公的指点。这位神告诉洪,他必须修建一座庙宇,并且敬拜土地公与妈祖,否则,他的儿子将永远无法痊愈。洪试图讨价还价:假如他的儿子痊愈了,他就会修庙,但是,神坚持,*除非*修庙,那个孩子不会痊愈。之后,洪花费了10000新台币,庙宇在1937年12月竣工。洪的邻居雇佣了一个道士来施行落成典礼,现在人们将供奉在那里的神视为当地的守护神。这个神广得名望,要归因于洪的儿子在次年初期的痊愈。

潭底最近的历史可称得上是区隔的一个更为详尽的实例。尽管在老的福德宫的产权向济安宫的转渡中发生过争吵,但是,这座庙直至1965年一直是潭底惟一的土地公。此后,该区的里长与镇上的代表集会并认定,庙旁边的一家露天煤矿坏了它的风水,建议在其他地方再盖一座新庙。社区通过了这一决议,在几个月内募集了1.5万新台币用来修庙,这就是现在的潭德宫。同时,认识到该地区的人口增长迅速,原先供养老的福德宫的组织也得到了重组。新的组织遵循济安宫的典范,将潭底划分为五股,现在,这五股轮流承担起挑选炉主与为庙宇每年的庆典募集经费的责任。

尽管供奉在原先的福德宫的神像被移至新的潭德宫,老的庙宇并未被抛弃。相反,一些紧邻着它的家庭请来了一个新的土地公,并将他供奉在老的庙宇中,现在,他们将这栋老的庙宇当作一个街区庙宇(neighborhood temple)来对待。

在一场关于"潭德宫应面向何方"的争论几个月之后,潭底建立了第三个土地公庙。现在,这已经成为树林大多数地区的习惯,即人们会请教保生大帝来选取新庙的地点,而询问地方的神来决定它的朝向。神指示他想让庙宇朝南,但是一个叫赖火镰的男性争辩说,应面朝西。当建筑委员会拒绝了赖的建议之后,他与他的七个邻居携手合作,募集4000新台币,修建了一座叫做德安宫的庙宇。而一小群家庭无视煤矿的威胁,为老的福德宫请进了新神像并继续奉献祭品,像他们一样,赖与他的邻居在资助他们的街区庙宇正常敬拜活动的同时,也参与到社区范围内的潭德宫组织。

83

三年之后,即1968年,第四个土地公庙在潭底建立起来了,其所处之地分布了大量来自大陆的人家与居住在铁路局集体宿舍的200户客家人。相传,1968 年地方选举前夕,当地的一个土地公——他长期以来安居于一个小石头庙里——在一个女萨满(客家话叫做先生妈)的梦中显现,要她"在选举之前为我修一座庙"。这个女人迅速募集了 2 万新台币,几个月后,新庙落成。该街区随后建立了炉主系统,并开始在每年的阴历二月初二定期举行庆典以向神表达敬意。1970 年以前——是年,潭底的这一地区成为了与潭底同级别的独立行政区,新庙的追随者们为潭德宫的供养做捐献,并参加它每年的节庆;但是,随着行政上的独立,这一街区就切断了与潭德宫的联系,并转变成为一个独立的宗教社区。

　　风柜店是树林镇的故址,其历史具体显示了另一类的区隔。风柜店的第一个土地公庙是由张佩师,即张必荣的一个亲戚在 1766 年建立的,其时正值张厝川(Chang-ts'o Ch'uan)——即张家的管道,也是该地区大多数灌溉地的水源——的完成之时。据我目前所知,在清朝的多数时间中,这座庙像任何其他的土地公庙那样运作,它的所辖区即为风柜店,这一地区涵括了许多农民与该地所以得名的店主。1903 年之前,风柜店顺风顺水地成为整个树林镇的商业和行政中心,第一个重大变化即发生在这一年。两个商人:黄贤水与陈瑾诗,建议"为了我们的繁荣而向神明致谢"去修建一座新庙,张佩师的后裔张丰顺捐献了 51 坪土地,[①]并募集了 430 块银元。随后,以树德宫(Shu-te Kung)为名的新扩建的庙宇成为围绕火车站而发展的镇子的仪式中心。除了风柜店,它的责任区域还包括竹篙厝的大部分,潭底的部分,溪州中被称作番仔埔的这一部分与西沙仑。

　　1951 年,树德宫耗资 22500 新台币进行重建,并再次扩大了。这一举措的发起者是树林镇的行政首脑即镇长,与该镇现在所划分的三个区域的里长。该镇的一个原住民,亦即国立台湾大学教授的黄德仕,被请去创作一副对联来刻在庙门上,他的对联强调了这一机构的性质的变迁——我不知道这是否是有意为之。他写道:"进庙烧香,待人如亲;出

---

① 一坪等于 35.6 平方尺,该单位用于描述建筑物与建筑地基的大小。

门经商,尊老敬贤。"在树林的主街上开有商铺的商人们被庙宇赐予了财富与影响力,因此长期把持着树德宫。现在,他们的地位已经得到了公众的承认;树德宫成为一个商人的庙宇。其他人可以去庙中敬拜,可以参与每年的庆典,但是,只有商人可以担任炉主或加入吃福会。对于这一变化,并不需要过多的社会学想象力即可解释,反映了地主的逐渐衰落与新的商业阶层的兴起。在吃福会登记的 195 个成员涵盖了树林最富有的人与绝大多数选举出来的官员。

树德宫与其他庙宇的关系,以及它的神明与其他神明之间的地位对比,也反映了该镇的重要性。张佩师所建的庙宇多年来只是诸多土地公庙中的一座,它的神也仅仅是保生大帝座下八个区域的其中一个守护神。现在,树德宫的神被承认是树林地区所有土地公的"首脑",即这一等级中的诸神的至高者。当其他的土地公社团为了取悦各自当地的神祇而上演戏剧或木偶戏时,树德宫的神经常会作为"贵客"而受到邀请,这种尊荣通常只是为更高等级的神——如保生大帝、清水祖师公与妈祖——而保留的。不仅如此,树德宫还成了每年普渡(p'u-tu)的场所,而后者作为一种仪式事件,习惯上是诸如济安宫这样重要的庙宇每年的活动,①而极少在一个土地公庙中施行。树德宫的居住者实际上是一个小城隍,一方面,他是该镇的主神,另一方面,他也是那些负责邻近乡村区域的守护神的主管。

树德宫并非树林惟一以某种准则而非以族群、居所或血缘关系为基础来吸引追随者的宗教组织。1872 年,一个叫简濂的男人对社会状况不满,并深感儒教改革是惟一的解决之道,遂募集了 100 块银元,在潭底的老福德宫的旁边修建了惜字亭,即珍惜写下来的文字的凉亭。这个榜样鼓励了一个叫王佐林的私塾先生,他组织文炳社,亦名"字纸亭会",即为写有文字的纸而特制的凉亭的协会。文炳社的 18 个成员募集了一笔

85

---

① 从普通百姓的观点来看,普渡的首要目标是要喂养并因此抚慰每年阴历七月从地下释放出来的饿鬼。

钱,利息用以供养一年一次的祭拜仓颉——他是中国文字饱享盛誉的发明者——的祭祀。一直延续至1935年王佐林去世,文炳社每年都在惜字亭前聚会,敬拜仓颉,讨论儒家之道。

文炳社实质上是树林的文人学士与有抱负的学者的一个社团。一个更为严格的以职业来界定的组织则是由简勿视所建立的大道公会。这一社团的成员仅限于在树林铁路站台上工作的苦力们,其中大多数是简的结拜兄弟。这些人将保生大帝视作他们的保护神,并且用从济安宫带出来的香火成立了他们的组织。显然,尽管地位卑贱,他们也认同社区,并欲使他们的组织被视为社区的一个组成部分。

族群组织(ethnic organizations)

由于树林的人口分为几个竞争性的族群,因此,以地域而界定的单位的出现,可以视为一个联合的过程。但是,这并不意味着民族性(ethnicity)没有影响到宗教组织,也不意味着它惟一的影响就是阻碍了以居所为基础的团体的发展。作为社区象征的济安宫的出现以及地方的土地公庙的大量建立,与神明会——它是特定的族群团体的专有财产——的创立并行不悖。这些组织超越了土地公庙所界定的社区,并且在三个案例中将部分树林人口与其他地方的兄弟族群联合了起来。

在最为重要的、以族群为基础的神明会当中,有三个仅限于树林镇。它们是位于猴仔寮与三角埔的三界公会,位于潭底的彭厝与下山子脚的另一个三界公会与开漳圣王,后者更广为人知的名字是陈圣王会。这三个组织中,第一个在乾隆年间(1735—1996)由地主刘昆山所建,他捐给会社1.9分稻田,租金用来支付每年两次的庆典支出。日本人占据台湾之后不久,这一会社的成员仍只限于来自漳州而居住在猴仔寮与三角埔的人。这两个社区的漳州人,交替负责选取炉主,后者被委任在阴历元月十五日和八月十五日组织两次庆典。敬拜在炉主的家中进行,在委任期间,炉主要保存神的香炉,之后将它递交给其他区域的继任者。

第二个三界公会成立于嘉庆年间（1796—1820），组织方式类似。同样，成员只限于这样的人，即他们来自漳州，居住在以地理划界的社区——这里指的是潭底、彭厝和山脚下一个叫做下山子的小村庄。这三个社区轮流负责选取炉主，后者通常在阴历八月初二至八月十五期间的某一天组织一次庆典。我们只需注意潭底的一个独特信仰，即人们相信，在其负责期间，炉主的家庭某一个成员将会遭遇死亡，因而并不那么让人意外的结果就是人们不愿意做三界公会的炉主。这可能也是这一社区的炉主通常将香炉存贮于福德宫或济安宫而非他自己家中的原因所在了。

两个三界公会与陈圣王会的基本区别在于：前者在居所与族群的基础上来征募成员，后者则以姓氏与族群为基础来征募成员。理论上，陈圣王会包括树林地区任何一个来自漳州且姓陈的人。这些招募准则的宗教理论依据是这一信仰，即开漳圣王是陈元光——他被誉为是将漳州开垦为中国移民区的官员——的被神化的灵魂，因此，他同时是漳州人的守护神与陈姓人的祖先。

族群纽带在形塑树林的宗教组织中的角色，在其他三个族群的神明会的案例中表现得甚为明显。这三个神明会超越市场地区，将那些其仅有的共同之处乃是祖先之籍贯的人们联合起来。其中之一即为四股妈（Szu-ku Ma），这是一个崇拜观音佛祖的社团。四股妈的成员包括所有居住在土城、顶埔（Ting-p'u）、柑园（Kan-yüan）与风柜店的顶郊人。土城与顶埔地处树林的南部，穿过位于板桥市场地区的淡水河；柑园是树林镇的一部分，离三峡更近，也是三峡市场地区的一部分；在此语境下，风柜店的这一名字指的就是树林市场地区的南半部，也包括山子脚、彭厝、坡内坑与溪州，以及曾被当地人称为风柜店的部分树林地区。由此，四股妈涵盖的地区如同树林自身那么大，这一地区横贯台北盆地西南边三个最重要的镇子的市场地区。

十八手观音会也是一个顶郊组织，也崇拜观音佛祖。四股妈包括树林市场地区的南半部，并向南延伸，十八手观音会则只包括树林市场地区的北梢,延伸至北部与西部的一片宽广地带。在组织上,这一社团经受了双重区隔:它先被分为三个部分,每个部分又再被分为几股。第一部分是坪顶,含六股;第二部分是山脚,有三股;第三部分是龟山,有十二股。整体组织的维系端赖于这一信仰,即三部分所崇拜的神是同一个神的复制的形象,而构成每一部分的股,则通过轮流负责每年的庆典来敬拜自己那一部分的神的形象而彼此发生关联。三个部分每年的庆典都像周期性市场那样来交错安排,以便一个部分的成员可以参加其他两个部分的庆典,由此更大的社区的整合得以彰显。坪顶部分在阴历九月十九举办每年的庆典,山脚部分在九月十五,龟山部分则是在三月初九。

居住在树林的三角埔的顶郊人,作为山脚部分的坡角股的成员参加到这个组织中来。这一股在九月十四从西盛股处将神明迎接到南部,次年再传给下山股,然后再传到北部。持有该神的顶郊居民为了纪念神像的移交、监察它传至下一股,会为神举办一个叫做观音过头的庆典,即"传递观音"。接收神的社区遣使它的炉主与一批年轻人用轿子将神请回家,次日,即阴历九月十五,这一股所有的顶郊居民都会宰猪并将之作为祭品汇集在神的面前。近年来,这一组织兴盛如斯,每年会有逾千口猪被宰杀,并集中起来献给神。

最后一个我们要讨论的社团乃是作为树林少数派的安溪人的社团。为了对它做出评估,必须先理解设在三峡的长福岩庙(Ch'ang-fu Yen temple)这一组织。它是一个专用于敬拜清水祖师公的机构。长福岩每年的庆典由七股循环负责,这七股合起来几乎涵盖了每一个住在三峡市场地区的人。在这种情况下,除了一个叫做中庄(Chung-chuang)的村庄外(它是作为一个社区参加进来的),循环是通过姓氏而非地点来进行的。第一股是姓刘的人,第二股是各种各样的姓氏的人,第三和第四股是姓陈与姓林的人,第五股是中庄,第六股与第七股是姓李与姓王的人。住在三峡市场范围以外的安溪人也敬拜供奉在长福岩的神,但是,他们是将神请到自己的区域,而不是参加到三峡的庆典中去。其中一个区域即为溪州,后者自身又分为四股。其他则散布于北至山脚、东至三重埔的台北港的西半部。

　　树林的安溪人中最大的集体之一即为蓝厝的蓝家人,可能是因为他们有着自己的神像与自己的组织,他们并不参与到对清水祖师公的敬拜中来,但是,直至20—30年前,树林的大多数的安溪居民却的确参与到这一敬拜中来的。圳岸脚的王姓与彭厝的洪姓隶属于供养长福岩每年庆典的七股系统。王姓人与第七股同心协力,宰猪参加三峡庆典,而洪姓人则作为第二股多种姓氏中的一支参与进来。风柜店的谢姓则另择他径,加入到供养溪州每年的清水祖师公庆典的四股系统中来。很多人本来是作为客人与旁观者来参加三峡庆典的,但是,他们也杀猪敬拜,似乎他们也是这一地区——即溪州的番仔埔——的居民。

社区优先(Community Precedence)

　　我适才描述的六个组织是在18世纪末叶与19世纪初创立的,它们在日本人统治的整个时期继续作为族群机构(ethnic province)而存在,但是,今天它们当中只有一个,即四股妈,还保持着它原初的形式。开漳圣王会(K'ai Chang Sheng Wang Hui)一度只是来自漳州的陈姓人的专有领地,现在也不计来地而接纳任何姓陈的人。两个三界公会继续举办每年一次的庆典以敬拜它们的守护神,但是,现在它们成了社区组织,要求漳州与泉州的人家在平等的基础上参加进来。树林地区参与敬拜三峡的清水祖师公的三个安溪团体中,只有洪姓人还忠实地恪守着他们的安溪源头。王姓人与谢姓人则都已经加入了十八手观音会。显然,社区已经开始同时优先于族群与血缘关系了。蓝氏宗族的清水祖师公会仍然将成员限制在该宗族内部,但是,林姓人的天上圣母会与简家人的王爷公会现在都已经接受他们的邻居成为会员。1970年,在属于王爷公会的17户人家中,只有10家仍然是简氏宗族的成员。

　　这并不意味着台湾本土的宗教机制已经被过去40年横扫该岛的剧变征服了。尽管因为这些变化而有所转型,它们却仍然保持着生命力。十八手观音会最近的历史提供了一个明显的相关例证。虽然失去了原初的族群认同，该组织却极大地拓展了它的范围。仅在二战前，山脚部分进行扩张，将辛庄(San-chiao)作为第四股吸收进来。战后不久，又穿越台北盆地，将三重埔(San-chung-p'u)涵括其中，之后，又穿过这个岛，将位于宜兰的冬瓜山包含进来。同时，圳岸脚、猴仔寮、潭底与树林都加入了西盛股。结果是出现了一个跨经岛上北半部与计有 10 万多成员的组织。

多种集体共同构成了树林的宗教组织的单元，对于这些集体，我们已经有所了解。既然如此，必须简要地思考一下它们之间的关系。最为重要的一点就是，几乎所有这些集体都与保生大帝和济安宫有着仪式上的联系。这些联系显示，树林的其他神明之于保生大帝，正如他们所代表的集体之于更大的树林社区。这些联系的强度取决于一个特定的宗教组织的成员在何种程度上被整合进了由保生大帝所统治的社区。一些集体充分地整合进了社区，较之于它们的神，那些在社会距离或空间距离上相隔遥远的集体的神与树林超自然的统治者之间的纽带就不那么紧密。

首先，不妨考虑一下我们已经讨论过的各式各样的神明会。除了文炳社——它通过意识形态的委身，从济安宫与社区中分离了出来——所有这样的组织都在仪式上与保生大帝保持着这样那样的联系。在一个极端的情形中，我们发现，大道公会是以取自济安宫的香火而建立的，而诸如开漳圣王会这样的组织则将其神像供奉在济安宫，并在那里举办每年的庆典；在其他的情形中，则有像十八手观音会的坡角股这样的组织，它在每年的庆典上都邀请保生大帝作为贵客，但在其他场合并不与济安宫维持正式的联系。典型的情形是林氏宗族的王爷公会。当林姓人上演戏剧或木偶戏以取悦于他们自己的神时，他们总是邀请保生大帝作为贵客，在保生大帝每年一次的巡视中，他们总是在队列中抬着他们的神，似乎他是保生大帝之随从的一部分。这两个神之间的关系颇类有地位的地方官与他辖区的受过教育的精英之间的关系。

保生大帝与众多统治树林地区的各部分的土地公之间的关系甚至

90

更明显地官僚化。尽管大多台湾人的民间宗教都持这一看法,即在超自然的官僚等级中,土地公的直接上级就是城隍,但是,树林的实践却使得保生大帝成为地方的土地公要为之负责的神明。在镇上或临近于这个镇的地方,社区主要部分的庙宇都邀请保生大帝作为贵宾莅临他们每年的庆典。假若庙宇需要重新安置,就询求保生大帝来选定地点,并祈问他土地公的香炉中的火是否指示了出差错的什么事情。这些仪式上的联系表征着树林社区的结构,这一点由如下事实得到了清晰的展示:这些联系的强度随着土地公庙所服务的村庄或街区的大小与方位而变化。小村庄的庙宇与那些距镇子稍远的庙宇会邀请保生大帝到他们的庆典当中去,并且通常会请他决定新建筑的地点与朝向,但是,他们不会就香炉中的火这样的事情寻求他的建议。不甚重要的村庄与坐落在树林边缘的村落,它们的庙宇要么无视保生大帝,要么将它们之间的关系限制在仅仅邀请他到他们每年的庆典中来这一范围内。三角埔的福德宫的例子颇有趣味,因为它具体证明仪式事件可用以明确地表达社会距离。三角埔位于树林地区的北部边陲,它与北部社区的密切联系由如下实践而得到了巧妙的表现:它邀请保生大帝作为客人,但使其在来自于另外两个社区的神之下就座。

91 　这一简单的说明并不足以充分地处理树林宗教组织的全部复杂性,尤其考虑到在过去几年里发生的种种变化。随着人口的迅速增长,出现了新神明会、既有之会的扩张与新的土地公庙的置立(现在,这一地区的土地公庙已超过 35 座)。将这些新组织视为仅仅是更多相同的东西而熟视无睹,将会是一个错误,但是它们采取的形式至少与树林的宗教机构一直迈向的总体方向是一致的。宽泛而言,我们可以认为,这些机构的历史包含了两个阶段。在第一个阶段,从移民区的形成延续至晚清,一个有着明确划定的部分所组成的自觉的社区,它的发展使得济安宫成为仪式中心,并推动了作为村庄与街区之象征性中心的土地公庙的出现。这一过程牵涉到隶属于竞争性族群的人们之间的交融,但是,它并非是族群纽带的迅速衰落。直至日本人占据期间,民族性才开始失去其社会重要性。在第二阶段,即始于世纪之交后不久,居住地成了界定宗教组织的成员资格的首要标准,与宗族或族群相关的神明会要么衰落了,要么转化为社区组织。现在看来,长期以来局限于排他性标准的组织,在它们所表征的社区拓展视野的同时,很可能也将随着迅速拓展。　　　*92*

（邵铁峰译　郭潇威校）

香港的乡庙

约翰·A. 布里姆（John A. Brim）

虽然传统中国的宗教生活很多都集中在庙宇里，但是，对中国庙宇组织的全面研究却寥寥无几。非但如此，由于只重视诸如图像研究（iconography）之类的主题，而忽视了庙宇组织及其与社会结构的其他因素之间关系的细节，因此，大部分对中国庙宇的研究都孤立地看待它们而不顾及其所处的社会环境。本文将讨论在中国香港新界这一地区、可能在中国其他地区也是至关重要的一种庙宇类型——乡庙（village alliance temple）。本文将对乡庙的组织进行描述，并尝试说明这些乡庙与它们所处社会环境之间的关系。①

乡庙服务于村庄联盟组织（organizations of allied villages），为后者所有并受其控制。② 尽管新界地区也有其他类型的庙宇——有些服务于单个的村庄，有些则服务于诸如宗族和义工协会这样专门的利益团

---

① 这篇文章是在 1967—1968 年及 1970 年夏天在新界——主要是元朗（Yuen Long）地区——所进行的田野调查，以及在档案研究的基础之上写成的。我想感谢 S. K. Fung, H. H. Lo 以及 K. K. Wong；香港政府的所有人员，感谢他们宝贵的协助；以及感谢香港市政署长 James Hayes，感谢他提供新界各区的官方地图副本，它是本书第 96 页的地图的基础。
② 据我所知，对于作为一种全称类型（generic type）的乡庙，新界居民并没有一个专门的名称。他们是用具体的名字来称呼它们的，而且多是用它们所属的村庄联盟的名称作为前缀，例如，"屯门口角庙"。

体——但是,乡庙则因为它们的规模、它们提供的种类繁多的宗教服务以及它们传统上在村际(supravillage)的社会结构中历来所扮演的关键角色,而在新界的宗教生活中具有特殊的重要性。在讨论乡庙之前,容我先简要概述与其有关的村庄联盟组织的性质。

93

村庄联盟(Village Alliances)

村庄联盟——新界地区的人们通常称之为"约"或"乡"——长久以来一直是该地区社会组织的一个特色。根据庙的碑文,村庄联盟起源于18世纪中期至19世纪,没有理由假设它们会在这些年代之后才出现。直至今天,这些联盟仍有着微弱的影响。[1] 联盟一般包含有5—20个村庄,在传统上具有重要的准政治(parapolitical)、准军事(paramilitary)以及礼仪的功能。

新界的村庄联盟可以分为两种主要类型,区别性特征就是一个联盟在多大程度上是由单独一个宗族所主导的。宗族主导的村庄联盟主要是这样的村庄构成的,即它们几乎所有的人口都属于一个高阶(higher-order)宗族的成员。这些村庄可能会散布于联盟的所有地域或几乎是彼此毗邻的。一个宗族主导的村庄联盟会包含几个卫星村庄,而这些村庄的居民则并不是该主导宗族的成员,这也并不罕见。一位著名的英国观察者骆任廷(Stewart Lockhart)在描述这些卫星村庄时写道:"小村庄和村落常常将自己置于大的和具有影响力的宗族的保护之下,他们向这些宗族提交申诉,在遭遇袭击、抢劫和打官司的情况下,它们期望得到这些宗族的援助。在一些例子中,更小的村庄会通过有影响力的宗族来向官府交地税。"(骆任廷,1900:20)

---

[1] 在1899年英国占领香港之后的几年里,英国殖民地政府的帮办在许多重要领域都取代了村庄联盟组织——尤其是法律案件的辩护与调解上。因此,这些组织的重要性大大降低了。二战以后,香港政府试图通过建立多少类似于旧的乡村联盟的"乡事会"(rural committees)来复兴村庄联盟组织。但是,与传统的村庄联盟组织相比,这些机构的权力十分有限。

第二个主要的联盟类型基本上是由这样的村庄组成的,它们并不属于同一个主导宗族的成员。一般来说,这类联盟的成员村庄(member villages)并不是彼此相连的,而是散布整个联盟的地域之中。

在1899年英国占领新界之后,殖民政府授予公认的联盟领袖以半官方的地位,由此将主要的联盟合并到已经建立的行政结构之中(骆任廷,1900:251)。因此,被承认的村庄联盟就出现在随附地图上,从后者那里产生了早期的官方地图。当把这种略图与地区详图相比较,则可发现,也正如骆任廷(1900:251)所发现的那样,联盟的成员村庄常常使用着一个共同的排水系统,这表明,联盟的成员身份一个重要的决定性因素可能就是参与到一个共同的灌溉系统中来。在一个像新界这样严重依赖灌溉的地区,对于共用一个灌溉资源的诸多村庄而言,如果只是为了方便解决灌溉纠纷和协调用水的话,那么,在一个准政治组织中联合起来无疑对此具有明显的优势。

除了为解决灌溉纠纷提供一个机制之外,村庄联盟组织在调解其边界之内出现的其他类型的纠纷时,亦发挥着积极作用。在一些情况下,一个村庄联盟的司法机构会变得相对精密。据了解,新界至少有一个村庄联盟一直都维持着正式的法典。一块刻于1893年、存放在大屿山东涌村庄联盟的乡庙里的匾额,就详细规定了因为各种公共伤害(common offense)而需支付的罚金以及想在村庄联盟理事会(council)之前控告某人所应遵循的程序(许舒[James Hayes],1962:84)。一个村庄联盟甚至会对很严重的犯罪案件进行内部处理,而根据中国法律,这属于地方官的职权。例如,1899年,为反对英国窃据香港而进行了短暂的军事抵抗,在此期间,一个被认为与英国人合作的厦村(Ha Tsuen)男人,就被他所在的村庄联盟的领袖们判处死刑(通讯1900:47)。在调查了大英帝国作为新界而租借的地区之后,骆任廷在1898年做了这样的报告,即大部分法律案件从不会超出乡理事会之外,尽管上诉到更高的官方当局在理论上是可能的(报道1898:192-193)。

由于成员村庄偶尔会一道抵御外来者,因此,村庄联盟也有一个很强的准军事层面。主要的村庄联盟在形式上都保持着成建制的军事单位(团练)。① 像中国东南诸多的沿海地区一样,新界地区也时常面临海盗和土匪对村庄的周期性侵扰,深受其害。新安县(Hsin-an hsien)——1898 年之前,新界属于它的一部分——的县志就记载了很多村庄联盟的武装力量和海盗或者土匪集团之间战斗的事例(王崇熙 编,1891,第十三章)。直到紧接着二战之后的几年里,土匪依然继续骚扰新界地区(班辂[John Barrow] 1950:7)。

95

地图

　　在传统时期,新界的村庄联盟不仅与海盗和土匪势力,而且还与其他村庄联盟之间发生过争斗。这些冲突的一个重要原因就是有关地租的纠纷,例如,在一个大体是由举足轻重的地主所组成的村庄联盟,与一个主要是由租户所组成的村庄联盟之间发生的纠纷。又如,根据十八乡(Shap Pat Heung)乡庙里一篇刻于 1777 年的碑文记载,锦田(Kam Tin)村庄联盟里的地主与十八乡村庄联盟里的租户之间爆发一了场纠纷,前

---

① 关于团练,参见魏斐德 1966。关于新界军事组织的讨论,另参见 Groves 1969。

一联盟是强大的邓氏(Teng)宗族富庶的大本营,后一联盟则由几个混姓(mixed-surname)的村庄构成,纠纷的因由则在于收租时所用的谷物量器的大小。十八乡的租户推迟两年交租;根据碑文的记载,作为回敬,锦田乡侵入了十八乡,攫取了牲畜和庄稼,并在这次事件中至少杀死了一位十八乡人。后来,地方当局确定了谷物量器的尺寸,这基本上就解决了这场特殊的纠纷。另外一场类似的纠纷,也是在 18 世纪的锦田与十八乡之间发生,这件事被记在锦田北边的周王庙(Chau-wong Temple)里的碑文上。

村庄联盟之间的冲突并非孤立的事件。据记载,19 世纪后半叶期间,单在新界元朗地区就发生过三次村庄联盟之间较大的武装冲突,每一场冲突均有人丧生(许舒,1962:88;裴达礼[Hugh Baker] 1968:183)。除了地租纠纷之外,对于水权和集市控制的争斗也会引发联盟之间的冲突。[①] 控制集市非常重要,因为集市会以"收费标准"(scale charges)和其他类型的佣金等形式形成实质性收益。[②]

在新界地区,村庄联盟至少在两种情况下——也可能在许多其他的情况下——还会承担另外一个功能。厦村和屯门(Tun Mun)村庄联盟都为它们的成员担负起提供庄稼和牲畜失窃保险的责任。作为对交付给联盟的费用的回报,一些人会作为代表,根据每一户家庭所耕种土地的数量及其所拥有家禽的数目,从成员村庄的居民那里收取保险金。同时,联会(consortium)的人们会负责向失窃的受害者偿还损失。当庄稼差不多要收割的时候,它们会在夜里巡逻联盟的地域,试图以此来使损失最小化。

村庄联盟之间的关系并非必然是敌对的。两个或更多村庄联盟组织联合起来对付共同的敌人,这并非什么不同寻常的事情。例如,厦村

---

① 有一个相对较近的例子,屏山联盟的一个领袖企图开启一个土地开垦计划,该计划可能会破坏锦田的灌溉系统,对于锦田村庄联盟的反应的解释,参见特拉特曼(David William Tratman)1922:J2。

② 关于乡(alliance)对集市控制权的争夺,参见 Sung 1935 以及 Brim 1970:9f。

和十八乡是长时期的武装同盟。为了确认这种关系，直到今天厦村仍然会遣送一名代表出席在十八乡乡庙里举行的神诞庆典。此外，实际上新界所有的村庄联盟在 1899 年都集结起来反对英国人。[①]

总之，村庄联盟为村庄之间合作对付共同的敌人、解决纠纷、协调用水、提供庄稼保险等等提供了一个组织框架。村庄联盟组织的另外一个重要活动当然就是乡庙的运作。

乡 庙

乡庙建在被认为是风水出众的地方。人们相信，庙的风水会给联盟的整个区域带来好处。因此，很多乡庙位于开阔的乡野，在联盟的边界之内、但距任一成员村庄均有一些距离的地点。典型的乡庙由一个大的、奉祀主要的庙神（major temple gods）的正殿，以及众多用作辅祠（secondary shrines）、议事厅、贮备厨房用具、管理者住处等诸如此类的偏间（side halls）组成。每个庙虽然也会供奉众多次要的神灵（secondary divinities），但都是献给一位或两位主神（principle gods）的。新界乡庙里最为盛行的主神之一就是天后（T'ien Hou）。其他受欢迎的神灵有北帝（Pei Ti）、观音、城隍和杨侯王（Yang Hou Wang）。乡庙中较为常见的次要神灵当中，有能够确保顺产以及送子的金花夫人（Chin Hua Fu Jen）；关帝，洪圣（Hung Sheng），即水神，以及实际上随处可见的土地神。很多乡庙也有一个偏间用来供奉为联盟捐躯的人们的灵牌。

与较小的村庙（village temple）不同，乡庙提供范围广泛的仪式服 98 务。这些服务包括各种各样的占卜；儿童被某个神灵所"收养"以确保他们获得神灵保护的仪式；为了在产子、商业风险、长途旅行、顽疾等相关的事务中获得神助的仪式办理。这些多种多样的仪式服务之所以可能，

---

① 在村庄联盟的组织之上还有另一层次的组织，即屯（tung），主要负责协调不同村庄联盟组织的武装力量，以应对重大的外部威胁；该组织在 1899 年即活动起来。关于新界屯组织的讨论，可参见 Groves 1969。

是拜庙里全职的宗教专家——即庙祝（miao-chu）——所赐，他协助崇拜者来进行仪式活动。

乡庙里的日常活动，主要是由我们刚刚描述的在神与个体崇拜者之间小范围的交易所构成的。乡庙的主要活动间隔性举行，贯穿全年。每个庙都有其惟一或多个主神的几幅被称作"行像"（traveling images）的小画像。一个遭受诸如传染病这样危机的成员村庄会请进一幅行像，好让神仁慈的作用集中于这个受难的村庄。庙神的行像也会因为要举行诸如"点灯"这样重要的村庄庆典而被请进成员村庄里，在这个庆典上，未成年的男孩会获得他们所在的宗族或村庄正式的成员身份。

人们认为，乡庙的神灵比那些小村庙的神灵更加灵验（虽然在村庙和乡庙里可能会同时供奉同一个神灵）。① 结果就是，在一年一度的"求福"（make blessing）时刻——它在每年的阴历二月初举行、敬拜者会在活动中祈求神灵保佑来年——以及在"还神"（repay spirits）上——它是为回报神的仁慈而在年终举行的宗教仪式，乡庙会得到个人崇拜者的慷慨捐献。

乡庙也举行另一类重要的仪式，这类仪式不只是为了个体崇拜者或联盟中的村庄，而是为了作为一个集体的联盟。庙祝为联盟施行一整天的仪式活动，并照管庙神之前的灵灯长燃不灭。然而，新界乡庙的主要的集体性仪式活动，则是为庙的主神举行的诞辰庆祝。在这种场合中，村庄联盟的代表为神灵精心制作供品，居民们进行集体崇拜。另外，在传统上，神的诞辰仪式还包括戏剧、木偶戏，以及为神灵和大量聚集起来的敬拜者们所举办的其他形式的娱乐活动，这使得神诞庆祝成为一年当中的宗教和社会热点之一。许多乡庙将"抢炮"（rocket snatching）比赛作为这些庆祝活动的一部分，在比赛中，由来自成员村庄的年轻小伙组成的团队，为了抢到庙的主事者所燃放的幸运炮仗而彼此争夺。这些炮仗被当做是庙的主神的纪念物，人们认为它们会给赢得胜利的村庄带来

① 很多新界村庄都有他们自己的小庙，它们在当地的仪式中很重要（Brim 1970：41－87），但典型的是，它们缺乏专业人员，因此缺乏诸如占卜等之类的专业服务。大部分村民认为，他们乡庙里以塑像作为其象征的神，远比村庄里同样的、但仅用牌位所象征的神更有力量。

好运。在神的下一个诞辰纪念上，它们必须被归还到庙里，一道奉上的还有献给神的感谢祭(thank-offering)。①

一次典型的神诞庆典中的兴奋情形，可由联盟内一位居民对于在元朗集市附近的十八乡联盟的天后庙举行的天后诞辰庆典所做的描述中表现出来：

> 每年在天后诞辰的前夕，那些当值村庄的主事者必须禁食肉类，并一起到庙里守夜。阴历三月二十三午夜刚过，所有的主事者必须向天后进香，并致以生日祝贺以表敬意。每年的阴历三月二十二到二十三日，川流不息的善男信女们来到天后庙烧香敬拜，以至于庙里人满为患。
>
> 二十三日上午，炮仗协会(rocket associations)开始归还他们的炮仗(这些炮仗是他们在去年的比赛中赢取得的)。炮仗由主事者们接收。下午两点开始燃放炮仗。引爆之后，炮仗射向天空。抢夺炮仗的人群冲向炮仗落下的地点，为了第一个抢到它而互相争抢。如果抢到它的人没有快速离开人群，人们会围住他，并且堆叠在他身上。这是极度危险的。可以想象，在这种情境中，人们会多担心有可能发生事故。因此，个体之间或村庄之间非常容易产生误会，并经常会引起斗殴。但是，无论伤员所受的伤有多严重，从来没有一个人致死。这都归功于天后娘娘的保佑。(Lin 1964)②

100

许多联盟都举行的另一个重要的集体仪式就是大醮，即主要意图是用来向饿鬼(非正常死亡的人的鬼魂)施食以免联盟受其不良影响而定期举行的仪式。尽管大醮不必在乡庙里举行，但是乡庙里所供奉的神则是重要的参与者；而且当仪式举行的地点不是乡庙的时候，他们的行像

---

① 新界的一些乡庙已经不再举行神诞庆典活动。

② 作者接着写到，由于二战后该地区人口急速增长，为占有炮仗而相互争抢成为一个严重的问题。因此在1949年，决定让参与者采取抽签的方式来决定炮仗的归属，以减低暴力冲突的机会。这一体系现在仍然有效。

会被请到那里,以便获取他们神力的帮助。

大醮一般都是每隔十年的最后几天举行。联盟的每位成员在仪式之前和仪式期间都被禁食肉类。在举行大醮的地方,有很多草席搭成的棚屋,用来安置法器、神灵和参与人员。各种各样的仪式就是在这些围场之内进行的,而且为了让他们的福祉遍及联盟的地域,大醮的行进队伍会由舞龙舞狮表演团队陪同着,一村一村地来表演仪式。大醮在下面的活动之中达到高潮:即为了满足饿鬼的需要而燃烧大量的纸衣纸钱,为了救助他们的灵魂而做的民众庆祝活动,以及给玉皇大帝烧一份写有联盟的居民姓名的奏表,以告知天这些人对仪式所做的贡献。所有仪式完成之后,戏剧表演会持续几天来娱乐众人、取悦众神。①

乡庙的运作受联盟的主事机构的管理。传统上,似乎一般都会有"堂"(t'ang)组织,后者是由众多联合起来的村庄所提名的成员来担任的。② 这一主事机构负责任命庙祝以及主持庙的仪式活动,也负责维修庙宇以及管理庙的捐赠。乡庙的日常维护费用以及庙祝和他助手的薪水,一般是从捐赠——通常是联盟中的成员所捐赠的土地或店铺——以及从崇拜者收取的费用中来支出的。诸如重建庙宇这样重大的支出,会由成员村庄进行评估,并由居住在联盟内或与联盟有特殊关系的人或社团的额外奉献来支付。

101

传统上,乡庙不仅常常为宗教聚会提供服务,而且还充当了联盟领袖的会议场所。在传统时期,很少有其他足够大的建筑能容得下相当规模的会议。

---

① 对最近在厦村所举行的一场大醮的描述,可参见 Teng 1965。
② 新界存在大量的堂组织,它们经营着从纯粹的商业组织,到共有土地的宗族组织,再到诸如为村庄联盟所成立的管理机构这样的准政治组织等等各个领域。(有关新界堂的更多讨论,参见 Hayes 1963,1964。)战后的乡事会在大部分——但不是所有——情况下,似乎代替了传统的堂组织来作为乡庙的主事机构。

乡庙及其社会环境

与通常关于中国宗教的文献所蕴含的意思相反,新界的乡庙组织并不是与社会结构的其他方面相对隔离的、关于虔信者的松散集合物。相反,它们深深植根于地方层面(local-level)的社会结构中。

对于这些重要的庙与村庄联盟组织之间的紧密联系的一个可能解释是,这样的庙以及和它们相关的仪式可能会有助于解决联盟系统里的"维模问题",例如,"在时间的推移中维持系统的激励模式和文化模式"(布劳和斯科特 1962:38,参考帕森斯等,1953)。村庄联盟担负的大部分重要活动,就其性质而言,本身就是高度间歇性的。在相对安全的时期,可能过很多年才需要进行一场军事力量的演示。在联盟致力于保卫水资源期间或致力于合作利用水资源期间,也可能出现很长时间的间断。这些活动的间歇性特征必然会恶化那些存在于所有社会系统里的模式维持问题。

正如众多证据所表明的那样,一般来说,随着社会系统为其成员制造利益的间隔增加,系统的融合程度则趋于下降,如果这一点属实,那么,一个村庄联盟系统在不活跃时期就会处于分解的危险之中。[①] 在这样一种系统之内,存在着众多次一级的社会系统——围绕宗族的分支、宗族和村庄而建立起来的系统属于最为重要的系统之列——它们极有制造冲突的潜力。如果首要的村庄联盟系统的融合程度下跌到某一个关键水平之下,那么,次一级系统之间的冲突——在最有利的情况下,它们会以柔和的方式发生——会达到危险的分裂境地,这是很容易想象到的。

集体仪式可以被视作是对模式维持问题的一种回应。乡庙以及与其相关的仪式的存在,至少对于虔信者来说意味着,联盟里的居民可以 *102*

① 当然,这假设了,某人在多大程度上将系统视为回报性的,与他对该系统的委身程度这二者之间存在着一种普遍的联系,该假设已得到实验和观察的支持。(例如阿尔伯特·洛特[Albert Lott]和柏妮丝·洛特[Bernice Lott]1965。)

通过在庙里的个体性崇拜,通过庙祝为他们所做的频繁的仪式表演,通过每年的神诞庆祝活动,以及通过庙的风水影响,来持续地获得超自然给予的好处。如此一来,从村庄联盟系统感知到收益的频率会因为从乡庙里产生的好处而得到极大的增加,因此,有助于该系统的维持。

可以预料的是,乡庙的系统维持功能,在以宗族为主导的联盟中会大打折扣,这种联盟的大部分居民共同参与到另外一套仪式系统中,即以祖先崇拜为中心的仪式系统。这种系统——其意旨是,对祖先灵魂的集体崇拜,以及共同的祖先坟墓和祖先祠的风水,均能够带来好处——也能够提供稳定而连续的、感知到的回报,因此,它能以与乡庙一样的方式来推动系统的维持。尽管我还没有系统地收集有关这个问题的资料,但就我的印象来看,一般而言,乡庙更加考究,在由非宗族主导的村庄联盟中受到的资助分量更重。

一个重要的问题是,在宗族主导的村庄联盟里,在祖先崇拜似乎能够提供一套替代性的系统维持机制的情况下,为什么一般仍会有乡庙呢?一个可能的答案与此事实有关,即大部分情况下,至少会有一些外来者居住在一个宗族主导的联盟内。确实,如果不把嫁入本族的女性视为成员——新界的人们就明显如此——那么,居住在宗族主导的联盟里的非宗族成员的比例必然是很高的。在这种情况下,极为排他的、其好处仅限于宗族成员的祖先崇拜,可能不足以在一个适当的水平上来维系联盟的团结,而必须以诸如围绕乡庙建立起来的这样更加普遍的崇拜来进行补充。

总之,乡庙一直是新界宗教生活的一个重要焦点。传统上,它们就与地方层面的社会结构的一个重要单位——即村庄联盟组织——紧密相连。我已经论证了,乡庙和联盟组织之间紧密联系的关键就是庙的能力及其消除模式维持问题的相关仪式,像所有有着高度间歇性时间表的组织一样,村庄联盟组织也特别容易受到这种问题的影响。

(肖清和译　邵铁峰一校,郭潇威二校)

台湾的家庭和公共祭拜

王斯福

这里只不过是一座小镇(在我去那里的前一年,即 1965 年,有居民
1 140 人),但我于 1966 年在此处所做、关于仪式实践活动方面的观察,
在我迄今为止的所有研究当中却是最为细致的。该镇在市场、行政、教
育系统以及节庆(festival)、宴访(feast visit)体系上均与台北市——台湾
政治、工业和商业的首府——相连。[1] 它位于两条山涧的汇合处,山涧在
此汇合后便流入了台北市所在的盆地之中。溪水在合流处冲开了几道
岩石沟壑,在这里留出了一条狭长的平地,并且,在它们交汇点下游的转
角处也形成了一片开阔的三角地带。镇上两三层的砖混小楼、店铺、煤
矿局、政府机关、学校和庙宇均位于这些区域当中。两条河流的上游河
谷地带,其坡度较为平缓,并已经被开垦成了梯田:或种植稻谷,或辟为
橘园和茶园。而坡度较陡的地方则用来培育木料,种植甘薯。此外,在
陡坡上还散乱地分布着一些小煤矿,其中最大的也只有男女雇工不到一
百人。

这座将被我称为"山街"(Mountainstreet)的小镇,本是 19 世纪头十

---

[1] 该田野工作得以顺利进行应归功于经由伦敦的"伦敦—康奈尔大学项目"(London-Cornell
Project)获得的卡耐基和纳菲尔德基金会(Carnegie and Nuffield Foundations)提供的奖学金
支持。

年汉人移民在台湾的一处定居点。然而在之后的短短几十年中,它便发展成了一座集镇,并建造了自己的庙宇(据民国版台北县地方志记载,该庙建于 1839 年)。山街的庙宇是那些在当时接近现在台北市所在地的、更为中心的诸多集镇中某座庙宇的分支,而这座集镇的庙宇则又是大陆福建省泉州地区安溪县一座庙宇向外扩散的结果。直至今天,附属于一座安溪祖庙(root temple)的仪式都仍旧被保留在山街最为盛大的年度庆典活动之中。在庆典上,会有一尊来自那座"近台北市"庙宇的神像前来拜访,人们会将它安排进游行队伍当中,穿越山街集镇及其腹地的若干村落。这一附属仪式反映了移民定居点自台北盆地西部向东扩散、并进入其边缘山区的确切历史过程,也标志着尚有部分安溪移民的后代在此地聚居。

　　只有在节日当中,山街的居民才会将他们视为一个共同体,但这并不意味着山街在经济、政治或者宗教实践方面各自为阵。山街最早的定居者应该是一些生产销售用樟脑、染料和木材的农户,该区域的历史也是一部对城市和海外市场依赖日益加深的历史,这一趋势在 1869 年引入茶叶作为主要作物之后尤甚。在日据殖民统治时期,卡车运输刺激、带动了当地煤矿业和木材产业的发展,此外,镇上还于该阶段建起了政府大楼和一所小学。直至今日,山街集镇及其腹地村落的人口仍以小农居多,但没有哪户农家还是"自给自足的":家家户户都至少有一人是职员、煤矿工或者商家。

　　"户"(household)是政府登记的最小的社会地域单位,同样它也是被仪式所定义的。一个完整意义上的"户"——不单是作为独立的财产和预算单位,而且还作为共同体中的一员——的标志就是其家庭祭坛(domestic altar)的设立。通过其香炉的形式,家庭祭坛将会每年三次更新其与山街地方庙宇间的联系纽带,而更新的契机便是那一年三次的游行庆典(procession festival)。在这些庆典上,地方庙宇的香炉会被抬着经过庆典区域内各家各户的门口,每户的代表会与炉主(Master of the Incense Burner)交换香火,炉主的产生方式如下——以占卜的方式从每个分区(ward)中拣选(selection)一位户主(head of household)作为代表,再从众分区代表当中选一位充当炉主。通过这一途径,所有的家户都得以加入庆典的共同体(festival community)中来。

接下来,我将描述的是一年一度的山街家庭和公共仪式"再生产"出来的宗教系统,并力图从中提炼出该系统所隐含的对社会的选择性定义(selective definition of society)。我所关心的是该定义本身及其建构情况,而非它的功能或者适当性(adequacy)。

首先,应该注意到山街家庭的仪式表演中隐含着三种主要的灵性存在,它们分别是鬼(kui)、神仙(cieng-sin)和祖先/公妈/祖公(kong-ma, co-kong)。这些类型互相两两结合,与另外一个对立。人们安抚/"祭"(ce)鬼魂,而服事/敬奉/拜(hok-sai, kieng-hong, pai)神仙。对神仙而言,人们通常将敬拜者视为其"弟子"(te-cu),人与其他神灵的关系却并非如此。人们通过为其烧银色纸钱而非金色来将鬼和祖先与神区分开来。至于祖先,它们与其他两类灵性存在之间的不同则在于,人们向其进香的数目为偶数,而其他两类进香数目为奇数。 ¹⁰⁶

每逢农历初一、十五,几乎每家每户都会进行一系列的家庭祭拜活动,其中一些祭拜活动比其他的更具充分性和规律性。在这些场合下,向所有灵性存在致敬时,首先要注意的便是它们在空间上的分布情况。有些是要在屋子正门口——当正厅在一楼时则应在其窗边——将祭品和香置于门槛上,祭拜者面朝屋外进行祭拜;而另一些则要在家庭祭坛中祭拜。家庭祭坛通常设在正厅(thia:)——也叫客厅(kheq-thia:)——的后墙处。在这种情况下,祭品和香被置于祭台上,祭拜者应面朝祭台背对屋外进行祭拜。

家庭祭坛通常也被称为"厅头"(thia:-thau):"正厅/客厅的前头"。在正式的节日宴会中,客人将在正厅里接受款待。设宴款待的座位次序是有所讲究的:贵宾列位于距离祭坛最近的上座,主人则正对贵宾坐在桌子的另一头,尊贵次序从贵宾席起以此下降,与此同时,贵宾左手边的座位较右手边尊贵程度也要稍高。家庭祭坛的尊贵次序也与此类似。

一般而言,家庭祭坛上至少有两个香炉,分别置于台左、台右。有些人将祭坛首要位置献给被认为是佛教的神明,他们会在祭台的左侧供奉各式各样、被统称为"佛公"(put-kong)或"佛祖"(put-co)的神明。而祭台的右侧则供奉着户主祖先,或共用该祭台的两户(或更多)户主祖先。祖先被统称为"公妈",祭坛上代表他们的是一块刻/写着字的木牌或者纸片。尽管附近的墙上通常会挂有新近去世者的肖像,但祭坛上却从不放置任何"像"(image)。相比之下,神明则经常是由"像"——画像或塑像——来代表的。

如今,"户"已然是以庙宇作为其仪式中心(ritual focus)的地方共同体的一个组成部分。几乎每个集镇都有一座庙宇。庙宇与居住其中的神明之于地方共同体,正如客厅与厅中祭坛上的"佛公"之于"户"一样。不论庙里供奉的是什么神,对于其所"服务"(serve)的那些家庭来说,它都是所在地区的一个固定存在(fixture)。每月两次的家庭祭拜,是为了表达对当地庙宇、神龛以及其中固定神明的重视。虽然这些神明与"户"中祭坛里特定的"佛公"有所不同,但是家庭祭坛中供奉神明用的香炉却被视为地方庙宇中主香炉的分炉。在新家庭祭坛建立之时,人们会小心翼翼地从庙中香炉里取出少许炉灰放入家庭的香炉中。

山街的每一个人都能说出至少一个当地庙宇里所供奉神明的名号,但是,不论如何,却总有一类(神兵或神仙,sin-bieng, cieng-sin),其包括有"户"中的"佛公"、地方庙宇里的神明和地方小神龛里供奉的神祇,代表那些许多人尚未认识、但仍然每月两次在家庭祭坛上予以祭拜的神明。若祭祀的家系数目增加,祭祖用的香炉也许会不止一个,然而,绝对没有哪个家庭会拥有一个以上用以拜神的香炉。相比之下,庙里却有多个香炉以各自供奉不同的神明。

地方共同体是通过地域性(territorially)来相互界定的。特定区域内建有属于其自身的庙宇,节庆的花销通常是从特定地域范围内的家户手中募集而来:不同节庆下的募捐数量及募捐家户的范围也有所不同。这些地域又可以被细分为更小的神龛区领地(territory of smaller shrine),如镇上的分区和街道、集市区(market area)的村庄和小村落。通常情况下,惟一代表它们的神明是地域保护神,即"土地公"。在每月两次的家庭祭拜中,土地公的名号也总会被单列出来予以祭拜。

祭拜者面朝外,邀请包括土地公在内的众神仙驾临他的祭坛,献上祭品之后,则又确保其离开。通过在祭拜前面朝外,之后再朝里的行为,户主将自己奉献给了虽然不在家户之中,但却处于共同体中央位置(at the center)的神明,家户较之于它们所组成的共同体而言,其所包含的神明的等级则要更低。节庆期间,地方庙宇中的神明会被抬去参加经过地域之内每户门前的巡游,此时,家家户户都会面朝屋外献上祭品,如果可能的话,他们还会用自家的香来换取庙里香炉中的香。交换得来的香随后将被放置于屋内家庭的香炉中。

神仙的祭品是放在家庭祭坛上供奉的,而其他每月两次、针对那些不在祭坛上祭拜的神明的仪式则面向屋外,在门槛上进行供奉。其中的一些祭仪乃用以供奉当地庙宇中神祇的属官和军队。在台湾北部,该仪式被称为"犒军"(kho-kun),即"对军士给予犒赏";在台南地区,类似的仪式则被称为"送兵"(siong-pieng),即"向士兵送去奖励"。这与台湾当局部队给士兵派发奖金的说法基本一致。地方庙宇神明的军队保护着共同体免遭"鬼"的侵害。许多人都告诉我说,在山街,"每月两次供奉神军"尤为必要,因为该共同体还尚未举行过一次"醮祭"。"醮祭"是一种共同体的周期性静养(periodic retreat)仪式,但其深奥、极其复杂的符号体系决定了它是无法由普通人来操作的。除此之外,仪式中还有很多部分是那些指导共同体代表们完成该仪式的道士们的专业机密。"大众参与"仅限于在庙外进行的、也是该仪式中场面最为壮观的"饲鬼"部分。在仪式的这一部分里,道士会从庙里出来,面向紧闭的大门,共同体的众多成员把从家里带来、精心装饰的祭品摆在庙前的空地上,将其向外指向"鬼",而人们自己则面向道士所在的位置。

这种总是将"饲鬼"包括在内的仪式,一般会在一年一度的寺庙游行节庆期间举行,而在那些比山街镇规模更大的中央地区(central place),

108

则更是将其安排在阴历的七月份。对山街而言,阴历七月的仪式还与一个非常重要的节日(大拜拜,tua pai-pai)相关联。尽管它已不再公开地在庙会上以戏剧表演的形式得以庆祝,但它依旧持续以家庭仪式的庆典方式在七月初一、十五和三十举行。但大部分山街居民都曾有过被邀请到举行"醮祭"或者七月庙会之处的经验,是故他们也就听说或者亲眼观看过共同体"饲鬼"的过程。在仪式上,妇女、孩童和一些人(通常是老弱病残穷),争相抢夺道士撒落的小糕饼、硬币,就如同他们自己就是该仪式所"饲"的鬼一般。

在"醮祭"开始之初,道士们会在庙宇中设置一个祭坛,该祭坛的设立确定了一个甚至比当地庙宇自身所代表的更具普遍性的内在秩序(order of interiority)。更高普遍性的一种表现就在于身处庙宇当中的诸位共同体代表。只有被拣选的代表才有资格进到庙里,但即便是这些人也不被允许进入只有道士才能踏进的中心区域。道士们将其自身奉献给处于一种内在秩序(在这里,地方庙宇所供奉的众神仅以其总体作为其中一个元素出现)之中的灵性存在。农历的正月、七月和十月的家庭祭拜也同样适用于该秩序。是故,在七月初一、十五,人们均会在门槛处面朝外地祭祀/安抚神兵和"鬼"。此外,在正月和十月的初一、十五,献祭神兵则是一系列在门槛处面朝外的祭祀——包括(值得注意的是)祭祀"天公(们)"(Thiⁿ Kong)在内的——活动的组成部分。(几乎没有山街的居民会在其他月份的初一、十五里焚香祝天。)尽管供奉"天公"与地方神祇之神兵的香盛在门框外侧墙壁上的同一容器或者裂缝中,但二者的献祭方式之间却有明显的区别:献给"天公"的祭品被置于一张垫高了的祭桌上,而献给"神兵"的祭品则被置于一把矮凳上。这种在空间上的区别与(前述)内外、左右之分是类似的。内外之分通常体现在供奉神兵的祭品置于门槛内的长凳上,而奉献给"鬼"的祭品则放在门外较远处。上下之分也同样用于区分这两种灵性存在——神兵的祭品是摆在长凳上,而"鬼"的则是放在地上。此外,向它们进香的位置也完全不同:进给神兵的香火是插在门边的容器内,或者与祭品一起放在长凳上;而进给"鬼"的香火则直接插在祭祀用的食物上,正如在葬礼上祭拜亡灵时将筷子插在祭品上那样。

除此之外,还有另外一套在进献供品时与上述"空间密码"(spatial code)共同发挥区分功能的方法存在。献给"天公们"的祭品必须是事先没有供奉过其他神明的;而献给神兵的食物里则可能会有一些是先前已经供奉过"天公"和其他神明的。这套区分手段(means of distinction)引出了一种与那些"空间密码"全然不同的秩序,即取得(access)祭品的先后次序。由此,我们得以构建出由屋外至屋内,接着从台左到台右,最后又回到屋外——先是"天公",之后为地方和家庭神祇,再者是"土地公",然后接下来通常是先"祖公"、其次神兵、最后是"鬼"——的模式。 *110*

这种权力的先后次序(order of privilege)构建出了一套系统的(syntagmatic)、等级制的(hierarchical)秩序。它为众神的次序及献祭者(celebrant)与不同种类灵性存在的关系带来了连续性,而这种连续性仅凭"空间秩序"(spatial order)自身是无法提供的。空间秩序是不连续(discontinuous)和具有典范性(paradigmatic)的:它是产生对比的秩序(order of contrasts),而与对比秩序类似的典范秩序也在祭品食物的准备工作上有所体现。祭品的秩序体现在两个方面。一是它们的准备情况(readiness of consumption):是否熟食,是否切碎,是否放筷子;二是它们的洁净情况(purity):是否素食,是否甜食(甜即洁净),是否需要细心确保其清洁(clean)。奉献给与佛教或禁欲主义相关"神仙"——不论是否佛教——的供品均为甜点和水果,而其神兵的祭品则为肉食。但除此之外,正如所有礼物(gift)一样,祭品的交换价值所引出的是序次秩序(ordinal order)而非"对比秩序":献给"天公"的祭品是最为清洁(cleanest)、洁净(通常是素食)并是加高的祭桌上最为稀有的食物。而肉食及其他稍次的食物则被放在祭桌后边一个稍矮的桌上,以供奉那些更低级别神仙的随从。昂贵的肉食用以献给神仙,而神兵和"鬼"只能享用米饭、蔬菜和少许便宜的肉食(或者用蛋和豆饼代替)。鉴于总体而言,神仙(包括"土地公"在内)的祭品都是未经切碎、没放筷子;"天公"的祭品都是生食,而神兵和祖先的则是切碎的、摆了筷子的熟食。供奉"鬼"的祭品是没摆筷子(此为一处对至尊等级的颠倒)的生食,但却是一些廉价的食物。我们可以发现祭祀食物的交换价值,与取得祭品的先后次序一样,都具有建立连续性的功能。

我们已经看到,"内外密码"(internal/external code)构建出了一个将家庭神祇、地方神明乃至更为普遍的"天公"均包括在内的秩序。由此,我们可以说,在山街的家庭和公共仪式当中存在三种秩序:空间对比的典范性秩序(paradigmatic order of spatial contrasts)、贵贱和次序的系统秩序(syntagmatic order of sequence and expense)以及包含秩序(order of inclusion)。第一个秩序将灵性存在区分成了若干阶层;第二个秩序确立了阶层之间的规则(order)和连续性;而第三个则将不同阶层整合/归纳成为一个更具包容性体系的一部分。

历书的(calendrical)对比与连续

为了解这三种秩序的协调运转情况,现在我将把日历翻至那些固定要举行年度祭祀的日子,并且尤其对其中的三天进行详细分析。家庭节庆的三要素可按顺序排列为:天、地、人;天、地、水;天、人、地;或者天、水、地。[①] 它们在普通黄历(almanac)上的正式名称是"上元"、"中元"和"下元"。但在山街镇,大部分居民都只是按其节庆日期将它们分别称为"正月十五"、"七月半"以及"十月半"。前两个节庆在实践中所指称的无疑是天庭(heaven)和地府(purgatory)。并且,在山街镇上这两个节庆主要是家庭性的。但是第三个节庆却恰好与山街镇最大庙会的举办时间

① 我在台湾买到的一本 1940 年版的手册,《道义疑问巧答》(郭亭东序本),其中第十六页里一段关于三种"普渡"节庆的文字对它们的解释如下:(1)上者,穿银河而越北斗,谓之"气"(ch'i),达此境界者成"仙"(hsien);(2)中者,穿尘世而越万物;(3)下者,穿越幽冥地府,乃阴暗之鬼魂。在另一本道教手册《道教源流》中,苏海涵好心地为我总结了其中所记述的三者之顺序:(1)天,(2)地,(3)人。而在我藏有的一本普通的台湾黄历上,这一顺序却是:(1)天,(2)地,(3)水。

相重合。事实上,该节庆在主题上是与正月的祭拜活动相匹配的:它们均是把寰宇三界(three cosmological divisions)视为兄弟或天帝任命的一组官员抑或简单地视为"三天公"、"三官大帝"或者"天公"来致以敬意的。

在山街镇,这三个日子的组合顺序如下:两个节庆祭天。它们较之祭地的节庆各自偏重于家庭或公共祭拜。就家庭仪式的取向(orientation)而言,所有这三个节庆都是"面朝外"(outward-facing)的。但是公共节庆那天,朝向的却是地方庙宇所在位置;(或者如我之前描述的那样)朝向来自祖庙、位于更高一级中央位置的神像。另外两天则指向了一个更具包容性的秩序,其一是外和上(outward and up),另一个则是外和下(outward and down)。

对于正月十五和七月十五这两个家庭祭祀节日和仪式时期(ritual season)更为深入的分析,使我们得以洞察家庭仪式最具普遍性的秩序。对许多山街人而言,上元(正月十五)时节祭祀的神祇跟春节、正月初九时所祭祀的并无不同,它们都可以被统称为"天公"。总而言之,"上元"是"三元"节日之首,又是春节期间最后一个节庆。"上元"之所以与"中元"相连是因其均与强调"祭祖"(ancestor worship)的时节(season)有关。事实上,我注意到,春节和农历七月是一年当中最为重要的两个祭祖时段。这两个时节最为重要的主旨都是"朝内祭祖"与"朝外供奉"间的比照。其中,神明都起到了调节内外的作用:其一强调的是对家与"天"的调节,其二强调的则是对家与"地"。但这两种情况的调节特点和所承认的社会团结却有一定差异。

每个时节在历时性(diachronic organization)上的区别是非常明显的:"新年"节庆的时间范围并不确定,但具体的春节那一天却是固定的。该时节持续时间最长时甚至可以前后两个"土地公"的庆典为界,即旧年的最后一天和新年的头一天可以分别是头年的腊月十六和今年的二月初二;而最短时则仅从"送家神日"到"迎家神日",即旧年腊月廿四至新年正月初四而已。在新年的头一个月内,除了上述已经提到的祭拜天公的日子外,剩下的时间里,何时举办庆典则要取决于祭拜者的职业、黄历上所显示的开张吉日。① 相比之下,七月祭祀时节却有着确定的时间界限,即初一至三十。在"上元节"前的春节期间,手工业和商业界都会在各自特定日子里举办庆典,就好似他们依然在遵从着行会体系(guild system)一般。但这些庆典却多以商号、家户名义各自举行。在"中元节"前后的七月时节,众行会——尤其是商人行会,在日据台湾后解散之前——会按各自守护神的节庆,像春节时那样赞助若干场"普渡"(饲鬼)法会。"普渡"法会乃是为某一区域(locality)所开,而众行会则正是以赞助它们来为自己所在的城镇片区做一份贡献。在王朝时期的台北市,每条街、每个分区举办"普渡"法会的日期都各不相同(Kataoka,1924:61-2)。而在山街镇,区域内的每个聚落也都会在七月份的不同日子里举办包括一系列竞争性的游行、宴会以及相互邀约(cross-invitation)在内的113 "普渡"大会。

当然,不容忽视的是,祭拜祖先的时节也在春节和七月。但七月的祖先祭祀却也是以不同的方式进行的,它所涉及的社会单位较之"户"而言更大,而又比"街坊"(neighborhood)有着更多的涵义。在山街和邻近的聚落里,家庭和小型地方宗族(local lineage)在七月份祭祖的时间并非一致,而这又为彼此之间的相互邀约提供了条件。相比之下,春节期间每家每户的祭祖时间又都是相同的。

七月是鬼门关的开闭(放鬼,release of *kui*)之际。在该月最后一天地府关门之前,这些游走出的鬼魂将与当地的祖先混同一起。而在地府开门期间,所有区域的、地方的宗族会轮流邀约其他区域、地方的宗族及其所在的"鬼"与祖先前来宴会。

而在新年的仪式中,取"坟地、墓穴、供奉佚名死者的神龛之门在理论上的(倘若不是实际的)开、关"而代之的则是家户之门的闭合、开张。

① 在新年后接下来的几天里,各个行业的从业人员会在不同的工作场所祭拜他们的行业守护神。其中尤以正月初十——商人守护神"关帝"之日为盛。在山街镇,诸如道士、屠户、药剂师、铁匠均会在不同的日子里各自祭拜他们的保护神。

"完全紧闭大门"固定发生在新年之际,即新、旧交接的那一时刻上,而这一转折点则是由一场全体成员均在客厅里列席的家宴上来得以体现。在该场合下,家人必须全部到齐,不论桌子底下是否新点上了一个煤炉,这一完整性(completion)都被叫做"围炉"(ui-lo)。家宴开始之前,人们会首先向家户的先祖及"地界公"(Te Ki Co,地基之神)奉上祭品。由此,对"家户"的认同便在仪式上得以确定了下来。(祖先被供奉在正厅的家庭祭坛里,而"地界公"则被供奉在厨房的门槛上或者厨房里。)在中国的其他地区,人们在"送别家神"(send-off of the household gods)时祭祀以及选择祭祀"灶君"(Tsao Chün)的行为所强调的,是该单位是家户性而非更大的宗祧(decent group)性质的。在山街镇,类似的强调则体现在团年饭(New Year's feast)的"围炉"以及饭前对"地界公"的祭祀之上。

"地界公"是一个矛盾的灵物类型(category of spirit):人们虽在室内却又不在祭坛上供奉它,奉献给它银纸而非金纸;有的人告诉我它是家户自己的"土地公",也有人说它是家里的"鬼",但最为一致的比喻则将其看成是"房东",它在新年期间获得的祭祀则被比作为向它缴纳的"房租"。农历元旦时的社会单位是能够在仪式上独立存在的、最小的那些"宗祧群体"和"区域单位"(territorial unit),即有着特定祖先、"鬼"或者区域守护神的家户。

据说天地两界的关系存有嫌隙裂痕,而地界时刻都面临着被天界灭 114绝的威胁。家户神祇则正是上天派下界来汇报人们行为的使者。在山街流传着许多该传说的不同版本,其中唯一一致的说法便是"该灾难尚未发生";对于威胁本身、它尚未发生的原因是否可知的解释则五花八门。然而,所有的版本却都解释了人们在新年的第一天里交换恭祝问候的原因,即就彼此依然健在而相互贺喜。人们穿戴一新,把家庭祭坛上的旧香火全都换下——这也是一年之中唯一将香火完全翻新的机会——农历元旦是所有人共同的生日。在这一天,人们迎神回归并祭祀上天。春节期间也正是一次秩序的重新确立。在与上天重新确立关系的过程中,家户内部的等级体系也得到了确立:只有家里的男主人才配得上祭天,而其妻子只有祭祖的资格。家里的孩童、工厂的雇员会(在另外一天)分别得到父母给的压岁钱和老板发的奖金。接受祭拜的存在物之等级秩序只有在春节期间才会显现出来,因为,只有在这一场合中,人们才有机会按序将家庭所祭祀的全部灵物(spirit)与神祇都纳入敬拜的行列,并且,接受祭祀食物的先后规则也会应用于此。一方面,父系宗桃群体的连续性在祭祖活动中能够得以重塑;另一方面,它在世间作为"宇宙帝国"(cosmic empire)基本单位的连续性也在"祭拜上天、迎神回归"当中获得了保障。

新年秩序的"不对称性"和"连续性"与区域单位秩序的"对称性"和"非连续性"以及在七月底确定的、从"内"(祖先)分离出的"外"(鬼)形成了鲜明的对比。在七月份里作为"内外"调节者的并非家庭神龛里的内神(internal god),而是立在庙门之外、面朝外的神明。它们是"鬼"的支配者,在山街镇,人们将它们唤作"普渡公"(Pho To Kong)、"老大公"(Lau Tua Kong),并喻之以狱卒。此类神明与"地界公"一样存在于一个矛盾的——祭祀于屋外却奉之以金纸——灵物类型当中,正是因为它们,生者及其祖先才得以与鬼魂区分开来。

在七月里祭拜的第二种神明是为鬼魂超度转世或赎回天庭的慈悲救主(charitable savior)。此类神明的祭拜场所则在屋内的家庭祭坛上;它代表着特定个体生死之间,而非从生者社会中的群体到众鬼魂之间的连续性。这类神明在山街镇最主要的代表就是贴在家庭祭坛左边墙的
115 画里,顶部坐于莲台之上的观音菩萨(pho-sat Kuan Yin)。她既是灵魂的救主,也是保护生育的神明。新年之际,许多山街的妇女都会就受孕及保佑婴孩健康向她祝祷。

对春节和七月时节仪式的分析总结如下:春节仪式中的单位是"家户"及其祖先,该单位较之祭祀当中的主神——至尊神(supreme deity)和神祇群体(group of deities)而言处于从属的地位。在至尊神与作为基础的小单位之间,一方面是诸神,另一方面则是个体的救主及一位家户

神祇。七月时节的仪式单位则是由祖先构成的"街坊"。这一区域单位是对其他类似单位和众鬼魂做一反面补充。在它们,即区域群体和众鬼魂之间,只有守护神及个体救主的存在。春节期间重新确立的连续性涉及了一种等级的关系,相比之下,七月时节则重新确立了一种涵盖着对称关系(symmetrical relation of opposition)的非连续性。

隐喻的再造

人们认为,神仙、神兵、祖先和鬼魂身前都曾是人类。它们分别居于天庭和地府/地狱(te-gak),其间则是起分隔、调节作用的人间。凡人所居住的世界通常被称为阳间(iong-kan),相比之下,鬼和死人的世界则被叫做阴间(im-kan)。人间以一种使彼世(other world)各类大小"官员"各得其所、各司其职的社会结构之形式调节着其他两界,此外,该结构也建立起了一座可以通过仪式相互沟通的桥梁。

在之前的认识里,山街居民应该是将彼世存在(beings of the other world)当成了生命延续的转喻(metonymically)以及生命符号的隐喻(metaphorically):它们与现世之间并无直接联系。死亡正是该非连续性关系的断裂点;它使得世人根本无法凭感觉与彼世存在发生接触。这种接触只能通过一套仪式密码(ritual code)来达成。这些仪式密码拣选出一些现世当中的实际行动(concrete action),并将其转换为一个虚无(negation)的"现世实在世界"(living concrete world),即创造出了一个仿佛存在着的实在世界。在这个"世界"中,众存在(beings)可以在奉献的祭品在现世中真的被吃掉以前"享用"(eat)它们。是故,从世人及其行为中拣选出来的仪式和存在均是现世实在世界的象征符号。无论对这些象征符号的分离和拣选有多么地任意专断(arbitrary)、时代颠倒 *116*(anachronistic),却都提供了一种对实在世界进行冥想(contemplation)的可能性。但对于什么是隐喻(metaphor)、典范(ideal)或偶像(image)的观念也同样变成了转喻,并且还成了一种与经验性存在(experiential being)直接关联的实体(existence)。在与其虚无(拟像)"沟通"后,在现世世界产生的实际结果使得该隐喻得以实现:世人将现世世界看作是彼世存在工作的延伸,与此同时,也将其视为现世活物(living subject)死后的归宿。

人类在死后的延续情况有四:为人父母者死后得以作为"祖先"而延续;任何个体或进天堂,或被打入地狱永世不得超身;再者则是经由地府得以转世投胎。祖先崇拜和(为其而存在的)世系继替(lineal succession)确保了一个通过生者得以存在的死者的世代延续(generational extension)。对祖先的崇拜是将生物性的生育事实选择性地用于社会分类以及对某些特定社会关系的主张。一经出生,人们便被置于了一个与其父母间的、社会构建的选择性关系之中。出于同样的选择性原则加之其出身(parentage),他在出生之际也就已同样进入了一个与特定死者(祖先)、通过双亲和这些死者而与特定生者之间(亲属)的关系当中。"由生至死"再"由死转生"这一延续上的断裂生产出了无后人(descendant)祭祀之"鬼"("孤魂",ko-hun)的概念。而倘若遭到后人忽视,不论是后人离开祖居和祖先祭坛还是对这些报以冷漠大意的态度,祖先都将变成孤魂野鬼。事实上,在调查过程中不单是山街的仪式专家(ritual specialist)告诉我死后所有的灵魂(lieng-hun)都首先是"鬼"/"鬼神"(kui-sin),也有两位非仪式专家如是说。只有在得到仪式性的祭拜之后,它们才会变成"神"或"神兵"。在访谈中,人们把那些被委婉地称作"好兄弟"(hou hia:-ti)的"鬼"解释为了"无孙的鬼"(bou sun e kui),即"没有后代的鬼"。

通过"遗忘/记起"(forgotten/remembered)这组密码,未经分化的死者众(mass of undifferentiated dead)得以解体。作为社会客体而存在、未分化的众死者就是生者未经分化的社会历史。"已逝的过去"(dead past)和"现存的当下"(live present)经由"遗忘/记起"密码途径的社会形式,变成了可以相互替代的隐喻。然而,"死亡"却也是个人(individual creature)与社会正在行进中的历史之间的一个非连续性时刻(moment of discontinuity)。在该历史当中（除"爆发革命"的可能性之外）并不存在与"死亡"相对应的事物,似乎只有革命为社会带来的极为深刻的转变方能使人们认为当前的社会形式与先前形式之间出现了断裂。基于生物性的事实,男人和女人受制于一种持续性之下,而作为社会事实则又受制于另一种持续性。祭祀当中的"记起"（remembering）仪式密码在社会时间（social time）与其在生物性上的对应物/等价物（biological equivalent）建立起了一个连续性关系。通过转喻（即部分对整体的关系）,上述两种时间之间、"过去和当下"之间以及"个人和群体"间的连续性都得以建立了起来:男女个体的生物性死亡经过转喻,被当成了"故人"（past person）与"今群"（present social group）或者"今人"（present person）与"今群"之间的纽带。同时,它也发挥着将一些与某位特定死者相关的当下社会群体联结起来的作用。然而,死者的世界也同样被转喻成了与现世社会世界相对应的"魂灵社会"（society of souls and spirits）。是故,这一对应/等价也同样是通过仪式而非祖先崇拜的方式,在社会世界与社会历史及其超自然配对的连续性关系中得以实现的:超自然界的"居民"也存在于自然时间的事件和区域空间的位置中,并且还对之具有一定影响力。

在葬礼和祖先祭日的庆典中,人们会为社会定义和现存群体——家户、支系、宗族、姓氏协会——的区分之故而挑选一些特定的死者加以祭拜。但是,葬礼也建立起了一个与作为魂灵世界中一员的死者的连续性关系,这一关系经由两界间的对应物/等价物而得以设立。在祖先的祭日里,超自然界则在历时性地以农历的仪式性历法（lunar ceremonial calendar）并共时性地在地理/风水空间（geomantic space）当中进行着重构（re-creation）。这使得社会世界与死后世界基本元素间的历法与地理/风水调节成为可能。过去历史当中社会个体之间标准的社会交往形式,如今则被用在了生者与死者世界的沟通（mediate）仪式之上。

为死者举办的典礼将向我们展示仪式"同时重构连续性和非连续性

工作"的原理。在台湾,葬礼仪式(mortuary ritual)由两部分组成。其一,是死者得以接受他(她)生前所在(由代表和友人组成的)"社会区段"(social segment)哀悼的典礼;其二则是生者通过媒介、在仪式专家(此处我所指的是道士和僧人)的指导下将死者视为身处死后世界中的特定人物加以照看的仪式。葬礼仪式上的"亲属区段"(kinship segment)方面最终导向了"祭日"和在春秋时节里"祭祖"的选择。而"死后世界"的方面,或"来世论的仪式"(eschatological ritual)则指向了诸如七月时节固定的、载入历书的仪式。

118   在葬礼及紧随其后的祭祖活动中,死者均是根据单一的原则来加以分类,即他们被祭拜与否。换言之,即他们是否被拣选。在死者尚为人所知的情况下,是有可能在仪式上将其回复至"祖先"的地位的。占卜师会将疾病或者霉运归咎于人们对其祖先的忽视;而这些麻烦的魂灵总是游走于一两代(通常是对其有记忆的)人之间。那些作为生死两界媒介的占卜师,譬如道士,是一群生来便拥有特殊技能或禀赋的人。据我所知,他们通常要么是由神明所控制的、具有描述地府中灵魂状况能力的灵媒(spirit medium),要么就是萨满(常为一些以灵魂出窍的方式进入彼世的妇女,在山街,人们称之为"牵亡魂,khan-bong-hun")。那些为人所知却又没人祭祀的死者便是"鬼"了,而既为人所知又得到祭祀者则为祖先。而随着记录和记忆的淡化,它们也逐渐变得越来越不为人所知、越来越不明确;众"鬼"与印象模糊的众祖先的祭日也越来越不可考。是故,人们也就只会在法定的祭祀场合下,将其作为一个类别,以"整体"而非"个人"(by name)的形式予以祭拜。

     Jordan(1972:134-140)根据社会结构对"魂灵从遗忘当中得到拯救"做出了一个解释,即"被家鬼折磨的前提是我要有一个家鬼……倘若我知道家族中有这么一个死者,并且怀疑它就是我被折磨的原因的话,我就有可能会去拜访那些灵媒,传说这个灵媒对付家鬼很有一套"。他由此推断,只有那些在结构上异常的亲属才会以此种方式得以被"记起",我同意他的说法。当然,我却并没有得到任何关于"一位明确的直系男性祖先曾一度遭人遗忘,尔后又被安放进家庭祭坛"的案例。有传言说死者会通过制造霉运和破坏行为去警示人们不孝的行为,然而,在这种情况下,他(她)所扮演的是"不想变成孤魂"的祖先角色,而非想要变成祖先的鬼魂。

记忆的选择时期和逐步筛选的阶段是通过以下仪式序列——即死亡、埋葬、悼念、表功(merit-making)、家庭祭日祭拜、重葬、以祖先身份进入宗祠、乡里(ancestral home)或姓氏协会之祠堂中——得以定位的。这些仪式构建了一个汰除(weeding out)、排他的过程。该过程也涉及了社会排他性的逐步加强——仪式越是盛大,对于决定"被选为祖先予以祭祀者"的财富和地位的要求也就越高。而那些从中裁汰出局、财富与地位不足要求者,也就成了地狱里的孤魂野鬼。

葬礼仪式是一个定义的过程(process of definition),延续(extension)和 119
间隔(separation)——即指悼念群体(mourning group)会与诸如姻亲、邻居及其已故亲属此类其他群体隔离开来——在其间同时发生。即使在最低限度下、最廉价的山街成人葬礼中,仪式中的某些元素也必须被明晰地包括在内。这些元素始于死亡之际制造或购买一桌一灯,终于葬礼后将其扔掉。桌子用以盛放祭祀死者的供品以及与其沟通之用的香;而灯具(决不能够移出房间)则放在桌上,其用途在于使死者的魂灵得以再看一眼曾经生活过的老房子。桌子和灯具均放置在躺在正厅中的遗体身旁。家庭祭坛的神龛被罩了起来,人们向我解释说,之所有这个惯例是因为死后四处游荡的死者一直要到喝了(或是浸在)特殊之水,发现双手开始腐烂以后才知道自己已经死亡。① 之后,死者便悲伤地回到家里。在桌子上必须在灯具四周围上一圈上书"望乡台"三字的竹纸台,倘若死者不会被抛弃而变成孤魂野鬼的话,服丧的家人就必须要在魂灵回到家里时嚎啕大哭以表达自己对他的同情。哭灵(wailing)是一种回应和交

---

① 关于这水在各地有着不同的说法,譬如说是"土地公"用以引导灵魂的"魂水";有些地方则是由死者家人自己提供;或者是取自"冷水坑"(lieng-cui khi)之水。

流。另一方面,死者也是被一系列符号性的陈述(symbolic statement)所严格地分离的:桌上的香火盒(incense container),与桌子本身一样,是为葬礼、仅仅为该魂灵而专门准备的。人们会在其中,或者在死者的棺材中放一个熟鸡蛋或石头。人们多次向我说明了这个鸡蛋所传达的意义:"该蛋孵化之际,你便可以加入到你后代的行列之中",石头所传达的则是"在石头粉碎(溶解)之时,你便能够回到家族中来"。

在葬礼结束后的某个时刻,人们会从香火盒中取一些香灰倒入正厅祭坛中的祖先香炉之中。自此,死者就将在特殊的日子里与家中其他的祖先一起接受祭拜。在桌子和放置其上的众多物件,灯具、香火盒都被扔掉或烧掉之后,蒙在祭坛上的罩子才会被揭开:这是一个将死者与活人相分离的行为,即"我们不再使用共同的物件了"。在桌子从"置办"到"毁坏"的过程中,以上对祖先地位描述的段落是由一系列之前已经提及的、矛盾(即将服丧者与死者分离,也将那些能够与死者接触的人置于社会底层)的陈述所标记的。通过附加服丧等级(degrees of mourning)的要求,死者的(直接)姻亲层与世系后裔的姻亲得以被区分开来。此外,直接后裔中,在女儿、(外)孙女与儿子、(外)孙子之间,服丧之等级也被更为细致地加以区分。这些服丧的等级均在禁止"参与各种生者仪式(诸如制作新年糕点或在庙会里充当本共同体之代表等)"的持续时间上有所体现。处于服丧等级最外围地带的、服丧者的直接邻舍们,以及所有帮忙准备葬礼的人,都会得到一些炮仗(firecracker)、护身符及其他可借之与死者立即脱离关系的仪式工具,"只有如此我们才又可以去拜别的神明了";葬礼沿途所经过的家户所采取与死者脱离关系的办法也是如此。当有丧葬队伍经过之时,山街庙宇通常总会关闭大门,正如哀悼者的家庭祭坛在死者魂灵从家中离开之前都被罩起来一样。墓地的看守工作被交由一类特殊的、据墓地旁铭文得知被叫作"后土"(Hou T'u)的守护神。此类守护神在仪式和传说上均与守护村落、街道、分区的"土地公"不尽相同。在普遍的仪式分类体系中,服丧活动带有会招致诸如疾病等霉运的邪气,与出生、嫁娶、斋醮、地方神祇庆

典相对比。前者被称为"丧事"（song-su，hiong-su），而后者被称为"喜
事"（hi-su，kiat-su）。

是故，在葬礼仪式中，现存群体与特定死者间的连续性——一种转
喻关系——先是得到了主张，随后又被打破；两界及各类事宜则在仪式
上得到了确定。死者以亦神亦鬼的状态被投入了另一个世界，而仪式本
身也分裂成为(1)与死者或命悬一线之人的个体魂灵的沟通，和(2)与现
世中同彼世存在相对应者的沟通两种类型。

仪式中"灵"（lieng）的概念是连续性与非连续性之间矛盾的关键。
我之前提到过在祭坛上神祇是由"像"来代表的，而代表祖先的则是"牌
位"。人们认为，被奉为神圣的"像"是具有内在回应能力，即"灵"或者
"灵验"（lieng-kam）的。然而，（即便是在埋葬后得以神圣化的）牌位则没
有这种力量。虽然"魂"（hun）字的确可以与"灵"字一起构成同样意为
"魂魄"（soul）的"灵魂"（lieng-hun）一词，但其所指的却是作为个体死后
延伸，而非包含于社会群体之内的祖先实在（being）。神、鬼、逝去个体
（即祖先）并无像它们得以为人所知的器物（things）和事迹（events）那样
多的"灵验"（故事）。而且"灵验"情况也经常由山街镇最新的阐释予以
肯定、否定。这使得"灵验"成了一种人们赋予其所选择信奉之神明的一   121
种"名誉机能"（function of reputation）。①

这种矛盾性的关键在于另一种仪式概念，即"地理性质"（geomantic
property）。这种不涉及其他内在呈现（immanent presence）的"处所能
力"（power of place）被人们称为"风水"（hong-cui/feng-shui）。每座墓穴
和房屋均有其或通过纯粹风水学，或参照于此处（对鬼神的）"安抚情况"
（propitiation）的占卜方式所决定的"性质"。根据中国的玄学和风水学，

---

① 作为认识山街镇 "灵验"观念范围的案例（三位居民对"哪位神明最'灵验'"问题的回答）如
下，"最'灵验'的神明即拥有认为其'灵验'信众数量最多的那位，而这是由个人经历决定
的。""最'灵验'的是'好兄弟'，因为它们散布各处，不受控制，也不拘泥于各种原则，只要
'饲'它，它就会为你做任何事情。"

"地"与宇宙的形构（configuration）均是在"气"（由"阴阳五行"形成）的运行当中生成的。根据其阴阳性质的相对力量，不同的"气"之形构在黄历及其他风水手册中则用"鬼"、"神"来指代。在这种说法下，"鬼"便被认为是一种"极阴"的形而上力量。"阴"通常与"恶"和"死"联系在一起，而"阳"则与"善"和"生"相关联。所以，人们对"鬼"就如同对"死亡"一样避之不及，而对"神"则如同对"赋予生命的力量"一般极力追寻。罗盘指针所示的时辰，年、月、日以及"六十年一轮回"的"甲子"可以显示出个体的星相命运（horoscope），除此之外，黄历当中特定日子里一般的"吉凶"情况也可以由此方式计算得出。

祖先、神明、固定的活动原则以及地上或寰宇内某处"性质"之间的层次（gradations）既多又细。它们以相对内在（relative interiority）的方式部分地表现在家庭祭拜的结构当中。同样的关系也可以被宽泛地理解为相对的流动性（relative mobility）："地"之相对于在上面迁徙的人类；宇宙之相对于游走其间的鬼神。当一个有着自己神祇和祖先祭坛的家户进入到一个"相对固定的端点"（relative fixed points）关系——祖籍所在地庙宇、现今居住地、祖坟、祖籍或宗祠本身——中时，家庭祭坛就代表了在迁徙（migration）过程中家庭对其仪式队列（ritual alignments）进行诸如累积、抛弃和保留的"拣选"。然而，地方庙宇（对家庭祭坛而言是一个"固定点"）自身却也在另外两个"更为固定的端点"的关系中流动。庙宇香炉里的焚香可能也来自一个更为古老的庙宇香炉，凡此等等，可以一直追溯到某一崇拜（cult）之主神源起的庙宇。每个分炉及其神像均是神祇的分身显现（manifestation），但同时它们也均于其所在地的"性质"及相比之下流动性较小的地方守护神（如"土地公"）相关。"土地公"并非单一崇拜（single cult）——比如数量巨大表示"关帝"（军事和商业的保护神，在旧中国及台湾地区拥有成千上万座供奉他的庙宇）的器物——的多重显现。形形色色的"土地公"是对固定地区内此类神祇的统称，它们并无任何崇拜的中心地点。人们认为，此类神祇与所在地之间是委派关系，而"土地公"则是一个低级官衔。此外，据说那些死于暴力事件、"阳"气未尽的鬼魂也会一直在固定的地方,即它们的去世处徘徊。在"地基主"(房屋地基之神,Te Ki Co)与"后土"(墓地之神)的概念中,人类魂灵与财产或空间/地点之间的关系则更为紧密。而在"白虎"、"灵"、"龙"(均为宇宙中非人类原则下的空间名称)的概念中,这一关系则被颠倒了(怪兽取代了人的位置)。同样,一般情况下在占卜师的建议下进行"安"(an)和"祭"、作为某地"阴气"性质的"鬼"的概念此时也会发生倒转。

因此,作为对超社会和超自然存在隐喻之产物以及将人类和空间/地点相联系的活跃宇宙(active universe)转喻的葬礼和"历书仪式"(calendrical ritual)就可以同时为人们所理解了。从转喻的角度而言,每处祭坛、每个空间/地点既是一个微观宇宙(micro-universe),一个其间活跃的主体;同时也被理解成更大整体的一部分:"家庭祭坛单位"之于"庙宇祭坛单位";"土地公区域"之于"庙宇神明区域";"风水位置"(geomantic site)之于"宇宙的时空形构"(cosmological configuration of time or place)等等。

宗教隐喻的结构

从宗教的观点来看,神祇与它们所栖息和控制的自然世界间的关系与政治、司法生活是相一致的。在这种看法中,天、地被视为"户"(hu)(或者"庭");而日、月、五行及五颗北斗正是天"户"所在的位置(与观察到的天体并非完全一致)。这些"位置"在地上均有其诸如"五岳"一类的对应之物,与其名称相应的知识体系则由专业人士,如占卜师和道士所掌握,他们扮演着签署诉状和执照的律师和官僚的角色,在神圣的"协定"、"佣金"方面为其"客户"提供建议和指引。

人们经常会按照对当前政府构成的描述来形容宗教世界的结构:山街人会告诉你说,"土地公"就像是当地派出所里的所长。而作为极为有限的区域定义中保护一方平安的守护神,"土地公"也确实行使着地方庙

123

宇乃至范围更广的城隍爷之"司法权"。① 这些法律等级上的角色(jural hierarchy figure)主要出现在一些故事、大众戏院及木偶剧中,在这些演出里,"警探"控制着鬼,而神明以及更高等级的"官僚"则控制着众生的阳寿和死后命运。在今天的山街人眼里,"鬼"就好比是无根的流民,或是在与过去那充斥于地方政治层面里、拉帮结伙的"秘密兄弟会"相关之徒。

"鬼"和"土地公"标识出了位于其间,有自己的祖先、地方亲族或同胞群体以及中心神祇在内的社会区域之边界。土地公所标记的是其内部边界,而鬼则标记了外部边界。在家庭祭拜当中我们已经发现了这一点,然而,在将地方共同体当作一个整体对待之时,它也同样适用。如同人们认为"土地公"会保佑出国游历者、出游在外时逢庙必拜乃是基本礼貌一样,人们也认为"鬼"则尤其会在小道、小溪和桥边出没。"鬼"意味着道路的凶险,意味着匪徒、陌生人,以及因熟人(社会)无法触及而将自己(相对他者社会而言)陷入变成"鬼"的危险境地:"鬼"标记了家乡共同体(home community)的边界,而且还有一种说法将"鬼"委婉地称作"外神"(gua-sin)。

将山街与其所在市场体系(marketing system)相连的公路在镇外数百码(一码约为0.9米)的地方穿过了一条隧道。该隧道便是山街的地方市场区(local marketing area)及以山街镇和它的庙宇为中心之共同体的边界。隧道范围以内(多被称为"洞内",tong-lai),的人们均在山街的店铺里购物、把孩子送到镇上的小学念书并共同参与镇上的庙会。而"洞外"(tong-gua)居民的上述活动则在其他地方进行。关于这条隧道里闹鬼的故事层出不穷。其中之一所讲述的就是一位来自"洞外"那座与山街距离最近的集镇的"鬼"。这"鬼"在生前曾是我先前提到过的那种帮会的成员。他跟山街的一个已婚妇女交往密切,并打算在某个上元节

124

---

① 人们常告诉我说,"外出靠'土地公'(或你便是'土地公'之客)"或诸如此类的说法(出门食土地公,Chut mng, ciaq Tho Te Kong)。地方庙宇神祇作为区域保护神的功能可以参见(王斯福,1974)一文。

夜里前往与之幽会。虽然占卜师警告过他那天出行恐遭劫数，而且从日本警察的口中他也得知了山街有人想置他于死地的消息，可他却仍然固执前往。结果在返回的路上，他就被戴了绿帽子的丈夫所雇三人截在隧道入口给杀害了。

另一个隧道鬼故事的源起实际上乃是一场重大的"仪式事故"（ritual accident）。在一个如今已不再使用的仪式里，道士往往会扎"稻草人"（用完之后会扔掉）来驱除"外灵"（outsider spirits）。事后这个"草人"却不知怎地被抛弃在了隧道里。有一天，一个孩子发现了它，据说，小孩在它身上踢了两脚之后又撒了泡尿。结果，他回家后不久便尿血而死。

在文化与社会最外层的边界上，"鬼"是与外人、土著等价对应的。而据说山街的地方庙神，"尪公"（Ang Kong）就守护着这一边界。与非汉人（non-Chinese）之间的边界缺乏意味着（以神祇名义轮流守卫的）区域之间也只有少量标记亚文化断裂（sub-cultural breaks）的界线。共同体之间的"私斗"有时严重起来，甚至要闹到政府必须派官军出面予以镇压的局面，"私斗"双方中支持官军的一方将被称为"忠勇义士"，对抗官军者则被唤作"匪徒"。然而，双方在打斗中阵亡的人员（不论"义士"还是"匪徒"）的遗骸均会被收纳进一座集体神龛（collective shrine）之中，一方面是因为难以对他们的身份进行一一分辨，如此便无法分别将其奉归宗祠；另一方面则是因为年纪轻轻、尚无子嗣，抑或因其死于武力、阳寿未尽。这些因素均导致它们成为一个个陷入困境、不受控制的"魂灵"，或者说"鬼"。但"义士们"却是一些受人尊敬的"鬼"：在它们的神龛里常常会置有官方铭文，更有甚者，有些神龛最终变成了一个新的、在此类私斗中丧失同胞者的仪式中心。对他们来说，这些魂灵是"善"而非"恶"、值得敬奉而非加以安抚的。借助特殊的仪式关怀（应该是通过"在存放这些死者遗骨的建筑里设立一座某位拯救者或守护神的庙宇"的办法），这些潜在的"恶"灵便得到了救赎。

人们将此类救主的助手及某些控"鬼"者（controller of kui）视为得

125 到救赎的"鬼"(redeemed kui)。[1] 并为它们赋予"魔鬼的特质"。相比之下,在天庭中较高级别的神祇均为以"满清官吏"为原型、着装庄重之辈。在描绘地狱情景(比如那些被法师挂在葬礼上用以引导魂灵渡过地狱)的图画中,地府里的魂灵虽然受到了折磨,但也完全是以人的形象出现的。而那些负责折磨它们的、"满清官员"模样判官的助手则有"长着裂成两半的脑袋"或是其他类似的畸形特征。这些处于鬼、神之边界有人类特征的怪物,如同那些自然界中身处地点/空间和灵魂边界的怪物一样,均是一种神话知识体系(mythical knowledge)的产物。而该体系则又是进入从"鬼"到"神"、从"自然"向"超自然"两种转变之连续性(continuity)的比照或等价关系(relation of contrast or equivalence)之形变或者解决办法。

在台北市建立起一个强势的中央政府以后,地方冲突也就进入了尾声。但是地方间的敌对性却依然通过宗教节庆予以表达。一些供奉相同神祇却在不同时期举行庆典的相邻地区,总会试图在宴会的慷慨程度和游行的盛大局面上压过对方。每个小镇和集市区都至少有一支杂耍剧团或舞狮班的乐队,以便在应邀远赴它处参与庆典之际与相邻地区派出的队伍较劲;而在本区域内部的庆典上,它们自然而然地也会加入到地方神祇的游行队伍中去。游行过后,各支队伍甚至常常为了争夺应邀

---

① 供奉这些矛盾而又正直的"鬼"的神龛有若干名称。在山街为"有应宫"(Iu-ieng Kiong,"有应"意为有求必应)。或者更为灵验的"大墓宫"(Tua-bong Kiong);此地还有一处为那些无嗣的母亲所设、所谓的"圣妈"(Sia﹔Ma)庙。山街的居民认为这类神龛灵验非常。台北县的新庄(Hsin-chuang)区里有一座收纳福建省泉州、漳州两地移民后代"私斗"阵亡者遗骨的"有应宫",而这座"有应宫"毗邻的"救主庙宇"则声名远扬。该庙所供奉的救主是"地藏王"(Ti Ts'ang Wang),供奉"地藏王"的庙宇一般均如此庙一样名为"慈悲寺"(Tz'u-pei Ssu)。"地藏王"经常以菩萨(地狱未空,誓不成佛)的形象出现在世人面前。台北县另一处盛放阵亡者遗骸的类似神龛叫"大众爷"(Ta Chung Yeh,是守"鬼"者常用的称号);事实上,在台北城里,大众爷庙与地藏王庙乃是并排建造的。同样在台北城,著名的"霞海城隍庙"(Hsia-hai Ch'eng-huang Temple),山街人通常会为此类庙宇的主神贴上"法官"、"控鬼者"的标签)旁边也有一座供奉着"在一次火灾中为救神像而献身的三十八位'同安烈士'(T'ung-an martyr)"的神龛,它们救主"观音菩萨"的神龛也在同侧。上述所有关于"神龛"的记录及相关材料(除去如今能看到的一座山街神龛和两座台北神龛以外)均参见(Li 1963﹔72;Liu 1963﹔72-77;Ino 1928;1,41-42)处的这三篇文章。

深入各家各户表演的机会而大打出手。

这些队伍和剧团经常正是由那些与"鬼"相关联的兄弟会成员所组成,但他们却先是在游行当中充当神祇的随从、为其表演,尔后又为各家各户的好运演出。正如一位舞狮者所告诉我的那样,他们所充当、扮演的是在神明尚在人世之际,由他所指挥的军人角色。换言之,他们所扮 126演的是"神兵"而非"鬼"在凡间的等价/对应物。事实上,据我所知,人们从不把"鬼"当作一个群体来予以安抚,他们只是单独地或将其视为一个无差别群体来加以"祭拜"。而我也从未见过"鬼"以乐队或者其他的形式为人们所描述。"鬼"在凡间的等价/对应物是七月时节庆典以及其他向众"鬼魂"布施场合(即每个"普渡法会")中的乞丐。在那时,乞丐便有权主张得到这些祭食。①

结论

我将以"神祇是国家这一权力体系的一个隐喻"的提案来对之前的论述予以总结。这个隐喻就是:"神祇"被比作为统治者和判官,而众"鬼魂"则为由其审判或拯救的乞丐。而且,"鬼"还是进入该领域中生者"断裂的延续"。是故,神祇既非"鬼"也非祖先。它们与祖先归于同一类别(神)并被当成"自己人"(insider)来祭拜,相比之下,"鬼"则被当作"外人"(outsider)祭拜。对某个地区而言,神祇就像是"帝国官员",是拥有权威的陌生人;祖先则是本地乡党;"鬼"却是"不速之客"或者当地的弃儿。神、"鬼"之于祖先就好比隐喻之于转喻;同样,"鬼"和祖先之于神祇也就相当于转喻之于隐喻。对这些"不协调性"(incompatibility)神秘的、神奇的解决办法横贯于模糊性的边缘,即一个形象怪异的转化

---

① 因在此期间,很多乞丐在抢夺食物之时遭踩踏致死,著名清朝近代台湾巡抚刘铭传,不得不签署了一份用以缓和该风俗的管理章程。但是,乞丐在"普渡法会"上的权力至今依然受到尊重:我曾在一场较大的"醮祭"当中亲眼所见。乞丐似乎在葬礼上也有类似的,或至少是"在丧葬队伍行进的沿途乞讨"的权力。

(transition)之中：由"鬼"变成的神祇是恐怖、没有人性的；而在隐喻的另一个维度中，那些出没于人间的"鬼"则有着怪异的外表①。上述两种类型的"鬼"均被人们以各种各样的方式与地府中的"鬼"区分了开来，而且其中有些人的说法还达成了一致。

作为地府中以单独主体形式而存在的"鬼"与被人们所纪念的祖先形成了鲜明的对比，并正如我先前提到的那样，它们的形象也更接近人类。人们将"神明参与人间事务"的现象称为"显灵"，却用"恐怖"一词来形容"鬼"。那些有关"鬼以其惊吓能力介入人事"最为常见的故事所讲述的便是某位将领及其所部率兵马如何吓退了敌军。神祇的等级越高，127 他们也就越是远离鬼事、人事——鲜与军事、暴力挂钩，和蔼、人性乃神之形象。供奉祭品（的质量）与求告之事（的难易程度）是背道而驰的：神祇的功用性（practical）越低而调解性（mediated）、象征性程度越高，在人们眼中的等级也就越有可能更高。

在神、鬼自身的隐喻里，地府中的"鬼"乃是一群结构松散的乌合之众，这与神祇的结构即一个统治"鬼"的集团、机构形成了鲜明的对比。作为救主或地府判官扈从的"鬼怪"则正好是该对比的一个体现。仪式所构建（contrive）出的连续性并非仅仅处在隐喻之内，也在隐喻和当今社会之间。后者连续性当中的过渡点是由暴躁的军事型甚至及其所率神兵来标记的。这些模糊的过渡点（point of ambivalence）存在于"充斥着随地区风俗而变化的，各式各样、各个等级的鬼和神祇官吏"的平民宗教（religion of commoners）当中。它们是反映在宗教隐喻中规则自身的关系协商之后的一个向上的偏态（negotiation skewed upward）。事实上，诸如相互做东的宴会、节庆团体此类，经常使用宗教隐喻神祇作为其参照点的"地方层面"的平民组织，自己却并不存在于该隐喻当中。

---

① 比如，山街的一个幽灵就有着极其高大的身材以至于"它的阳具得枕在隧道顶上"。

人们援引"帝制中国"(imperial China)时期的社会历史作为当下社会在宗教方面的隐喻。而在帝制时代的中华大地上,从同业行会到各种地方、村落团体,有着极大数量的自治机构。而这些机构均以供奉某一守护神或地方神祇的香炉为中心而形成;在周期性宴会中,机构成员的地位是平等的。机构当中功能性、地域性特点最少的也正是仪式性程度最高的那些,即以"鬼"之名结义的兄弟会。在今天的山街,大大小小有无保护神(patron deity)的宴会团体(feast association)数目众多。这些团体虽然与"鬼"相连,但"鬼"在组织的宗教隐喻当中却并无相应的位置:在隐喻中它们只不过是充当着神兵的角色而已。"鬼"的行为是个体性、无关道德、无规矩并且数量庞大的。香炉及其相对应的组织只有在一位作为支配者的神祇面前才彼此平等,它的隐喻等价/对应物是神兵队伍。而平等团体是没有隐喻等价物的。神祇兄弟会(brotherhood of gods,其间神祇以成组的方式出现)在数量上远少于盛行的结义兄弟会;与其相对应的并非宴会,而是献祭。献祭将人们区分为了祭神者和祭鬼者,这虽然不那么平等,但却也以主人的姿态招待了贵客和守护神以及流民和乞丐。这是一个既关乎作为神祇统治体系的支配者,也关乎被放逐的众鬼魂的隐喻。

128

仪式日程和所有宗教庆典的节奏乃是处于中央权威的内化(interiorizing)与众多主体外化(externalizing)之间的运动。在外化的运动中,共同体得以被定义;而在内化的运动中,共同体的各个单位则被认定成为内部的主体。与明确共同体(defined community)的内部主体和"彼此相互界定的共同体"(defined communities vis-à-vis)均有关联的总体(totality)在中央权威——即庙宇里共同体仪式的最深处以及新年仪式中外部的最高点——中得以被确定。因此,当个体或家户通过联合仪式(joint ritual)和宴会的方式相互联系之时,他们便已经将其互相之间的依赖性作为一个遵从其所依赖之中央主体的众"主体单位"(subject units)的整体来感知了。他们在个体上通过加入其中获得拯救;而又在集体上依靠它抵御外部主体群体(mass of subjects)的攻击。通过这种方式,当今社会统治阶层的那个组织(the very organization)便得以通过借用"旧时帝国所隐喻的一套权力图景"来达到维持秩序的目的。但在 129 该隐喻当中,统治阶层的等价/对应物却并无秩序可言。

(彭泽安译 郭潇威校)

神、鬼和祖先

武雅士（Arthur P. Wolf）

I

在台北盆地西南端的农村地区,保守的家庭每天早晨和晚上都会烧三炷香。[1] 一炷放在后门外的壁龛里,烧给游魂;一炷供奉灶神(Stove God),其灶神像位于放膳食的大砖架的上面;另一炷放在直系祖先碑前的炉中。本文的目的在于考察这三种祭拜行为的意义,我认为,这种意义很大程度上是由祭拜者的社会世界观念决定的,因此读者一开始就应该注意到此一探索范围的有限性。我的被调查者是农民、矿工和劳工,以及有一些店主和小商人,在 30 年前,这些人的房子还都是土坯做的、屋顶用茅草盖成。因此我采取的是社会贫穷阶层和政治无权阶层的社会视角,亦即大众的而非宗教专家的社会视角。若我们从政府官员、富裕地主或者道士的角度看同样的祭拜行为,那么将会发现它们具有非常不同的意义。正如存在多少种立场,就有多少种意义一样,因而我强调的重点是,中国宗教反映的是其信徒的社会概貌。

我研究的地理范围主要在三峡镇清水祖师公寺庙(Ch'ing Shui Tsu

---

[1] 论文的首稿写于 1965 年,是为弗里德曼在康奈尔大学组织的一次研讨会写的。考虑到新信息和朋友同事的评论,论文做过好几次修改。我特别要感谢弗里德曼、卢蕙馨、罗伯特·史密斯、芮马丁和郝瑞,他们都评论过早期的草稿,我也感谢弗里德曼、芮马丁和郝瑞,允许我从他们的个人通信和未发表的田野笔记中提取资料。

Shih Kung temple)周围。在1895年台湾被割让给日本时,祖师公被认为是大部分台北盆地的超自然地方官,他管辖着从北部的树林镇郊区至南部的莺歌镇(Ying-ke)和中庄(Chung-chuang),范围包括一整个以龟仑山(Kuei-lun Hills)和中央山脉低山峰为边界的峡谷。用文化术语来说,祖师公的领地毗邻18世纪安溪(An-ch'i)移民后代统治的地区。这一地区西面的桃园(T'ao-yuan)和大溪(Ta-ch'i)都被漳州人所控制,其东面为树林的顶郊(Ting-chiao)和同安(T'ung-an)人,以及在板桥(Pan-ch'iao)和土城(T'u-ch'eng)方向的漳州人。安溪人一直祭拜安溪神、迎娶安溪女子,一直到日本政府结束其内部冲突。我第一个田野研究的地方下溪州(Hsia-ch'i-chou),距漳州人控制的村庄走路只需15分钟,但是直到1918年,才开始有漳州女子嫁入下溪州社区。

然而这并不意味着祖师公控制的领地是一个孤立、自足的王国。在世纪之交时,下溪州至少有6户人家以渡船为生,三峡镇因其河港的地理位置而成为区域的领导性商业中心。这个区域输出樟脑、茶、煤和木头,至下游的万华(Wan-hua)和淡水(Tamsui),也输入厦门(Amoy)的棉花、纸和烟草,香港的糖和蜜饯,偶尔还有美国的面粉和煤油。这一区域是中华帝国的组成部分,对这一点的认识清楚反映在土著人的超自然地方官的观念中。即使是祖师公最热情的臣民也从来都没宣称"祖师公是个自治的统治者",而人们的普遍理解是,他的权威是由负责更大社区的高等权力授予的。祖师公只是一个庞大超自然官僚机构(supernatural beureaucracy)里的地方代表,被灵界之神领导着,其特征等同于人类皇帝。

读者可能认为我的主题是关于在世纪之交不久就消失了的一个社区,在某种程度上确实是这样的。在三峡街上曾经有匪徒游行,打着"你们依靠官吏,我们依靠大山"的口号,而他们已经被驱散很久了(MacKay 1895:159-60),而承载所有商业活动的河流在70年前就被铁路取代了。1957年我开始在那个区域做研究时,那里很多居民还要赶远路去台北城上班,而到了1970年,索尼和摩托罗拉就已经变成了那里的主要雇主。一切都变了，然而一切也都没变。在有电视机的新房里，甚至还保留着祖先祭坛和灶神，我还目睹过棒球场上的过火仪式（fire walking）。读者将不得不运用历史想象来，弄清楚我所讨论的信仰得以产生的条件，但是同时，他也要记住，这些信仰将持久下去并会影响未来。

II

灶神并非厨艺神，他被放置在炉灶的上方也不是出于便利或者偶然。在台湾北部用于烹饪的砖灶是作为一个法人的家庭的实质性象征，拥有一个灶是家庭成为独立实体的标识。刚刚分家的几户独立人家通常会共享屋子的很多设施，偶尔也会共享厨房，但是，独立的家庭从不共享一个灶，即使当其领导是兄弟时也从不这么做。当兄弟分家时，大哥会继承老灶，弟弟们从老灶里取出煤到新灶，借以邀请灶神加入他们，因此分家一般被说成是"分灶"（pun-cau）。在大多数被调查者看来，一个家庭的灵魂和家庭法人的命运以某种方式集中在他们的灶中。如果一个萨满（shaman）告诉一家人说，有"蚂蚁和别的东西"在他们的灶中，他们会把灶拆掉并把砖扔进河里。一个邻居解释说："他们别无他法，若没有一个好灶，一家人将永不得安宁。"

灶神和灶的关系因而就是神和家的关系，这种关系特征在本质上是官僚性的。家是社会的最小实体单位，而灶神是超自然官僚机构中地位最低的一员。在长江三角洲的江村（Kaihsienkung），灶神被看做是强制住进别人家里的外国军队的灵骸，他们扮演着间谍和线人（Fei 1939:99 - 102）。而在三峡，神通常被描写为"一种警察"。可能是由于政治经历不同的缘故，这种有关神的比喻是因地而异的，但是神不论在何处都被当成是超自然官僚机构的代表。新年时人们会给灶神供奉糯米蛋糕，这被解释为了防止神向上打他们家里的坏报告，根据我一个下溪州的被调查者的说法，"你不得不给神一些东西，这样他就不会说你们家的坏话，给你们家带来麻烦。" ¹³³

　　在我看来，中国众神中很多神的原型是福德正神（Fu Te Cheng Shen），即众所周知的土地公。这个"地神"通常是被当做中国的农业神来介绍的，但这只是部分正确。把"土地"（T'u-ti）翻译成"位置"（site/locality）比译为"泥土"（earth/soil）更好些。土地公是个守护神、地方官，它诚然跟农业有关，但也不过是一个负责农村社区福利的官员。土地公之普遍在台湾的城镇和城市里不亚于在农村，台南市的老居民说，从前每块街坊都有自己的土地公，施舟人所收集的证据也证实了他们的说法。1876 年的道教原稿曾列出城市的所有神圣代理人清单，在灾难中人们须向他们祈求以得原谅。清单提及了 138 个信仰团体，其中有 45 个是崇拜土地公的（Schipper 1975）。

　　人们认为土地公有两个功能，其中一个管鬼，鬼在超自然中相当于匪徒、乞丐和其他危险的陌生人[1]。土地公和土地的关系部分源自于这一角色。鬼是土壤生物，是人类最为物质性成分的灵性残余（spiritual residues），经验上经常存在于挖井或犁田时发现的骨头里。土地公的任务就是保护活人不被这些不幸的、游荡的鬼所毁坏。神虽为人类社区的最佳利益服务，他并不是那个社区的代理人。他的另一个功能是监视在他管辖之下的人类纠纷，记录他们的活动并定期地向上司报告。吉尔（H. A. Giles）认为土地公"因为任何能被报告出去的事"而被人们祭拜，克劳伦斯·戴伊（Clarence Day）（Day 1940：65）指出："不仅如此，所有的地方事件和程序都必须适当地向他们予以报告，如生育、婚姻、灾难和死亡。"三峡地区大多数人把极其重要的事件同时报告给当地警察局，以及当地的土地公，在很多村庄中，人们习惯上还会请求神的许可去建造新房、拆毁老房。

134　　在中华帝国，每一个地方官员负责各不相干的行政区，超自然的官僚机构也是如此。直到最近，三峡区域很多土地公的管辖权还是通过循

---

① 地名和熟悉的神名依据普通话发音给出罗马字，若非此种情况，则所有术语用闽南语给出。当闽南语术语有常见的普通话对应语时，我有时会给出普通话，后用括号标出闽南语。

环匾(circulating plaque)来界定的,循环匾是一块 20 英寸长、8 英寸宽的木头,它一面写着神的名字,另一面写着管辖区域的名字。① 神的权威就是这样以一种不规则而又全面的路径,从一家到另一家、一天天地传承下去,在任何一天接到匾的家庭都有义务到土地公庙中献上香、水果和茶。它应该从接到匾起,早晚各献一次,然后传给邻居。这样每一家都参与了敬奉土地公的活动,以此表明自己是社区中的一员。

这种实践暗示了神与他的臣民间的条件关系,从一个社区搬至另一社区的家庭会把他们自己看做是离开一个土地公而进入另一个土地公的权威,事实上也确实如此。庄士敦(R. F. Johnston)对于世纪之交威海卫(Weihaiwei)的描述完全可以应用在 1960 年代的三峡地区,在描写了送葬者队伍"穿过村庄街道走向土地庙,以报告亲戚或者同村人的死讯"后,约翰斯通继续道,"值得注意的是……就我知道的威海卫或者其他地方,没有哪个村庄的土地公数量会超过一个,虽然一个村庄可能有两个或更多的姓;此外,当一个人从一村庄迁移到另一村庄,他的土地公虽会改变,但他在祖先崇拜上与老村的联系没有削弱。"(Johnston 1910: 372 - 73)

庄士敦的观点是土地公服务于地方而非亲属团体,这种观点是正确的,并且解释了为什么在不止一个地方拥有土地的三峡农民,会祭拜不止一个土地公。然而,当庄士敦观察到,没有一个村庄崇拜过一个以上的土地公时,他却犯了一个本可避免的错误。亚非学院(the School of Oriental and African Studies)图书馆藏有亚瑟·史密斯(Arthur Smith)的《中国的农村生活》的庄士敦副本,书里题写着"庄士敦,政府大楼,1901 年 7 月 6 日",这年以前的一两年庄士敦抵达威海卫,九年后出版了其著作《狮龙共舞》。若庄士敦在土地公课题上像在很多其他课题上那样,参考过史密斯,他就会发现这样一段话:"若村庄很大,以至被分割成

---

① 宋隆生(Sung Lung-sheng)近来从田野研究中回来,告诉我三峡地区有一块匾上也写出了所有接受匾的户主的名字,因此便清楚表明了神、社区和拜神居民间的关系。

几个相互独立的贸易区,那么同一个神灵可能会拥有数个庙宇。中国人对这些观点有一种普通的说法,即村这头的地方神不会管村那头的事情。"(Smith 1899:138)

史密斯暗示说土地公之间总是被想象成相互独立的,对此他也犯了错误。事实上,很多土地公是其他土地公委派的代表,这个在新庙建成或旧庙拆除的仪式中有时体现得很明显。在我最近的台湾旅行中,那是1970年,三峡镇西面的中埔(Chung-p'u)人决定重建他们地方神的住所。在旧庙被拆除的那天,村长把六根竹子弯成一个圈,并用红绳子将它们捆住,形成一个大箍。修葺期间,在神被请出寺庙之前,大竹箍被放置在屋檐下,围绕着整个建筑。我被告知说,箍代表神所统治的地区的界限,将寺庙围绕起来的目的是防止神在它家处于修葺期时离弃社区。"这是这个地方的神,我们不想它离开,住到别处去。"

仪式的这一步骤对神及它所负责的地区进行了确认,下一步则表明,它不是被看作万能的统治者,而是更高等权威的地方代表。一旦通过占卜查清了神确实同意暂时离开寺庙,村长就会从香炉中舀一勺灰,用红纸包住。随后这个包装会被送往三峡镇,存在大土地公(the Big T'u Ti Kung)庙的香炉中,村长解释说这样做是因为"我们在中埔的庙只是镇上的庙的分支"。村长还告诉我,新庙一旦完成,他会从镇上的大庙中取一些灰,并将其存在中埔的新香炉中,"这像是求大庙中的神派某神住在我们的庙中,保护我们。"

村里、街坊里的土地公庙是大庙的分支,这一观点是很平常的。三峡镇及其近郊有14座庙,它们通常都被认为是主干道上大土地公庙的分支。直到1947年三峡镇发生了变迁及变迁引起的重组时,这些关系才在土地公生日上显明出来。在这一天,每一个街坊都会独自组织和资助供14位街坊神娱乐的木偶表演,而为了娱乐大土地公的歌剧表演所需的高额费用,则是每年由14个街坊轮流负担,甚至今天,大土地公的特殊地位也会不时地得到认可。当家庭在某些特殊场合邀请众神去自己家里时,其中通常会既包括街坊土地公,也包括大土地公,"这跟同时

136

邀请市长和村长是一样的道理"。

在考虑"神等同于官僚"这一命题的含义时,很重要的是记住等式的一边是客观的,而另一边是主观的。一个土地公及其所提供的管理,并不跟人间官僚机构享有一样的现实,采用不同视角的人用以解释超自然等级制的方式是不一样的。这里有一个有趣的例子,它由在三峡镇河那边的溪南(Ch'i-nan)土地公庙提供。那个社区包括四个小村庄,每一个小村庄都是被一个单独的家系(lineage)和宗祠所统治的。曾经所有四个小村庄都统一在一个土地公管辖之下,土地公的匾牌在一家到另一家,然后从一村庄到另一村庄间传递着,四个小村庄轮流负责神的生日表演。而后,在1950年代末的某时,翁(Ong)世系控制的小村庄决定建立自己的土地公庙。从此翁村的居民虽继续轮流资助"老土地公"生日的表演,但是停止接收旧庙中的匾牌,而是每日在"翁庙"中供奉。

根据现在住在三峡镇的翁村人的说法,这样决定是因为翁村害怕老土地公忽略他们。"我们所有的猪和鸡都突然间死掉了,有人叫来风水地师,他告诉我们,原因在于旧庙是背向翁村的,神看不见我们。"芮马丁自那时发现翁村人的不满还有其他理由,但我把那个故事留给她来讲。[1] 我的重点是,溪南的现状在对翁村起源的不同描述中得到了反映。我在翁村的被调查者宣称,被用作建庙的香来自于三峡镇主干道上的大土地公庙,而另一个溪南罗村老人却坚持说香来自溪南的老土地公庙,这一分歧反映了两位被调查者不同的社会观点。翁村欲赋予他们的村庄与溪南同等的地位,其他的三个小村庄则坚持认为翁村的庙只是溪南庙的一个分支。

我强调不同的社会观点对于看待土地公庙的影响,目的就在于突出我的主要研究议题。在关于庙的年龄和香的来源问题上,只有当人们认

---

[1] 四个溪南世系及其问题导致翁庙的建立的详细描述,可参考芮马丁的"中国农村的丧葬仪式(*The Cult of the Dead in a Chinese Village*)"(1973:64—66),强烈建议想要从其他视角看待本文讨论的话题的读者去读芮马丁的书和本卷中王世庆的文章,三个研究都是基于在三峡镇及其邻镇树林镇所做的田野研究。

为那是一个关于他们神的排名,因而是关于他们所控制的社区的地位问题时,他们才会互相争论。而当每个人都从官僚等级制来看神时,冲突就产生了。约翰·施洛克(John Shyrock)报告说在安庆(Anking)某一东岳(Tung Yo)的追随者曾进一步宣称他们的神管辖整个省,对此持怀疑态度的人反驳说,神的活动只限于东门郊区。即使是佛教徒和道教徒,也以同样的习语表达他们多年的立场,一个道教道士告诉施洛克,负责安庆府的城隍是位道士,但负责比省神管辖的地区面积更小的县神却是位佛教徒(施洛克 1931:87-88)。

把神当作官僚看待的观念是如此之普遍,以致相反的证据也是用官僚术语加以反驳的。很多以众神装饰祖先祭坛的家庭将灶神放在祭坛的左角落,而土地公放在右角落,这样放是因为仪式专家认为,左边是阳面,右边是阴面。① 土地公的任务之一是把亡魂护送入阴间,所以土地公在右边。但是由于礼仪上宾客坐席都是左边比右边更高级,因而众神的这种摆法跟普通人的相对低位的观念是冲突的。土地公应该在左边而灶神应该在右边的,因为土地公管理一个社区,而灶神只负责一个家庭。我第一次注意到这个矛盾是在三峡参加一次宴会时,随后就立即询问了其他客人。一位老人解释说,土地公和灶神是不能相比的,"土地公像一个穿着制服的警察,他只能向诸如城隍这样的低级神报告。而灶神更像便衣警察,他直接向天公报告。"我问:"像灶神这样的小官怎么能直接向天公报告呢?"另一位老人说道:"灶神不是像土地公那么小(官),他是天公的弟弟。"这明显是对官僚原则的偏离,但就这样被裙带关系解释了。

台湾北部和中国其他地区的民间神话表明,在超自然官僚制中土地公的直属上司是城隍,即所谓的城神(City God),他被派管理帝国主要行政区域内的魂。1967 年,在三峡附近一个山村的小土地公庙扩建时,村

---

① 我遵循中国人采用祖先的视角指派左、右的惯例。如果问一个当地人如何安排家庭宴会的宾客座位,他几乎总是会背对着祖先祭坛说,"贵宾坐这里(背对着祭坛,面向着门),而第二位客人坐在左边,第三位客人坐在右边。"因此,右是"舞台"右侧(stage right),左是舞台的左侧。

长就去往台北市(Taipei City)的城隍庙和三峡的大土地公庙里取香,他认为这是必要的,"因为台北城隍是台北县所有土地公的监工,若你不求城隍派人住在新庙中,建新庙就没有意义了。"当下溪州要建新庙以代替1962年被台风毁灭的旧庙时,居民也从台北城隍处取香。他们害怕若他们不告诉城隍,它可能会派一个新的土地公而不召回老的土地公,两位神在一座庙中可能会发生争吵,从而给村庄带来更多的不幸。

正如城隍跟土地公的关系所暗示的,城隍也被认为是一个学问官。神的形象通常是穿着官服,出现在前有帘子的讲台上,讲台两侧有秘书和扈从;它的庙宇的布局跟官府衙门也是一样的,甚至院子中红墙和进口处的旗杆都是一样的。在大部分城市中,神一年在公众面前露面三次以视察绕境(ke-kieng,或 kuo-ching)庆典,先是传令官手持神的金牌和旗帜,然后神在坐在轿子中穿过街头,随从有上百个仆人、士兵、大臣和扈从。据各方所说,游行是令人敬畏的。施洛克说,在安庆的巡查从早上9点开始,直到午夜之后才返庙,若街上的居民都以适当的方式欢迎 *139* 神,神就会参观那条街:

> 游行经过我的观察点用了一个多小时。成百个像是在噩梦中看见的鬼,他们的脸被涂成世间各种各样的颜色,服装因刺绣的丝绸和珠子而发亮,上衣闪耀着金属亮片的光芒,旗帜像翅膀一样在肩上飘动。嘴中塞着口布的士兵、携带手杖的扈从、大臣、巨人和矮人,他们两两地穿过狭小拥挤的街道,直到最后一阵连续的鞭炮声在他们脚下响起,伴随着震耳欲聋的铜钹声和鼓声,这时坐官轿的神出来,官轿的帘子被拉下以防人们拍照。我瞥了一眼他那深色无表情的脸,继而他就消失了。(施洛克 1931:105)

神与帝国官僚同化的更微妙的迹象是他个人身份的丧失。虽然有些神的起源故事赋予其一个特定的身份,然而大部分人现在都把城隍当作一个职位而非一个人。例如,已故的显要人物通常被分派担任城隍。瞿同祖(Ch'ü T'ung-tsu)将江苏罗县的城隍确认为先前一个地方法官,其名李复兴(Li Fu-hsing),卒于 1669 年(瞿 1962:311)。根据弗洛伦斯·艾斯库(Florence Ayscough)所言,管理上海的神是从前的翰林学院成员秦裕伯(Chin Yu-poi),他是被明朝奠基人派到今天的职位上的(艾斯库 1924:140 - 41)。这是一个特别有趣的案例,因为它使那些上海地名索引的评论员意识到,城隍不过是个官僚标签。艾斯库引用一个评论员的话道:"我们怎么会对于以前的菩萨(P'u sa)一无所知呢? 难道灵界地方官的位置在等待着秦裕伯吗?"她引用的另一个评论员下结论说,阴间的官员就像阳间的官员一样到处走动(1924:141)。

仪式专家和那些偶尔对寺庙事物感兴趣的人们一般把神区分为两类。一类是"师(su,或 shih)",即"官",其中最著名的是土地公和城隍;另一方面是"夫(hu,或 fu)",即"圣人"、"智者",在三峡有神诸如祖师公、保生大帝、上帝公(Shang Ti Kung)和妈祖。前者明显很像帝国官僚,经常被当成可由不同的人担任的行政职位。后者被想象成有圣人品格的特别神化的人,其重点在于神的道德品格和善行,而非他的官僚职权。

大多数普通人虽然意识到了这一区别,但从不为此劳神。从农民、矿工、苦力和小店主的立场上看,所有的神都是官僚。然而,三峡长福岩(Ch'ang-fu Yen)的管理者、祖师公(Tsu Shih Kung)的居民都坚持认为神是夫,是"像你们的林肯一样的智者",但绝大多数人把神看做超自然的地方官。地方传说,很多年前有一个叫尪公的神拯救了三峡,因为他警告居民说割人首级的土著人即将会袭击他们。为了感谢他及时的提醒并纪念他,三峡现在每年都会邀请尪公参加他们的宴会。神坐在轿子上被从他在新店(Hsin-tien)的家庙中抬出,到了三峡边境时,要会见坐在另一轿子里的祖师公。当问及为什么祖师公要在三峡边境与尪公见面时,人们解释说,因为"祖师公是负责这个地方的神,所以需要见尪公并将路指示给他"。这个风俗类似于县长会见一个来拜访的同僚,然后护送他到衙门。

在本卷的其他地方,王世庆关于树林镇济安宫的历史描述提供了另一个例子。保生大帝虽然被供奉在庙中却被仪式专家划分为夫,而民众将他视为镇上的首席官,即在很多方面类似的行政中心的城隍。他每年都会进行视察,被看做是负责地区中很多土地公庙的官员。当一个村庄或街坊决定建座新庙或扩建旧庙时,他们通常会邀请保生大帝来为庙的地址和方位进行选择。有则传说,大意是:保生大帝曾经是泉州府中的一个官员,他因所提供的极好的服务而得到人们认可,从而被敬为神。

同样的思维习惯塑造了另外一些人的观点,这些人的神不负责像三峡和树林那么大的社区。我在台湾开始研究的那个村是组成溪州(Ch'i-chou)社区的五个小村庄之一,当地的神是各自负责一半村庄的两个土地公以及上帝公,即溪州的超自然地方官。上帝公每年都会进行视察,如遇生日,五个小村庄轮流负责。一阵村乐队乐器声和鞭炮声之后,神会视察界定溪州的四个界标,沿路停下来与住在社区中的每个家庭的家长换香。整个过程就是城隍视察重要城镇的乡村版本,唯一的区别在于参与的人数和神的配备的华丽程度不同,然而这是规模而非意义上的问题。

上帝公的官僚特征在他与当地土地公的关系中体现得最为明显。虽然土地公总是被邀请去观赏为上帝公表演的话剧或木偶表演,但是人们会很小心地将上帝公放置在看台的中央,而两个土地公被放在他的右边。上帝公被想成一个骄傲的、有些傲慢的官员,不在贵宾席位就会生气。即使有人可以用同样的食物供奉给两位神,但他必须在供奉土地公之前先供奉上帝公。曾经有户人家的媳妇,不小心在感谢上帝公之前先感谢土地公,然后一系列的灾难就降临到他们家。我被告知,有一次上帝公拒绝离开他的庙做每年的视察工作,原因是只有两个人被派去抬轿子,而像他那种地位的神不会屈尊坐在少于四人抬的轿子中外出。

两位神的相对地位在每年的过火仪式中也得到很明显的体现,渡火仪式是为了"洁净神从而使神灵验",它的程序是:神像坐在由抽签选出来的年轻人抬的轿子里,在热煤上来来回回两到三次。每年都有些正在抬上帝公轿子的人被神附身,他们被附身之后依然继续抬轿,似乎上帝公完全占据了他们的思想。轿子会冲向人群,也会相互碰撞,有时甚至会发生暴力冲突,即便没有造成很严重的事故,也会有流血发生。这种能力的展现被村民看为上帝公强盛生命力的证据。因而就有说法,说抬土地公轿子的人从不被神附身,尽管他们也看到过类似激动的场面和抬上帝公轿子的人的例子。我想,简单地说,那是因为人们认为土地公是"小神",缺乏能力和权威以至于控制一个人的身体。

农民想象中的最无上的权力也逃脱不了其思想中帝国官僚的印记。在农民看来,玉皇大帝(Yü Huang Ta Ti),即至高统治者,是农民信仰的众神中最有能力的一位,但他也只是人间皇帝的反映。虽然台湾一些地方有玉皇大帝庙堂,但在三峡和树林则没有。人们说这是因为"玉皇大帝很遥远,不能直接与之交流"。所有跟他的交流都必须经由另一位更高地位的神,而地位低的神诸如土地公则不能接近玉皇大帝,就像一个地方行政官不能接近皇帝一样。正如卢公明(Justus Doolittle)神父在观察福州的基础上所说的,"在严格的理论上,身居高位的神可能会拜他(玉皇大帝),而身居低位的神可能就不会拜他。这与既定的做法相一致,只有身居高位的官吏能亲自侍候皇帝,而低地位的官吏可能都见不到皇帝的面"(卢公明 1985:Ⅱ,257)。

在传统中国,并不是所有的官吏都被派去地方岗位:有些人担任的是总监,从一个地方到另一个地方巡查,并将他们的观察报告中央政府。超自然政府也遵循同样的做法。在戴玛瑙(Norma Diamond)对台湾南部宗教的简要介绍中,她描述说,"两个游荡的监察神"定时参观村庄。他们参观的消息由一个萨满在整个村庄的街头进行宣布。神逗留村庄的期间住在村庙里,每家每户早晚拜祭。戴玛瑙注释道,关于他们逗留村庄期间的所作所为,大家没有形成共识,但她的被调查者的观点暗示说,大多数人都认为他们是在履行官僚职责:

有一个被调查者认为神来仅仅是为了带来护佑、防止疾病和帮助人赚更多钱,他这样做完全是在愉快旅途中的自主决定。另一个被调查者则感觉他是玉皇大帝派来调查人们的活动的,类似于政府派遣的秘密警察。第三个则解释说神自己的意图是仁慈的,但随从他的部队是混合复杂的,其中有些会带来不幸和危害。而有些人则感觉,在神向他的上司报告之后,疾病或不幸会立马降临在恶者身上。(戴玛瑙 1969:94)。

　　不仅超自然的官僚组织是世上的复制品,神也有他们世上同行的特性,包括他们同样会犯错。施洛克(1931:113 - 14)所译的寺庙史讲了一个故事,即城隍允许一个无辜的男孩被人们当做一个贼。那个男孩知道自己是无辜的,遂写了一个报告谴责神的行为,并烧毁了神像。此报告被戴玛瑙提及的一个游荡的监察神捡到了,这事引起了玉皇大帝的关注,他"立即发布了一道谕令,驱逐城神至距城 1115 里的地方三年之久"。城隍因此被谴责,但由于他的忏悔,且证明会践行男孩的利益,他才又被减刑至离城 15 里的地方。"因此,城神在三口城(San K'ou Cheng)里有座庙,那个地方正好离城 15 里,不相信的人可以去三口城看看寺庙。"

　　在这个案例中,有罪的神被他在超自然官僚机构里的上司惩罚,在另外的案例中,不负责的神则被世上的官吏惩罚。另一世界的官僚机构并不被认为是优于人间官僚机构,并对它享有权威的,相反,两者是平行的机构,一个机构中的高地位成员对另一机构中低地位成员享有权威。当干旱袭击了某一省的地区时,地方官并不乞求地方神下雨,而是命令他们恪尽职守,他以很不起眼的礼仪招待地方神,就像招待县级法官一样。没有尽好本分的神则被审判和谴责,甚至遭公众敲打。施洛克写道:"大概一年以前,在南陵县(Nanling Hsien)发生了一场干旱,于是有一位神因玩忽职守而在公众面前被地方法官审判、谴责、暴晒在太阳底下,让神看看他自己感觉怎样,最后,在经受了各种各样的侮辱之后,神像被打成了碎片。"(1931:197)

　　正如同他们在帝国官僚机构中的人间同行,神比普通人要强大得多。他们能镇压暴乱、遏制传染病、逮捕罪犯、遣派鬼魂、治愈疾病、控制天气,能够为了臣民的利益干预自然和社会的进程。在溪州,土地公被赋予了重要的控制猪肉市场价格的能力。虽则如此,神并不是全能的。像强有力的人间官僚一样,超自然官僚也有局限性。一天当我正在参加一个萨满会议时,有一个老年妇人出现,要求神救救她生病的丈夫。萨

143

149

满以神的权柄告诉她,虽然她的丈夫寿命已到,但他的死期可以被延期一年。一年后当妇人前来时,我的助理正好在场。她的丈夫又一次病地很严重,她又来求助神了。这一次萨满拒绝听从她的祈求,很直率地告诉她这一次他什么都做不了。"你丈夫的寿命已经尽了,无论我做什么他都要死。若我告诉你他会活,事实上他还是要死,那么人们会把我想成一个怎样的神呢?"这个回答是一种挽回萨满诚信的方式,但是在场的每一位都毫不惊讶地接受了这样一个观念,即神是无力的。

神及其人间同行的相似性甚至延伸至他们的私生活中,神庙经常会包括神的卧室以及处理公务的大厅。在上海城隍庙的主厅后有一个城隍父母的房间,以及一套他妻子和四个孩子的公寓房间(Asycough 1924:147)。甚至地位低下的土地公也通常有老婆,有些还有一个嫔妃。当问及为什么威海卫的土地公会伴随着两个女像时,庄士敦被告知"左边(荣誉的位置)的女士是他的妻子,右边的是嫔妃……有两个说法说明了为什么这个特别的土地公被允许以某种方式扩大他的家室:一种是他下赌注把她赢回来的,另一种是土地公在一个村民的梦中出现并求他给自己一个嫔妃,因为他已经厌烦了他自己的妻子"(1910:374)。

总之,通过农民的眼睛去观察中国的超自然界,我们看到的是一幅中国官场的详尽的、图景。这幅图景允许我们从一种新的视角来评估帝国官僚机构的重要性,历史学家和政治科学家经常强调,大多数中国政府没能有效地将他们的权威延伸至地方。很多政府在收税上有困难,有些政府则准许这一职权和其他职权落入投机主义的地方领导手中。因而从行政安排上判断,中国帝国政府看起来是无能的。然而从它对人们长期的影响来看,它又是我们所知道的最有能力的政府之一,因为它以自己的形象创造了一种宗教。它对人们想象力的控制解释了,为什么帝国政府在犯下很多过失的同时依然能存在那么长时间,也许这也是为何中国革命者经常以诸如佛教和基督教的舶来信仰的观念和象征来组织运动的原因。本土神是制度的一部分,因此他们不能反对制度。

III

当转向另外两种祭拜行为时,我们需要转换视角。所有的人祭拜同样的神,正如他们生活在同一个政府之下,但是,人们跟超自然界的另外 两类——鬼和祖先——并非全都处在同样的关系之中。一个特别的灵物究竟被看作鬼还是祖先,取决于特定人的观点,一个人的祖先可能是另一个人的鬼。一个下溪州的年轻人有天晚上回家很晚,看见村庄附近有"一个白色的东西飘浮在田野中"。当我表示怀疑时,他向我保证,在那个案例中,他有可靠的根据辨认那个东西就是鬼。那个东西正向林毕谷(Lim Bi-kok)家的方向移动,第二天是林毕谷母亲的忌日。当然,那个东西可能就是正去取自己忌日祭品的林毕谷的母亲。"祖先即便死了,依然是个有权利和义务的人"(Freedman 1967:99);而鬼,虽然死了,却既没有权利也没有义务。前者通常是亲戚,后者总是陌生人。

在每个人都会结婚而后至少生一个男孩的世界中,人们很容易认为祖先祭拜仪式的功能就是维持血统(descent)。在这样一个世界中,每个男人都从他的父亲那里继承血统,而每个女人,一结婚就成了丈夫血统中的一员。在这些条件下,男人会祭拜他们的父母、祖父母和直系男系祖先;妇女婚前祭拜他们父亲的祖先,婚后祭拜丈夫的祖先。在任何活人看来,死人会落入两种互相排斥的类别。一方面,会有家里祭坛上的牌位代表的死人,这些都是直系父系祖先及其妻子,他们有权接受定期的忌日祭品;另一方面,也有被祀奉在别人家中的死人,即自己血统外的祖先成员,活人不对其负责的外人。

只有芮马丁的《中国农村的丧葬仪式》是个重要的特例,除此之外这是大多数中国祖先崇拜研究者假定的世界,①而事实上它并不存在。很

---

① 我现在要提出第二个特例,刚刚收到王嵩兴(Wang Sung-hsing)取名为"正规的和外围的祖先(Ancesters Proper and Peripheral)"的论文草稿,王的中心论点是,在台湾的中国人将祖先划分为两类:父系祖先和非父系祖先。

146 多人还是孩子时或者婚前就死去了，还有很多人结婚了但没有男孩传续香火，当我们考察这些人发生了什么的时候，我们发现，血统只是创造义务、照顾死人的众多关系中的一种。在要么是父系祖先要么是其他所有人组成的相互排斥的类型之外，我们发现了一个精致的等级连续体，即从后代对之有义务的人到对其根本无义务的人。在连续体的一端是祖先，他们的牌位放在祭坛左边的尊位上；另一端是受轻视的鬼魂，他们的祭品都被放在后门。两者之间，为非某一世家（line）成员但对其有过贡献的人，以及死时被看作某世家的家属且无人照顾的人。后者的牌位被放置于祭坛右边被当作祖先对待，前者的牌位则被放置于厨房的角落或门厅，几乎像是鬼一样。

自然而然地被忽视的一类死者，是那些死时是婴儿或者小孩的人。在中国的台湾和其他地区，婴儿的死亡被看作证明了小孩事实上是个邪灵，或者"是个前世回来讨债的人"。正如玛丽·布赖森（Mary Bryson）对1890年代的武昌生活所叙述的，"婴儿死亡的事实使父母坚信，小孩不是个要珍惜的宝贵礼物，而是某些邪灵的附体，仅仅是开始焦虑和不幸的源头，越早忘记他们越好"（布赖森 1900：22）。科马克（J. G. Cormack）夫人声称，在北京，若一个小孩快要死了，它会被"脱去衣服放在房间的外门内的地上，父母把它放在那里，看看会发生什么。若孩子在被这样对待依然存活下来，则他被看作他们的亲骨肉；若它死了，则它不是他们的孩子，而只是一个试图进入他们的家庭以给他们带来麻烦的邪灵"（科马克 1935：243-44）。她也提出，小孩从不被埋在家庭墓地里，"因为那意味着收养，而收养一个邪灵进家是件很愚蠢的事"（科马克 1935：244）。在山东半岛，小孩是没有棺材的，仅仅用足够的泥覆盖遮住尸体以不被人们看见，结果是晚上小孩的尸体会被狗挖出来吃掉。根据罗伯特·科尔特曼（Robert Coltman）（科尔特曼 1891：77）所言，父母本就是这样打算的，"因为他们说，'若不是邪灵入住在孩子的体内，他不会那么早死。狗吃了它，邪灵就进入了狗的体内，而不会再次进入死去孩子的父母所生的其他孩子体内。'"

人们之所以认为早死的孩子是陌生人,是因为祖先祭拜是种晚辈向长
辈敬礼的行为。若一个人青年时就死了,他只会被他自己的孩子祭拜而非
他的父母。相反,他的父亲通常会敲打棺材惩罚他的儿子如此不孝,竟然
死在父母之前。因此,若一个人年幼时就死了,没有人可以安抚它的魂。
它的父母只能或者否认孩子是他们的后代,或者令人不安地认为,他们家
庭的一个成员现在是个无家可归的饿鬼。早夭的人想安全成为祖先的唯
一方法,是在他死后去"报答(return)"一代或两代人。当一个萨满或算命
先生认为,有些不幸是一个被忽视的祖先的愤怒造成的,那么家庭可能会
"发现(discover)"一个年幼时就死去的祖先,在这种情况下,解决办法就是
立一个牌位,并且开始定期地献和解祭。这样早夭的人现在就是祖父的兄
长,因而能在家庭祭坛上得到一个位置,并被当作祖先祭拜。

虽然中国的亲属制度要求年轻的孩子尊敬他们的哥哥或姐姐,但
是,一个年长的孩子也可以适当地祭拜其弟弟或妹妹。人们说"最先
死的孩子是最大的",从而忽视了角色的逆转这一情况,这意味着,绝
大多数在童年后、结婚前死去的人是能被供奉的,尽管他们自己没有
后代,但这不代表他们都被入坛祀奉。在结婚前死去的人的命运,取
决于它是个儿子还是女儿,因为一个在生命的最初几年都存活下来的
儿子,会自动地被看做是他父亲家世的成员,有资格在他的父家祖坛
中得到一个位置。而女儿就没有这种特权,因为女人仅仅通过婚姻才
能得到家系的成员资格。从他父亲的角度看,女儿是个局外人,她只
有嫁给一个同意入赘的男人,才能得到父家祭坛的一个位置。若一户
人家将未嫁的女儿的牌位放入祭坛中,他们可能会受到祖先的惩罚。
正如一个被调查的老人所说:"若你将像那样丑陋的东西放在祭坛,祖
先肯定会生气。"

处理未嫁女孩的亡魂的方法有好多种,据我在三峡的大多数葬礼中
的观察,象征亡魂的不是一个牌位,而是一红色小袋的香灰。葬礼之后
它被放置在一个小篮子里,一节竹子插在篮中即为香炉。家系组织
(lineage organization)在溪南比在三峡地其他地方创造了更强的男系亲

148 属的团结感,那里很多人坚持说这个篮子及其内容不能留作世系财产。①
在地区中的绝大多数村庄,篮子是可以悬挂在房子的任何地方的,除了
公厅,因为公厅是接待客人和祭拜尊贵死者的地方。一般优先的选择是
在不被看见的地方——黑暗的走廊、门后、储藏室的角落。当被问及为
什么女儿的亡魂这样被歧视,一些人说是因为这些东西很丑很可恶,另
外一些人还解释说是因为"女儿是要嫁出去的,不属于父家家族"。芮马
丁的被调查者告诉她(Ahern 1973:127),未婚女孩在世系财产中无份,
因为"她不属于我们,打一出生起,女孩就意味着属于别人,她们也应死
在别人家里"。

　　未婚女孩的亡魂不应在娘家安息,这并非三峡或台湾独有的。在阿
尔弗德·法布尔(P. Alfred Fabre)对广东顺德(Shun-te)县祖先祭拜的
有趣描述中,他注意到,一个适婚年龄的女人不允许死在父家,而要在设
在家外的帐篷里喘最后一口气。法布尔又补充道(1935:114),这个尤其
适用于"老姑娘"。在三峡,代表未婚妇女亡魂的那袋灰,通常被无限期
地放在屋中的某些黑暗角落,但在顺德,亡魂好像或者经由冥婚(goast
marriage,待讨论)被移动,或者被送入佛教寺庙照看。至少法布尔没有
提及亡魂在出生家庭被照看的可能性,他只是指出(1935:114)等待被移
动的亡魂不被放置在祖坛上,而是会被暂时隔绝在父母房子后门旁的一
个地方。

　　在本卷杰克·波特(Jack M. Potter)的论文中,他报告说在香港新
界,人们害怕把未婚女儿的牌位放在屋子里,"因为她们可能会游荡于整
个屋子"。解决办法是付钱给灵媒让她在自己的拜坛(pay-dhaan)照看,
她在这个圣地里与死者交流。在三峡,想要摆脱未婚女儿的家庭通常会
将代表女儿的香灰寄存在姑娘庙(ko-niu-biou)中,这样的例子在镇西边
149 的龙埔(Lung-p'u)也可以看到。这种特殊的寺庙是作为一个社区项目

---

① 溪南人的"世系财产(lineage property)"既是世系拥有的共同土地,也是世系成员家户拥有的
　土地。我猜这一用法反映了世系成员曾经关于彼此的土地财产享有优先购买权。

被建立的,现在是 32 个未婚女孩的亡魂的家。这些女孩从她们的娘家那里得到偶尔的祭品,但主要的支持是从妓女那里获得,妓女把她们的集体亡魂看作一种守护神。这些女人带着她们的要求去姑娘庙,而这些要求是不敢被带到超自然官僚代表那里去的。①

三峡的老年人说,"在过去"一个女孩的父母摆脱对他们女儿亡魂责任的方式,就是为她诱捕一个丈夫。他们把女孩的名字和生辰八字写在一张红纸上,然后将之藏在一个钱包中,或一些其他吸引人的诱饵中,并将之放在路旁。然后女儿的哥哥们藏在附近等待,直到一些不知情的路人发现钱包。他捡到女孩的生辰八字就是他命中注定要娶她的证据,而且他通常确实会娶她,返回少量的钱当作嫁妆。这个发现钱包的男人是否已婚并没有关系。事实上,我认为结婚的男人是优先被考虑的,因为他们有孩子,而他们的孩子有义务将亡魂当作母亲来祭拜。地方风俗认为,亡魂是男人的第一任妻子,因而给予她被她丈夫所有孩子祭拜的权利。

如今三峡人不再试着诱捕男人娶他们已故女儿的亡魂,但是一种更精妙的冥婚依然存在。我在三峡不到一年就听说了三次这样的婚姻,而且我作为客人被邀请参加了一次。那次婚姻中的新郎是个年轻的已婚男人,有两个孩子。他最近在一次火渡中被二度烧伤,虽然他的父亲提醒过他不要去参加,因他前一天参加丧礼而被玷污了。这一经验使年轻人相信,父亲坚持说儿子有"两个妻子的命运"可能是对的,即他的第一任妻子会死亡。因为不管是第一次还是第二次婚姻,已死的妻子就是他的第一任妻子,所以,预先阻止他的活妻死亡的方式显然是娶一个已故的人。这个男人因此同意让他的父亲安排一场冥婚。冥婚的中间人是他父亲的姐姐,她的邻居有个女儿死于 15 年前。我没有机会访谈新娘家,但是被告知,他们曾经试着为他们女儿安排一场婚礼有一段时间了。 *150*

---

① 对姑娘庙中的少女感激的妇女通常会留下一双孩子的鞋在寺庙中当作一个祭,人们说她们供孩子的鞋是因为女人在阴界依然有缠足。

婚姻程序的第一步是准备一份合同,合同中确认了新郎,并规定了他的两个孩子成为新娘的孩子。这份文件随后被提交给新娘批准,"若她拒绝,这件事就到此为止了",但她同意了。然后两家人交换一系列的礼物,新郎一方送出新娘婚礼蛋糕和120台币作为彩礼,同时收到一个金戒指、一个金项链、几双鞋、六件裙子作为嫁妆,这些都是给新郎在世的妻子准备的。在婚礼当天的早晨,死去新娘的家人会为了新娘而大摆宴席,"就像她活着一样为她备食"。而后新娘的哥哥和中间人会把女孩的牌位放在出租车里,出租车把它运到新郎家里,在那儿新郎的朋友亲戚们举行二次宴席。新娘在离开家的时候,她的哥哥邀请她进入出租车;一到达新郎家新娘会被通知抵达,并被邀请下车。新娘总是像活人一样被对待,且参与整个过程。在婚宴期间,她的牌位坐在挨着新郎的椅子上,宴后被放在新郎的卧室里。当地人相信,在洞房花烛之夜鬼妻会跟丈夫会发生性关系,结果是男人第二天筋疲力尽。一个客人告诉我,跟亡魂同睡的男人"不只射精一次两次,而是很多次,以致他白天不能工作。亡魂是阴性的,因此很厉害(li-hai)"。当我问道亡魂是否会再次返回,被很确定地告知说不可能。"第二天牌位会被放在祭坛,而成为一位神,之后它就不能再回来与男人同睡。"似乎一旦亡魂被当作一个祖先安置,它就失去了很多人间欲望。①

虽然冥婚中的多数话题是关于女性亡魂的性能量,但是这种婚礼的目的不是为死去的女孩提供性伙伴,而是给予她们有责任对她们加以祭拜的孩子。这一点在我称之为翁阿梅(Ong A-mui)的案例中表现得很明显。一天,翁阿梅在从教书的学校往家走的路上,被一个骑摩托的年轻男子撞倒,遭受了严重的脑震荡,几小时后就死了。她40岁,未婚,跟她老母亲和两个已婚的兄弟住在一起。我对此案情进行了调查,因为我有

---

① 冥婚的形式差异似乎很大,焦大卫(Jordan K. David)发现,在台湾的中南部新郎通常是新娘姐妹的丈夫(焦大卫 1972:152-153);在三峡,大多数冥婚都把互不相干的家庭联系在一起,从而创造新的姻亲关系。我被告知,我所描述的新郎被迫频繁地拜访妻子的父母,还要"像父亲母亲那样"对待他们。

兴趣知道她家会要求多少赔偿，他们又会怎样施加要求。而令我倍感惊讶的是，他们并不要求赔偿，而是要把翁阿梅所有的积蓄给年轻男子，前提是他同意成为翁阿梅的儿子。一个邻居解释道，翁阿梅的母亲恐怕她的儿子会瓜分女儿的积蓄而不管她的亡魂。她因此在木栅（Mu-cha）著名的仙公寺（Hsien Kung temple）里花了一晚的时间，希望神在梦中向她显现，告诉她怎么做。神告诉她，那个年轻男子是个孤儿，又说事故是个迹象，命中注定他要成为她女儿的儿子。因为年轻男子同意了，翁阿梅就没有必要结婚了。

弄明白这点是很重要的，即女儿被排除在父家祭坛之外，这并不是因为女儿是年轻的女性，她们被排除是因为她们在世系中没有位置，从而是局外人。二战前，三峡地区绝大多数家庭会送掉女孩，并且为他们的儿子收养"新妇仔"（sim-pua）。虽然童养媳在青春期之前不进入夫妻关系，但她们一旦进入她未来丈夫的家庭，就被认为已婚。所以她们是丈夫家系上的成员，并有已婚女人一切的权利。不管童养媳死于婴儿时还是少年时，她都有权利在养父家的祭坛中得到一个位置。女孩的未婚夫对她的亡魂负有责任，在未得到她的许可之前不能结婚，而得到许可的条件是保证他未来儿子中的一个把她当做母亲一样祭拜。我的一个稍年长的被调查者说，这个保证要以书面合同的形式交给死人，女孩的养父、未婚夫和未婚夫将要娶的女人都要在上面签字。"你必须保证她能得到一个孩子，否则她的亡魂就会回来找麻烦。"

虽然人们经常说"你必须为女儿的亡魂做点什么，否则她就会回来找麻烦"，然而我的印象是，严重的不幸更可能是由于家系上的妻子而非女儿。已婚女人比未婚女人有更多权利，因而可理解的愤怒根源更可能来自已故的妻子。麻烦最普遍的来源之一是第二任妻子不尊重第一任妻子的权利。除了有权利在她丈夫的祭坛上占有位置外，已婚女人还有权利期待丈夫的第二任妻子能对她"像姐姐一样"。丈夫的第二任妻子 ¹⁵² 应该一结婚就正式拜访丈夫前妻的家，此后履行各种对丈夫前妻父母的职责。她也应该在丈夫前妻的忌日上为她准备特别的食物，并说"我希望姐姐能保护我，帮助我照看我的孩子"。我最可靠的被调查者之一告诉我，他父亲的姐姐结婚后很快就死了，她丈夫的第二任妻子没有拜访她的家，"她的孩子就一直生病，直到她这样做了，然后一切都好了，第一任妻子很高兴。"

女人通过婚姻得到的权利取决于她们与丈夫家系的持续不断的联系，认识到这一点很重要。若一个女人的丈夫死了，死去丈夫的父母安排她与一个愿意入赘的男人的婚姻，那么她还是继续保留在前夫家系的所有权利。但是若她跟她丈夫离婚了，或者以寡妇的身份嫁出她丈夫的家，那么她就会失去作为她第一任丈夫家系成员所有的权利，包括期待死后她儿子祭拜她的权利。据说孔子依然祭拜他的母亲，即使他母亲跟父亲离了婚。但孔子的孙子子思告诉他的弟子，他不希望他自己的孩子祭拜他们离异的母亲。"我祖父是个君子，我达不到他的境界。于我而言，只要死去的是我的妻子，他就是我儿子的母亲。当她不再是我的妻子时，她也就不再是我儿子的母亲。"(Giles 1915:116 – 17)

虽然被丈夫家系承认的已婚女人在丈夫家的祭坛上拥有位置，但这个权利并不扩展到她娘家的成员。若一个女人在出嫁时把父母的牌位也带上，或者因哥哥已死而要在余生承担起祭拜父母的责任，那么这些客人在丈夫家就要被移入密室的祭坛，或者至多放在丈夫在公厅的祭坛右边的子坛上。只有当妻子承担了责任，使她有资格继承她父亲房子的一份时，她父母的牌位才可以在她丈夫家的祭坛上有一席之地。财产使得不受欢迎的客人变成贵宾。在这种情况下，丈夫必须尊重他妻子的父母，分派他孩子中的一个充当他们的继承人和后裔。

除了未婚女儿的牌位和嫁入家庭的女人带来的人的牌位之外，一个人偶尔还会在密室中发现别的死者的牌位，他们之所以被照看，"是因为他们死在这里且没有人供奉他们"。宋(Song)家大院的厨房就是一个好例子，宋家大院的居民祭拜着五个世系的死者。大院最老的成员是一个叫宋雪(Song Suat)的女人，她的父亲和丈夫皆为入赘。他们的牌位都在公厅的主要祭坛上，旁边还有宋雪的祖父的林(Lim)家牌位。余下的两

153

个牌位属狄（Ti：）家和周（Tiu：）家，放在宋雪二儿子家的厨房的小架子上。宋雪认为这些牌位都不被允许放在公厅的家族祭坛上，"因为这些人只是死在这里。"这里有必要讲讲她的故事：宋雪妈妈的妹妹嫁给了一个姓狄的人并生了一个女儿，当她父母过世时，女儿嫁给了一个姓周的人，几年后姓周的人死了，留给他妻子一个养女以及照顾狄家和周家牌位的责任。此时宋雪收养了那个养女为她二儿子的妻子，那个养女和她母亲就一道住在了宋雪家。后来养女死了，随后她母亲也死了，留给宋雪家两套属于不相关家系的牌位，宋雪家感觉不能抛弃他们，"因为他们自己没有小孩"，所以他们把牌位放在厨房里的一个架子上，这些牌位现在由宋雪儿子照料。

我们迄今区分了两类死人。第一类没有人祭拜他们，因为没有人有责任照看他们的亡魂，这类人包括陌生人和其死亡证明了是陌生人的孩子。第二类人略微更接近家庭的核心，他们至多被描述为家系的附属，包括未婚女儿、嫁入家门的女人的亲戚和家庭某人因亏负他们而要加以照顾的人。这些死人在他们的个人忌日上都不被祭拜，他们的牌位不能放在公厅的家庭祭坛里。他们能希望的最好的是房屋某个角落的一个架子，和在诸如农历新年假日中偶尔的祭品。

直到最近，三峡大多数家庭房屋都可以扩展为很大的 U 形大院，正如家庭本身会通过家主的儿子和孙子的婚姻而扩展。经由 U 的开放的一端进入这些家庭中的一户，我们会看到通向公厅的沉重的双叶门，在门后，自对面墙面朝门的是一个高大的深色木桌——祖先祭坛。祖先祭坛不仅仅是一张放牌位和香炉的桌子，也是家系之主的座位，一般被认为是家系的独有财产。其他家系的牌位可能也放在祭坛上，但须经过祭坛主人的允许才行。有些人说，他们的祖先会惩罚任何未得到祖先的许可就将客人的牌位放在祭坛上的人，人们都同意，若要增加其他的牌位，必须要放在主人牌位右边的次等位置。人们还认为不同世系的牌位必须分开，有客人家系的祭坛总是在每一个家系前都放一个香炉，很多这样的祭坛中，家系之间是用小木头分开的。有些人说这些隔断的目的是

154

免除主人在客人面前吃东西的尴尬，其他人则认为若不同家系的死者不分开，他们就会争吵，从而招致祸患临到后代。

我们因而可以在已区分的两类死人基础上另增加两类死人。第一类在公厅的祭坛中占据荣耀的位置，包含家主血统家系中的已故者，典型的是他的直系父系祖先们及其妻子们。第二类占据祭坛右手边的次等位置，包含各种不同的死人，他们的共同点是他们的家系对主人的家系有过贡献。罗鹤莱(Luo Hok-lai)的岳父拥有资格是因为他给了罗一份财产，罗娶了这样一个女人很可能是因他太穷而担负不起新娘价，女人的父亲正在寻找一个能帮他养家的女婿，直到他自己的儿子长大。虽然以这种方式结婚的男人有时会要求一小块地且免除新娘价，但这不是罗和他妻子父亲达成共识的组成部分。所以，当他的岳父给他一点财产"以感谢我帮助他抚养孩子"时，这对于他来说是个大大的惊喜。结果，当他岳父死去的时候，罗为他备好了一块牌位并将之放在自己父母祭坛的旁边。他告诉我他不必祭拜他的岳父，"因为他自己有儿子"；但又说道他感觉自己应该祭拜，"因为他对我很好，还给我了一份财产。"

因为土地财产一般是沿血统继承的，所以人们因继承别人家系的财产而义务性地祭拜死者这一情形是不寻常的。我在三峡碰到的另一个仅有的案例是谭添莱(Tan Thian-lai)，谭的祭坛包含四个家系的牌位。除了谭家自己的父母和祖父母，谭还祭拜三个姓洪(Hong)的人，一个姓伍(Ng)的人，还有三个姓余(Yü:)的人。据谭自己所说，他对这些人的责任来源于他继承了余的财产，余继承的又是伍的财产，而伍又是继承洪的财产。谭告诉我，有争议的土地曾经属于名叫洪鹄亮(Hong Hue-lieng)的人，他的独生子是个养女。为了传续香火和老来有所养，他就把女儿嫁给了一个名叫伍正桂(Ng Jong-kuei)的男人，他同意入赘并将他的孩子给洪家。不幸的是，洪鹄亮及其妻子死时无子，因此洪的财产和祭拜洪家和伍家死者的责任传给一个名叫余诚偌(Yu Chieng-cua)的人，他是"洪家土地的管理人"。余诚偌也死时无子，他的妻子"招赘"他的第二任丈夫即谭天莱的父亲，他把自己祖先的牌位都带了来。结果是谭天莱继承了曾经是洪的财产和包含四个家系的祖坛,他告诉我他不得不祭拜洪家、伍家和余家的死者,和他的父亲谭家的祖先,"因为我们拥有的所有的土地都曾属于他们"。

祭拜别人家的死人的一个更常见的原因是,某个人的父亲属于那个家系。虽然在中国理想情况是一个男人所有的孩子都应从父亲那里继承血统,然而事实上所有的孩子中有很大比例是从其他人那里继承血统,而非自己的父亲,最常见的是继承自其母亲的父亲。当一个家庭没有能存活到结婚的儿子时,他们一般必须招女婿上门并为他们女儿或养女安排一场婚礼。有时会发现这样的情况,某个男人愿意放弃在自己血统中的地位,而允许他未来的孩子都从外祖父那里继承血统。但是大多数入赘的男人坚持保留他们的姓和他有些儿子继承自己血统的权利。有一种安排是命长子继承其外祖父的血统,而其他的孩子都继承父亲的血统;另一种通常的替代做法是,孩子们不分男女交替血统。

那些在入赘婚姻中从父亲那里继承血统的孩子,除了祭拜父亲及其祖先,也必须祭拜他们的母亲,但是这一义务并不必然产生一个混合的祖先祭坛。他们简单忽略了入赘婚姻这一事实,而将他们的母亲当做父亲的妻子来祭拜。例如,若一个姓林的人入赘翁家,那么那些继承他的血统的孩子通常祭拜他们的母亲为林妈,而忽视了他们的兄弟祭拜同样一个母亲为翁妈的事实。但是入赘婚姻问题的这一解决方案对从外祖父那里继承血统的孩子并不适用。从祖籍上讲他们有义务祭拜其外祖父及其祖先,因他们从外祖父及其祖先那里继承财产。但是他们也有义务祭拜他们的父亲,"你不得不祭拜你的外祖父因为他给了你财产,但你也不得不祭拜你的父亲因为他养了你,你怎能不祭拜父亲呢?"因为一个男人只是被当做他妻子的丈夫、而不是家系的代表对待,这是难以想象的,所以那些义务总是产生混合祭坛。

当一个男人入赘其妻子的家中,他贡献劳动和孩子以延续他们的香火,而他妻子的家庭提供给他及其孩子以一个家和一些土地,结果产生了延续好几代的强烈的相互责任感。若婚姻能产生足够多的孩子延续

156

两边的香火,那么这些祖先崇拜的责任不会延伸到第一代以后。但是若家系中的一个没有后代,那么另一个就要照顾他们的死者。不可避免的结果是,很多祖坛包含了客人家系的远亲死者,以及祭拜者的父母及其家系中的年长者的牌位。

翁鹤莱(Ong Hok-lai)的祭坛的不同寻常之处在于它包含了两个客人家系的牌位,翁的祖母是个独生女,她的姓林的丈夫入赘她家,带来了他父母的牌位。若这对夫妻生了足够多的孩子能延续两家的香火,那当翁鹤莱父母死的时候,对翁家和林家已故者的责任就要分开。但是他的父母比他的祖父更不幸,他们的独生孩子是个养女,被命继承翁家香火。因为她是个独生女,她必须要祭拜翁家她的父亲和他父亲的母亲,以及她的母亲及其祖先。基于同样的理由,她的丈夫是入赘她家,带来了他养父的牌位,所以,当翁鹤莱出生时,家庭祭坛包含了三个家系的代表。在左边的尊位上是最初翁家的牌位,在右边是翁鹤莱祖父带来的林家的牌位,在右边最低位置上是他的父亲带来的谭家牌位。翁鹤莱父母比他的祖父母、曾祖父母有更多的孩子,生了六个儿子和三个女儿。翁鹤莱是最大的儿子,所以被命继承翁家的血统,他的二弟和四弟都给了林家,他的三弟和五弟都给了谭家。对于死者来说不幸的是,翁鹤莱在兄弟中是唯一孝顺的儿子。他的弟弟们都厌烦了山地农民的艰苦生活,他们移居到了城市,并且抛弃了家庭祭坛的牌位。从血统上说,翁鹤莱只对他母亲及其在翁家的祖先负责,但事实上他祭拜着所有在祭坛上有牌位的死者。这包括他已故的妻子、他母亲、他祖母及其父母、祖父、曾祖父,一个被翁认为是他曾祖父弟弟的儿子的男人,翁的父亲及其养父母,翁的祖父及其父母:一共是 16 个人。当我问翁鹤莱他是怎么记住 16 个祖先的忌日的,他给了我一本笔记本,里面一栏是死者的名字,另一栏是他们的忌日。

翁鹤莱也是按照责任等级趋向将死者划分为不同的类别的一个有趣的例子,祭坛左边的翁家被一块隔板和林家及谭家牌位分开,但是林家和谭家的牌位并没有隔开。因此,虽然祭坛包括属于三个家系的牌位,但这些可以分为两类:由于血统使翁鹤莱有责任祭拜的死者牌位,和因为入赘而使翁有责任祭拜的死者牌位。这些死者与那些翁鹤莱对其有极少或者没有责任的死者的区别,表现在翁鹤莱第二任妻子带来的一系列牌位的位置上,它们被放在厨房后面一贮藏室角落里的一个小架子上。翁鹤莱坚持说它们不能被放在家庭祭坛上或者放在公厅里:"这些人没有嫁入家庭,他们不是家中真正的成员。"

虽然翁鹤莱这样安排祖先祭坛的做法很常见,但并不是通行的。不同类的死者被区分开的程度随着祭坛所属群体规模和团结程度的不同而不同。属于单独一户的家用祭坛(domestic altar)中很少发现隔板。当一间房子发展成有几户相关的家庭在公共祭坛(communal altar)中祭拜同一祖先的大院时,这些隔板才会出现。若进一步的发展没有毁坏居民的团结,他们甚至会阻止其他家系的牌位在公厅的祭坛中出现,于是客人家系牌位就被放置在有责任照顾他们的人的私人住房的祭坛中。① 三峡地区极端的例子是在溪南,那里公共祭坛已经被宗祠所替代了。虽然宗祠中的祭坛容许很久之前的死者、也容许新近的已故者,同时也作为一个家用祭坛服务于婚礼和葬礼,但他们排外很厉害,只承认那些把所有的儿子都给了他们的家系的成员(芮马丁 1973:121-25)。其结果是属于家系的死者在社区中心的厅堂里被祭拜,入赘的男人则只在厅堂附近的家中的私人祭坛中被祭拜,而未婚女儿完全被从社区中排除出去。这种次序在整个三峡镇都有发现,区别只是三类死者的区分在溪南更加严格。

我的论点不是三峡人把死者划分为三种或者四种相互排斥的类别,而是他们认可一个责任的连续体,并依照对特定人的责任的相对程度安

___

① 我们在三峡考察的过程中,郝瑞和我考察了 33 个祭坛,它们的主人在同一间屋子中祭拜客人世系。其中 22 个属于同一个家庭的家用祭坛,11 个是服务一屋之内两家以上的公共祭坛。在 33 个祭坛中有 11 个客人家系的牌位与主人家系是分开的,或者被祭坛上隔板隔开,或者被移至次要的祭坛上。家用祭坛和公共祭坛的区别很明显,主人和客人被分开的情况,公共祭坛中有 8 个(72.7%),而家用祭坛中只有 3 个(13.6%)。

排祖先牌位。在林春基(Lim Chun-ki)的丈夫死后,她和一个叫谭咀翁(Tan Tsui-ong)的人生活了好几年,谭咀翁帮她抚养了四个儿子。在谭死后,林感到有责任祭拜他,"因为他帮我养了孩子";但是她不想把他的牌位放在家庭祭坛中,这很可能是因为她和谭从未结过婚。另一方面,她感觉她不能将他的牌位放在后屋"就像无关紧要的人一样"。她的解决方案是把谭的牌位放在公厅家庭祭坛边上的一小架子上。重点是,不管他们怎样安排牌位,三峡的人都认可责任连续体,即从生者因血统对死者有责任,到生者对死者几乎就没有责任。连续体一端的死者是真正的祖先,另一端几乎就是鬼。

IV

在中国,祖先崇拜本质上是种敬礼行为。很多人定期向不是他们家系的成员供奉祭物,有时甚至供给很远的远亲,但是没有人会考虑祭拜孩子或者孙子。虽然人们不愿意去细想这个可能性,但所有人都同意父母要抛弃青少年儿子的亡魂,而非自己去祭拜他们。"父母永不会祭拜他们的孩子,孩子应该祭拜父母。"

159 供奉给神的祭物也表达一种敬意,但是动机完全不同。一个人祭拜祖先是因为他作为继承人或后代有责任这样做,而他祭拜神则是希望获得神的怜悯和祝愿。拜神跟送礼给官员不同,没有人认为神会因为一个人忽视他而惩罚他,但是将不幸归因于祖先是可能的,最普遍的理由是忽视了祭拜。有一个过去住在下溪州的男人结婚且搬出了村庄,留下他的姐姐及其丈夫照顾父母的牌位。几年后,他的妻子病了,而后他的一个儿子也病了,连医生都没办法医治这些疾病。由于害怕,这个男人向萨满求问,他被告知这些都是因他父亲所致,他的父亲想要儿子照顾他的牌位。萨满是这样解释神与祖先的根本性区别的:"人有自由信或不信神,但他必须信祖先。若他不信,祖先就会回来找麻烦。"

人们一般会祭拜管辖他们的神,因为祭拜通常是一种社区活动,还因为和这样有能力的人物维持良好关系是很明智的,但是普通人并无道德上的责任要供奉祭品给神。若特定的神对他的臣民很冷淡,或者对他们毫无用处,他们就会转向另一个更富同情心、更有能力的神。根据现今流传于下溪州的故事,上帝公在 1930 年代末、1940 年代初时并没有现在这般灵验。在那个时期,他和他的寺庙被人忽视,寺顶还漏水,院中的花园都长满了野草,神自己坐在一个肮脏的祭坛中,无人问津,也无人尊重。直到上帝公成功预测了 1940 年末的一场政治灾难,他的庙才被修葺一新,人们对他才重拾兴趣。我认为人们对于超自然官僚的根本态度,显露于一个老妇人在上帝公处于衰落时给他的建议中,她说道:"我每天去寺庙,每天都对神说:'你是一位有大能的神,为什么你要坐在这里什么都不说? 你应该显示你能做什么,让这里的人知道你是一位怎样的神。因为你不显示给人们你能做的,所以人们都去其他地方拜神了。若你做些什么以使大家知道你的能力,人们就都会来这里拜你了。'"

当遭遇不幸时,通常人们会求助于神的帮助,但偶尔也会求助于祖先。因为祖先不像神那样有能力,人们不能对他们有很多期待。祖先甚至可能会选择忽视他们的要求,但即使他们真这样做了,后代也无可抱怨。一个人的祖先是他的父母和祖父母,而父母和祖父母没有责任听从孩子或孙子的所有请求。但是,虽然这种关系视祖先为长辈,却依然存在一种互惠的假设。祖先可能会忽视他们后代的很多请求,这不会危及他们的关系,但是他们不会持续不理会那些迫切且重复的祈求。若他们这样做了,后代可能会发誓放弃他们的责任。与人抛弃其年迈的父亲相比,这个做法有点极端,但不是没有听说过。人们皈依基督教的行为通常归因于皈依者祖先的无动于衷,我知道曾有个人因愤怒于祖先的淡漠而毁坏了他祖先的牌位。当林本殷(Lim Bun-iek)的妻子病重时,林请求他的祖先治愈她。然而不幸的是,他的妻子去世了,这让他很悲痛。两年后,林的母亲病了,他再次求助于祖先,但再次失败,他母亲也去世了。对于脾气暴躁的林本殷来说,这已经超过了他能忍受的限度。他夺过祖先牌位,把它们剁成小块并将之烧掉,然后把灰撒进河里,并告诉他的邻居他从此以后是个基督徒了。当我问他为什么他不再祭拜祖先时,他回答说:"祖先有什么用? 你一直花钱献祭给他们,然后当你需要他们的帮助时,他们不能为你做任何事。"

在强调儿子没有绝对的责任祭拜其父亲时,芮马丁指出(1973:155),若一个人有不止一个儿子,而没能给其中的一个留财产,那么未继承财产的儿子不需要祭拜他的父亲。"我询问的大多数人这样回答,'若那个儿子没有得到任何财产,为什么他要祭拜他的父亲?'"但是芮马丁的一些被调查者补充道,虽然"儿子在这些情况下不献祭是正当的,他这么做仍然是冒着父亲发怒的危险;一个生气的已故父亲能轻易地给他带来疾病或不幸。不论儿子与其父亲的关系有多僵,仅仅因父亲给了儿子生命,他就对父亲负有责任"。虽然儿子对父亲的责任不是绝对的,这一证据也暗示其接近绝对了。一个人被剥夺继承权而依然因"生命的礼物"而对其父亲负有责任,这证明责任的重担偏袒父母,赋予父母要求得到无条件忠诚的权利。

中国革命已经毁灭了象征封建制的守护神的形象,大多数中国人都不会因神不回应一个请求而责备他。神并不被认为对其臣民负有责任,所以人们没有理由愤怒。当一个人求问祖先时,他所求助的是一种包含一定相互依赖性的亲属关系;但当他求问神、要神祝福时,就像试着要从一个行政长官或者警察那里得恩惠一样。他先是小小地献祭,并许诺若神答应了他的请求,他就会给神更多祭物。若占卜显示神倾向于不答应他的请求,他就承诺献上更大的礼物,这个过程不断地重复,直到神最终同意请求。神通常像身居高位者一样被礼貌对待,但直到许诺的人得到想要的结果,他们才会献上更大的礼物。一个人为了治愈他孩子的疾病,或者要猪肉价涨而许诺给神一个猪头,那么直到孩子恢复健康或者他确实在卖猪肉上得利了,否则他不会真的献上一个猪头。正如跟大小官员谈判也总是这样、先给小礼物并承诺更大的礼物,但是不到满意的结果实现时,人不会真的献上更大的礼物。

虽然神和祖先都不被设想成怀有恶意的,但两者都被认为有能力降

161

灾于活人。这些灾难总是被解释为惩罚,对神和祖先惩罚的解释可以是许多不同的动机。就像神在人间官僚中的同行,神被想象成自傲的和好妒的,任何对他们地位的贬低都有可能立即招来愤怒的回应。几年前三峡的一个人在过火中摔倒了,被严重烧伤,而后就因伤死亡。如今他有些邻居说神在惩罚他,因为他在事前没遵守三天的禁欲,"神很生气,因为那人不洁净就去到那里。"同村的另外一个人患上了严重的麻痹,人们说这是他作为小孩子巡游时取笑神的后果。这种对神的看法在传统中国是很普遍的,威廉·普汝恩夫人(Mrs. William L. Pruen)对她在成都时邻居小孩死亡的评论就反映了这一点,她说:"在这个大院某家的一个约 11 岁的小孩,突然间病得很严重,可怜的小孩很担心这是因为他在某种程度上污辱了一个偶像的圣地,认为是因自己的错误受到惩罚。第二天他就死掉了。"(普汝恩 1907:101 - 2)

162

神对羞辱很敏感、可能因为私人原因而惩罚人,但他们也是提高公共福利的官员。据说他们会奖赏那些活得高尚的人,而惩罚任何违背道德准则的人。在柑园(Kan-yüan)的一个老人告诉我,台风涤荡了他邻居的田地(非他邻居所有),"因为神惩罚那人经常偷别人的水,那人是个自己想要什么就拿走的恶棍。"在三峡镇另一面的溪北有几个人,说他们有个邻居,用了一种药水使她丈夫变得性无能(她是个童养媳,不喜欢她的丈夫),结果神惩罚她使她患上了一种慢性病。凡是不同寻常的死都很可能被解释为超自然的惩罚。一天下溪州受到一场不寻常的闪电风暴的袭击,六年后一个村民向我这样描述,"到处都是闪电,厨房里的米看上去像是要烧起来了。"从田间回来的翁鹤轩(Ong Hok-hin)停下来在村店前休息,"看了风暴一会儿之后,他说'我在想今天闪电会取走谁的性命'。然后他起身走回家,一进屋就一命呜呼了。"虽然翁鹤轩总体被认为是个品行良好的人,然而他的死被当作是由于一些未知的罪。"他总是看起来是个好人,但他可能做了一些别人都不知道的坏事,要不然神不会这样惩罚他。"一个更精于世故的被调查者在评论他的一个被死于卡车事故的亲戚也是这样说的,他补充道:"这就是为什么人们说死于疾病总比死于非命好。"

三峡的大多数人说神只会惩罚"真正很坏"的人,但是相信"神的确会惩罚"导致有些人认为,神可以被诱导以报复某个人做的坏事。当李阿弘(Li A-hong)入赘的女婿说服他的妻子搬出她母亲的家时,李阿弘愤怒了,她"要求神让他在矿难中被压死"。"一年后当我听说他的肩膀在一次事故中折断时,我很高兴。但是后来他复原了,所以我告诉神说,若他让那个人丧命,我就会露天烧一百炷香。"当她的女婿在又一次煤矿事故中死去时,李阿弘很开心。"我的邻居来告诉我,那个人在煤矿中被压得面目不清,我很高兴,后来就一直笑啊笑啊笑。"

163 　　对于祖先惩罚性的强弱这个话题有着不同的意见。庄士敦拥有在威海卫当英国裁判官的经验,在对这一经验扩展的基础上,他总结(1910:286-87)道:"先古之灵被认作仁慈的存在,他们从不无缘无故地使用神秘的力量伤害活人;但若他们的后代过着邪恶的生活,或者忽视家庭献祭,或者蔑视孝顺的神圣规则,先古之灵就很可能会动用父母特权来惩罚……父亲不会仅因意外的死亡,就放弃他施行公正和惩罚他儿子和孙子的父权。"爱迪生(J. T. Addison)(爱迪生 1925)和弗里德曼本质上表达了同样的观点,弗里德曼总结他的"中国祖先的典型行为"的观点如下(弗里德曼 1967:92-93):"若后代不履行责任直接影响到了他们(主要是不能延续香火),而使他们被忽视或被冒犯,他们肯定会对后代进行惩罚,但他们本质上是善良的且为后代着想的。他们需要被激怒,而后再对后代采取行动;任性的行为肯定是与他们善良的和保护性的本质相违背的。"

　　许烺光(Francis L. K. Hsu)在云南西镇(West Town)的研究和在他关于中国作为一个整体的概括之中认为(许 1963:45),祖先不但是仁慈的,而且从不惩罚。"可以不含糊地说,在中国各地,先古之灵被相信只是仁慈的源头,而非对后代的惩罚的源头。以下事实显示了这一点,当中国人遭遇一些不幸,诸如疾病或火灾或洪水或无后,他会怀疑问题出在神或鬼上,而从不怀疑祖先的灵。"另一方面,芮马丁则挑战了祖先

"本质上是仁慈的"这一观点,并提供了令人印象深刻的证据证明他们偶尔任性和意图恶毒。她的被调查者告诉她,祖先有时遭受不幸仅仅因为他们是"吝啬的"或有"一副坏心肠",即使有人定期供奉祭物给他的祖先,他也不能确定他们会不会回来找麻烦(芮马丁 1973:199-200)。

在我这篇论文的 1965 年的版本中,在第一次田野旅行之后,我用了跟庄士敦和弗里德曼一样的术语来描绘关于祖先惩罚的信仰。自那以后,我已经又返回田野两次,每一次离开都确信祖先比我之前想象的更具惩罚性。芮马丁指出,溪南很多人拒绝告诉她反映死人和他们活着的后代之间的敌意的故事(1973:207)。这对于我来说似乎只是冲突——即"祖先总是仁慈的"这一理想与"祖先事实上是惩罚性的"这一恐惧之间的冲突——的一个表现。当被问及他们是否相信祖先会因被忽视而惩罚他们时,人们通常认为不会。但当他们遭遇一系列的不幸时,大多数人会认真考虑祖先对之有责任的可能。

我不能在这里举出导致我下此结论的所有证据,但来自我的田野笔记的一些摘录应该足够说明,祖先不总是仁慈的和体贴的:

(1)三峡镇一位医生的妻子,在她身为独生女的情况下依然嫁出了娘家,当她的孩子患上一系列的疾病时,普遍解释是由于她忽视的祖先降的灾。显然她和丈夫都接受了这一解释,因为他们给一个孩子命名以继承她父亲的血统,现在他们既要祭拜她丈夫的祖先,也要祭拜她的祖先。

(2)谭金鹤(Tan Kim-hok)告诉我,若他三个兄弟中有一个死时无子,生者就要给他一个儿子作为养子。"若他们不这么做,死人就会回来找麻烦。"他解释这就是为什么他和他的儿子要祭拜他的弟弟,虽然他弟弟是在分家后死去的。

(3)我问李诚绔(Li Chieng-cua),儿子是不是一定要经过父亲允许才能分家,他的回答是肯定的,而且说在他们父亲不愿意时,祖先会惩罚任何一个谈论分家的人。

(4)一个注册名是翁谷华(Ong Kok-hua)的人告诉我,他的真名是翁伍谷华(Ong Ng Kok-hua)，孩提时他被赋予了第二个姓，因为当时发现了一个姓伍的"先祖"，先祖因想要他做儿子而降了一种病。他还告诉我，他四个儿子中有两个死了，因为他没有给他们伍姓，他还强调说活下来的儿子都姓伍。

（5）为谭索澜(Tan So-lan)摘茶叶的农民的妻子虐待她的童养媳，导致女孩自杀。为了报复，女孩的父母在其被埋之前将她的衣服从棺材里拖出来。"那个女孩一直回来吓她的养父。在儿子结婚后，他的媳妇很好斗，跟婆婆打架。他们的吵闹使得儿子很不舒服，跑到了大陆成了一个土匪。所有这些都是因为那个女人虐待她的童养媳。"

165　　（6）洪海阿(Hong Hai-a)告诉我，祖先会惩罚任何一个搅扰他们牌位的人，他说若一只猫或一只狗搅扰了牌位，什么事都不会发生，因为祖先明白动物什么都不懂。①

（7）义阿婵(Ui A-chan)的邻居告诉我当阿婵的祖母过世时，家族为所有祖先安排了功德(kong-tik)仪式。不幸的是，他们写错了一个祖先的名字，写成他常被叫的阿鹤(A-hok)，而他的真名是添鹤(Thiam-hok)。他们发现了这个错误，就请了一个乩童介入，但被告知一切已为时过晚。到那时另一个人已经接收了所有他们烧给添鹤的钱，邻居说阿婵的家境贫穷是因为对祖先的无意的怠慢。

（8）翁莱鹤(Ong Lai-ho)过去住在以伐木为生的一家人附近，他们因为不方便在各个祖先的忌日分别祭拜他们，所以决定在农历九月九日一起祭拜。"在那之后夫妻二人一直生病，丈夫甚至失去了一只眼睛。"

（9）翁莱鹤也告诉我，她的一个邻居继承了他哥哥的土地，并在其上建了一栋房子，但是没有费心思去祭拜他的哥哥。"他的家有很多麻烦，直到他去拜访了一位神才发现原因，后来他开始祭拜他哥哥，麻烦才停止。"

① 洪海阿的态度并不罕见。芮马丁(1973：201)引用她的一个被调查者所言如下："几年前，一个姓于的男人意外地触碰到并移动了宗祠祖先的香盘，结果，家系的另一个人此后不久就死了。当他们打开盒子插入那个人的牌位时，又有两个人死了。"

（10）楼穆梅(Lou Mui-mue)告诉我当她丈夫约 10 岁时,他的父母求问一位神为什么他总是生病,神说是因为他母亲的第一任丈夫想要孩子祭拜他。在这个男人死后,他的妻子嫁出了他家,把他的牌位留给了一个养女照管。这个女孩祭拜养父,当她出嫁时也带着他的牌位,但是他不满意他的牌位被放在一个黑暗的房间的次要的祭坛上。他想要他的妻子的儿子祭拜他,把他的牌位放在主坛上。

（11）翁新德(Ong Cin-tik)的女儿说,一个美国传教士说服了她舅舅的儿子扔掉他祖先的牌位而成为一个基督徒,"几个月后他就死了,他的父亲第二年也死了,成为基督徒而忽视祖先不是件好事。"

166

（12）我问楼金兰(Lou Kim-lan)神是否会惩罚虐待媳妇的婆婆,她说会,并补充道神也会惩罚虐待婆婆的媳妇。

（13）当李爱苏(Li Ai-cu)弟弟死时,他邻居把弟媳赶出了家门,把家族所有的财产都归为己有。李爱苏说,结果那个人仍然不能使用他弟弟曾经占有的房间。"任何想要住在那些房间的人都会看见那个死去的人,并感到十分害怕。"

（14）溪南罗家以前的一个头儿告诉我,罗家从不与义(Ui)家通婚,"义家想要偷我们的地,我们告诉祖先永不与姓义的人通婚。"他还告诉我当一个罗姓家庭破坏了这个誓言并将女儿嫁入一个义姓家庭做童养媳,女孩还没大到能与丈夫结婚就死了。他把女孩的死归因到他的家系祖先的愤怒上。①

（15）在做了一个儿子的父亲后,林余单(Lim Iu-chan)被土著居民杀害了,他的妻子召赘了叫狄新才(Ti Cin-cai)的人为第二任丈夫,狄当了三个儿子的爸爸。在狄死后,家族准备了一个墓碑表明他有四个儿子,包括了林余单的一个儿子和狄的三个儿子。当家中的几个成员此后很快就病了时,大家都同意这是因为林不想要他的儿子也被看做狄的儿

---

① 芮马丁提到了包含同样两个家系的类似的事例,当做人们将重病甚至死亡归因于他们的祖先的证据(1973:201)。

子,邻居们说直到墓碑改变了,家中的病人才康复。

这些例子和那些先前提及的例子不能说明三峡的每一个人都害怕他们的祖先,或把大多数不幸都归因于他们的代理。即使面对邻居提供的例子,很多人仍会坚持认为祖先一般不惩罚他们的后代。同时,很多人不把不幸归因在祖先头上的事实并不必然意味着他们认为祖先是善良的。当我问谭阿伯(Tan A-bok)她是否认为祖先会因被怠慢而惩罚后代,她回答说:"不,那不会发生。若祖先如此有能力的话,那么大家岂不都很富裕?"我想许烺光说的中国人从不将大灾难诸如流行病归因于祖先是对的,但我认为他因此而说祖先本质上是仁慈的是错的(1963:45 - 46)。在我看来,祖先不会因作为大灾的可能原因而被人们取悦,因为人们不认为他们能够这样影响活人。弗里德曼认为,祖先在中国并不像在有些西非社会那样被敬畏,因为活人没有觉察到,他们已经使祖先从梦寐以求的权位移位了(1966:143 - 45;1967:90 - 102)。更简单的解释是,中国人的祖先不被敬畏是因为他们不被认为是有能力的存在。弗里德曼讨论的非洲社会是个无政府的社会,由世系的老人主导社会局面。而在传统中国,老人权威在更有能力的帝国官僚面前就显得相形见绌了,人们不会把大事归于已死的亲属,因为亲属不能控制事件的过程。大事被更为恰当地归于仿照帝国官僚而造的神。

神与祖先的本质区别不在于神是惩罚性的、而祖先本质上是仁慈的,而在于,神富有能力且代表公德,而祖先相对较弱且只关心他们及其后代的福利。神经常因罪惩罚人,而祖先不会。作为亲属团体的典型成员,他们总能区分出什么对他们最有利。当我问人们他们是否认为祖先会因为他们偷陌生人的东西而惩罚他们,他们似乎对这个问题感到很惊讶。"为什么他们会因那样的事想惩罚你呢?"我的一个更为率直的被调查者回答说:"难道你的祖先不是你自己的父母和祖父母吗?"

神与祖先的区别很明显表现在两者被求情的方式上,当人祈求神的帮助时,他必须在祈求的同时献祭以吸引神的注意,获得他的善意,若不献祭,就没有理由期望神会听从且回应他的请求。但若人求祖先,他不

167

172

需要当场献祭。长辈有义务聆听他们晚辈的请求,正如晚辈有义务为他们的长辈提供安慰和支持一样。恩惠依赖于可竭的善意,所以与神的关系需要祭品和敬意,以使关系不断更新;而人与祖先的关系是普遍和永久的,包括了共同福利和相互依赖的假设。这两者一个是亲属关系,另一个则是政治关系。

168

V

虽然神和祖先在很多重要的方面不尽相同,他们也仍有很多共同点。从中国人的眼光来看,极端的对比是,神和祖先在一头,鬼在另一头。神和祖先会得到社会长者的尊重,而鬼"像乞丐"一样被鄙视。神和祖先被求助于保护和帮助,而鬼除了带来各样的不幸之外,不能给人提供任何东西。表示超自然的两种形式的术语极鲜明地表示了灵性和道德立场。神和祖先是神(sin)明,鬼的普通的名字是魔鬼(kui)。在中国玄学中,人性中积极的、无形的和属天的一面被称为神,消极的、有形的和属地的一面被称为鬼。哲学家将神与发展、生产、生命,从而与光明和温暖联系在一起,而鬼等同于衰退、毁灭和死亡,引申开来也就等同于黑暗和冷漠。[1]

若将由鬼造成的人类的痛苦编成一个目录,则这个目录冗长,包括意外事故、不育、死亡、各种疾病,以及庄稼歉收、生意亏损、赌博中的厄运、个人的浪费性破坏性的习惯,这些都可以归在鬼身上。在溪州,有个妇女因她丈夫频繁出入酒馆和妓院而责备鬼,另一个人则在她儿子的不求上进和儿媳的冥顽不灵中,看见了鬼的不怀好意的影响。跟鬼的接触不论有多短,都可能导致灾难。一天晚上,谭春梅(Tan Chun-mui)于深夜从集镇回家,在路上看见她面前有个"黑乎乎的东西"。她被幽灵吓倒了,停了下来,心想明智的做法是返回镇里去和朋友待一晚。正在她犹

---

[1] 郝瑞在本卷的论文中,讨论了鬼因大能闻名而被认作神的情况。我论文的重点在于有能力的灵能够变为神,然后穿上官僚的服饰。似乎农民不能想象本质上不是官僚的大能。

173

豫时，"那个黑乎乎的东西转身进入田野消失了"。谭春梅吓得发抖，几乎是一路爬回了村里。现在她的朋友说，这一遭遇导致她得了一种病，"持续了好几个月"。

一些鬼是蓄意施害的，"就像一个对你恼怒的人"，然而其他的鬼则仅仅是被动危险性的，"就像一个热炉"。在我大多数被调查者看来，一个鬼的性格依赖于社会经济环境。大多数死人有后代来义务献祭给他们，因而他们的亡魂得以在彼世舒服地生活，这些人的灵魂是满足的，对活人毫无恶意。而恶鬼是那些不满足的亡魂，被环境所迫捕食活人。包括被忽视的死人——那些人没有后代是因为死时无子，或者死于少年时代，或者死时远离家乡从而被人遗忘，以及含恨的亡魂——他们没有祭品是因为他们死时依然想报仇雪恨，他们包括被谋杀的人、自杀的人和不公正地被审判的人。有些鬼愤怒是因为他们饥饿又无家可归，有些鬼饥饿又无家可归则是因为他们愤怒。这些不幸的存在中，弱一些的以在庙外乞讨为生，就像此世被抛弃的人一样，而他们中的强者则像土匪一样漫游村庄。

虽然三峡人在怎样对待这些恶毒的生物上观点相异，但他们都同意对待鬼的方式应该像对待流氓（lo-mua）一样，流氓是一群敲诈勒索、暴力威胁的年轻恶棍。根据翁添歌（Ong Thian-co）所言："你不得不献祭给鬼，他们正如流氓，你不给他们点什么他们就不走，让你永不得安宁。"翁祖可（Ong Zi-ko）也将献祭给鬼比作贿赂流氓，但他对这样使用祭品采取更为反对的态度。在他看来，献祭给鬼是个错误，"因为你献得越多，他们越常来。他们是流氓，若一个流氓来你家而你给他东西，那么他会每天都来。"穷人几乎没有办法防卫自己，因而翁添歌和翁祖可既怕鬼又怕流氓，而他们富裕的、有权势的邻居李博多（Li Bun-tua）两者都不怕。有一天在一场葬礼上，李告诉我，他的亲戚不会烧冥钱以阻止在去阴间的路上打扰他亡魂的鬼。"另一个世界正如这个世界一样，若你像我一样强壮、又大又胖，那么没有人会烦扰你，但若你老而弱，鬼就会欺负你，正如这个世界的流氓欺负老弱一样。"

当被要求解释他们心中鬼的观念时,大多数被调查者把鬼比作土霸或乞丐。你为什么必须要献祭给鬼?"这样他们就会离开你,他们就像乞丐,你不给他们一些东西他们不会离开你。"为什么人们通常叫鬼作"好兄弟"?"因为你若叫他们鬼,他们会生气,把鬼叫做'鬼'就像称呼一个乞丐为'乞丐'一样。"一般而言,鬼对于活人来说都是邪恶无形的物体,他们被看见在灌渠旁躺着,或者潜伏在茂密的竹林里。下溪州有一个特例,据说这里有一个每晚走遍村庄、"像乞丐一样敲打两根竹竿"的生物,大约有 12 个村民自称见过这个特别的幽灵,他们一致认为这是以前一个乞丐的灵骸。"死前他常常来这儿。那是很久以前的事了,但他现在仍然每晚都来。他没有孩子,所以也就没人祭拜他。"

此世的穷人和来世的穷人的关系在卢公明神父对 1860 年代福州的丧礼习俗的描述中也体现得很明显:"当富人家在山中举行葬礼时,或者给一个坟墓献上常规祭品时,乞丐会经常打扰他们索要食物或钱财……在这样的场合中经常会分发大笔钱给乞丐,之后乞丐便会让葬礼或献祭不受干扰地进行,并保持庄严肃静。"(1865:Ⅱ,262)正如送葬的人必须贿赂乞丐以防他们的缠扰,他也必须要付钱给其超自然对应物以使死者免遭类似的打扰。在棺材被放入墓穴之后,"也要献祭给阴间的痛苦、贫穷的鬼魂,诸如麻风病患者和乞丐的魂……根据一般的假定,他们一收到死者的朋友有意赠予的东西,就不再进行骚扰,允许死者的祭祀继续进行。"(卢公明 1865:Ⅰ,206)当人们每年回到坟墓献祭给死者时,他们也必须献些东西给鬼。卢公明说这是"为了阻止死去的朋友受到冥间乞丐和麻风病人的纠缠骚扰"(1865:Ⅱ,49)。

在中国人看来,乞丐祈求施舍不是真的乞讨而是威胁。人们相信乞丐有能力诅咒那些忽视他们乞求的人,若一个人撵走了一个两手空空的乞丐,那么他就会遭受患病或财产损失的风险。因此乞丐就像他们所害怕的土匪和鬼,土匪和鬼就像社会所鄙视的乞丐。三者的社会身份也类似,土匪和乞丐有时也被当作鬼对待。七月献大祭曾经是台湾北部每村每镇的惯例,人们会立一个高竹架构在一些中心地点,如集市或村广场,然后挂上爆竹和大量食物:死的活的鸡鸭、猪肉丝和猪头、各种各样的鱼、米糕、香蕉、菠萝、瓜等等。这一盛宴首先献给所有回应这群人的召唤的游魂,在鬼大饱口福之后,人们才转向为此聚集起来的穷人。乔治·麦凯(George Mackay)牧师见证了1880年代台北城一个这样的节日:

那是一个阴森的场面。夜晚降临,召唤灵魂的时间近了,几十根点燃的蜡烛照亮了锥体。然后道士在一个凸起的平台即位,拍手敲铜锣呼唤所有死者的灵魂来享用盛宴。"从黑夜和冥间出来"的死者吃掉盛宴的"属灵"部分,即盛宴的本质,这是为满足他们超凡的要求。同时,一群属地的暴民——成百上千地从乡镇、城市贫民窟或山中躲藏处在夜晚的掩护下冒险出来的各种各样的乞丐、流浪者、骗子、暴徒——在露天的每个角落激增和膨胀,不耐烦地等待宴席轮到他们。当灵魂消耗了"灵性的"部分,则"肉体的"就是暴民的财产,暴民很赞同这一区分……最后灵魂满足了,铜锣再次响起。这是给暴民的信号……在一场野蛮的争夺、咆哮和叫喊中,他们踩在失足的人或被落下的椎体窒息的人身上,像疯狗般彼此争斗和撕扯,奔向垂涎已久的食物。(麦凯 1895:130 - 31)。

所有的鬼都像土匪和乞丐,但并非所有的鬼都是土匪或乞丐的灵骸。请读者回忆那个看见"白色的东西"穿过稻田的年轻人的例子。他把幽灵标记为"鬼"的论点是他相信那是另一个人母亲的魂,而这个女人一生都不是乞丐,在冥间也不穷,因为她在去往儿子家领取忌日祭品的路上。我认为这一类型的"鬼"包括所有那些作为其他群体成员而死去的亡魂,他们不都是邪恶的,因为绝大多数都被活着的后代所照料,但他们很可能是危险的,因为他们是陌生人或局外人。其中的恶者之所以邪恶跟一些陌生人邪恶的理由是一样的,他们是在今生或来世受到羞辱或伤害的亡魂,或者是仅以乞讨或抢劫为生的亡魂。关键点在于,"鬼"这一类型总是相对的,你的祖先是我的鬼,而我的祖先是你的鬼,正如你的亲戚对我来说是陌生人,而我的亲戚对你是陌生人。

对这点的证实不能通过询问人们是否认为他们的鬼也是他们邻居的祖先,或者更糟的提问,他们的祖先是否是他们邻居的鬼。两种类型是极端对立的,就像昼夜、好坏、阴阳,因此要人们认真考虑这一观念是不可能的,即从一个角度看是祖先的从另一角度看却是鬼。被我问到这样问题的被调查者会回答:"你的祖先怎么可能是鬼呢? 你的祖先是自己人并会帮助你,而鬼会使你得病并带来麻烦。"只有少数被调查者不仅仅只从自己的眼光看待他所处的社会。谭新琼(Tan Cin-chiong)就是这样的一个人,这还要归功于他所受的教育和对中国民俗的学术兴趣。在他看来,鬼是所有死者的灵或魂的泛称。"神只是对鬼的尊称。你的祖先对你来说是神,对别人来说却是鬼。叫他们神只是较好听些罢了。"

大多数人只有当异常情况使他们从另外的角度看待自家的死人时,才意识到,他们的祖先就是别人的鬼。最好的一个例子是陈诚清(Ch'en Cheng-hsing)记录的,他在 1967 年担任过几个月我的田野助理。一个叫彭阿缪(Peq A-0mui)的女人告诉陈,她母亲曾经因水而与她丈夫的一个侄子争吵,"那个人去看一个著名的符仔仙(hu-a-sian),得到一些东西放入我母亲的茶中。10 天后我母亲的脖子上出现了一条红色的斑,然后她就死去了。整整一年后,他的邻居们听见那个人尖叫,说有人在挤他的睾丸。当邻居们跑去看发生了什么,他们看见我母亲从屋里走出来。"陈然后机警地问他的被调查者她的母亲是否就是那个人的鬼,她看似对这问题感到惊讶,但同意说,在那个人看来她母亲是个鬼。"若他想要祭祀我母亲,他必须到屋外而非屋内去祭祀。"

弗里德曼友好地允许我报告另一个引人注目的关键例子,那是他在香港搜集到的。弗里德曼曾跟一个在广东省长大的人交谈,问他神和鬼的区别,"他对于祖先不同于神的暗示很恐慌,他认为鬼是邪恶的,祖先从不,他们帮助人。但当我在农历七月鬼节上碰到他时,他想到了其他人的祖先也可能是鬼因而有害。"几周后,弗里德曼要这同一个被调查者解释被雇召唤客户祖先的女灵媒情形中鬼的用法,这些灵媒在广东话里叫做人问鬼婆(man kwai p'o),"跟鬼说话的老年妇女"。"我的被调查者耐心地解释道,每个他人的死人对你来说都是鬼:人鬼婆指的是客户的祖先与灵媒的祖先并不相同这一事实,你自己的祖先对你来说不可能是鬼,鬼意味着陌生人。"

关键点在于,超自然界中的鬼相当于现世中被惧怕的陌生人,这一点不独依靠当代的证据。多亏了沈兼士(Shen Chien-shih)的仔细的工作,我们拥有了一份详细的汉字"鬼"的演化记录。根据古文字和文献证据,沈(1936–37:19)重建鬼字的历史如下:

(1)鬼,比如蜮,起初是一些陌生的类人猿生物的名字。

(2)鬼从动物的名字扩展至表示一个外来的民族或种族。

(3)鬼从某个动物的抽象概念扩展至表达"惧怕"、"陌生"、"巨型"、"狡猾"等等的抽象概念。

(4)鬼是物质生物的名字,被"转移"至代表一个灵性存在的想象面貌,即代表死人的鬼。

有人可能会争论说鬼字的意义根本就没有改变,鬼仍然指的是外国人和令人惧怕的陌生生物。唯一的区别是鬼曾经是真正的存在,而现在指的是他们的超自然对应物。因为华人世界的范围扩大了,外国人变成了同胞,所以称呼他们为鬼就不礼貌也不明智了。但在普通村民看来,仅是同胞也仍然是陌生人,仍然被惧怕。因而,他们的魂会变成鬼。

直到日本人占据台湾,建立一个有效的警察制度为止,之前的村庄大多是个被大量敌意的社会环境包围的小社区。相互敌视的不同种族和族群占据台北盆地,并使之成为内部你争我斗的大本营。中国移居者与土著居民争斗;说闽南语的中国人与他们的客家邻居争斗;在福建人中,来自漳州和来自泉州的人为土地和港口控制权残酷地争斗。在环绕盆地的山丘里,法律和秩序都要让位于匪首和大陆来的逃亡者的统治。在这些条件之下,农民跟陌生人的接触大部分是局限于土匪、乞丐、土霸和同样贪婪的衙门当差。当一个人离开他的村庄,他通常是去看望邻村的亲戚,村里唯一的受欢迎的外人就是有血亲关系的人。环绕村庄的竹墙外的世界很危险,因为都是陌生人定居在那里,而陌生人的可怕之处在于他们经验上代表着土匪和乞丐。鬼就是这一经验的产物。他们是危险的,因为他们是陌生人,而陌生人是危险的,这是被经验证明了的。

从小村庄的角度看,在三峡镇发现的超自然概念因而是传统中国社会概貌的反映。在这个概貌中最为突出的首先是官吏,代表皇帝和帝国;其次是家庭和世系,在此是各不相同的陌生人和局外人、土匪和乞丐。官吏成为神,世系和血统的年老者成为祖先,陌生人则是以危险的和被鄙视的鬼的形式出现。在更一般的水平上,祖先和神明都被当作神,代表生产性的社会关系,而他们的灵性对立面鬼则代表的是危险的和潜在毁灭性的社会力量。

作为中国农民关于灵魂"奇异的和非正统的情绪"的一个例子,卢公明神父观察到(1865:Ⅱ,401-2),福建人相信"每一个人在活着的时候都有三个灵魂,这些灵魂在人死时就分开了。一个住在为纪念他而立的牌位中,另一个潜伏在棺木或者墓穴中,第三个则离开去阴间接受应得的惩罚"。供奉在祖先牌位里的亡魂清楚代表其作为亲属的角色,而在阴间受审的亡魂则明显是其作为帝国的公民的角色。虽然中国农民关于阴间的观念是从佛教想象力中得到启发的,而阴间很早就是个有超自然官僚的多层衙门。丧礼结束时转移到冥间银行的大量冥钱只有部分是生活费,每个人都知道,大部分会钱花在贿赂官吏上,否则他们可能使 *175* 死者遭受到应得的惩罚和一些本不应得的惩罚。

这要留待识别亡魂是进入了棺材还是进入墓地。在弗里德曼看来,在墓地举行的仪式,是在家中和祠堂中祖先牌位前举行的仪式的反面。祖先牌位中的亡魂包含与后代间的道德关系,而与墓地中尸骨相联的亡魂,则是由非人格方法控制的道德无关的力量的源头。前者是阳,后者是阴(1966:140-42;1967:86-88)。我想要扩展这个解释,认为墓地中的亡魂代表的是陌生人的社会角色。将社会世界划分为陌生人、官僚和亲人意味着每一个人在扮演陌生人角色的同时也是亲人和公民。临死时亲人占据了祖先祭坛的位置,他继续履行作为先代的很多权利义务;公民被超自然官僚代表带到阴间,在那里接受审判和惩罚;陌生人则进入墓地,成为非道德和非人格权力的来源。

VI

在中国,正如在大多社会一样,进食和交换食物是个有社会意义的行为。家庭普遍被定义为"在一起吃饭的人",通常家庭也会用食物表达和其他人的关系。大多数家庭会给停在自家门口的乞丐一碗饭或地瓜,但他们从不邀请乞丐进屋吃饭。他蹲在后门外,吃完了就把碗放在门槛上。只有亲戚、朋友和相近社会地位的人才会被当做客人邀请吃饭,家庭会邀请学校教师、警察或小官吃饭,但他们从不邀请诸如县长或县长首要的秘书。当我天真地邀请下溪州几个较为著名的家长与县长秘书和其他高官一起吃饭时,从村里来的客人都借故离席。一起吃饭暗示着亲密和一定程度的社会平等,因而一个农民或矿工和有地位的官员同在一起吃饭是不可能的。若一个农民家庭想要得到某一官员的恩惠,他们通常用食物作为建立关系的一种方法,但不是以邀请吃饭的形式,而是通过中间人送礼的方式。

献给不同形式的超自然存在的食物祭品表达了同样的社会区分。作为亲戚和较亲密的人,祖先像客人一样被献食物。在祭坛前的桌子上摆有筷子、饭碗、汤匙,以及繁多的香料和调味品:盐、酱油、醋,可能还有辣椒酱。食物装在充分准备好的盘子里,常常包括熟米饭,刚出炉热腾腾的。献给祖先的正是食物,不论是在形式上还是意图上。通过这些祭物,生者支持和援助他们在彼世的亲属,正如在此世在晚年时赡养他们一样。关系的亲密本质反映在很多家庭努力尊重他们祖先的个人口味上,当得知一个祖先特别喜欢某些菜,这些菜就包括在忌日献给他们的祭品里。一个妇人告诉我她常常做米糕供奉她的公公,做面食供给她婆婆,"因为我爸爸过去很喜欢吃米糕,我妈妈很喜欢吃面食"。

为神庆祝生日的祭品也包括一顿饭,但这顿饭是给神的士兵和随从而非神自己。尽管他们有很大权力,但官员的个人随从和职员在传

176

统中国都几乎没有地位。在末代的大多数王朝,他们被官方指定为"贱人"(chien-jen)、"低劣的人",被排除在科举考试竞争之外。因而一个农民邀请这些人或他们的超自然对应物吃饭是可以想象的,但若向官员和神发出这样的邀请则被看为放肆的。供奉神的通常包括众所周知的牲礼(sieng-le),即三种或五种肉——例如,一只鸭、一大块猪肉和一条鱼,或者,一只鸡、一只鸭、鱿鱼、一块猪肉和猪肝,或猪腰。除了在献祭给诸如天公这样的超自然皇帝的场合之外,这些食物都是熟的,但他们从不像为了一顿饭那样被调味或切开。除了祭品之外在桌上还有三杯白酒,或许还有一碗水果,没有餐具,没有调味品,最重要的是,没有米饭。祖先依靠他们活着的后代,因而必须被供养。而另一方面,神从不依靠他们的臣民,他们的高位使得他们在一个农民或苦力家里吃饭不合时宜。供奉给神的祭物本质上是礼物,就像把食物当礼物给地方官一样。正如下溪州我一个被调查者解释的,"神不吃 *177* 你给他们的东西,这些东西仅仅是告诉他们你尊重他们,这样他们会帮助你,保护你。"

供奉给神的祭物的形式也反映了他们在超自然官僚里的相对地位。当人们祭拜天公时,给神和给他的士兵和随从的祭物被放在分开的桌子上。摆放士兵和随从的祭物的桌子立在地板上,而摆放天公的祭物的桌子则被四个凳子抬高。天公的地位比他的帝国的任何下属官员的都无限高,若一只公鸡包含在献给诸如上帝公或祖师工的祭品中,那么尾巴必须要拔掉,只有天公才能要求有"头"有"尾"的公鸡。

不同神的排名也在仪式协议书(ritual protocol)中被表达出来。虽然一般不能在实践中被观察到,人在神明面前伏地的数目是有规则的。若神明是卑微的土地公,在等级制的最底层,请愿人要在他面前磕头两下。高县长很多的上帝公则是一百个,而理论上一个人若要接近超自然皇帝即天公,至少需要磕头一千下。

献给鬼的祭物的内容比给神或祖先的都要多样,虽然大家都同意,住在小小的有应宫(Yu Ying Kung)里的灵是鬼,然而像供给神一样给他们牲礼却是惯例。① 三峡集市的店主会在每年的饿鬼节供奉全鸭、全鸡和大块煮好的肉。然而,在很多村庄,这一同样的节日的祭物包括以一顿饭的形式摆好的充分准备的食物。鬼的祭物通常包括很多食物,"因为鬼很多",此外的唯一的特征是一只脸盘和毛巾。人们说神和祖先"不需要这些因为他们有自己的家"。很多家庭也在脸盘旁放

一包烟,偶尔也放一瓶啤酒。一个人解释道,这是因为鬼类似于流氓——"他们都抽烟喝酒。"另一人说,"你对待鬼必须像对待留在你家的警察一样。"我很自信他的观点不是认为鬼代表法律和秩序,而是鬼就像警察一样,是苛刻的和危险的。在农民的眼中,现代警察、传统衙吏、土匪和鬼都属于同样的类型。"你必须给他们一些东西,他们才会离开,且不会找麻烦。"

　　虽然鬼有时像神一样被供奉牲礼,有时像祖先一样供奉饭,祭品的位置表明,他们组成了一个与之不同的超自然阶级。给神和祖先的祭品总是放在室内(神朝外,祖先朝内),鬼的祭品则总是放在屋外。若献祭的对象被认为招致了某一疾病或其他灾难,祭品通常被放置在后门外的地上,"跟给乞丐的一样"。在农历七月,大部分被安抚的鬼通常在屋前的桌子上接收祭品,但不管是何种灵或献祭的场合是什么,鬼从不在屋里被招待。他们是被鄙视和声名狼藉的陌生人,而非客人。"邀请他们进屋太危险了。"过去供食物给鬼的碗被倒置,放在院子里三天,以保护家庭免受污染。接触鬼的任何东西都是被污染的,是危险的。

　　供给不同超自然形式的祭物通常包括几种不同的"纸钱"(guncua),还有食物和香。纸钱的不同类型反映了超自然世界被区分为亲属、陌生人和帝国官僚。我被三峡镇销售的各种纸钱迷惑了,曾经就叫一个以占卜出名的老人解释它们的用法。他友好地为我备了一张图,图

---

① 有应公指的是在大多有应公庙门上发现的铭文:有求必应(yu ch'iu pi ying),普通的替代名字是百姓公(Pai Hsing Kung),即尊称公前面加上对"人们"的最寻常的中国称呼,这暗示着从任何个人角度来讲,人们是鬼也是陌生人。

上将超自然界划分为不同的类型,列举每一类所需祭拜的货币。因为这是我们第一次见面,我还没有跟他讨论我对于中国超自然的看法,我自信他的图确实列举了当地的类型,他对于我问题的回答是自然的回答。为了读者方便,我添加的只是数字。

(1) 对玉皇大帝,通俗上叫天公:天金、高钱、寿金、福金和刘金。

(2) 对清水祖公和天上圣母,通俗上叫祖师公和妈祖:寿金、福金和刘金。

(3) 对福德正神,通俗上叫土地公:福金和刘金。

(4) 对于祭拜死者亡魂(即祖先):大银、寿银和库钱。

(5) 对于向外神(即鬼)祈求和平:刘金、福金、寿银、寿衣、金钱、甲马、代人、五鬼、白虎、天狗和本命钱。

图一完成,我的被调查者就用括号括起了列在天公之下的福金和刘金,"这些",他解释道,"不是给天公自己的,而是给他的随从的——他的秘书和士兵。"因此,神被划分为三等阶级,就像人们预想的,因为他们被认作官僚。在等级制的底层是土地公,他们的祭物跟天公的士兵和秘书一样。在土地公之上是祖师公和妈祖(我的被调查者同意说,像上帝公和保生大帝都可以归为这一类),他们的祭物包括供给土地公的福金和刘金,也包括供给天公的三种钱之一。最后,在官僚制的顶端是天公,像诸如祖师公和妈祖的中等排名的神一样,他接收寿金,此外还有两种钱是专门给他保留的。

我的被调查者还解释说,库钱只给新近的死者,而给牌位放在祭坛上的祖先的典型祭品是大银和寿银。我们因此发现,神被供奉金,祖先通常被供奉银。神用金钱、祖先用银钱把超自然界划分为了两个阶级,同时暗示神优于祖先,对此我们只需做个明显的假设,即中国人认为金优于银。一个问题是,天公和新近死者都被献一种钱(ci_1),"铜钱",或更普通地指"金钱"和"财富"。鬼接收两种钱:金钱和本命钱,因而单单钱本身似乎不是一个可区分的符号。在这个案例中关键的是钱的形式,对此超自然的三个阶级都是不同的。

179

福金和刘金列为鬼和土地公和天公三者的祭品这一事实似乎与一论断相冲突，即纸钱将超自然世界划分为三类。但事实上情况不是这样的。当我质疑这一点时，我的被调查者解释说，鬼的祭品总是包含着一种给土地公的祭品，"因为他是负责管鬼的神。"福金和刘金是给土地公的，不是给鬼的。因此，只有一种钱是给不止一种灵的，即寿银，一种被列为献给祖先和鬼的祭品。① 这为王斯福在本卷其他地方的论点提供了一些支持，即基本的对立一方面是在祖先和鬼之间，另一方面是在神之间。尽管如此，最明显的标准仍是超自然被区分为三类。鬼有时被供奉寿银，即"小银"，而他们绝不会被供奉"大银"。当祖先和鬼共享一种钱时，两者由其他九种或十种钱加以区分。或许需要注意的最重要的一点是，祖先从不被供奉寿衣，寿衣总是包含在鬼的祭品当中。虽然寿衣被看做大银的一种形式，但它实际上不是仿造的钱。相反，它是一些矩形的纸，每一张上印有普通衣服的图片，诸如裤子、衬衫和鞋子。这暗示了神得金、祖先得银和鬼得施舍物——鬼像乞丐一样。

库钱的用法和解释变化多样。一个靠"找魂"为生的人告诉我，供奉给神的"钱"根本不是钱，而是更"像人们发到政府的请愿书"。他嘲笑这一个观点，即认为神对钱感兴趣。另一方面，芮马丁在溪南的被调查者提供给她供奉神的许多不同种冥币的对等货币额，例如烧给祖师公、妈祖和天公的寿金，相当于 100 台币。她还发现，在特殊的场合下，为更高神灵所正常储备的钱可以用以供奉给更低的神灵。这样的仪式升级发生于如，当溪南的人为清水祖师公杀猪的时候。在这样的情况下，祖先被供奉刘金，土地公得寿金、福金和刘金，祖师公得寿金、高钱和天金，天公则得平常供物外加一种特别形式的钱，即祝百寿金。但是芮马丁的证据表明不管怎么样的场合，供奉的钱总是将神划分为

---

① 苏海涵告诉我，在三峡未婚女儿的亡魂被供奉寿银、小银，但非大银。这似乎支持了我的论点，即未婚女儿的亡魂几乎是鬼。

不同等级,并区分了祖先和鬼。①神、鬼和祖先在不同的情境下通过不同的方式被表达,然而似乎无论何时,农民思考超自然时都会从这三类入手来进行思考。

（张细香译　郭潇威校）

---

① 个人通信。

台湾的建筑与超自然

王崧兴(Wang Sung-hsing)

　　台湾华人的住宅建筑反映出他们对防御湿冷的寒冬与湿热的酷暑的需要,也反映出他们对超自然的信仰。这些信仰影响了建筑方位的选择,根据风景的突出特征而选择的住宅朝向、房间的数目以及它们的用途。它们甚至影响了人们对待建房雇工的方式:人们认为,木匠和砖瓦匠能够用微妙的方式来改变结构,从而给居住者带来好运或持久的不幸,所以,他们是被当做客人而非劳工来对待的。

　　台湾乡村的典型住宅是一种 U 型的大院子,如此建造是为了尽可能地符合一种完美对称的理想。由于建筑的扩展反映了家庭的扩大,因此,这种类型的住宅通常是分阶段来建造的。最初的结构是一个长长的方形建筑,内部被划分为三个、五个或七个房间。它会随着两边的厢房的增加而得以扩展——先是在左边扩展,然后在右边,偶尔也会在原初的 U 型结构之外增加一排房间。① 为了保持对称,这些增加的厢房的屋顶会保持在同一个高度,总是低于最初的建筑;并且常常尽力将房屋分

---

① 关于房屋的左边与右边,我遵循的是汉语里的用法,即采用某人站立时背对房屋的前面的视角,而不是面对着房屋时的视角。

成奇数个房间。① 奇数是"好的",因为它能够产生对称;偶数则是"坏的",因为它导致不对称。

经由 U 字开口处进入一处完整的庭院,人们会面对一道厚重的双叶门,此门通向一间大房,其屋顶常常被香火的烟雾熏得发黑。这间房就是住宅的仪式和社会中心,即正厅(cheng-t'ing)。家人就是在这里接待来客,也是在这里敬拜祖先以及奉祀于家族祭坛之上的神(god)。神的画像和祖先的牌位被置于一个面向大门和 U 字开口处的高台上,神被放在表示尊贵的左边,祖先牌位则在他们的右边。在祭坛后面的墙上,人们常常会看到一幅佛教中的神,即观音的彩色画像,祭坛前面则有一个摆放供品以及在宴会中招待宾朋的桌子。每个正厅中还有一个香炉,用以供奉玉皇大帝,也就是超自然的君王,人们一般称之为天公。这只香炉被悬挂在离屋顶几步之远的门里面,这道门则通往住宅两翼的厢房之间的庭院。

根据是由已婚夫妇居住还是由未婚子女居住,正厅两边的房屋被分成房(fang)或间(chien)。正厅左首的头一间房是为"大房"。这间房充当父母的卧室,直到他们的长子结婚;从结婚起长子夫妇开始接管大房,其父母则搬到正好位于正厅右首的"二房"。在一个被分成五个房间的小型住宅中,厨房一般是位于住宅左首的末间,使得在大房起居的妻子进出方便。住宅另一边的末间被称为"五间尾",一般充当未婚子女的卧室,或客房,或贮物间。

如果不止一个儿子要结婚,这些男性最终要分割他们父亲的家庭(households)。正厅和祖先的祭坛仍然是共同的财产,但是,其他房间则成为这个或那个因分家(division)而创建的家庭的专有财产。按照惯例,大房和原先的厨房被分给长子,二房和"五间尾"则分给次子。如果有不止两个儿子且房屋两翼扩建有厢房,那么,左翼会被分给三子,右翼则给

---

① 关于房屋建造的深入介绍,参见梶原通好(Kajiwara Michiyoshi)1941;以及狄瑞德与华昌琳(Reed Dillingham and Chang-lin Dillingham),1971。

四子。住宅的空间布局一方面反映了兄长于弟的社会准则,另一方面则反映了正厅是住宅中心的建筑准则。

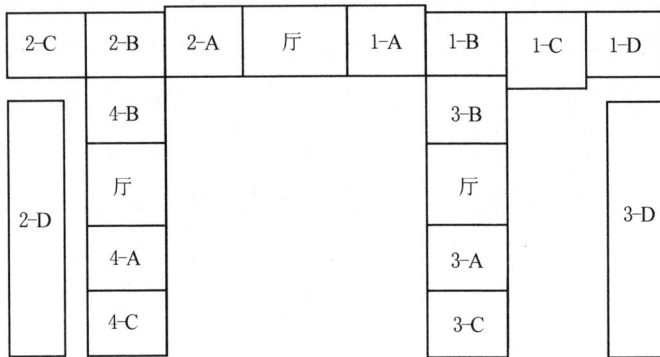

2-C	2-B	2-A	厅	1-A	1-B	1-C	1-D

图 1

　　图1显示了台中地区彰化县神冈乡(Shenkang hsiang)的一处大院的空间布局情况。① 此院的住户是四个已婚兄弟,其中老大有两个已婚的儿子。房间1-A是大房(senior bedroom),曾由老大夫妇所有。当他们的长子结婚后,他们将这间房让给自己的长子夫妇,而他们现在和未婚的三子一起住在1-B房。次子夫妇则住在1-D房。这些人组成了一个未分家的家庭团体,共用房间1-C里的灶台和厨房。

　　老二及其家庭居住在院子主体部分的右侧。父母住在房间2-A,他们的子女住在房间2-B;房间2-C是厨房。院子的左翼则由老三及其家庭所有,右翼由老四及其家庭所有。在左翼,房3-A是老三夫妇的卧室,房3-B是其子女的卧室,房3-C是厨房。在右翼,4-A是老四夫妇的卧室,房4-B作贮物之用,房4-C是厨房。

　　左翼的外间不那么重要,由已婚的姊姊(或妹妹)及其入赘的女婿居住。右翼外间,即房间2-D由老二所建,用作贮物间和牛棚。

　　对于居住在诸如台北盆地和彰化平原等这样富庶的农业区的农民

---

① 这个案例是由李亦园(Li Yih-yuan)和陈崇明(Ch'en Chung-min)所搜集的,感谢他们惠允我使用他们的未刊稿。

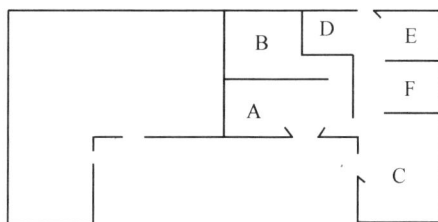

图 2

而言,这类 U 型建筑是最为常见的住宅风格。而在较小的镇子和渔村中,另一种住宅类型则占据主导地位。图 2 显示的是台湾东海岸龟山岛 (Kuei-shan Island)上一个小渔村里的一处住宅的平面图(王崧兴[Wang Sung-hsing]1967:20)。在这个案例里,房间 A 是正厅,其中有家族的祭坛。房间 B 是大房,曾由户主夫妇居住;但当其长子结婚后,则转给长子夫妇。户主夫妇现在住在房间 D 和房间 E。房间 C 是厨房。除了家里的灶台之外,还有一个供着牌位的附属祖坛(ancestral altar),这是户主的妻子入嫁时带进来的。房间 F 是一个堆放柴火的杂物间,也是这家人放置便壶的地方。住宅右侧归一名男性所有,其父是住宅左侧所有者的弟弟。因此,建筑的左边属于年长者所有,右边属于年轻者。

在这两个例子中,正厅表征着家族男性成员之间的团结(solidarity)和延续;与此对应的是灶台,它代表着由个体男性所主导的家庭的独立。只要男性成员仍然居住在同一个住宅内,正厅就永远不会被分开;而独立的炉灶总是在分家的时候搭建起来的。典型的情况是,长子继承最初的灶台,而他的弟弟们则在他们自己的房里另起新的灶台。因为分家涉及父母房产的分割以及分开后独立的家庭经济的建立,因此,分灶是一种实际的必需,但是,它也被当做分家所带来的社会变化的象征。在整个台湾,分灶就是分家的同义词。兄弟彼此区别开时,婚姻纽带在其中所扮演的角色恰好可以由这样的事实而得以说明,即分家时他们妻子的娘家会赠送厨具作为礼物,每个新的家庭都会用它们来准备食物。

在许多方面,正厅与他们共同祖先的坟墓一样,保持着与后代群体的成员们的某种联系。正厅是从不分割的,而且被认为能够通过风水(geomancy)的作用影响个人的运气。因为正厅是集体财产,所以修缮正厅必须得到全体所有者的同意,但是又因为他们认为正厅影响到风水,所以协议不是很容易就达成的,尤其当住宅成员之间的关系不和睦之时。修缮或重建正厅必须选择合适的时间,这反过来又需要以个体所有者的生辰八字为基础来进行计算。对某一个人来说可能是一个好时辰,对另一个人来说则常常是不吉利的,甚至是凶险的,因此,正厅常常成为家族冲突的焦点。所以,我们可以看到,正厅一方面表现出了继嗣群体(descent groups)之间的团结,他们聚集在正厅来敬拜共同的祖先,另一方面则表现出了常常会危及群体团结的张力。

在农民社区里的典型住宅与渔村里最为常见的住宅之间的区别中,华人建筑的表意性方面(expressive side)是很明显的。首先是出于经济的原因,男性成员之间的团结在农民社区里比在渔村里要更为重要。[1]这由建筑上的一个差异表现出来,农民的建筑有助于发展出大的居住群体,而渔民的建筑则不利于这种发展。农业地区可扩展的住宅类型鼓励男性成员一直居住在同一个住宅里,并在共用的正厅里敬拜他们共同的祖先;而渔村里住宅类型所施加的物理限制,使得大的群体不可能发展出来。我在龟山岛上所研究的村庄里,大部分家庭都有他们自己的正厅,并且独立地崇拜他们的祖先。

台湾住宅空间的使用也揭示了家庭内部以及家庭成员与外人之间的关系的某些特点。当一个家庭成员行将离世时,人们会将他从卧室移到正厅,直到他在那里死去。这种特权只给予家庭中所有的男性成员及其妻子,而绝不会给予任何非家族成员。住宅里的其他居住者,诸如仆人和长工,是绝不允许死在正厅里的。甚至他们的棺材也不允许通过正厅或者正厅之前的庭院。他们被从后门抬出去,或者如果没有后门,就通过墙上打的洞抬出去。

---

① 这一点在王崧兴 1971 有部分讨论。

一个在其父亲家尚未婚配就死去的女性成员的地位,在某些方面类似于仆人或雇工的地位。她是不允许死在正厅的,棺材也不能通过它的大门。人们一般不会为一个尚未婚配的女儿准备祖先牌位,也不会向她的灵魂进奉常规的供品。只有在童乩(一种灵媒)将疾病或其他不幸归结为她们作祟之时,这些死者才会为人所纪念。当这种情况发生时,一个富裕的家庭往往会为女孩举办一场"冥婚",由此,照料她灵魂的责任被传递给了另一个家庭。①无力举办冥婚的贫困家庭通常会为女孩做一个牌位,并放在厨房的一个角落或住宅的屋檐下供奉她。未出嫁就死去的女儿却能够在娘家的正厅里觅得一席之地,我还不知道在哪种情况下会这样做。

正厅的社会意义在人们对待乞丐的态度上也是很明显的。人们允许他们在厨房门口乞讨,却不会允许他们到正厅门口。对于不受欢迎的客人,人们常说:"他可以通过厨房却不能通过正厅进入我的房子。"正厅仅仅是保留给家族成员和他们的贵客的。我在龟山岛上收集到的一个例子表明,姻亲和仆人、雇工或未婚配的女儿一样,是无权被放在正厅里的祭坛上的,他们都是外人:

> 妇女 A 有一位年过 30 但仍未婚的兄弟 B。由于 A 认为很难给她的兄弟找一个媳妇,于是,就将她的孙女 C 过继给他。此后不久,B 在台湾本土上上吊自杀,并被埋在那里。当他们知道后,A 和她的孙女 C 试着叫 B 的魂回家。他们给 B 做了一个牌位,放在房子外面的桌子上,并且朝向大陆,叫着 B 的名字,催促他回家。结束后,他们要将桌子和牌位移进屋内,就在此时,A 的丈夫坚持:"不要经过正厅进来,不要经过正厅进来。"于是,他们带着 B 的牌位经过厨房的门进去,此后就在厨房里敬拜他的牌位。(王崧兴 1967:72)

根据在房子内所敬拜的位置的不同,台湾所有的超自然存在

---

① 更详细的资料,参见焦大卫(David Jordan)1972:140–55。

(supernatural beings)可分成两个主要范畴。神和人们自己的祖先是在正厅和正厅之前的庭院里敬拜的;其他外族的死者和鬼则是在住宅的后屋或后门之外敬拜的。后一范畴中较为突出的就是在台湾被称之为地基主(Ti Chi Chu)的超自然存在,即一类与住宅地基有关的超自然存在。如果住宅由当前住户的男性后代所建,那么,就没有"地基主"。只有当人们住在先前由外族人所住的房子时,他们才需要向这一类超自然存在献上供品。在这种情况下,死在这所宅子里的外人的灵魂仍然会盘踞于此,人们须在农历的初一、十五向他们敬拜,以防他们作祟而使孩子生病或给家庭带来其他厄运。地基主常常是作为一个范畴(category)而不是作为一个"个体"(individual)的超自然存在来被敬供的,但是,一个被划归到地基主这一类别中的神灵,其名字偶尔也会为人所知,于是,他是作为特定的个体而被敬拜的。下面是我在龟山岛上观察到的一户家庭里的仪式的情况:

> 宅子外放着一条长凳和一个椅子,家人在上面分别放上几碟菜肴和一碗米饭。我问户主为何要准备两类祭品。他只是笑了笑,说:"一个是给大人,另一个是给小孩的。"他的妻子解释道:"凳子上的供品是给地基主的,椅子上的供品是给过去住在这个宅子里的人的一个小孩的。当他们的父母移居台湾本土时,小孩的灵魂没有跟着过去。他常常要吃的,于是我们敬拜地基主时也给他供品。"

一个大型的、被装饰过且历史久远的正厅有时被称为"家庙"(family temple)。"庙"这个词更常见的是特指这样的建筑物,即作为比人们自己的祖先更有能力的超自然存在的居所而被特别建造起来的。其中,绝大部分都是被神化的著名人物的魂灵(spirits),他们在自己的庙里是以身着正服的画像来作为象征的。但是,并非总是如此。庙的修建也可能是用以安放非自然死亡的人们的尸骸或骨头的。传教士马偕(George Leslie MacKay)(1896:127)提供了一个生动的例子:

> 1878 年,住在淡水(台湾北部淡水河口的一个旧港口)不远处的

一位女孩患了痨病，日渐消瘦，之后死掉了。附近一个才华出众的人宣称那里出现了一位女神，那个女孩遗留的尸骨立刻变得远近闻名。她被称为"处女神"(sien-lu-liu)，人们为了敬拜她而建了一个小庙。她的尸身在盐水里放了一段时间，之后以坐立的姿势被放在扶手椅上，肩上披有红布，头上戴着新娘帽。透过玻璃窗看去，黑色脸孔、牙齿暴露在外面，很像埃及木乃伊。人们在她前面烧纸上香。过路人被告知这个故事，而当他们愿意去敬拜任何被认为有能力带来好处或危害的事物时，对这个新的女神的崇拜就开始了。好多星期之前，成百上千的轿子络绎不绝，将敬拜者尤其是女性送到这个祠堂来。富人赠送礼物来装饰这个庙，所有人开始对新的女神的悲泣产生兴趣。

此类的祠堂在台湾比比皆是。人们认为溺死或上吊而死的人的尸体是危险的，但同时又是强大的。人们相信，如果他们埋葬了尸体并向它献祭，这些有潜在危险的鬼魂可能会使用他们的能力去帮助那些善待他们的人。如果魂灵证明会对生者的祈求做出回应，它的信奉者会建造一个祠堂，并给该魂灵取一个尊号，例如，给在竹林中所发现的溺死的尸体命名为"竹头公"(Chu T'ou Kung)；或者给上吊而死的姓陈的姑娘命名为"陈姑娘"(Ch'en Ku Niang)。这类祠堂中最常见的就是那些用于安置骨骸——它们是在收纳耕田时发现的——和无人祭拜的儿童遗骨的祠堂。这些死者被集体性地称为"有应公"(Yu Ying Kung)。"公"是对所有强大的魂灵的尊称；"有应"来自短语"有求必应"。该名称背后的思想是：如果他们被敬拜，那么，这些被忽视的死者就会对生者的祈求有所回应。

类似于"有应公"之类的魂灵的祠堂建筑，明显不同于那类作为诸如妈祖和清水祖师公这样重要的神祇(major deities)的居所的庙。祠堂建筑通常要小一些，装饰也不那么考究，而且更为重要的是，它往往没有"庙面"(temple face)，也就是说，该建筑的前面没有双叶门，这种门上一般都画了真人大小的、用来服侍和保护神灵的神将画像。因此，这些祠堂通常被称为"三面壁"（san-mien-pi），而不是"庙"。人们认为，"庙"代表着庞大的超自然官僚体系的受封官员的居所，"三面壁"则是那一类虽然可能是强大的，却缺乏合法权威的超自然存在的居所。人们说，这些次要的神灵没有正义感，会对任何向其献祭的人做出回应。流行的看法是，只有诸如赌徒和妓女这样低下阶层的人才会敬拜这些祠堂，而且他们是在夜里而不是白天做这些敬拜。

真正的庙里所供奉的超自然存在，是那些因为对国家或家乡的突出贡献得到了认可，从而被神化和被授予官方地位的男女们的魂灵。当中的大部分都是中国王朝时代的杰出人物，但是，也有一些有着更为晚近的起源的神灵在台湾受到敬奉，个别还是作为具体的个人而被纪念的。这些并不遥远的案例是非常有趣的，因为它们给了我们观察导致神化（deification）和神的地位的条件一个更为切近的视角。我所知道的一个最明显的例子可见于铃木清一郎（Seiichiro Suzuki）1934：373－80 对"义爱公"（I Ai Kung）起源的记述中，后者是台南嘉义县（Chia-I hsien）福来村（Fu-lai Village）福安庙（Fu-an Miao）里所敬拜的对象。

"义爱公"是一位日本警察，名叫森川清治郎（Seijiro Morikawa），1900 年当他 30 岁时被派往福来村的一个派出所。了解森川清治郎的村民告诉铃木，他是一位舍己为人的人，在福来村一直致力于帮助当地的村民。他用金钱和药品接济贫穷的家庭，从不要求酬劳；他热心地教授日语，帮助农民掌握新的农业技术；他用自己的钱给被安排在夜里放哨的人买饮品；他常常冒着生命危险拯救村民脱险。他于 1902 年 4 月 7 日自杀身亡。根据报道，此前不久，总督公布了一项新的赋税，要求福来村的渔民为他们拥有的每张竹筏交纳 4.5 元的税。由于担心许多村民不能承担税费，森川清治郎陈情当局免除这项税。当其请求被拒绝时，他变得非常低沉，之后不久就开枪自杀了。

20 年之后，1923 年 2 月，当一场传染病席卷该地区时，福来村的保正李九做了一个梦，在梦中，森川清治郎就这场疾病跟他发出警告："小心。本地区有一种传染病。"当他将这个梦告诉村民时,人们对森川清治郎的关心感动之极,就给他做了一尊身着警察制服的雕像,并请他的魂灵在福安庙中占据一席之地。这时,日本警察森川清治郎就成为"义爱公",变成了一个神,并作为瘟疫之神在福来地区远近闻名。

需要注意的是,这个故事对森川清治郎的善行以及对他造福整个社区的事实给予强调。这一点似乎是庙中所奉祀的神灵与三面壁所安放的神灵的关键性差异。这两类神灵都被认为是有强大有力的,但是,人们相信,庙里所敬拜的神灵是为公共善(common good)而行使正义的权力,而那些在三面壁里的神灵则是出于自私的——有时是邪恶的——目的。尽管三面壁里的神灵会被饰以尊贵头衔,但事实是,他们是鬼而不是神。人们通常会从庙里的香炉中带走香灰,借此将神请回他们的家里;但他们从不从三面壁里拿香灰。这类似于邀请一位危险的强盗或乞丐回到家里。简言之,庙里的神代表着合法的权威,三面壁里的鬼则代表着非法的力量。

有时,人们会称呼他们的祖先为"家神"(family gods),有时也将他们的正厅称为"家庙"。尽管这意味着祖先与神属于同一类别,但其他证 191 据则表明,他们仍然是"鬼"。在向神进献供品时,人们烧的是金箔(gold spirit-money),向祖先和鬼则均烧银箔。此外,如果一个家庭绝户了,他们的无人照料的祖先牌位不是放在庙里,而是放在三面壁里的。死者被告知的信息是:"我们不能照顾你。请跟随有应公,有人会给你上供的。"因此,祖先必须被视为代表着第三类的超自然存在,是介于神和鬼之间的中间存在。因此,我们可以总结如下:庙、三面壁和正厅表现出一种基本的划分(division),该划分将所有超自然存在区分成三种不同的类型。在庙里,人们崇拜的是那些已经被神化的死者,他们象征着合法的权威;三面壁里安抚的是那些强横的死者,他们服务于自私的而非公共利益;在他们自己的正厅,他们出于继嗣的义务而敬拜自己族系里的死者。 192

(肖清和译　邵铁峰一校,郭潇威二校)

当鬼成神

郝瑞(C. Steven Harrell)

　　台湾民间信仰中的超自然存在数目繁多;每个社区,每个家庭,甚至每个人都信仰并祭拜不同的神灵。可是,在这个他世的(other-worldly)群体中也存在秩序:一些台湾人能够描述出一个条理清楚的超自然的社会秩序,它大致上与尘世中真实的社会秩序相符。另一些人则不习惯这种系统神学,然而即便在他们那里,对这些神灵按照超自然存在与其崇拜者之间的关系而进行分类仍然是可能的。一些鬼神是私人性的;他们因与特定的男性或女性有着特定的亲缘关系而与后者相关,此即为其祖先,在此我们将不直接予以关注。那些公共的超自然存在与特定的人们相关,不是由于特定的亲缘纽带,而是因为他们是一个地方社区的成员或是作为一个整体的台湾社会中的成员,这些超自然存在通常可分为两类:神(gods)和鬼(ghosts)。[1]

　　绝大多数的神通常被认为是在超自然官僚体系中接受了天公,也就是玉皇大帝指派的等级的亡者。相反,鬼则是并未享此荣幸的亡灵(spirits)。[2]但是,大多数的鬼神可能对一个人来说是鬼,而对其他人来

---

[1] 本论文的想法和一些例子来自我于1970年以及1972—1973年在台北盆地南部的田野调查。其他未发表过的例子是由武雅士(Arthur P. Wolf)友好提供的。

[2] 增田福太郎(Masuda Fukutaro),*Taiwan hontojin no shukyo* (Tokyo, 1935),p. 61.

说则是其祖先,就此而言,除了其后代,他们在任何人的生活中都是相对中性而不甚重要的。而那些重要的和作为公共形象的鬼,则要么是无后之人的亡灵,没有后代供品的供养,因而必须靠掠夺他人为生;要么是死于溺水、自杀或其他暴力方式之人的亡灵,他们隐藏在死亡地点的附近,伺机报复活着的人。正如武雅士在本书的其他地方指出的:"一些鬼因饥饿且无家可归而愤怒,而一些则因愤怒而变得饥饿且无家可归。" *193*

可以想见,在这些信仰中,人们对待神的行为与对待鬼的行为是迥然有异的。首先,人们祭拜神与他们安抚鬼的目的有所不同。通常,人们祭拜神是为了获得他们的帮助,只在个别情况下是为了预先制止他们可能引发的危害。如果在常规节日里给神献上供品,就无须在其他时候祭拜他们,除非人们试图就特殊的问题或危机向他们求助。在这种时候,人们祈请神为了祈求者而行使权力,并许诺,干预有效即献以酬报。台湾人认为,只有当一个神受到了某种方式的冒犯或侮辱时,他才可能成为某个问题的肇因,并设法安抚他。相反地,鬼则是居心叵测的,所有的不幸均可归咎于鬼的作祟。人们不向鬼请求明确的恩惠,而是通过在常规的时日提供供品来防范他们随机的恶意,并在危机之时劝说他们停止制造伤害。人们安抚这些鬼以收买他们。

神和鬼接受祭拜的地点也有所不同。神在为他们修建的庙宇里接受公开的祭拜,并且在诸如尊贵的地方、祖先留下的场所和家庭的供桌上接受私人的祭拜。相反,鬼则在庙宇的外部庭院,或者在那些被认为是他们藏身的危险之地接受公众的供品,在家门外或在户外的某处获得私人的安抚。

台湾人为神和鬼举行常规节庆的时日(occasions)也是不同的。尽管有这两类神灵都被献上供品的时候,但是,纪念神的最重大的节日是在他们各自的生日之际进行的,这可以是一年中的任何时候,除了阴历七月。然而,人们认为在阴历七月鬼则会蜂拥而出,因此,为纪念他们而举行的大多数节日都在这个时候进行的。

人们给神和鬼的供品(offerings)也是不同的。供奉给神的肉祭

(meat offerings)几乎总是采取牲礼的形式：一大块猪肉，一整只鸡或鸭，以及一整条鱼。给鬼牲礼只发生在阴历七月十五，即一大群游魂野鬼或"好兄弟"收到供品的时候。其他的时候，如果人们因特定的问题要崇拜鬼，供品通常采取茶饭的形式，例如，包括备有筷子的熟米饭在内的准备好的食物。人们烧给神的冥钱（spirit money）总是金色的；而烧给鬼的则总是银色的，并且通常包括供衣——供鬼使用的纸衣裳。

最后，对这两类神灵的祭拜的组织（organizations）也是不同的。绝大多数的神会挑选——他们是通过占卜的方式而使自己的选择为人所知的——一个炉主或香主来负责为纪念他们而举行的社区节日。鬼则一般不这么做，他们的节日的主导权落在任何愿意承担责任的人的身上。因此，整体而言，这两类超自然存在是判然有别的，在台湾民间的鬼神中，神代表阳，而鬼代表阴。

但是，还有一些魂灵则具有一种中间的身份。起初是鬼，但在某些情况下，他们常常会获得一种既包含鬼也包含神的要素的身份，偶尔甚至完全改变他们的性质而变成羽翼丰满的神，并因此而呈现出神的特征。正因为这些超自然存在的身份含糊不清且是可变的，故而对于某些特定的魂灵究竟是神还是鬼、究竟是可祈愿还是只能设法远离、究竟应该供奉金钱还是银钱，单个台湾人之间常常意见相异也就不足为怪了。此外，那些自身社会身份就成问题的人们，例如骗子、赌徒或卖淫者，他们往往尤其钟情于这些神灵，有时如此之甚，竟然为他们修建祠堂并负责维护。①

在台湾，这种神灵数目可观，他们可以通过两种方式产生。一些神灵与掘墓、建筑或者开采工作中偶然挖出的身份不明的骨头有关。这些骨头常常被安放在一个类似土地庙（Tho Te Biou）的小祠堂里。在它的入口上方通常悬挂一块题有"有求必应"字样的红布，因此，许多——虽然不是全部——这样的神灵被称为"有应公"（Iu Ieng Kong）。如果发现

---

① Tseng Ching-lai, *Taiwan shukyo to meishin roshu* (Taipei, 1938), p. 111.

更多的骨头,人们就会建一个更大的祠堂,通常被称作大墓宫(Tua Bong Kiong)、万善堂(Ban Siong Tong)或某个其他的名字。其他的神灵则与遭遇暴力而死——要么是死于战斗中,要么因不正当的活动而死——的人,或者与无后而死的人有关。这一范畴内的神灵可能被以单个或者以小团体的方式安置在小祠堂里,后者有各种各样的名字为人所知;较大的祠堂,比如那些安放不明身份的骨头的,通常被称为大墓宫或万善堂。①

这样的神灵中有一些起初就是鬼并且一直是鬼。人们祈请他们退避三舍而非向他们寻求帮助;如果人们修建祠堂以安置他们,那么,它们被建在远离人烟之地——人们知道,那里鬼出没频繁——而不是像那些经常选来供奉神的庙宇的所在地那样的重要或者风景优美的地点。对他们的崇拜并无固定的时日,或者,在七月的某个时候有一个节日。当人们献上供品的时候,总是包括茶饭和银钱。每个人都承认这些魂灵是鬼,并相应待之。另一些魂灵则取得了神的某些特征。一些人像求神一样向他们祈愿;这些神灵中有一些除了七月之外,还在自己的生日时接受祭拜;一些人给他们烧银钱的同时也烧金钱,或者完全烧金钱。当这些神灵的身份受到质疑时,人们会说,这些魂灵确实是鬼,但是一些人却待之如神,或者说,他们起初是鬼,但已经部分的转变为神。在这个中间范畴中,许多魂灵倏忽间青云直上,然后又逐渐地再次衰落。他们起初要么是身份不明的骨头,要么是卒于暴力的死者,不知怎的获得了神通广大的神的名誉,并吸引了比肩继踵的崇拜者,然后其重要性下降,直至再也少有人问津。最后,一些中间魂灵(intermediate spirits)完全转变了;他们摆脱了中间的身份而成为完全的神。人们将他们视为是潜在的帮助而非危害;他们的庙宇与其他神的庙宇并无二样,突出地展示着神灵的形象;人们在他们生日那天进行祭拜并烧金钱给他们。唯其名字和历史显示出他们曾经是鬼。

---

① 关于诸多的信仰例子,可参上书第98—108页。

　　几个个案研究将既可展示出这些神灵的变化范围,亦有助于阐明它们兴起的社会环境。这些神灵中的大多数是没什么身份(pretensions)的鬼。在竹岭(Chu-lun),台北盆地南部的三峡以外的山区,有一个叫做万善堂的小祠堂,在修建通往这个地区的公路时所挖出来的骨头就存放在这里。供奉在这里的是鬼这一事实由如下事实标示出来,即万善堂建成之后,一座土地庙也在公路不远的地方建起来,以使该地区的访客在看到万善堂里的鬼之前即可先看见神(土地公)。在整个台湾,公路边和公墓里均可发现类似的祠堂。

　　另一个神灵,即自兴公(Cu Hieng Kong),其祠堂坐落在溪潮厝(Khei-ki;-chu),即三峡和邻镇树林之间的一个乡村地区,它也更可能是鬼而不是神。但是,特别有趣的是,该地居民对他的起源和身份持不同的看法。这个祠堂供奉的魂灵是一个叫谭同(Tan Tong)的人,他是在19世纪最后几十年发迹的当地的一个流氓或者说是骗子,于1894年被杀害。关于他的故事,我询问到的四个人告诉了我四个不同的版本,但是,平心而论,他们的叙述可分为两类:一类将他描述成一个一无是处的恶棍,一类将他描述成台湾的罗宾汉。第一个版本的支持者之一李先生,他曾经是一个小地主家庭的成员,不过现在相当困顿,他的家就坐落在一条通往自兴公祠堂的车道上。李先生说,谭同是一个臭名昭著的家伙,大伙对他又怕又恨,他以敲诈勒索为生,靠一把藏在竹烟管里的长刀强求强抢。1894年的某日,溪潮厝的居民因为露天剧场的表演而聚在一起,以谭鑫(Tan Sim)为首的一伙当地人决定反击。他们设法解除了谭同的烟管里的刀,于是,整伙人对付他,将他毒打一番,并挖出了他的一只眼睛。经过内部磋商,他们试图将他卖给附近板桥富有的李家做奴隶。但是,李家压根不想要一个独眼奴隶,所以捕获者们将他带到附近一个叫做刘厝埔(Lau-chu-po)的地方,在那儿他们再次殴打他,并杀了他。他被埋在那里,无后而死。

　　根据李先生的说法,有一段时间风平浪静,直到抓谭同的那伙人的头儿谭鑫家突然开始经历各种各样的不幸。他家所有的人都生了病,并且在短时间内有两人相继离世。非但如此,自从那次事件之后,挖出了谭同的眼睛的那个人的妻子就无法生育了。这些饱受折磨的人们就邀请了一个萨满,询问被称为圣王公(Sieng Ong Kong)的神这些麻烦的肇因何在,神回答说,是谭同在报复攻击他的人。因此,他们修建了一座祠堂以抚慰谭同,称他为自兴公,并为他立了一块石碑。祠堂落成的时候人们表演了木偶戏,它兴旺了短暂的一段时间。然而,现在虽然偶尔有人来祭拜,但是人们已经遗忘了谭同的故事,在很大程度上对庙宇也熟视无睹了,而李先生的家人则在他们参与其他神灵的节庆的时候,不论如何仍会给谭同提供一点食物。

另一个提供材料的人是王先生,他是一位住在附近稍通文墨的老人。关于谭同,他讲述了一个颇为不同的故事。他说,谭同是那些劫富济贫的流氓中的一员。他的许多活动直接针对板桥的李家,最后李家决定终止这一切。他们命令代理人去张贴告示悬赏捉拿谭同,当地一些道德败坏的骗子决意谋求奖赏。跟李先生的故事一样,他们设计在露天剧场表演的时候俘获了谭同,但并没有毒打他,也没有挖出他的眼睛,而是直接将他带到了李家庄园,在那儿,这个有权有势的家庭的户主命令将他的双眼挖出来。由于已经实施了恐怖的报复,李家现在不想再与谭同有任何瓜葛,俘获他的人便把他送到了当地的衙门。但是,正如历来的大多数的流氓一样,谭同在衙门的下属中也有人脉。这些人同情既瞎又无助的谭同,经其同意而枭其首,请他保证其鬼魂不会因实施这种安乐死的行为而报复他们。谭同的魂魄有后人祭拜,并且他恪守诺言,没有侵扰他的行刑人,而是报复了在溪潮厝抓他的那些策划者们。王先生说,只有那些真正参与了这一阴谋的人才受到骚扰,甚至他们的近亲都安然无恙。因此,那些捉了谭同但还活下来的人们就在田地中间给他建了一座祠堂。由于他尚无皇帝的册封,他们不能将他的塑像安放在庙宇里,所以他们为他立了一块碑来顶替。过去总是有人在祠堂献上供品,但它从未达到非常兴盛的地步,现在人们很大程度上已经对其熟视无睹了。

自兴公的身份无疑是模棱两可的；尽管一些提供材料的人将他视为某种鬼，但是显而易见，在早些时候，当人们为了取悦他而表演木偶戏并向他祈愿之时，他具有了一些通常是跟神联系在一起的特征。此外，不同的人对他的身份持不同的看法。在第一个版本中，活着的谭同被刻画成一个令人讨厌的家伙，他的亡灵是恶鬼，不仅报复抓捕他的人们，也报复他们的家人。由于没有后代，他不得不掠夺他人，而且他死于非命，对此愤怒不已。然而，在第二个版本中，活着的谭同被描绘成仁慈的——如果不是完全正直的话，他的魂灵的所作所为亦有所不同。因为有后代祭拜，他不需诉诸强抢的手段以确保他在另一个世界的给养；相反，他的灵魂是公正的，只有选择地报复那些直接导致其死亡的人。在此，他表现得更像一位神。此外，唯一妨碍他的塑像被安放在庙宇里并因而无法获得一个真正的神的特征的原因，在于他没有皇帝的册封这一事实。①

到目前为止，我们所描述的祠堂在社会学意义上并不那么重要，但是，另有一些中间的魂灵，他们在社区宗教事务中的角色则更为显赫。一些起初是身份不明的骨头，一些则是死于非命的亡者，这些魂灵典型地展现出了神和鬼的双重特征。不论是提供材料的人，还是人类学家，一般都难以对他们进行归类。三峡附近的犁舌尾（Lei-ci-be）的八人公（Pueq Lang Kong）祠堂就是这样一个例子。这个祠堂收容了1895年死于日本占领军之手的八个人的骨头。其中有三个人被犁舌尾的村民作为祖先来祭拜，另有一个人的后代移居到了台湾中部，而其他的四个人，村子里则无人知晓。我曾听到村民谈及八人公时将其同时视为鬼与神，但是大多数村民将其视为鬼。这很可能是因为，奉祀于此的这些人的故事为大多数村民所知；他们是死于非命的可疑人物。事实上，对于八人公，许多人在七月时供养他们熟食和银钱，这确实是以

---

① 当然，欠缺册封并未有碍其他的神灵被神化，但是，这在王先生的解释中却是一个相关的因素。

鬼待之了。

然而，人们对待这八个神灵其他的一些行为则更让人联想起神而不是鬼。犁舌尾的所有人都一致认为，八人公非常神（Siaː），或很有神力，而且他们的力量通常是仁慈的。当我为八人公祠堂的重建捐钱时，几个人告诉我，这些神灵以后会保护我的。人们常去这个祠堂寻求治病或其他类型的帮助，尽管我引导了问题的走向，但是，从未有人告诉我八人公会降病于人。同时，虽有一些人仍然在祠堂供养茶饭和银钱，另一些人却供奉牲礼和金钱。当我询问阿悌阿（A-tit-a）和他母亲人们应当给祠堂供奉什么样的供品时，两个人同时做出了回答，母亲说是茶饭而儿子说是牲礼。当我问起冥钱时，母亲认为是银钱而儿子则认为是金钱。当我向其他人提到这些差异时，他们通常会说这取决于祭拜人；不论是茶饭和银钱，还是牲礼和金钱，都是可行的。当八人公祠堂重建后，庆典包括了一场台湾戏，这是一种极少给予鬼的荣耀。因此，如果八人公曾经全然是鬼的话——看起来他们很可能就是——那么，他们现在已经在通往神的路上前进了相当的一段距离。

台北盆地的南部也有几个这种中间类型的更大的祠堂，它们均以大墓宫为名。其中，人们知道的最大最好的一座祠堂坐落于土城，在 19 世纪来自福建省泉州和漳州这两个辖区的移民之间的冲突中丧命的人的骨头即安放于此。每年七月这个祠堂都会举行一个大型节庆，组织庆典的责任是由从板桥、土城与中和（Chung-ho）这三个镇中挑选出来的炉主来轮流承担的，这三个镇主要是由来自于漳州的人居住。周围地区的人们会来供奉供品，道士们履行仪式，也会上演戏曲。关于奉祀于此的魂灵的身份，被调查的人们对其的描述是判然有别的。一个泉州人，也正是那位讲述了自兴公故事的李先生说，在泉州人将漳州的压迫者从台湾盆地南部赶走之后，漳州人将他们的死者的骨头集中起来，并建了这座祠堂。他说，供奉在那里的魂灵是鬼，祭拜他们就等同于七月十五在家祭拜"好兄弟"或游魂野鬼。另一个被调查者也是泉州人，他认为，灵魂奉祀在土城的这些人是被日本人杀死的，而不是死于内部冲突，并说虽然这些魂灵最初可能是鬼,但现在他们无疑是神。在1970年该庙宇举办节庆期间,武雅士碰到的人们说,这个墓里的骨头既有漳州人的也有泉州人的。他们当中的大多数人认为,祭拜者应当烧银钱,只有一个人认为最好混合一点金钱。然而,许多人在节庆上烧的事实上不是银钱而是金钱。看起来所有人都一致同意的是,这个庙宇的魂灵(被称作大墓公)非常神,甚是神通广大。一个被调查者说,作为附近的顶埔和三峡地区的大庙里的神,清水祖师公是高高在上、远不可视的,人们很难靠近或影响,而大墓公则低一些、亲近一些,比较容易接触。这个对比含蓄地将大墓公正好置入神这一范畴。

我们如何看待大墓公呢?一些人说他是鬼;一些人却说他是神;大部分人则很可能不确定。一些人给他烧银钱,一些人烧给他金钱。他的节日在七月,这一般是祭拜鬼的日子,但是,挑选炉主来主持庆典则表明这个魂灵是一位神。简而言之,没有人真正知道大墓公究竟是什么;他的身份是中间的,而且是不明确的。但是每个人都知道他很神的名声,而这就足够吸引人们来这个祠堂祈愿并且参加每年的庆典了。

还有两个其他的大墓宫坐落在台北盆地的南部,它们与我们刚刚讨论的较大的祠堂有一些共同的特点。其中一个位于三峡和树林之间的柑园,那里安放着与日本人战斗时被杀害的流氓的骨头。另一个在莺歌的尖山埔(Ciam-sua:-po),在修建台北桃园铁路时挖出来了大量骨头,它的修建原本就是来存放这些骨头的,当人们在施工或制砖时发现骨头,仍然将其带来添进这里。尽管起源不同,但是,这两个祠堂的魂灵是非常相似的。虽然调查中的人们一般将他们描述为鬼,但是,他们仍然前来祈愿(在柑园祠堂我和一个妇女交谈过,她刚去三峡祭拜了清水祖师公回来,正在此向大墓公上供品),并且每年唱戏的费用都是由那些向大墓公承诺戏曲表演的人们所支付的,这些表演是他们用来回报大墓公首肯的福佑的。同样的,在人们与这些魂灵的关系中,一个至关重要的信念是:大墓公很神,向他们求助物有所值。

虽然有效却不那么合法,正因为台湾社会对诸多魂灵持这样一种含糊的态度,所以,有应公及类似神灵的诸多供奉者们正是那些在俗世社会中同样地位不确定的人,也就是理所当然的了。曾(Tseng)援引了许多支持性案例,将有应公描述成赌徒、失业者和贫苦人的保护神。① 在他所讨论的诸多有应公及类似的神灵中,赌博上的成功被认为是他们最经常帮祭拜者实现的愿望之一。② 由于他们低微、半非法的身份,人们通常认为,要是涉及略不道德的庇佑,最好是去求这些神灵而不要去求一位正直的官方的神。例如,曾讨论了台湾中北部的关西(Kuan-hsi)一座供奉万善爷(Ban Siong Ia)的祠堂,它安放着那些中国移民在开发该地区的过程中死于疟疾或被当地土著杀害的先驱者的遗骨。③ 1883 年,在这一地区劳作的人们与当地的赌徒一起,捐钱在这个祠堂的旁边建了一个骨冢。每天都有百十人来此就赌博、婚配及其他事情请求神灵的帮助。曾说,在日本人占领之前,这里一直是"赌徒、逃亡者、露水夫妻,意欲复仇者以及各种涉及非法活动的人们"进行祭拜的地方。

另外一座这样的庙宇——它最初建于 18 世纪末叶,是用来安放在开发台湾中部的外埔地区时在一次土著的突袭中丧生人们的灵魂的——曾帮助一个声名狼藉的人并因此间接地拯救了整个社区。那是一个暴风骤雨的深夜,一个从前是民兵的叫大川的人,当时正独自在祠堂附近抽鸦片,他突然被一个声音打断了:"大川,快跑! 快跑!"由于觉得这不太吉利,他便叫醒了附近的人们,告诉他们逃到邻近的土城。尽管周边地区所有的建筑都被洪水摧毁了,但是,所有居民都平安无事,并将他们的脱险归功于有应公的神力。

到目前为止,所有我们描述的神灵的身份都是含糊的,这种身份本 *201* 身甚至可能比那些普通的神——在社区看来,这些神的形象也丝毫不是固定不变的——要更容易随着时间的推移而发生变化。但是,也有其他的中间神灵往往一日声誉鹊起,一日又一落千丈而被人遗忘。或许增田

---

① Tseng, p. 111.
② Tseng, pp. 98 – 108.
③ Tseng, p. 100.

(Masuda)描述的水流公就是个这样的典型：

> 尸首在海里或河里漂浮着，人们发现接着埋葬了它们，这与有
> 应公是一样的，但当其拥有神力的传言流传开来的时候，附近的人
> 们就称其为水流公，来祈愿的人车水马龙。他们供奉带有"水化仙
> 公"（Revered immortal transformed by water）、"水德流公"
> （Revered one flowing with the water's virtue）等字样的小旗子，可
> 以说，（这种现象）变得迷狂起来。①

曾描述了一座位于台湾北海岸金山附近梗枋（Keng-fang）地区的类
似的祠堂。② 这座庙建于道光年间（1820—1850），用以安放在海岸上
发现的骨头的灵魂。当地居民在路旁建了这座庙，很快这些骨头就被
证明是煞有神力、非同凡响的。它们吸引了大量的信众，人们从四面
八方前来祭拜。据说，这位神灵的力量是无限的，并且他会回应任何
真心诚意的请求。但是这一现象并没持续多久，祭拜者的人数很快大
幅缩水了。

另一个位于台湾中部大安海（Ta-an-hai）地区的祠堂，似乎已经经历
了两轮这样的兴衰。它建于1815年，安放的并非海岸上的骨头，而是
1815年左右在与漳州人马的冲突中丧生的泉州战士的遗骸。③ 1889
年——此前这座庙宇已经坍塌为一片废墟——许多人在一场瘟疫中殒
命。据说，这场瘟疫是安放在这个祠堂却被人们忽视了的魂灵的杰作，
因此，庙宇得以重建。重建之后不久，它吸引了包括卖淫者在内的一大
批追随者。但是，在20世纪30年代曾写那篇文章的时候，祭拜的人数
又一次显著下滑。饶有趣味的是，虽然该神灵首先通过引发疾病这种
典型的鬼的恶意行为而重享声望，他却很快获得了很有神力的名声，
吸引了一大批的支持者以及定期的戏曲表演，而这些更多地属于神的

---

① Masuda, p. 62.
② Tseng, p. 99.
③ Tseng, p. 104.

特征。

最后,我们来考察那些已经到达或似乎就要到达神的地位的中间魂灵,他们已经摆脱了不确定的身份而变成了神或某种几乎与神别无二致的存在。其中得到最佳描述的就是大众爷。他们的庙宇一般都比有应公、大墓公或类似神灵的庙宇要大,所以,曾说许多大众爷的庙与大庙(great temple)别无二致。① 它们一般都容纳着一个神的塑像。② 曾说,大众爷是对某位伟大的官员,或某个于社会有所贡献的人的灵魂或骨头的称呼,他们后来成为了鬼中的首领或元帅。但是,他说现在即便普通的有应公有时也被称为大众爷。不过,他也指出,这些大众爷已经将起初有应公的特征抛得如此之远,以至于变成了可对众多孤魂野鬼行使支配权的神。③增田提供了一个例子来显示这是如何发生的:

> 看看八里(Pa-li)的大众爷庙的历史,……大约 160 年以前(约1775 年),大量的骨头被冲上海岸,堆积在(今天的)庙宇前面。由于无人祭拜,又经受着风吹雨打,到午夜的时候会有火从这些骨头中产生。当地人于是建了一座大众爷庙来安抚他们,他们说,过去常常从骨头中产生的火已经消失了。④

另一个大众爷位于台湾中部、南投(Nant'ou)东南部的集集(Chi-chi)地区。1863 年,打了败仗的台湾省叛军的尸体散落在集集各处,当地人将它们集中到一个庙里,安置了一尊木雕像,称之为大众爷。据说,这尊神刚正不阿,疾恶如仇,只要你尽可能真诚地向他祈祷,他就会赐予你任何庇佑。他尤其作为家畜的保护神而受到崇敬,在治愈疾病和带来商业成功方面也被认为是效果斐然的。⑤ 虽然曾对这个案例所提供的细节不多,但是他所描述的那些特征确是属于神的。人们请求的正面帮

---

① Tseng, p. 92.
② Masuda, p. 61, 插图 54。
③ Tseng, p. 92.
④ Masuda, p. 62.
⑤ Tseng, p. 105.

助、对正确形式的坚持，以及木质的雕像，所有这些都是一位神而非鬼的特征。

对于台湾民间信仰中中间神灵的存在我们该如何解释呢？当然，他们的存在因中国民间宗教的基本性质而成为可能，即一个同时从佛教、道教以及官方-儒教的传统中汲取信仰因素的兼收并蓄的体系，因此无可避免地包含了对同一现象的不同解释。但是，中国的民间信仰不仅仅是调和主义(syncretistic)的；即没有独一的权威、没有教会，也没有神权国家(theocratic state)来确立教义并决定信仰，然而在此意义上，它也是灵活可变的和个人主义的。由宗教专家——比如道士、佛教的和尚以及儒家的官僚——设计出来的思想体系虽一直影响着民间信仰，但从未对之加以强行规定。因此，在这些大传统以及他自己社区的主导信仰所设定的范围内，个体的台湾人可以自由地形成他自己的宗教信仰和实践的体系。但是，跟任何地方的大多数人一样，大多数台湾人本性上并不是神学家或哲学家，因此，从未形成一个连贯一致的宗教思想体系。当然，也有人从不进行任何有宗教特性的实践活动，却已经弄懂了内在一致的宗教信仰体系，然而，这种人很可能是少之又少的。当传统或危机使得宗教看起来适宜时，绝大多数人就会转向宗教。较之于宗教的逻辑一致性(logical consistency)，他们更关注其实践功效(efficacy)。对功效的关注是与神力(spiritual power)这一概念紧密地联系在一起的。如果一个魂灵，无论是一个神还是一个地位摇摆不定的魂灵(a rock spirit)，抑或是一个中间神灵及任何其他东西，只要他被证明很神(sia:)或兴(hieng)，也就是回应请求并保障福佑，那么，关于他的来源是什么，或宗教专家可能会对他在超自然的社会秩序中的地位说了什么，也都是无关紧要的了。

对大多数人来说，功效比逻辑一致性更具分量，这一事实意味着，宗教信仰的变迁是稀松平常的，并且是相对容易发生的。这意味着，把一位原本是鬼或本身是鬼的神灵当作神来对待并无不妥；如果它像神一样行动，并且人们恰如其分地像对待一个神那样去对待它，那么它就必然是神。功效的重要性还意味着,不同的人对同一个魂灵很容易持有不同的看法——一些人可能发现某个特定的魂灵颇有神益且卓有成效,因而待之如神,而另一些人与这个魂灵没有什么关系,因而可能坚持病因学解释(etiological explanation)将其视为鬼。因此,人们在台湾发现的这种宗教信仰体系(其中个体之间的差异被给予了相对广泛的自由空间,信仰不仅是通过神学,也是通过体验和共识来得以来形塑和改变的)为本文所讨论的各种中间魂灵提供了存在空间。

尽管这样一种宗教体系的性质使得个体之间的异议和以共识为基础的变化均成为可能,它却并不足以说明我们讨论的这些特别魂灵的中间身份。尽管存在理论上的可能性,却不会有哪个台湾人坚称清水祖师公是鬼,或者"好兄弟"其实是神。惟有可辨识出身份的鬼才会变成中间 ²⁰⁴ 魂灵,其地位才易受影响而迅速变化。具有潜在危险性的绝大多数鬼缺乏任何个体身份(individual identity)——当一个或几个鬼被认为是某个灾难的肇始者的时候,人们就安抚它们,虽然通常都不知道它们究竟是谁的鬼魂,而当危机过去了,它们就被重新纳入到那只会造成危害的一大批危险的鬼魂中。但是,一旦众鬼或者成群的鬼被作为独立的实体而被供奉,它们就不那么容易被合并到不具名的鬼(anonymous ghosts)那一范畴,人们就开始向它们特定的祠堂进奉供品。起初,当鬼看起来要造成灾难的时候,人们只是简单地安抚它们,但是,人们遇到这些鬼并非明显的始作俑者的灾难危机而向它们求助,据此只有一步之遥。一旦这样的事发生了,鬼就不再纯粹是鬼;它们已经变成了中间魂灵。

这些鬼常常会获得一个模棱两可且容易变化的身份的另一个原因是,那些其鬼魂被如此奉祀的人们处于未知的或社会边缘的位置。当骨头挖出来、被洪水暴露出来或被冲到岸上的时候,没人知道他们是谁。因为它们没有安眠,没有后人照料其墓穴,所以它们具有潜在的危险。但是,如果有了妥善照料,它们就可能获得上天的官僚的恩赐(毕竟,没人知道他们尘世的生命是否配得上这种恩赐),所以它们潜在也是强大的。最安全的做法就是修建某种祠堂,使其得到照料,这样它们就不太可能会制造麻烦。一旦祠堂建立起来,魂灵就获得了单个的身份。人们献上供品,传述故事,共识也开始形成。

另一方面,那些死于非命的人们在世时通常处在社会秩序的外围,这种人既受到鄙夷又受到尊敬。其中许多是流氓,如谭同。作为流氓,他们是令人讨厌的家伙,既招人畏惧又使人躲避,是在合法的社会秩序中不具有明确身份的人,但同时作为某种类型的罗宾汉,他们又对社会中的某些部分明显是有益的。作为魂灵他们也保持着这种双重性,而这造就了他们灵活多变的超自然身份。死于地方争斗中的战士也有一种相似的双重性质。一方面,他们是危险的,作为战士他们并非完全值得敬重,但另一方面,他们为社区而战,为社区做出了重大贡献,并被认为有能力再次这样做。惟有经验和共识才能决定他们到底是有益的还是
205 有害的超自然存在。

另外一个有助于理解这些魂灵的重要因素是它们与冲突和危机的联系。国内斗争、对占领军的抵抗、土著的突袭、曝露出被掩埋的尸骨或将它们冲上岸的洪水,所有这些都是具有重大不确定性的时刻,与普通的台湾人关系密切。特别是当理性的计算和行动不足以理解或应付这种情形时,人们就可能会转向超自然,既将其作为对某种事件的一种解释——对于这种事件其他的解释均无法行得通,也作为施与帮助的一个来源。鉴于台湾人的超自然秩序在很大程度上是俗世社会秩序的一种反映(正如武雅士在本书的其他地方指出的那样),所以,自然事件的不确定性导致了超自然事件的不确定性是很有可能的。人们在面临冲突和危机的时候不仅更关注超自然存在,也更可能对其心生疑窦。因此在这种境遇中出现的魂灵,其身份特别容易受到个人评价的巨大差异和公关意见迅速而重要的变化的双重影响,这也就不足为怪了。

还有最后一个问题有待回答:如果鬼能够如此容易地变成神,为什么神不能蜕化成鬼?答案似乎是,人们认为神只有受到某种冒犯时才可能造成危害,因而任何被归咎于一个神的不幸最终必然可追溯到某人的待神不当,而不是那个神自身怀有任何恶意。如果一个神以曾经帮助众

人而闻名遐迩,那么,他很神的名声就会不断增长而变得更广受欢迎;如果他的帮助被认为是无效的,那么他仅仅会被忽视,他的庙宇会破损失修。因此,神的降格之路通向遗忘,而非鬼。 206

（韩琪译　郭潇威校）

广东的萨满信仰

波特(Jack M. Potter)

虽然问醒婆(mann seag phox),即"能够同灵魂交谈的老妪",是构成广东村落生活的一个重要方面,但她们却常常会被大多数研究中国社会的学生所忽视。在我查阅的文献中,只有高延在本世纪初一篇描述厦门女萨满的文章(De Groot 1969:Ⅵ,1323-33)以及艾略特在《新加坡的中国灵性崇拜》(*Chinese Spirit Cults in Singapore*)(Elliot,Alan 1955:71,135-38)一书中对广东女灵媒的简要概述与之有所关联。在本文中,我将对1961—1963年间于香港新界一个由八个自然村组成的广东宗族村落——屏山(Ping Shan)所观察到的三位女萨满做一描述。中国其他地域的女萨满是否也具有我所观察到的这些特点,我无法保证。①

问醒婆(或者问米婆 mann mae phox,见下文,原文p219)扮演着村民与超自然界,天堂与地狱的中间人角色。② 在"鬼使/精灵"(familiar spirits)的帮助下,醒婆会将自己的魂魄送入超自然世界,在那里她们得

---

① 我要感谢福特基金会外国培养奖学金工程(Ford Foundation's Foreign Area Training Fellowship Program)为我在香港的研究提供资金,以及我的妻子苏拉米斯(Sulamith Heins Potter)提出的许多有用的建议。详见(Potter,1968)对屏山村的概括性描述。
② 屏山的其他宗教从业者主要为和尚和道士,道士/南无先生(Naam Mo Sin Shaang)也叫南无佬(Naam Mo Lhoo),在许多村庄仪式的典礼中充当着主持者的角色。详见(Potter,1970)中对广东村落宗教信仰和实践以及它们之间关系的总体描述。

以与村落家庭里过世的成员进行交流。她们知道如何夺回村里生病儿童被绑走的灵魂，而且还能预知未来。她们会照顾那些在婚前就过世的女孩的灵魂，并作为"契妈"（khay mha）来保护村中孩童的生命和健康。

降神会（Group Seance）

时值 1962 年农历八月十五中秋节，屏山三位灵媒在这天举办了一场对全体村民开放的自由组降神会（free group seance）。黄昏时刻，村民们老老少少、男男女女地聚集在屏山中央祖堂西边水泥地打谷场的空地上。当夜幕降临，圆月当空，其光芒将大地照耀得如同白昼，三位萨满当中技能最为娴熟的那个（人们都叫她"胖子"）就会坐到临时小祭坛前的矮凳上。坛上的香火燃尽之后，胖子（头上包着一块布）就进入了恍惚状态。她会间歇性地抽搐并且语无伦次地喃喃。接着当鬼使/精灵控制了她并将其魂魄带离现象世界（phenomenal world）进入天堂之时，她就会开始程式化有节奏地吟唱。他们的目的地是"天堂花园"（Heavenly Flower Gardens）。

许多村民对胖子在一路上所遇见"鬼"的兴趣要大于其目的地本身。这些鬼魂是村民已故亲属、邻居的灵魂，它们借此机会来和活着的人进行交流。它们会打听新闻，发表建议，有时则是借机抱怨。

灵媒遇见的第一个鬼魂所言如下："我不应该这么早死。日本人的刀剑砍掉了我的头。我又生气又迷茫，因为我的骨头和其他人的混在了一起。"集会的村民很快就辨认出这是邓荃（Tang Tsuen）幼弟的声音，他是二战中十名因走私而被日本人处死者中的一员。村民们相信，任何像这样非正常死亡的人都会对活着的人持有可以理解的冤情，而此类人化为的厉鬼也尤为恐怖。参加本场降神会的邓荃之妻，惶恐地祈求这位鬼魂"保佑我丈夫能安全、幸运"。邓荃和他的妻子多年来一直为它担惊受怕。为了安抚它，他们甚至计划去买一块银匾将弟弟的名字刻在上面，把该银匾放进金塔（kam taap）（陶制骨灰盒）里，并将其埋进一座永久性坟墓中,他们希望弟弟的灵魂能够在此地长眠。

死去弟弟的鬼魂借灵媒之口告诉邓荃,昂贵的永久性坟墓就不必了:他死时尚未完婚,所以也就无法风光大葬。鬼魂说,邓荃和他的妻子要做的就是把他的名字写到一片银纸上,并将其挂在祖坛后面而已。"如果你按我说的去做",鬼魂说,"我会保佑我的哥哥和嫂子你多子多福的。"作为补充,鬼魂论及长嫂给它烧的大笔金纸、在祭日上供奉的上好水果,表示对此感到十分的满意。

事后,在与一位村民谈论本次神降会的过程中,我对这一事件(邓荃弟弟之死)有了远比先前所意识到的深入得多的认识。二战结束后不久,确切说来,是邓荃的母亲一直为幼子的鬼魂所扰。如村民所解释的那样,人们认为,如果死者生前的生活圆满、寻常的话,那么死后也就不会有任何怨念。他们的死亡通常由阎王(the King of Hell)名册授权执行;这是命,是无能为力的。年纪轻轻就被日本人处决,这使得邓荃幼弟正常情况下的余寿被剥夺掉了。他最终便化身为怨鬼,自己不得安宁,也不给家人以安宁。在儿子鬼魂的困扰下,邓荃的母亲心力交瘁,并在儿子死后一年之内也亡故了。邓荃和他的妻子相信,正是弟弟的鬼魂把老母亲拖进了坟墓,并且也开始为自己的性命担惊受怕,所以他们才想尽一切办法要去安抚弟弟的怨灵。每月初一、十五,他们都会在屋子门道里摆上精心准备的供品,并大声召唤弟弟的恶灵,"我们来给你烧钱上供啦;拿上它们赶快安息吧! 不要再回来纠缠我们家啦。"邓荃还曾在饿鬼节(中元节)期间(人们供奉大量的食物、纸钱,为的是安抚怨灵并将其驱除)花钱请过附近集镇上一位著名道士前来驱除弟弟的怨灵。

然而驱魂的效果却似乎并不明显。鬼魂依旧经常在这对夫妻家中出没,并导致邓荃及其妻子反复发病,此外,他们还相信,自己正是因此而没有子嗣。多次向灵媒的咨询也证实了这对夫妻的不孕就是已故弟弟的妒鬼作祟。那天夜里,邓荃妻子听到家鬼(family ghost)借灵媒之口说话时感到惊恐万分。

接着,从灵媒口中突然传出了几个孩童的声音,它们正在为争夺供品中的橘子和花生而吵得不可开交。一个孩子的声音说道："这是我的"；另一个小女孩的声音生气地叫道："不！这些不是你的；它们是上供时候用的！"她继续尖叫道，"这些我爸妈的东西是你偷来的。"女村民大声回应道："不，这些吃的是用钱买的；拿上它们赶快离开，不要再来折磨我们啦。"此时，所有村民都意识到这个顽固的小女孩正是邓九（Tang Kau）（邓筌妻子买供品的那家商铺的掌柜）已故的女儿。

突然，小女鬼又开口说道："我刚病的时候你不请医生来看；等到病情加重后你才终于知道要请医生，可那时候已经来不及了。"借着灵媒之口，这个声音一遍又一遍地控诉着。女村民终于愤怒了，叱责道："我们再也不想听你说这个了；你太年轻，根本什么都不知道。"实际上，这位死于四年前的小女孩去世时仅有两岁。

邓九和他的妻子、已故小女孩的父母，站在村民中间一言不发。他们为自己女儿的死因当着全村人的面被反复讲述而感到羞愧，现在，他们又开始担心女儿化为的厉鬼会回来作祟，让她的兄弟姐妹患病。自神降会当夜起，邓九和他的妻子每月初一、十五都尽职尽责地给女儿烧银纸。如果家里倒了霉运，他们就会将不幸归咎于女儿的厉鬼。对父母没能及时请来医生的怨恨以及对活着的兄弟姐妹的妒忌足以成为她回到家里作祟的理由。

与这个孩子的鬼魂的交谈以在村庄的黑暗中回荡的最后一句哀怨而告终："我的父母太草率了。在我死后，他们让人随便挖了个坑就把我给埋了。结果坑太浅了，我的身体都露在外面被野狗啃食。我死不瞑目。"①

其他村民均认为，胖子有意提及此事意图就在于吓唬负罪感深重的邓九，让他把已故女儿的灵魂交由自己照顾。村民们估计，邓九会首先采取观望的态度，看看正常的仪式程序能不能安抚孩子的怨灵。一旦家

---

① 夭折的孩子不能像成年人那样得到厚葬。通常情况下，他们只是被草率地葬在权宜性的棺椁里。

里出现了疾病或者生意亏损的征兆,他就很有可能会去求胖子来接管女儿的亡魂,而该服务当然需要一笔相当可观的费用。

胖子在前往天堂之路上遇见的下一个鬼魂,是邓莫梁(Tang Mok-leung)的父亲。这位老先生在很多年前卒于花甲之年(60 岁以后)。在村民们间或使用的术语中,他是一个"老鬼"(old ghost)。"小鬼"(young ghost),即新死并且权柄很大的存在物;如果它们心存怨念,通常就会回来折磨活人。像人不断衰老一样,鬼魂也会随着年龄的增长而逐渐虚 **210** 弱,并倾向于帮助活人而非祸害活人。如果某人活过了花甲,那么他死后的鬼魂就并不可怕了;他也许会再次投胎做人。灵媒偶尔会因"老鬼"已经转世投胎而找不到它。因此,超自然能力会随着鬼魂人格在活人心中逐渐模糊而慢慢消减。

邓莫梁和他的老母亲都出席了本次神降会。他们听到了老先生借灵媒所说的话:"每个人都好;我看见我的长子从国外寄了一千美金回来贴补家用。"邓莫梁对此缄默不语,所以人人都假定他确实从移民欧洲的长兄那里得到了这么一笔钱。老鬼继续以幽默的语气对妻子说:"你这老'鬼'很有福气,不是吗?现在我们儿子给你寄去这么些钱,你就可以天天去赌了。"这段对话代表了老夫老妻之间的亲热交流,这位老先生很显然对妻子和家庭如此和睦感到十分满意。这家人的好运气(虽然迄今都只是未经证实的谣言而已)得到了公开确认,并且老妇人的财富和地位也被人们所认可。在此类案例中,年度降神会是用以盘点村民在年度内所累积的谣言,并以公开的方式来谈论它们。

本次谈话以老鬼对他儿子和儿媳的建议告终:"儿媳妇,你要听家婆的话;儿子,你要听母亲的话。做事须谨慎,不要吵架。"说这些话的时候,他的声音越来越远了。和蔼的老家鬼一般在这类降神会上都会给家庭成员以上述建议。他们的信息对社会的规范结构予以了肯定。

灵媒遇见的下一位鬼魂是邓素(Tang Soo)的叔父。借灵媒之口,他告诫自己的遗孀:"无论在侄儿那里打工挣了多少钱,你总是把它们全都拿给女儿。你自己也应该留一些才对。"这位老妇人却并不这样认为,她责骂丈夫的鬼魂道:"别告诉我怎么做!如果当初我知道你会这么早死,留下我现在孤身一人,只能靠给别人当下人维持生计,我才不会嫁给你。"老鬼好脾气地回答说:"但你现在也很幸福啊。你侄子让你和他们一家住在一起,你也就住进了新房子嘛。"老妇人再一次数落了他,丈夫的鬼魂则又予以了机敏的回答。这样你来我往又持续了数次,直到所有"观众"都因这场老妇人与其丈夫鬼魂之间不合时宜的争吵而发笑之后才终于结束。

萨满继续她的天堂花园之旅,并不断描述着路上所见到的美景。她在行程中,突然遇见了一个抓着三个孩子灵魂的女鬼。灵媒问女鬼那三个灵魂是谁的、为什么要偷孩子的魂魄。女鬼回答说自己饥饿难耐,是故绑架了他们,以期能得到些赎金。灵媒召唤来她的守护精灵(tutelary spirits)——她自己过世孩子的灵魂——去询问那三个孩子的身份。当守护精灵询问孩子他们的父母是谁、有多少兄弟姐妹时,每个人都意识到这些灵魂的母亲们正是在场的几位"观众"。这些母亲痛骂该鬼魂。"你一定是疯了!为什么要偷我们孩子的灵魂?"她们请求灵媒派出灵兵(spirit soldier)救出孩子们的灵魂。但是鬼魂却对此毫不畏惧,并坚持一定要得到赎金才肯放掉孩子们的灵魂。

三位母亲赶紧跑回家去取烧给女鬼的金纸作为赎金,以及一件用以招魂的孩子衣服。母亲们一进家门便查看了孩子的状况,发现他们果真面色蜡黄,食欲不振——这是丢了魂的症状。如果灵魂不赶快回到体内的话,孩子们最终将会有病死的可能。

三位母亲又匆忙跑回降神会现场,把金纸作为献给女鬼的供品烧了。付完赎金之后,鬼魂就放走了孩子的灵魂,灵媒的守护精灵接着便在一声巨响中将它们带回了地面。之后,灵媒便将每个灵魂分别放进它们自己的衣服里,母亲们抱紧衣服又径直跑回家中。她们一边跑一边叫着自己孩子的名字(喊魂),告诉它们不要慌张,马上就能回家吃糖了。回到家里以后,母亲们依旧不断重复地向孩子保证。接着,在匆匆拜祭过祖宗后,她们便将衣服放在孩子身边,这样灵魂就能够认出自己的身体,并且回归其中。

后来,从对该鬼魂的描述中,大部分村民都明白了它正是"豆腐龚"(Bean Curd Jong)臭名昭著的老婆。多年以前,"豆腐龚"娶了一位恶毒的年轻妇人为妻。从一开始,这家人就因为坏媳妇没日没夜地数落家婆,让家婆担心而闹得很不愉快。最后,老太太实在无法忍受,便穿着婚服上吊自杀了。村民们相信,死时如此打扮的妇女会化身为厉鬼;也许豆腐龚的母亲正是这么打算的。在她死后——儿媳妇在某次向灵媒咨询疾病时得知——老太太向阎王抱怨了自己的种种刻毒,并与阎王商议要将自家人全部害死。

首先,老太太的鬼魂偷走了站在老婆一边、违背孝道的儿子的灵魂。豆腐龚在其母死后不久就过世了,随后,孙女、坏媳妇也相继死去。虽然老太太害了这家人的性命,但是村里人却认为,这场灾祸的根源是儿媳的恶毒,而非老太太。变成鬼以后,儿媳甚至比她的婆婆还要残忍。它反复给村民们带来伤害,人们至今依旧对它心有余悸。它最喜欢的出没之处是自家的老屋。在这家人死绝了之后,老屋就被租给了外来人口,因为害怕,没有哪家村民敢搬进去住。

在孩子们的灵魂被赎回并回归身体之后,灵媒和女村民们就斥责它道:"不要再做这种事了。如若再犯,定要派遣灵兵捉你回来狠揍一顿。那些孩子都有父母,你为什么要纠缠他们?你必须停止这些恶行。"

夜晚的时间一点点流逝,直到午夜过后很久灵媒才结束了她的旅程。她不断地遇见村民家庭成员的鬼魂。灵媒并不直接通过名字来辨认它们,而是问鬼魂诸如有几个儿媳妇、兄弟姐妹几人、有几个孩子这类的问题。得到这些线索之后,村民们就能大致判断鬼魂的身份了。这些鬼魂经常会为争夺与自己亲人谈话的机会而发生口角。人们在与鬼魂交流的时候所问的问题基本与私下里向灵媒所咨询的问题一致。最常见的就是关于死者是否幸福。这一问题之所以会被如此关心,是因为要是家庭鬼魂过得不满足、不舒服的话，那他们的后人也就无法兴旺发达。①

在经过这段忙碌的旅程之后，灵媒终于穿过了通往四大天堂花园的大门。在那里，每一位活着的人都由一盆花来代表。东、南两座花园规模很大，西、北两座花园则很小。妇女怀上孩子后，小花园里就会种下一盆天花(heavenly flower)，花的种子会落入妇女的子宫。村民将子宫比喻成在授粉后不断长大并开放的花朵。直到它所代表的人长到十二至十六岁，成长中的生命之花才会被从小花园移栽进大花园。在迁入大花园时，它将会与代表未来配偶的花卉放置在一起。村民们认为旧式的包办婚姻在天上正是以这种方式被确定的。

小花园里的花卉们由两位女神，李伯(Lee Paak)和十二奶娘(Zap Yih Nae Neung)来照料。这两位神仙看管着全世界的儿童，并决定哪些会茁壮成长，哪些会凋零枯萎。她们同样也决定着哪些妇女生养众多、哪些却无法生育。毋庸置疑，她们对于广东妇女而言是非常重要的两位神明。在屏山坑尾村(Hang Mei Village)村庙中就有一尊十二奶娘的神像。妇女向她求子、祈求她能保佑孩子远离伤害。

灵媒去往天堂花园的旅途为的是查看代表村民的花卉。"查看花卉"(inspection of the flowers)或者"诊花"(chan fa)是算命的一种形式。灵媒会检查花卉的状况：上面有没有枯叶或蜘蛛网，植物是不是状态不佳。灵媒还会查看每株植物上开了多少朵红花(代表女儿)、多少朵白花(代表儿子)；尚未开放的花蕾则代表着将来会怀上的孩子。如果盆子里长出了竹子，那就代表妇女将无法生育；如果长出了橘子，则代表她会生养许多孩子。村民花卉的状况能够告诉灵媒关于其未来的重要信息。

抵达天堂花园之后，胖子便开始通过"诊花"来讲述村民的命运。她查看的诸多花卉中有一朵所代表的是邓素贵(Tang Soo-kwai)，一位

---

① 参见 Potter，1970：147。

48 岁的男村民。虽然素贵自己并没有参加本次降神会,但其母、其妻都在那里。素贵的母亲把儿子的生辰八字拿给了胖子。有了生辰八字灵媒才能按照花盆上的八字来找到具体代表某人的花卉。胖子报告说,素贵的花卉上开着一朵白花以及三朵红花,这代表着他的三个女儿和一个儿子,加上尚未开放的白花苞,这意味着他之后还会有一个儿子。

忽然,胖子开始大声叫喊,说她看见一个女鬼正在素贵的花卉边徘徊,这一声叫唤把村民们的目光全都吸引了过来。借灵媒之口,女鬼告诉观众们说这盆花是她丈夫的。接着所有人都意识到了这个女鬼是邓素贵已故的第一任妻子。从素贵第二任妻子的脸色可以看出,这是一个不祥的征兆。

但女鬼向她保证,它不会纠缠她的丈夫或者家庭,只不过是因为孤单所以来看看他的花卉而已。素贵的第二任妻子这才稍为放松。女鬼又与观众中其他几位妇女交谈了一阵。它表达了对自己儿女的挂念,并嘱咐第二任妻子要好好照顾他们,务必让他们健康成长,接受良好的教育。素贵的弟媳妇也在降神会上,女鬼告诉她说,由于她们自相识便已一见如故,所以她也就没什么可害怕的了。"我现在虽然变成了鬼",它说,"但是我心地善良,不会纠缠于你。我生前与你是好朋友,我们现在也依旧像是好姐妹。"这对弟媳来说是一个安慰,而素贵的第二任妻子也对鬼魂的祝愿而非恶意感到高兴。

降神会的最后一项事宜是灵媒为了正在日益受到现代世俗观念影响的传统宗教信仰和实践能在年轻一代中得以流传所做出的不同寻常的尝试。一对年轻夫妇刚在村里建了一幢没有张贴代表传统村屋守护精灵的画像的现代洋房。新居里的神灵借着灵媒之口,说他们既无东西可吃又无固定的居所,所以就只能焦躁地四处游荡。门神、房屋守护精灵以及灶神都说,如果不给他们提供固定的居所以及适当的祭拜,这户人家很快就要大难临头。这一警告非常有效,时髦的小夫妻第二天就在家里安放了传统的神像并开始祭拜它们。

灵媒的日常职责

大型团体降神会（group seance）一年只会在八月份（特别适合与鬼魂交流的时段）举办一次。在其他时候，灵媒会治疗疾病，与村民的家鬼交谈，算命，照顾村民们的契子（fictive children）。

灵媒们的专业总部是他们的神坛——"拜坛"。每座拜坛都有住着灵媒专有保护神的祭坛，有的祭坛里也住着一些未婚女孩的灵魂以及别人委托灵媒照料的灵魂，并且摆放着宗教法器。人们正是前往此处向灵媒咨询，灵媒通常也正是在这里进入恍惚状态并开始与超自然界进行交流。当灵媒的神坛被用作未婚村姑和守护精灵的共同居所时，它就会被称为"坐神坛"（dsox zan dhaan）。

1963 年时，坑尾村里有两座坐神坛，它们分属于高伯娘（Kao Paak-neung）和胖子，坑尾村的两位灵媒；在毗邻的坑头村（Hang Tau）也有一座拜坛，它则属于内地一位年纪稍长的灵媒。胖子和内地老妇人的拜坛均是倚靠房屋外墙搭建而成的简易棚屋。高伯娘的拜坛则是一座坐落于鱼塘和坑尾村村庙之间新修的单间小型神庙。高伯娘的拜坛本来先前也像其他两座一样，是简易的棚屋。但是在 1957 年的时候，邓尼文（Tang Nai-men）出于对高伯娘为自己众多儿女所作所为的感谢，就替她新建了一座拜坛。

高伯娘的拜堂里里外外都是亮白色，墙上挂满了邓尼文所赠的五颜六色的锦旗。神庙中最显眼的特征就是祭坛本身，它的墙上贴着一张橘红色的大纸，上面用黑色粗体写着辅助高伯娘工作的鬼神名号。在祭坛前面放着一张大桌，上面陈列着各种各样的仪式用品：包括为了让神庙不致呆板以及取悦祭坛中的鬼神而摆放的、装着塑料花的花瓶；为住在祭坛里年轻女孩的灵魂所准备的镜子；鬼神吃线香（村民认为线香对鬼神而言相当于米饭）时一起食用的茶水、新鲜水果；一钵便于鬼神餐前洗手的清水；以及在灵媒表演仪式时所用的一座铜香炉和若干铜烛台。

在祭坛的旁边挂着五套女装，它们分属于五位住在祭坛里的女孩。这些衣服之所以被放在这里是因为村民们不确定应该如何对待未婚女人的亡灵。成年男子和已婚妇女的灵牌（spirit tablet）会被供奉在家庭祖坛上，而未婚男子的灵牌则会放置到其他祭坛上或者祭坛背后的墙上（比较于邓荃未婚的弟弟，p.208）。女人在婚前去世会造成一些麻烦，因为她们既无夫家也并非父系宗族的成员。人们不敢把她们的牌位放在家里，因为这些鬼魂将有可能会经常在家里出没。解决办法就是把这些未婚女儿的灵魂托付给萨满照看。灵媒会将她所掌管灵魂的名号写在祭坛上，她会在平时以及节日中每天祭拜两次。当村里的父母把女儿216 的灵魂交由灵媒照看时，他们通常会带上一件已故孩子的外套，并将其挂在祭坛附近。孩子的灵魂看见衣服就知道这个神坛是她的家了。父母会在村民祭拜亲属亡魂的春秋诸节时来看望孩子的灵魂。

高伯娘的祭坛上写着七位【译注：疑为作者笔误，应为"六位"】神祇，以及她已故的、如今成为她灵界助手的一位儿子和两位女儿，六位委托她照顾的年轻女孩，她已故未婚小叔子邓芳昌（Tang Fang-cheung）的名字。芳昌的名字之所以会出现在拜坛上是因为他在自家宗族祖堂里以自杀的方式结束了作为一名瘾君子的不幸生活。人们认为他的亡魂一定被他不幸的生活以及死亡的方式弄得十分不快，是故也就对其十分地恐惧。高伯娘每天都会作法抚慰它。

六位大能菩萨的名字分别是玉皇大帝、兰小姐（Laan Sio Tzex）、周公（Cau Kong）、陈古老爷（Dsann Kux Loo Ye）、观音妈（Kun Iam Mha）和华佗（Wa Dho）。

玉皇大帝即玉帝（Jade Emperor），据灵媒所说，是天界各路鬼神的统治者。他是最有权柄的神明，君临一切天界官员。因为高伯娘认为玉帝是一位乐善好施的好神明，所以便经常邀他下凡来帮助自己。

兰小姐是一位并不为屏山其他人所知的神明。她是高伯娘的专属鬼使/精灵。在成为灵媒之前，该鬼魂曾附在高伯娘体内并使其发病。在孩子们的灵魂告诉高伯娘，她被天上的兰小姐附体之前，她并不知道是谁在让她发病。孩子们的灵魂指导她将兰小姐的名字写到祭坛上,并向她保证这个新灵魂将会永远对他们母亲的求助作出回应。高伯娘听从了孩子们的指导,如今兰小姐也就成了她的专属鬼使/精灵。灵媒知道兰小姐是她两个儿子的好朋友,因为她每次召唤儿子们的时候,兰小姐也会一起出现。她怀疑兰小姐有可能是观音的一位婢女,但并不确定。

周公是一位家喻户晓的中国神祇,他以发明中国占卜术"卜卦"(pok kwah)而著名。卜卦是一对龟壳状,顶部凸起、底部扁平的木块。它们通常用于灵媒以及其他宗教从业者的占卜活动。占卜师,无论是灵媒、道士还是算命先生,都要首先向周公祈求,接着才会扔出占卜板。两块占卜板的位置就表示着对某个询问的积极或消极的回答。周公会在占卜和算命方面给灵媒以帮助。

据高伯娘说,陈古老爷是一位乐于帮助、保护人们的山神(sann zan)。当孩子或大人生病时,灵媒就会召唤山神前来治愈疾病。

观音妈是一位著名的佛教慈悲女神,并且还是全中国范围内最为流行的神祇,她体现了女性所有诸如温暖、温柔、慈悲的美德。说来也怪,高伯娘却表示除了知道观音保护、帮助人们(当鬼怪见了有大权柄的观音,它们就会被吓跑)之外,她对其几乎一无所知。

华佗是高伯娘拜坛上的主要神明。他是她的老师,也是助手;她则是他的门徒。在高伯娘成为灵媒前,在她女儿与儿子的灵魂之间曾经有过一场争论:女儿们想让她成为灵媒,儿子们则想让她去做华佗治疗专家(curing specialist)。最终他们达成了和解;她既做了灵媒同时也是一位华佗治疗者。

据高伯娘说,华佗是中国最著名的医生。他生活在公元3世纪的三国时期。当关公(Kwan Kong,三国时期一位著名将领)患病之时,就是华佗治好了他。之后,当曹操(关公最著名的对手和敌人)患上严重的头疾之后,也来向这位名医咨询。据说华佗告诉曹操,他的病因在于脑部,而想要痊愈就需要开颅清洗。曹操很自然地怀疑这一定是华佗与关公

223

想要加害自己的密谋,于是便把他给杀了。高伯娘说,华佗之死是一个巨大的灾难,因为他的医学知识也随他一起死去了。如果他再多活几年,中国人兴许能从这位著名的外科医生那里学到很多东西。据说他是如此之神,以至于轻吹一口气就能把病给治好。他死后,便成了中医和宗教治疗者(religious curer)的守护精灵。

在高伯娘拜坛旁边,挂着一把神奇的马尾刷,就像华佗当年可能用过的那种拂尘一样。当有人因被恶鬼附身而致病时,高伯娘就会通过在病人头上、身边挥舞马尾刷以驱赶恶灵。接着,她还会从头到脚地在病人身上刷上一遍,来让他的身体彻底摆脱侵入的鬼魂。

高伯娘拜坛上最后一个条目上写着"全体邓氏(Tang)祖先"。灵媒
218 说,村中所有祭坛上都有这一条目,因为邓氏宗族的祖先一直保佑着他们的后人。没有在拜坛上记名但却在她的实践中非常重要的是两位当地神灵。一位专门照看生病的孩子,另一位则帮助灵媒调动灵军与顽固的鬼魂斗争。

高伯娘的对手,胖子,是一位更为成功的灵媒,她的拜坛也相对更加精致。胖子的拜坛上放着为小姑娘的鬼魂准备的扑面粉、羽毛扇和镜子。还有一碗胖子在事奉鬼神之前用以洁净自己的柚叶水,这是广东人用以洁净的基本药剂。

胖子还有两个木桶,一个装着插在米堆里的燃烛,另一个装着一堆米和一个鸡蛋。米对于灵媒与超自然的接触来说至关重要。在头上包着布的灵媒进入恍惚状态时,附体的鬼魂会抓起几把米分别撒向它的亲属们所在房间中的位置,以此来让人们确定自己的身份。灵媒也正因该实践而得名"问米婆"。

三位灵媒——高伯娘、胖子以及内地老妇人——的拜坛所载神明除了观音、华佗之外均不相同。每位萨满都有自己的祖先、已故亲属和孩子充当其专属鬼使/精灵。由于这些祭坛神明的名号都是由使人变成灵媒的精灵(下文中还会对此进行深入讨论)来决定,而且中国又有大量功能大致相同的神明存在,所以此处祭坛神明的变化并不足为奇。

当病患或有关亲属来到拜坛请求灵媒的帮助时,她首先要做的是问清楚病人的家乡以及生辰八字。因为超自然界是按照官僚体系组织起来的,鬼使/精灵只有清楚了病人家乡的名称才能知道从哪里开始着手调查。生辰八字则帮助它们确定具体丢失的灵魂。如果患者病得不轻,那么灵媒就会抛掷占卜板以确定患者是否还有救;如果占卜板显示该病是不治之症,那么再怎么做也终是徒劳。

一名曾经当过萨满学徒的村妇对我讲述了一个高伯娘不可治愈的案例。米婆村(Mai Po Village)一位村民染病在身,他的妻子便来请高伯娘到他们家里看病。当高伯娘召唤出她的守护精灵时,它们告诉高伯娘:这个男人即将死去,她对此是无计可施的。生病的男人拒绝接受这一点,并通过高伯娘向她的守护精灵保证如果它们能够使他恢复健康, ²¹⁹ 他就将与其建立契过关系(fictive kinship relation)。但是精灵们再次重申,他的病没有希望了:他在地府里的姐姐已经帮他准备好了棺材,他注定会遭此劫数。生病的男人以及他的家人依旧对此表示怀疑,但很快高伯娘就如预期的那样得到了男人的死讯。(高伯娘把男人的死归结于他邪恶的姐姐。由于下嫁给了一个非常贫苦的农民,她的生活过得十分艰辛。当她生病时她的丈夫没钱请医生,她随后死去了。过世后她的丈夫也并没有祭拜她。她孤单、不满的灵魂回到了她父亲的屋子里,即她弟弟如今的住处。她之所以要害死自己的弟弟,为的是找他跟自己做伴。)一位能干如高伯娘的灵媒总应该知道某人的病是否能治。高伯娘说,她在过去十年间所处理过的众多病例中,只有十位左右的患者死亡,而且在这些死亡病例中,她均预先在守护精灵的帮助下对结果做出了判断。

如果占卜板显示疾病尚且还有得救,灵媒就会继续进入恍惚状态、召唤出她的鬼使/精灵,并开始寻找偷走患者灵魂的鬼魂。首先,她会点燃两支仪式蜡烛并焚上三炷香,接着便自己来到祭坛前面。她会用头巾盖住自己的头和脸,因为她在吟唱之时嘴巴会长得老大。头巾能够避免旁观者看到她脸上扭曲、痛苦、丑陋的表情。

通常在三炷香烧完以前,灵媒就已经进入恍惚状态并首先召唤出了她已故孩子们的灵魂附在自己体内，因为要是没有其帮助，她也就没有任何权柄可言。它们是灵媒得以与祭坛上更强大的神明接触的媒介。有时候孩子们的灵魂也会拒绝附体，灵媒对此也无能为力。孩子们的灵魂还太年轻，有时它们更想出门去玩耍。当觉得自己被怠慢之时，它们也会变得不合作甚至怀恨在心。比如五六年前有两个女人来找高伯娘打牌。客人们提早来了，而高伯娘因为没时间去外面买聚会零食就从祭坛上拿了一些蛋糕去招待她们。几分钟后，她的目光突然呆滞并进入了恍惚状态。这是孩子们的灵魂通过附体来"回敬"母亲拿走它们蛋糕的错误行为。在随后的几天里，她不是双眼直勾不发一语，就是胡言乱语、对问话答非所问。她食欲不振、头昏眼花、四肢乏力。在用特殊供品安抚了灵魂们之后她就立刻恢复了。

220

但通常情况下，灵媒与守护精灵都关系和睦，并且无论何时要举行治愈降神会（curing seance），她们都能够正常地进入恍惚状态。身体开始摇晃，体温开始下降——这些都是灵魂正在附体的迹象。在颤抖之际，灵媒开始大声呼唤祭坛上神祇的名号，请求它们去寻找病人的灵魂。在寻找病人灵魂的过程中，它们所遵循的路径与年度降神会上前往天堂花园的十分类似：几乎总会发现丢失的灵魂都是遭到了鬼魂的绑架。灵媒会去试着确认鬼魂的身份，并找出它们与病人之间的关系。她将首先问一些导向性问题，以此拟定出村民家庭的私人关系情况。委托人会试着在脑海里搜索那些有理由纠缠自己活着的亲人的家鬼。通常情况下，他都能大概估计出纠缠病人的鬼魂是谁，并对灵媒找到它有所助益。而在其他时候，灵媒只能靠一直向委托人发问，直到其终于喊出"它一定是……"为止。接下来灵媒则会列出一系列治愈疾病必须的步骤。如果病得不重但绑架者却十分厉害的话，灵媒就会让孩子的母亲或者其他女性亲属准备一些食物和纸钱去赎回病人的灵魂。她会通过占卜来判断病人痊愈大概需要多少时间。最后，灵媒会以撒米喂她的守护精灵来结束整场降神会，并让委托人把这些米带回去给病人食用。

如果病得很严重而且侵入的鬼魂尤为厉害的话，灵媒就会在病人家里安排一场从晚上九点直到翌日早晨四点的仪式，此类仪式花费巨大并且往往是最后的努力。为了在病人家里举行仪式，灵媒会在傍晚抵达。病人亲属会为灵媒准备好线香、蜡烛、祭品供其使用。她进入恍惚状态之后会召唤出灵界助手从鬼魂手中夺回病人的灵魂，并将其安全护送回家。这通常是一场持久的硬仗。灵媒会召唤出有权柄的神祇，灵军以及护法（spirit policemen）协助其救回被挟持的灵魂。如果在之前的降神会上灵媒尚未对丢失的灵魂成功定位的话，那么她在晚上还得花更多时间来询问这些问题。如果已经知道魂在哪里、是谁绑架了它的话，她就只需把精力完全放在从绑架者手中夺回灵魂之上。午夜时分，灵媒终于找到了患者的魂魄并通过烧纸钱的方式来为其作保；接着，直到凌晨四点左右，灵媒才护送着灵魂穿过天界回到家里。

在许多精心准备的家庭降神会上，灵媒会在头上顶一个插着线香、红旗、燃烛的木头容器，并在附体过程中一直配戴着这个临时头饰。其目的在于吸引被吓住的孩子们（少数情况下是大人们）的灵魂。灵媒有时会在这些特殊降神会上表演惊人的壮举。据说她们能够爬上没有任何物体作为支撑（除守护精灵外）的梯子，还能让鸡蛋在地板上站立并从正中间将其分为两半。

高伯娘治愈病患可以是在华佗的帮助下，也可以凭借作为灵媒的一己之力。华佗是一位丑陋、满脸凶相的长胡子神灵。当高伯娘召唤华佗附体之时，她会控制不住地颤抖。她大幅地挥舞着华佗的马尾刷以吓退恶灵。然后她又转向病人，将侵入的鬼魂从其体内驱赶出来。华佗使高伯娘写出具有保护和治疗魔力的符咒。华佗挥舞她的手臂（没有华佗附体之时她是个文盲），在黄纸上用毛笔蘸着红墨水写下了看着很奇怪的方块字。这种"符"会被烧掉；接着病人要饮用泡着符咒灰烬的茶水，以此来吸收符咒文字的治愈性能量，从而不再受到侵入鬼魂的折磨。在高伯娘找到灵魂并把它安全送入病人体内之后，她会请华佗写一张符，这张符要么是贴在病人身上，要么烧尽泡入水中让病人服用，以保护其不再受鬼魂的骚扰。在丢魂的情况中该法术非常重要，因为某人的魂魄遭

221

到绑架意味着他正经历很重的霉运；鬼是无法偷走幸运儿的灵魂的。①

广东农民把孩子生病的原因主要归咎于"丢魂"。小孩的灵魂与身体结合得并不牢固，很容易因受到惊吓而离开孩子的身体，使他致病。另外，饿鬼或恶鬼也会进入人体偷走灵魂。通常情况下，鬼魂挟持灵魂为的是索要赎金，在得到祭品和纸钱后就会将其释放。但有时也需要在神明和灵军的协助下逼迫强大、坚决的鬼魂释放被绑架的灵魂。鬼魂附体是人们致病的第三种可能原因。由于孩子相当容易成为恶灵的捕食对象，所以生病的孩子也就成了灵媒治愈病例的主要组成部分。

一个让孩子不再那么容易丢魂的方法便是让孩子与幸运者或者善行神祇建立契过关系，广东人称之为"契"（khay）。那些对孩子未来健康和安全状况尤为怀疑的父母最倾向于建立这种关系。比如，孩子出生后几个礼拜，母亲通常会到集市上咨询算命先生（也可能是道士）。基于出生的具体时辰，算命先生会先告诉母亲诸如孩子"花母"（flower mother）、"花父"（flower father）的名字（即孩子前世父母的名字）以及孩子来自哪座天堂花园之类的信息。接着便是孩子的未来。如果命中有凶相，在孩子的一生中会出现忧惧的话，算命先生就会建议孩子最好能与某人或某神明建立一个保护性的契过关系。而那些明显没有足够运气能将孩子养大的父母也有可能会为随后的孩子建立契过关系——通常是把孩子过继给养大了很多孩子而且丈夫也很幸运、成功的妇女——并希望"新父母"能把好运带到契子们的身上。同理也适用于契父母是神明的情况。神明会在义子女成长的过程中保佑他们。

契过关系也可以是为了感谢某位帮助孩子恢复健康的神明而建。高伯娘曾经参与过此类关系的建立仪式。坑头村一位两岁大的小男孩得了重病。他毫无食欲，但凡喂进一点东西都会呕出来；接着他就开始拒绝一切食物。到了晚上他则彻夜不眠地嚎哭。男孩的母亲认为他这是在受已故哥哥嫉妒鬼魂（他无法忍受看着活下来的弟弟得到如此的关

---

① 参见 Potter, 1970 : 150。

爱和照顾)的折磨。坑头村的老灵媒证实了她母亲的猜测;她看到了哥哥的鬼魂进到这家人的屋子。之后患病的孩子甚至开始拒绝母乳。就好像是死去的孩子因嫉妒而在阻止弟弟接受哺乳。母亲尝试过把乳汁挤进一个杯子并将其置于门外,以作为忌妒鬼慰灵的祭品(propitiatory offering)。鬼魂却仍不满足,而且患病的孩子似乎也快要不行了。这时孩子的父母才请来了高伯娘。进入恍惚状态后,她确定了这正是死去的哥哥作祟。在病童灵魂完全恢复并回到身体之前,高伯娘和她的守护精灵不得不遣出灵兵护法。接着她又投掷占卜板来判断孩子康复要花多长时间,并预计大概为三至四天。充满感激的孩子父母于是允诺,如果孩子真如预期那样恢复健康,就会将他过继给华佗(高伯娘的师傅)做契子。

孩子真如预期那样康复了,他的父母也兑现了他们的承诺。在高伯娘掷占板、确定华佗愿意接受契子之后,就按农历为该仪式择定了一个 ²²³吉日。那天,孩子的父母将他带到华佗的神庙里。并带来了诸如新鲜水果、猪肉、鸡肉、米酒、大米等祭品,装满糖果的仪式中使用的木箱,以及一些蜡烛。男孩跪在祭坛前,鞠了三个躬以示敬意。高伯娘向神明致辞道:"帮助这个孩子健康地快快成长;保佑他为父母和兄弟姐妹带来吉祥。"接着灵媒给了孩子一条新裤子、一双塑料鞋带的木鞋、一碗米、一双代表幸运的红筷子和一个红包。她还给孩子戴上一条为讨吉祥的红绳子。

从此以往,华佗就是这个孩子的契公(khay kong),他就是华佗的契子(khay jair)了。在所有重大节日里,男孩一家都会让高伯娘为孩子向华佗祭拜。一旦孩子生病,他的家人又将前来向该神明祈求特殊的保护。契过关系将一直持续到孩子成婚。在婚礼那天,孩子会来到拜坛祭拜(酬神),酬谢神明在他幼年和青年时期予以的保护。在年轻的契子女最后一次拜祭神明之后,他们之间的契过关系就正式结束了。人们相信,那些在婚礼时没有酬谢神灵契公的人将在不祥之中度过余生。

所以,萨满的一项主要职责就是通过建立和维系(孩子,她自己以及适当的神明)契过关系来保护她的委托人。尽管男孩对于家庭的价值要高于女孩,所以该实践更多地用于男孩,但是男孩和女孩却都可以建立契过的亲属纽带。因把孩子顺利养大成人而得名的灵媒也许会得到数十位来自本村以及附近村落人家的契子。这些关系让灵媒声望、利润双丰收。比如,正是高伯娘契子们的父母在地方政治领袖的指示下为她的新拜坛提供了资金。

灵媒的另一项职责是询问家鬼。广东的丧葬实践以及对来世的信仰使得确保家鬼的舒适以及在出现问题时向其寻求建议尤为重要。死者的遗体会经历三次下葬,每次下葬时,如果家鬼被惹恼的话,它就将有可能会给它的家庭带来不幸。在某人过世时,他将首先被放置在木制棺椁里,并被埋在村边一座坟山上。五至十年以后,人们会把他的遗骨发掘出来、举行仪式用酒将其洗净,并放进金塔(一个陶罐)里。罐子会被葬在山上,并在那里停留若干年,静待最终被葬入精致的永久性坟墓里。村民们认为祖坟的位置对后代的生活和命运有着深远的意义,下葬、发掘以及重葬的全过程也都充满了危险和不确定性。[1]

为确保这些事情都得到妥善的处理,村民们会请灵媒前来与已故的亲属们交流,以便在尊重鬼魂意愿的前提下为它下葬。该咨询在一个只有相关家庭成员和萨满在场的私人仪式下进行。家人会询问死者是否对它的坟墓感到满意,现在发掘遗骸并将其葬入永久性坟墓是否合时宜。他们将按照亡灵的指示去做(该咨询可参见上文中那位被日本人处决的男子的鬼魂,p. 208)。

当遗骸被安放到永久性坟墓时(其地址是按照风水原则小心挑选的),家人也会询问祖先的灵魂是否对其感到满意。对坟墓不满的祖先亡灵会变得焦躁不安,而它的后人们将会因此遭难。如果祖先亡灵说它感到不满意的话,家人甚至有可能拆掉这座坟墓,并将遗体迁往别处以避免遭受不幸。

---

[1] 参见 Potter, 1970 ;145。

成为萨满

屏山的萨满们均拥有附体和进入恍惚状态的能力。村民们对灵媒这些天赋的解释是认为她们有"仙骨"(sin kwat)和"仙路"(sin low)。

未出生的孩子是以 36 根天骨(ethereal bones)与天堂花园相联的。孩子出生以后,这些骨头大都会断开,但有时其中一根不会被切断,而它将极大地改变孩子的精神面貌。在清明节、端午节以及其他主要节日中,有仙骨的孩子会食欲不振并染上疾病。在这些节日中,有仙骨的成年人的灵魂会前往天堂遨游,而肉体则处于生死存亡状态中。由于有仙骨的人其灵魂很容易从体内脱离前往天堂,所以便尤其容易遭到恶灵的攻击。并且,如果他们的仙骨在结婚前仍未切断的话,婚姻本身也有可能会招致死亡。拥有仙骨的人生活于特殊的危险之中。

屏山的萨满之间对仙骨、仙路的说法并未达成一致。胖子和高伯娘只谈仙骨。内地的老妇人(年近八旬,早在 50 年前便从事了萨满工作)则将这两个概念区分了开来。她把人与天相联结的线称为"仙路"。而仙骨同样也把人的灵魂与灵界相联,但却是以一种更不确定的方式。有仙骨的人可以进入恍惚状态,而仙骨、仙路兼备的人确实更容易被附体,并能在超自然存在的帮助下更好地前往天堂遨游。内地的老妇人说,只有那些兼具仙骨和仙路的妇女才能够成为萨满。

有这种能力的妇女只有在她们个人生活中发生的事件的驱使之下才能够变成萨满。屏山三位萨满的生活经历都可以总结为以下模式。在每个案例中,妇女都只是在严峻的危机之后——如死了几位孩子、丈夫,或者孩子丈夫全部去世——变成萨满的。在这些创伤过后,妇女们的孩子都会向她们托梦,要求她成为萨满。(作为母亲与灵界媒介的亡童对灵媒的工作必不可少。)妇女们无一例外地会对此表示拒绝,而在丈夫尚在的案例中,丈夫也反对自己的妻子成为萨满。这并不是出于对附在妻子体内的鬼魂的妒忌,而是因为萨满社会地位很低而且会不被人信任。通常情况下,在不情愿做萨满的妇女和意愿坚决的孩子之间会有几次挣扎。随着施与妇女压力的增加,她也将遭受近乎疯狂的攻击。在这些时候,她会在房间里跳来跳去、窜上桌子、胡言乱语、答非所问等等。终于,不情愿的"萨满候选人"被折磨得快要死去,她必须在灵媒和死亡之间做出选择。屏山村三位萨满的经历都遵从这一模式。

胖子,被认为是宗族里最好的灵媒,曾有过五女二男,但全都夭折了。最后一个孩子刚死不久,她的丈夫也去世了。她的丧子丧夫之痛使她极为悲伤沮丧,并且不断生病。每天晚上她都会梦见孩子的灵魂前来托梦。他们会教她以所有职业萨满在与鬼魂交谈时的节奏风格来"歌唱",接着他们就要求她成为萨满来帮助他人,而且也可以为自己多挣一些收入。他们知道她有仙骨,是因为他们能看到母亲在八月份的时候非常容易招鬼。孩子们告诉母亲,他们已经和其他的鬼神建立了一定的联系,并将利用它们的影响力来帮助母亲应对超自然世界。

胖子拒绝了孩子们的建议,但它们却坚持附在她体内并强迫她歌唱。她病倒了,它们还把她折磨得数次濒死。最终她只好答应,变成了灵媒。

在做出该决定之后,她便向一位老灵媒求助,在老灵媒的帮助下她们共同在挨着房屋的一个棚子里搭建了一座祭坛。她在祭坛上写下了已故孩子以及它们口述的一些强大神祇的名字。在向它们祭拜了很多天之后,她的健康状况开始有所好转,她也开始相信自己拥有超自然力量。逐渐地有家长带着生病的孩子前来看病,久而久之,她作为萨满和治疗师赢得了一大批追随者。

屏山第二位萨满高伯娘的经验与上述类似。年轻时她也曾有过三女一男,但他们全都早夭了。在第三个女儿死后一年,女儿的灵魂上了高伯娘的身,并要求她去做灵媒。但她的儿子很快同时也上身,坚持说她应该变成一个由华佗引导的治疗专家。两个灵魂之间的争斗让她持续患病,并一度几乎把她逼疯。高伯娘在乡间四处求神拜佛,试图让自己从它们的要求中解脱出来。高伯娘自己和丈夫都不想让她变成灵媒或者治疗师。

在女儿和儿子的鬼魂达成一致,决定要让高伯娘同时扮演灵媒和华佗治疗专家的双重角色后的一段时间内,直到女儿的灵魂附体,把她的灵魂带入天堂使其几度在一个漫长的夜晚差点死亡之前,她的丈夫都坚持反对按照鬼魂的要求行事。最终,当夜凌晨两点左右,他才妥协允许她成为萨满。"高伯娘"狂喜起来,"她"跳上桌子,又是吃银纸、线香、蜡烛,又是放声歌唱。

其后不久,她便在家里设置了一座祭坛。祭坛上孩子们、华佗以及孩子们灵魂所提供的神祇的名字是由一位道士代为书写的。据说道士曾向神祇们致辞道:"这个女人在她孩子们灵魂的协助下,想要成为一位灵媒。请帮助她吧。"在向新祭坛拜祭过后,她的疾病也就痊愈了。村民们听说了,就开始在他们的孩子生病时赶来以求帮助。

屏山村第三位萨满,内地老妇人的经历也遵循着同样的模式。她最重要的守护精灵是她死时年仅九岁的儿子。在他死后,老妇人连续病了三年。在那段时间里,她儿子的灵魂经常"光顾"她,反复绑架走她的灵魂致其濒死。当她答应变成萨满之后,才终于结束。她在自己祖母的妹妹那里学习了职业知识,她祖母的妹妹活了120多岁,从事灵媒活动长达近一个世纪。

内地老妇人说,在她稍微年轻一点的时候(二战之前),她曾闻名于十里八乡。很多村子里的人都前来向她咨询,其中还有一些从远方村子里来的人。"我曾经很受欢迎",她说,"不仅是因为我的能力,而且还因为我的收费标准远低于当时的市价。"在她的青壮年时期,许多新界人都曾与她或者她的守护精灵建立过契过关系,如今光是屏山村她就有超过一百个契子。

每位灵媒所遭受的个人悲剧对其精神上的打击都是非常严重的。灵媒的职业给予这些妇女一个有用的并且重要的社会角色,以替代她们被中断的家庭关系。也许,灵媒在与孩子们亡魂的接触中能够找到"他们活着长大"所能提供的那种情感和社会的寄托。

萨满和村落社会(village society)

广东农民的超自然世界分为两个部分,它们分别反映了社会世界的两个方面。其中的一部分可以归为善良祖灵,它们代表和庆祝宗族存在的重要目标,以及拥有权柄的吉祥神灵,后者占据着雄伟庙宇。这些魂灵和神祇会为某些村民带来成功和好运气。第二部分则是给村民带来悲痛和不幸的恶鬼的领域。这些鬼魂代表着失败、不满、妒忌和愤怒。广东萨满对村落社会的贡献就在于控制超自然世界黑暗的一面。

屏山宗族构成了八个均以祖堂为核心的村落的主要人口。宗族中的邓姓男子全都传自一个共同的祖先,该祖先于八百余年前建立了这个宗族。从表面上看,该宗族似乎是与其他类似群体争夺权力、地位以及财富的一个高度团结统一的社会群体。村民们也如此认为,觉得该宗族是一个兄弟亲属之间地位平等、拥有一致社会认同的统一群体。但从内部看,该宗族却是一个各个小家庭、支系间竞相攀比/抵触的大杂烩【译注:原文为 hatchwork,疑为 patchwork】。兄弟平等(fraternal equality)暗地里正在遭到兄弟间竞逐成就的破坏。未能在村落社会中立足的人死后则将加入到由灵媒掌控的灵界黑暗面中恶鬼的行列。广东农民认为,人们本来都应该降生于养育型家庭(nurturing family),健康成长,发达,生子并长命百岁。任何对这一正常续发事件的扰乱都会被认为是不祥。早夭、穷不聊生或者在某种程度上未能尝到村民们认为的成功果实的人们,被认为是没有得到他们应得的。在他们死后,其怨灵就会化为恶鬼。

最恶毒的鬼魂往往都是妇女,这点绝非偶然。由于被宗族和家庭系统压在底层,所以妇女除了通过为丈夫、儿子代理(权力、财富、声望等)之外,自身并不会参与到权力、财富和声望的竞争中去。她们是村落社会中最受压迫的一个群体。结婚以后,她们要离开娘家,离开家乡中所有的朋友。在夫家村庄里,她们要顺从婆婆和丈夫以及夫家的成员。在很多案例中妇女还受到了虐待。她们还经常要忍受默许丈夫找情妇、讨小老婆的耻辱。广东妇女在一座村子里累积的失望足够那些不满、愤怒、报复型的鬼魂创造十个村落地狱了。

第三种恶鬼是由广东家庭结构中内在的冲突、敌对和妒忌产生。大部分恶鬼生前都是受害者的近亲,通常还是直系家庭成员。虽然兄弟团结是家庭和宗族结构的基本原则,但是兄弟们依然会在成长过程中争夺父母的宠爱,在父亲死后争夺遗产。屏山存在着大量兄弟的鬼魂回来伤害自己活着的兄弟及其亲人的案例,这便是农村家庭中兄弟关系(fraternal relationship)矛盾的一个写照。

另一个萨满所处理案例的普遍主题是妹妹/姐姐的鬼魂回来纠缠活着的哥哥/弟弟。有时,妹妹/姐姐的鬼魂会妒忌哥哥/弟弟,并且很邪恶,但通常情况下她们都是挂念着代表娘家人的哥哥/弟弟的。这反映出许多妇女在结婚之后都不情愿离开娘家的现象。妇女们为中国的父系传统付出了沉重的心理代价。她们在成长以后就不再真正属于其父亲、兄弟的家庭了,结婚以后,她们就离开父母、兄弟姐妹,去与陌生人共度余生。 229

在那些未婚女孩回到家里作祟的案例中,其主题显然是同胞相嫉。这些鬼魂因为其异常的社会身份(social anomalies)而尤为危险;它们并不属于父系家庭,也尚无丈夫以在死后照料其灵魂。异常鬼魂是如此危险,以至于它们必须置于灵媒的特殊看护之下。原配妻子死后的鬼魂也被村民们认为是危险的,因为她们对继任者会心生妒忌。此外不出所料,恶名昭彰的婆媳关系中固有的张力也常常在此类(由灵媒掌控的)案例中得到表现。儿媳妇回来向残暴的婆婆复仇;婆婆则回来惩罚叛逆媳妇的不孝不敬。

村落社会是由富裕成功的男性(成功家庭、支系的领袖)来主导的。从中国社会中获取回报的正是这些人。同样也正是他们的祖先填满了宗族祖堂,埋葬在庄严的坟墓里。在中国,只有那些富裕成功的人才会"永垂不朽",因为只有这些人的后代才负担地起建造坟墓祠堂来安放牌位和遗体、保持并执行一年一度的祭祖仪式(ancestral rites)。中国农村的富人甚至在死后都还要在村里炫耀他们的财富和地位,这使得村落社会中那些贫困的成员甚至要比他们(富人们)活着的时候更为难堪。

与世界上其他许多地区的农民一样,屏山的居民也都秉持着一种利益有限观(the image of limited good)(Forster,1965)。因为生活中所有好的事物都是稀缺品,如果社区内有人获得了财富和成功,那么这一定要是以他人无法获得自己应有的份额为代价的。屏山的穷人对成功的亲属极为憎恨。由于在生前被人剥夺了应有的份额,他们死后就形成了村落社会的一个镜像:生前最为不幸的人死后将会化为最有权柄的恶鬼。攻击性的鬼魂绑架活人的灵魂、附在人们体内使其致病,以此来讹诈活人向自己祭祀金银纸钱以及鲜美的食物——这在他们活着的时候是无法得到的。他们还经常攻击孩子,因为孩子最为脆弱但对活人而言又是最为宝贵的。

230

灵媒是村民的超自然世界暗面的最高女祭司,统治着住有不幸、不满、异常以及被剥削的恶鬼的黑暗世界。她在村落社会中的主要功能就

231 是防止这些不满、危险的存在向活着的村民倾泻它们的仇恨。

(彭泽安译　郭潇威校)

宇宙的对立："母亲—孩童"的症候群

托培理(Marjorie Topley)

产褥期【译注：产妇分娩后至恢复到孕前状态所需的时期，通常为6~8周】是母亲和新生儿在生理、情绪上的调适时期。在中国人眼中，这段时期中可能会出现许多的困难。比如说，孩子可能会拒绝哺乳，体重增长缓慢；它可能感染皮肤病、肠病以及消化系统紊乱。它会很容易躁动，并对母亲的安抚置之不理。母亲也将面临许多诸如催乳、处理自身的虚弱和抑郁、培养亲子关系方面的困难。但是这些困难都是暂时性的；如果它们一直存在，那就需要进行诊断和治疗了。1969年在香港对育儿问题做探索性研究的时候，我发现我的调查对象——20位文盲、半文盲的幼儿母亲——在上述困难中有一到两个一直存在的时候，会对其进行不同的解释、采取不同的处理方法。① 但是，一旦某些问题同时存在的时候，这些母亲就会认为其中一定存在某种因果关系。此时，母亲和孩童所遭遇的困难就将形成一个模式，或者叫症候群。该症候群就是本文的研究对象。

在这20位妇女当中，有15位来自广东省的农村或者半农村地区；

---

① 该研究由 Nuffield 基金会和其他组织赞助的"香港儿童发展工程"提供资金。我的19位调查对象均为广东人，没有人会说英语。研究数据是在一系列由我主持的关于各种话题的深度访谈中采集的，所有的访谈都使用粤语并在这些母亲的家里进行。

2 位来自香港新界的农村。她们均居住在公有、廉租的高层房屋中,大都为一居室公寓,她们基本出身于穷人家庭,目前的生活也都相对贫困。

她们对于该症候群的解释基于宇宙学的假设(cosmological assumption)。虽然在这些妇女中有两位是基督徒,但是这两位母亲不但与其他人一样相信这些症状之间有因果关系存在,她们还认同对于症候群的宇宙学解释以及相关的仪式治疗,仅仅是拒绝了那些与其基督教信仰暗中相违背的某些基础性解释和相关疗法。

产后调整

要想理解调查对象对病症的认识,我们必须首先着眼于她们对产后调整期可能会发生什么的猜测。根据传统,该阶段将持续一百天(坐月子)。中国人认为该时间跨度同样适用于许多需要做生理上、社会上调适的事件,比如麻疹、婚礼、丧礼。在产褥期,产妇和孩子应该安静地深居室内、不能外出;在孩子满月(融入到家庭中)之前,不能有客人前来拜访。

我的调查对象认为,在月子期间,女性依然受到生育秽物的影响,并逐渐开始清洁。在受到污染的时期,她是"奇(k'ei)"的。妊娠和分娩都被归为"毒(tuk)性"病症,这种病症分为两个阶段,首先是潜伏期,其次是发病期或者净化期。该毒性病症的受害者一定是"怪(kwaai)的"事实上,"奇怪"在粤语中是一个意为"怪异"的合成词;这两个汉字之间意义互补。然而,"奇"、"怪"二字却分别对应着不同的疾病。在本文中,我将保持这一对疾病的区分方法,用"奇"来表示"奇异"(strange),"怪"来表示"怪异"(queer)。

"毒性病症"包括那些非常危险并且难以治愈的疾病,如霍乱、痢疾、天花、麻疹、鼠疫和癫痫。人们之所以得毒性疾病是因为撞见了"奇""怪"的东西,这些东西可以是社会上的、物质世界中的,或者(对于非基督徒而言)来自冥界;用中国人的话来说,它们分属于天、地、人。"奇异性"理论中的一部分对于我所访问的许多其他中国人而言也十分熟悉,这些人中不乏一些传统的中医。然而,香港的中医理论正处于一个复杂的转型时期。许多概念虽然为所有中医所共有,然而在具体应用时却被解释得千差万别。因此,受儒家影响更深的中医不谈论"奇怪的东西",因为"子不语怪力乱神"。调查对象所谓的"怪异(queerness)"在医生口中则被称为"两极化(polarization)":人或者事物朝着"阴"或"阳"所发生的两极分化。他们也同样拒绝承认社会和超自然因素能够招致疾病,因为这些观点与唯物主义相违背。另一些传统专科医师则愿意把社会和超自然现象当成与疾病相关联的因素来考虑。"两极化"也可以被称为"怪"。

有一位正在写作关于台湾地区闽南语村民育儿情况的观察者,他提到的一些概念似乎与我的调查对象的"奇异性"理论有所关联,接下来我将就此作一番讨论。然而在流行的传统宇宙学当中却找不到对该理论的综合性解释,更好的见解似乎来源于调查对象们所咨询的那些占卜师和僧侣口中的玄奥知识。因此我在理解这些"奇异性"的逻辑时就有些基础不稳。但我还是得说说研究对象们所信仰的东西,因为这和之后的分析有一定的关联。我的一部分见解得益于传统医生。

在上述中我曾提到人们染上"毒性病症"的原因是接触了怪异的东西。调查对象所举出的怪异事物的例子包括新娘、服丧者、拥有显著特征的景观以及鬼神。新娘因有"双喜"临门而怪异。服丧者因其茫然和悲伤而怪异。一些事情(比如丧葬)之所以怪异是因为它们不吉利——加油站因为看上去像棺材而怪异。其他怪异的事情则可能是吉祥的,比如婚礼,以及新界一块被游客称为"望夫石"的巨石(形似一位母亲带着她的孩子)。这些事例与先前儒家中医阴阳"两极化"的例子相一致。鬼神是"天上地下"的现象,而天地可以进一步归纳为古典文献中的阴和阳。此外,鬼怪在民间被称为"鬼(kwai)",在中国哲学中是属于"阴"的范畴,而神明则具有"阳"的特征。甚至连儒家中医两极化的观念都在怪

234

异的概念中有所隐含。在粤语的口语里,"怪(kwaai)"意为"极端的",怪异性是一种极端情况,在这种情况下,悲伤无法用以平衡快乐,"鬼"无法用以平衡"神",或者说"阴"无法用以调和"阳"。

处在怪异状态中并不意味着就一定会染上疾病。怪异性的本质并不坏,甚至偶尔还是必需的。只是处于该状态下的实体(entity)更易患病而已。患病的条件是遇见(不一定要发生触碰)另一个同处于怪异状态中的实体。中医认为,一个极阴的人如果遇见了同极性的实体,会患上属"阴"的疾病;反之,一个极阳的人如果遇见了同极性的实体则会患上属"阳"的疾病。我的调查对象曾说,当两位新娘相遇的时候,她们会互相使对方染上一种相同的疾病;两位各自服丧的人相遇的话也会彼此让对方染上同种疾病。但是此类疾病不是毒性的。当极性相反的人相遇,或者某一处于极性的人碰见了相反极性的社会、物质、超自然的实体时,就会招致毒性疾病。有的调查对象把这种情况称为"奇怪"。

极性相反的实体间一旦遭遇则会产生催化效应。相遇的两个实体会释放出一股强"风",即"疾风(t'se—fung)","疾"在某些方言中也有"极端"的意思(cf. Mathews 1961:390)。当两个极性相反的实体相冲时,就会产生有毒物并导致毒性病症。在病症发作或者净化期间,患者也可能会导致非极性正常人患病。由此种原因而患上的疾病被称为"奇病(k'ei—peng,'strange' diseases)"。在香港有一类专治此类疑难杂症(如麻风病)的医生。

目前为止,我所描述的情境里主要含有两类独立实体。然而中毒状态可以存在于单一宇宙内,也可以存在于极端状态中。如我们所看到的,有些东西是永远处在特定的极性之中(鬼神、地形特征),而其他事物(服丧者或新娘)的怪异性则是暂时。还有一些事物同时存在两个方向的极性,它们将永远处在冲突之中,永久地"奇怪"。一种香港的流行说法把"奇怪"叫做"不三不四(m—ssam,m—sz)",即指某物不伦不类,这些事物是异常的。我所得到的例子有鳗鱼/鳝鱼(eels),一种亦"鱼"亦"蛇"的东西;以及一种被称为"妖怪"(iu—kwaai)的灵物。在广东的某些方言里,"妖"也有奇怪的意思。其发音还与粤语中表示"焦虑不安"的字相同。妖怪是某种亦神亦鬼的存在。这样的东西对于无论是正常的还是极性状态下的人而言都是有毒的。但对那些中毒的患者来说却是有疗效的。广东人称之为"以毒攻毒(i-tuk, kung-tuk)"。毒性的实体能够将毒性病症推动到其出疹期。相比之下,一个怪异但无毒的病症(如阴极、阳极)则需要采用极性与其相反的东西治疗,与此同时还要辅以一些防止催化效应的材料。这是一个"净化"或中和的现象。因此,阴的实物形态属寒性(humoral characteristic of coldness),应使用属热性的食物或药剂来治疗,反之亦然。但在服用时都需要添加一些中性材料。我的调查对象们在谈话中没有提到阴阳的概念,而是直接说食物和药材的"寒"、"热"性,以及那些"精气"(tsing-hei)。

在中毒的状态下,人们却使用毒性药材。传统中医将处于阴阳之间的药物和毒性药物区分为"上药(noble)"和"下药(ignoble)"【译注:《神农本草经》中把药分为上、中、下三品(即"类"),并说:"上药养命,中药养性,下药治病。"又说:"上药…为君,主养命以应天","中药…为臣,主养性以应人","下药…为佐使,主治病以应地"。】患者在服用与染病时极性相反食物的同时,要避免与染病时极性相同的食物(比如能够传播此类疾病的实体)。因此在一位因遇见服丧者而变得"奇怪"的新娘使用毒疗时,她应该服用性寒(阴性)而非性热(阳性)的食物(结婚是阳性)。在回到正题之前,让我们先按照怪异性和平衡性的解释对妊娠和分娩期做一反观。

孕妇暂时像是一个毒性实体:两股相反的作用力存在于同一身体内。她被描述为"四只眼"——两只在脑袋上,另外两只在子宫里。这样一个实体,可以被形象地称为"奇怪"。她自身性寒,而胎儿却性热。孕妇之所以被认为属寒性,是因为她正在把血气输入胎儿体内。孕妇每个月都会有一个由寒转热的过程。月中之后,由热开始转寒。由于孕妇和胎儿极性相反,在子宫中就会产生"风",并且积淀毒素(就像奇病的潜伏期那样)。"胎神(t'oi-shan, fetal soul)"因此就会在母亲的体内四处游

236

荡以躲避危险。孕妇如果不避免毒性食物就将发病（比如早产甚至流产）。她也同样应该避免那种既寒又热的食物，这类食物会使得母亲和胎儿之间的极性差别加剧，并在子宫中产生更多的风和毒素。孕妇的理想饮食受到了极大限制：不能吃蔬菜，荤菜仅限猪肉，因为人们认为猪肉非寒非热，属中性。鸡肉因其性热而被禁止，鱼肉因其性寒，属毒性也不能食用。有些调查对象认为孕妇还应该避免去到所有的宗教场合。

产后母亲将逐渐恢复到正常的平衡状态。她体内的毒素慢慢清除，"风"也逐渐平息。在此期间需用专门的药物和饮食来辅助这一自然过程：通过饮酒来减弱属湿性的风，性热的食物现在可以帮助其更好地恢复正常，特殊的汤汁则有益于母乳质量。在百日产褥期间，产妇不能洗头，因其对"风"有加剧的作用；她还应该避免毒性食物，因其会污染母乳并且刺激阴道和子宫；在此期间丈夫也要注意避免与妻子发生性行为，否则他将会患上肺部的"奇病"。在如此的产后调适过程中，孕妇难免会变得脆弱和沮丧。

237

所有婴儿在刚出生时都是"奇怪"的，但正常情况下只是暂时性"奇怪"。在产后时期，往往会让婴儿服用一味根入药（root medicine）以祛除体内火气；直到婴儿出疹为止，其体内毒素才完全排清（cf. Topley 1970：425）。根据传统，要将牛粪擦抹在婴儿肚脐上，以此来减弱风力；还应让孩子服用一味镇定药剂以使其灵魂和身体整合为一。① 婴儿之所以烦躁不安是因为其灵魂不愿意出生。非基督徒妇女将灵魂的不情愿归因于对前世生活的厌倦，基督徒妇女则将其归因于离开天堂的沮丧。婴儿并不知道为何自己情绪激动，但是其灵魂却被视为社会、精神上的实体。比如说，在治疗"由惊吓造成的伤害"时，人们告知婴儿"要像男子汉一样"，"要听话"（Topley 1970：432）。在婴儿的灵魂安定下来之前的一百

---

① 从现代医学实践者的立场来看，许多原本用以确保婴儿健康的预防手段都很遗憾地起了误导作用：祛热用根入药如今被认为会引起黄疸，并对肝部造成永久性伤害；过去造成了极高死亡率的麻疹今天看来要归结于"有疗效的"净化产生的毒素；在肚脐上擦抹牛粪有可能会引起破伤风；镇定药剂的原来在近期被发现是有毒的。

天中,它会紧张不安是很正常的。在这段时期里,家长要避免其受到外界毒素(如来自母乳的毒素)的伤害。否则它体内的毒素也许会引发危险的疾病;比如过早地感染麻疹。任何有着相同(性热)极性的东西都能够防止其感染麻疹(这一毒素必须从体内完全清除)。

对于某一特定婴儿来说,性寒甚至也可能会造成伤害。因为每个人都有着不同的身体构成,即体现在其生辰八字上五种元素——火、水、金、土、木——的不同平衡状态。母亲的生辰八字,通过与其五行当中的主导元素相关的"花命(fa—meng)"对孩子也有一定影响。(与该说法相关的信仰认为孩子是"花王(fa—wong)"、"花母(foo—mo)"园子里栽种的"母本草木"上开出的花朵。)不同元素之间会相生或者相克。人们(或者请占卜师)需要增加或者减少某种元素所占的比例来达到所"属(shuk)"的元素。在中国的黄历上,列出了不同日期出生的不同属性女性的"花命"。一位妇女在不同年份中所生孩子的气质会发生变化:比如某年中属火的妇女所生的孩子是安静的,而属金妇女的孩子是活泼的;在第二年中情况有可能会恰恰相反。

如果产妇和孩子适应时间过长,那么对此将会有许多可能的说法。小病可以被解释为母亲在妊娠期没有完全遵守饮食(很少有妇女会承认这点)或者产后的禁忌和限制。在我的调查对象中,仅有一位母亲宣称在百日中从未出过家门;香港城区的大多数妇女必须要出门,因为没人能帮她们购物。此类小病通过药物和饮食就能够治愈。在其他案例中,占卜师会确定"母本植物"是否需要得到照顾、仪式性的浇灌或者施肥。这也许能够帮助到那些不喜欢子女的母亲、想生儿子却生了女儿的父亲、没有足够的钱或者空间来养这个孩子的家庭、想要外出工作无人照料孩子的母亲。人们认为在占卜师的帮助之下,这类不满和失望会迅速消失,而在父母和孩子之间则会建立起正常的亲子关系。

然而,如果孩子的八字显示出它有奇怪命运的话,情况则要比上述情况严重得多。所有未满七岁的孩子都会"过热",在出疹子之前体内都带有毒素。他们因此也就被视为有一点"怪"和一点"奇怪"。七岁之后,

238

他们就开始向成年人的状态靠近，也就是说，他们将既不热也不冷，体内也不再带有毒素了。这七年的奇怪平衡使得他们很容易患病。八字不同的孩子使他们易于在不同时间遇上不同事情因而患上不同的疾病。黄历显示，有着某种八字的孩子在遇到特定实体之时很容易患上某些特定的疾病，因此，人们据此就可以提前避免他们遇见这些东西。有着奇怪命运的孩子的极性更强，并因此而更加易怒和感染疾病。然而这类孩子同时也更具天赋，一旦他们度过了七年困难时期，之前为他们付出的一切努力都十分值得。他们的主导元素开始发生调整，其怪异性也就随之得到减弱。在卢蕙馨所描述的一座台湾村庄里，人们认为体弱多病的孩子有"贵气(kui khi)"。虽然孩子身体一直欠佳，但当其长大成人之后却可能会发达、幸福。要是果真如此，那么人们就会说他们是"贵命"（Wolf，1972：63—64）。虽然卢蕙馨把"贵命"解释为"命中注定要花费很大的代价"，把"贵气"当成了"昂贵的代价"，也就是说，很难抚养。然而在粤语中"贵气"其实可以被当做是"奇怪"的反义词。在后文中我将对这些语言上的差异做一些说明。根据我的调查发现，有着奇怪命运的孩子有的在长大之后依然十分奇怪。他们的生活中充满了束缚。比方说，如果其为热性体质，那就只能吃凉性和温性食物。他很适合去当一位素食者，并可能去从事那些规定只能吃素的宗教职业，比如说比丘(尼)。

有奇怪命运的孩子的不平衡的本质也和其他人有关系。首先，孩子可能会和与其有持续交往的人有着相同的极性。那么他们双方都会遭受慢性病的折磨。该问题的解决办法是在孩子的名字中增加五行中的某一元素。比如说，人们会给其中某字加上一个相关的部首【译注：如"三点水"、"火字旁"等】。如果这一情况发生于孩子和母亲之间，人们就应当从对后者"植物"的关注中获取有价值信息。在这些案例中，由于和孩子有着相似的命运，母亲更倾向于过分宠爱，也就是溺爱而非嫌弃孩子。

当母亲和孩子的命运有着相反极性之时【译注：应为"相克"】，其结果就将更为严重。他们双方都会"奇怪",并将染上毒性疾病,而且他们之间还会相互厌恶。此外,该麻烦源自于子宫。在极性相同的案例中,处于妊娠期的母亲要么就是太寒,要么就是寒性不够。这种情况可以通过药物来加以改善。但如果母亲和胎儿极性相反,则会产生更多的毒素,而且母亲有可能会患上血毒症。极性相反会表现为妊娠并发症(complicated pregnancy),难产(可能是"臀位分娩"【译注:臀位分娩,即分娩过程中的先露部位为臀,是异常胎位中最常见的一种,其发生率约占分娩总数的 3%~4%。在胎体的各部分中,臀围比头围小;头不但大而且硬。在头先露分娩时,由于有充足时间使胎头塑形,以适应骨盆的内腔而娩出,当胎头一经娩出,胎体的其他部分亦随之迅速娩出。臀位分娩则不然,如果臀先娩出,最大的胎头后出,而胎儿的肩部和头部的娩出,又必须按一定的分娩机转来转动,以适应产道的各种不同条件方能娩出,因而分娩时,容易发生难产。如果脐部娩出后,在八分钟之内仍未结束分娩,使脐带受压时间过长,可致胎儿死亡。因此在臀位分娩时,如果能在子宫口充分开全后,按臀位分娩机转,及时恰当处理,就可减少臀位的围产儿死亡率】),或者种种在分娩过程中出现的怪事,如孩子出生时带出一层厚厚的胎脂(虽然是它保护着母亲和孩子不被对方伤害),在破水(羊水)后出现胎便污染,或者婴儿刚出生就出现排便/小便现象。

由于母亲和孩子彼此导致了对方的"奇怪",他们彼此之间就会产生隔阂;在遭受了大量毒性病痛的折磨之后,母子之间就几乎无法培养感情。在我所听说的一些案例中,有的孩子或者母亲还因此(极性相反)致残。一个孩子患上了小儿麻痹症;另一个身体一直虚弱的孩子则被确诊为先天性心脏穿孔;有一个孩子面部有一块大面积的胎记,还有一个则患有频繁痉挛的症状。在最后一个案例中,那位母亲则一直遭受着妊娠期染上的血毒症的折磨。

如果有人对这些症状是否源自于命运相克表示怀疑,那么他的质疑就应该从访问占卜师开始,因为与生辰八字(horoscope)相关的问题会影响到相克双方全家人的运气。让我们来看看这一宇宙冲突（cosmic clash）是如何被解释和对待的。

八字相克及其调整方法

所有的调查对象都表示，生辰八字是由八个（四组）汉字组成：第一组是农历出生年份，第二组是月份，三、四组分别是日期和时辰（shi—shan）。这些汉字决定着人的命运。有一位调查对象声称，每一组汉字中都包含着"天干"、"地支"两个部分。前者决定着人的社会关系，后者则和物质上的成功（运，wan）相关。这两个部分都在某种程度上与人的健康有关，因为其对组成人体的四种元素起着决定性作用。然而，大多数调查对象认为这四组汉字同样与四种重要关系——与祖先、父母、子女、妻子的关系——相联（大部分调查对象都知道她们自己的、丈夫的以及孩子的生辰八字）。与伴侣相关的那组汉字与其他三组都不相同因为其中一个汉字代表着自己，而另一个则代表了他（或她）的配偶；配偶是彼此的"另一半"。

现在，除掉领养子女的案例之外，配偶是唯一自己能够选择的亲人。然而婚约是在天上缔结的。在广东的婚礼仪式中，这一信仰具体表现为男方彩礼中的红色绳索。这条在天上将新人绑在一起的绳索被叫做"天绳（t'in—shing）"，该名称与"天性（t'in—sing）"有很大的联系。这让人感觉新人之间的和谐关系是上天注定的。正如一位被调查者所说："天性使人在心里懂得如何为人处世。没有天性就没有感情。"在婚约之前，占卜师通过判断新人的八字是否相合来确定是否成婚。如果八字相合，双方则互相平衡、健康富足并且感觉到"天性"。如果情况并非如此，那就是占卜师的失职。（Freedman，1970：128—29）

在其他的关系中，这种匹配则不适用。人们既无法在孩子尚未出生时就去判断他们的八字是否相合，也不能为孩子选择一个出生时间以确保他与母亲的八字相合。一位调查对象说，有时人们会要求产婆尽量把产期推迟或者提前到一个好的时辰(时辰好,shi—shan ho)。但是,她补充道,这样做既无用而且还很危险。因为孩子的出生时间是由它自己决定的(cf. Tsay,1918:535;Thompson,1890:189)。如果母亲和孩子的八字相克的话,在孩子的婴幼儿时期就会有所显现。在孩子的成长过程中,它将是叛逆、不孝的,母亲会发现自己对其极度厌恶。如果缺乏"天性",家庭中就将会有惨(ts'aam)剧发生。一位调查对象将香港青少年犯罪率的增长归咎于家长和孩子之间"天性"的缺乏;缺乏"天性"即意味着道德丧失;人们互相不按规矩行事。但是我们又怎能因八字不合去责怪这些孩子和他们的母亲呢? 这是一个两难的境地。这位调查对象感叹道:"好难做人(ho—naan tso—yan)。"

在孩子健康的情况下一种解决办法是收养。这也是处理诸如孩子是消耗型的(expendable)——并非所期待的性别——或者将成为贫困家庭无法承受的负担之类情况的最佳途径。另外,也可以把他和另一个孩子"契过"(k'ai kwoh)在一起。这样的契过关系有何作用? 我要提醒读者的是:只有"奇怪"的东西才能够净化"奇怪"的状况,即"以毒攻毒"。奇怪的东西就是反常的东西。其次,我们将面临一个不仅仅是健康而且是道德上的问题,即天性的缺失。最后,该相克情况发生在抚养和被抚养者之间。我想知道这三个因素在契过的仪式符号中是如何被认知的,以及该契过关系被认为能够发挥哪些功效。

孩子可以与他人、神祇、石头甚至树木相契过。如调查对象们所感知的那样,契过仪式和婚礼在很多方面都有相似之处。在订婚礼中,如前所述,女方会将一条红色的丝线——即"天绳"——随同一匹布和一双鞋赠给男方。在契过礼中,这些礼物则将由接受孩子的一方送出,虽然在该仪式中,那条绳索被叫做"裤绳"(在传统服饰中系在腰部的绳索)。在订婚礼中,男方家庭会赠给女方猪、牛、鸡肉以及酒水,而在契过礼中,这些礼物将由孩子的父母亲送出。如果孩子不是被契过给他人而是神祇或者自然事物的话,这些食物将被奉献到祭坛之上,而其他纸做的礼品将会被烧掉。

"裤绳"或许暗示着"并入"(incorporation)(Van Gennep，1960：132)以及新关系的建立。除此以外，该绳索同样暗示了契过关系的和谐。孩子会在这一关系中健康成长并从中体会到关爱，简而言之，孩子会从中建立自己的"天性"。孩子的接受方所赠的礼品同样还暗示着接受方和孩子家庭之间的联合，而非与孩子个人的联合。事实上孩子并不用离家去与接受方家庭一起生活，虽然这种现象也有发生。在后者的情况中，接受方更像是孩子的父母而非娘家。接受方所赠的碗筷增强了父母抚养的象征意义。确实，与孩子相契过的人被称为"契妈(k'ai－ma)"或者"契爷(k'ai－ye)"，他们的子女则被称为"契子(k'ai－tsai)"或者"契女(k'ai－nui)"。此外，这一关系理论上说至少应该持续和与亲生父母一样长的亲密时间。对于女儿来说，这将一直持续到其出嫁(离家)；而对儿子来说，这就将持续一生(儿子也许会一直和父母生活在一起)。

242

契过的象征意义是模糊的；它一并包括了夫妻的以及双亲和其他直系亲属的两种截然相反的概念。在香港华人的流行话语中，"契爷"和"契子"还可以暧昧地用以同性恋人之间的相互称呼。"契弟(k'ai－tai)"有时也可以用来表示同性恋。英语单词中的"怪异(queer)"也同样可以表示这一意涵，其做动词时可以表示"越轨"的意思。这与汉语的表达相符合。

契过仪式中体现出来的象征意义的模糊性是与对关系自身的期望并行的。当然，人们会期待得到一个宇宙性的反馈。人们希望，通过契过母亲和孩子都能够变得更加健康，并且增强彼此之间的感情——孩子的接受方能够驱除"奇怪"的状况。契过有时也被用于那些因体内失衡或者怪异的外貌而导致"奇怪"命运的孩子。在这种案例中，人们则不仅仅希望孩子能够感受到自己对接受方的情感(反之亦然)，而且还希望接受方和孩子的亲生父母之间要对其他社会经济责任有所认知。人们对这种关系可能还有其他的期待，其期待的范围随着契过双方本质的变化而有所不同。

在香港广为流行的一位契过神祇是黄大仙(Wong Taai Sin)，九龙

(Kowloon)一带的大片安置地以其庙命名。而许多我的调查对象都居住于此。这位神祇因其强健体质、治愈"奇"病以及对赛马了如指掌而著名。他能够把物质利益和好运气一并带进家庭。被大部分调查对象提到的那块香港岛上最著名的契过石叫做姻缘石（Yan－uen Shek），因为人们在婚姻出现裂痕时往往求告于它；它能矫正婚后发生的不和谐现象。人们往往也在当孩子有一个"怪命"，特别是其命中与其母亲相克的时候，也会向它求告。姻缘石的双重功能强调了宇宙意义上的婚姻关系与其他关系的相通之处。选作契过对象的树木通常是梨树，据说它的强健和深根意味着与其契过之人将会长寿。人们认为，除非他们的命运发生转机，不然，那些与母亲命中相克的孩子很容易夭折。

有两类人被认为是接收契过的最佳人选：一是多子多福的富人，二是虔诚的素食者（常为女性，往往没有孩子，或穷或富）。人们先入为主地感到，子女众多的有钱人能够带来福气，一人的虔诚能够改善所有人的命运。这些人身上似乎并没有什么模棱两可之处。此外，有福之人可以被视为偏向吉利那一极，而宗教人员则被认为是对"奇怪"的人而言是比较合适的。或许在契过关系中（模糊性在此关系中似乎会得到仪式性的强调），在理想的状态下，接收人同样应该指向同一极性——以防止契过关系在中和反应下产生的毒素，因此，这对于那些"怪命"者而言是有疗效的。据说占卜师会为每个孩子推荐契过的不同人物或实体，也就是说，人们并不是在咨询了一位懂行的人士之后就随意做出契过对象的选择。

但也并不是每个人都会向占卜师咨询，而且，其他因素也可能会影响到最终的选择。契过关系对母亲和孩子都有一定的义务性要求：如果所契过的对象是某位神明，那孩子的母亲应该经常性地向其敬拜，尤其是在神明的主要节庆时；对象若是石头或树木，母亲则要经常向其奉献纸钱和食物；倘若对象是某人，那在中国习俗中所有要拜访父系亲属的场合下，孩子都要带上礼物去契过对象那里拜访。孩子和契过对象之间有守丧和出席婚礼的义务。此外，富人还被认为能为孩子进入好学校提供保障,负担孩子的学费和医药费,为孩子买礼物等等。如果孩子和母亲之间的矛盾无法调节,孩子也许会由"契过者"抚养长大。一位调查对象正是由其契妈养大,并随之从大陆移民香港。人们认为没有孩子的未婚妇女会像对待自己的子女一样来对待"契子女",带他/她出门,给他/她买礼物。与此相反,一位调查对象则声称,她有一位亲戚,其子的契妈十分穷困,并常常求助于她那位亲戚的家庭。由于担心这种情况,有一位调查对象说,她的丈夫不愿意她把孩子契过给他人,只愿意契过给
244 神明。

在经济方面,契子的家庭可能会得到来自契过对象的帮助,也可能为其所累。在社会方面,契过关系也同样不那么明确:除了礼节程序之外,这一关系的权利和义务都没有被明确说明,在这些方面存在很大的变数。在许多情况下都取决于,比如家庭的社会经济地位、母亲和孩子之间所经历的困难等等。

前世怨恨和角色调整

理论上说,契过关系可以同时大幅改善母亲和孩子的处境;他们的健康和情感反应应该会有所提升。有时这些现象确会发生,这也许是因为契过对象为其支付了医药费用,或者是因为孩子被从母亲身边带走。但是如果病症依然,契过关系并没能发挥疗效,那么母亲就会不解为何自己会怀上这样一个孩子,为何它会与自己的八字相克。两位基督徒调查对象中属于新教基要主义教派的那位母亲认为,这应该是"父亲的罪恶迁怒到了孩子身上"。另一位天主教徒则认为这就是命。人们所能做的只有祷告,期盼奇迹的降临(她还认为,把孩子契过给圣母玛利亚或许会有效果)。由于找不到任何明显的缘由,非基督徒的母亲则将其归因于前世(ts'in—shai)(令人不解的是,"前世"一词也被基要主义的那位母亲所提及,然而却表示了截然不同的意思)。为了显示"前世说"的影响力,一位母亲还向我提及了她富裕却无子的姨妈。曾有一位专门从事前

世研究的老妇人告诉这位姨妈说,她在前世中在佛教典礼上奉献了大量的钱财和精力,但也曾在其夫家有过一次盗窃行为。这就解释了她为何会富裕,却又无子:她现世的问题是由前世的失败所致。

有些调查对象认为,如果有人生前曾遭到他人极其恶劣的对待,那么他的灵魂就会回来附在此人孩子的身上。灵魂可能会回来找前世相识的人算账——比如对其家庭进行报复——这一观点被用于解释为何某些妇女会持续难产、甚至产下畸形婴儿。当然,在有遗传性缺陷的家庭中,母亲更倾向于认为孩子是被已故的某位同样患有这一疾病而且被恶劣对待的亲属所附体了。这样的孩子被称为攞鬼仔(loh－kwaai tsai),即"被鬼魂附体的孩子"。这影射了另一个词语,"攞债仔(loh－chaai tsai)",意为死于为父母还债的孩子。虽然人们往往会认为母亲命当如此,但是鬼魂通过这样的方式来复仇却是不被人们所认可的。所以,这些母亲不应该为此而遭到谴责。

怨灵可能会做出许多伤害母亲或被它附体的孩子的事。比如,在妊娠时期,它可能会一直逗留在母亲体内,这将导致胎儿意外受伤。好在黄历能够正确指出其在妊娠的不同阶段所处的可能位置,据此人们便可以去小心地避免这些意外伤害。如果一直被怨灵附体的话,母亲可能会在妊娠期出现脓肿症状(可能是毒血症),并很可能在分娩过程中遇到许多困难。调查对象们将分娩中的众多奇怪现象都用怨灵作祟来进行解释。一位母亲认为,那些带着厚厚的胎脂出生的都是"好孩子",因为它至少设法去避免在出生过程中自己和母亲之间可能发生的碰撞。婴儿刚出生就出现排便表明怨灵对其父亲的憎恨,排尿则是对其母亲的憎恨。此类婴儿甚至有可能会最终克死怨灵所憎恨的父/母亲。人们告诉我,在过去,监督整个分娩过程的婆婆(mother－in－law)会立即处理掉那些被断定有怨灵附体的孩子:男孩会被送走,女孩则会"被扔到垃圾堆里"。被送走的孩子是不允许与其生身父母见面的,否则他/她总有一天会找到他们并向其复仇。领养也并非总是唯一的解决办法;如果被确认为"攞鬼仔"的孩子没有被及时处理的话,他以后还是会找到父母进行报

245

复。此外,有明显体态异常的孩子很难找到领养者。如果该新生儿对于家庭来说是不重要的话,他有可能会被送往寺院或者尼庵,在那些念经祷告的氛围中,怨灵的攻击性也许会得到平息。

并没有真正的办法能让这样的孩子留在母亲身边,但是,人们可以通过对称呼进行重新定义来解决这一问题,即调整角色而非调整行为。通过改变称谓,人们向婴儿暗示这位母亲并非其生母。大人们让孩子从小把他的母亲叫做"阿姊"、"阿嫂"或者"阿奶"。

这些称呼的应用说明了什么呢?当我询问有关这类亲属称谓的转换之时,调查对象为我举了一个例子,某人年轻的小妾与其娣姒【译注:同夫诸妾互称,年长的为姒,年幼的为娣】所生的孩子年龄相当。在理论上她应该被那些孩子称为"母亲",并要尽到某些母亲的责任。但实际上,那些孩子称她为"阿姊",因为要让他们把同龄人当做长辈来对待比较困难。他们还是习惯按照实际年龄来为她排辈。对于母亲和孩子来说,在他们之间已经存在着辈分和年龄的差异。把母亲放到和孩子相同的辈分(阿姊、阿嫂)中去似乎会在其关系上产生一些困难。人们告诉我说,孩子长大之后并不会真的把母亲当成姐姐或者嫂子对待,但是对于母亲而言,若孩子是很难控制的那种,那么不被称为母亲也不必感觉那么糟糕了。

"阿奶"这个称谓是什么呢?调查对象说,这一称呼意味着亲密性。它也暗示着孩子所喝的母乳并非来自其亲生母亲(人们认为与孩子相克的生母所产的母乳对孩子来说是有害的)。这一称谓还可以召来一位对孩子的毛病有好处的神祇。人们认为孩子将因此得到"金花母(Kam Fa Mo)"的照顾。调查对象进一步把她比作"花母(Mather Gardener)"。她的陪同神祇是十二位"阿奶",在庙里,她们以较小的神像出现,并受辖于"金花母"的权威之下。"阿奶"的角色是模棱两可的。一方面,她比金花母要更为高等——后者的一种最为重要的功能由其加以执行——但另一方面她又比金花母级别要低,因为她受辖于后者权威之下。

在其他可替换的角色称谓之中也暗示着类似的冲突元素。比如,在乡村社会中姐姐在抚养弟弟妹妹方面扮演着重要的角色,这使她有资格得到尊重和服从。香港城区的姐姐们在这一方面甚至发挥了更大的作用。在许多案例中,姐姐要为负担弟弟妹妹的学费而外出打工,并常常为此而放弃自己接受教育的机会。虽然拥有得到尊重和服从的资格,但她的权威仍在其母亲之下,她所做的决定有可能被驳回。她的权威性是很模糊的。和"阿奶"和小妾一样,姐姐的角色对于另一个女人的孩子而言是有实质性权威的,并且,也与小妾一样,这一权威是处于孩子生母的权威之下的。人们还可以推论女性与其嫂子/弟媳之间的冲突。比如,如果姐姐尚未出嫁并与弟弟、弟媳住在一起的话,她和侄女之间的关系又会如何? 她在年龄上虽是长辈,但在某些方面(术语上的变化被实行的方面)却地位低下(至少在传统社会中如此)。她早晚会离开,将来所生的孩子也不属于这个家庭,她在家庭中扮演的角色将由其侄女取代。由于这一潜在的冲突,在广东顺德的某些地区,姐姐必须在弟弟结婚前出嫁,或者表示在弟弟结婚前都不出嫁。

更确切地说,语言学上的考虑也同等重要。我所参考的是之前谐音词带来的启发。我注意到,讲粤语的和讲闽南语的人之间,对于不寻常的命运和麻烦的孩子有着许多共同观点,并且会使用发音相近的不同术语。这样的变形广泛发生在各个语言群体当中,在无读写能力的人群中尤为普遍。

结论

我所调查的对象均为不识字的穷人。他们多居于拥挤的环境之中,来自于母婴死亡率很高的农村地区。贫穷、影响孕妇和分娩后母婴的风俗、由那些有时会推迟或者提前孩子出生时间的产婆主导的分娩——所有这些因素都会增加分娩时出现难产、出生缺陷以及母婴死亡的几率。在如此之高的死亡率和传统社会中孩子的重要性的双重作用下,人们很容易对任何不正常的迹象产生极大的焦虑,并形成对畸形婴儿很强的厌恶感。

一个病态的、易怒的、尤其是严重畸形的孩子,对于任何家庭来说都是很重的负担。与此同时,母亲在妊娠并发症的折磨下也变得十分脆弱,这更加重了家庭的负担。在拥挤的家庭中,和谐十分重要。而难于掌控的孩子正是不和谐的因子。磨人的、畸形的孩子往往需要特别看护——这种需要在闽南语中可以被称为"贵"。这类孩子在被养大成人之后,很有可能找不到结婚对象、无法生育。对于一个家庭来说,这样的支出是灾难性的。因此,婆婆在病态孩子一出生,尚未与母亲谋面时就想要处理掉它,就不足为奇了。上天希望看到母亲和孩子之间能够发展出密切的感情,但它却无法为其提供保障。假设有人因其养不起或者性别歧视而厌恶小孩(任何小孩),那么他将倾向于用发现了某种症状来对自己的厌恶感做辩护,并在仅仅有少量迹象——甚至没有迹象——的情况下就把孩子定为是病态、畸形的。

在我的调查对象当中,没有人会只从一种宇宙系统中获取解释。他们往往都会先在"奇怪"理论、"毒性环境"以及八字不合上寻找解释。毒性环境通常很危险,并且有时会难以治愈。八字相克产生毒性环境,为人们因症状产生的焦虑提供了合法性。据说八字相克还阻碍了母子之间自发产生的亲子关系的发展,这使得当有人愿意收养孩子之时,寄养成为了一种可行的办法。契过是八字相克的另一种解决途径。它能够驱除毒性环境,还可能会带来其他益处。

如果其他的理论都不适用的话,人们还可以使用母亲前世的孽缘来对病症予以解释。即使这种解释会造成一些痛苦,但它却能够为情感的缺失做出解释,并减轻目前母亲无法控制情境的责任。此外,它将一部分的责任归给了孩子:对以往委屈过分地报复。孩子会因其"不孝"而受到指责。也许,现在孩子可以被送往寺庙、尼庵。但如果孩子被留在家中的话,人们则会使用一套通过暗示困难关系、取代"母亲"称谓来反应母亲困难角色位置的术语手段以表明"这不是我的孩子。"

在此我并没有打算描述新生儿和母亲之间所有可能存在的问题。

我没有触及怪人与鬼魂间的关系——附体的可能性或者与祖先八字不合。我也没有把父子八字相克、感情缺乏考虑进来。即便如此,在母亲和新生儿之间出现问题之时,这仍很有可能源自妊娠或者分娩时期。在本文中,我所讨论的正是人们对于该可能性的一系列看法。

249

（彭泽安译　郭潇威校）

祖先崇拜和丧葬实践

纳尔逊(H. G. H. Nelson)

本文所要报告的是自 1967 年 4 月至翌年 10 月间,我在新界所做田野调查的某些方面。[①] 它提出了以下两个问题:人们对于出生、死亡、血统延续这类的生物学事实是如何利用的,以及人们对其作何解释。在本文中,数据相对于理论而言占有着更大的比例,因此,我不得不要求读者和我一起在错综复杂的谱系图当中穿行。我为此开脱的理由是,据我所知,尚无田野工作者进到中国村庄中去挨家挨户地抄录有效的祖宗牌位,并把最终的结果与村庄里所有关于过去的有效记载进行一番比较。[②]

我之所以能做如此研究,是因为所选择的是一座小规模、贫困而且

① 1967—1968 年,我受雇于伦敦政治经济学院,并成为一项由不列颠社会科学研究委员会(Social Science Research Council)资助的莫里斯·弗里德曼(Maurice Freedman)教授主持的调查项目中的研究人员。在调查过程中,我的妻子珍妮·纳尔逊(Janet Nelson)给予我极大的帮助。她在香港的一切费用由伦敦—康奈尔工程(London—Cornell Project)东亚及东南亚研究项目赞助,该项目的资金主要来自卡内基(Carnegie Corporation)和纳菲尔德(Nuffield Foundation)两大基金会。在此,我向上述所有慷慨相助的组织和个人表达最诚挚的谢意。
② 并非世界上所有的人类学伕俩都能够成功说服上村(Sheung Tsuen)的居民来与田野工作者进行交谈,更别提让研究者抄写祖宗牌位了。进行如此详尽的人类学探索的深层理由是我对人类学本身异乎寻常的兴趣:比如,家族牌位的数量肯定会引出家庭和祖堂崇拜之间关系的相关问题。

无关紧要的村庄。因此,本文以及我所从事的整个研究都只能作为贝克(Baker,1968)、波特(Potter,1967)关于上水(Sheung Shui)、屏山这样大型、重要村庄研究的补充。然而,本文所讨论的特殊问题在贝克和波特那里都没有被提及,我希望本文对于小型宗族事务的详尽分析具有一定普适性。能够帮助人们理解香港、台湾地区规模更大、组织性更强的宗族中的类似事务,并进一步引发新的问题。

251

本文在很大程度上是一份对仪式行为和社会事实之间相互作用的研究。虽然我的处理方式与近期对相同现象的研究相比显得有些怪异,但是对于人类学家而言,该主题却是很能拿得出手的。我很高兴本文能在某种程度上和本书系的第一卷(《论中国社会中的家庭和亲属关系》,弗里德曼,1970)以及本卷中的部分文章有所关联。祖先崇拜(ancestor worship)是仪式化了的亲情纽带,倘若我把研究重心放在亲属关系而非其仪式化之上,那么我所做的无非就只是中国人希望我去做的了。此外,如果在此过程中,我能够将这一问题提升为讨论祖先崇拜是否与中国的其他仪式行为一样属于宗教活动,倒也不是坏事。换言之,我正在尝试着把那些围绕死者而进行的一些主要行为集中起来,并将其作为单一现象来考虑:该现象也可以被称为“祖先崇拜”,而其在仪式中只能得到部分体现。

研究现场

上村是一座大致坐落于香港新界中心地带,拥有 150 户居民,讲粤语的村庄。[1] 据当地传说(由作为外人的我根据此类人类学证据来判定),上村的历史可以追溯到一座遗址位于现在上村小学所在地、拥有城池的小型围村,其村名曰“永庆围(Wing Hing Wai)”。该村在过去被遗忘的某个时期里,开始向围墙之外扩张,并形成了如今被称为“东心村

---

[1] 即土生土长的户数,本研究未将移民人口考虑在内。

(Tung Sam Tsuen)"的异构性集合(heterogenous collection);在各个时期,都有群体和家族从这一核心当中分离,以至于今天的上村已是一座由若干小型自然村组成的、半径约为半英里的聚落。

村庄里有八个宗族。雷氏宗族是其中拥有最大规模和影响力的一支,其人口数量接近村里的半数。其后依次是吴、梁、周、黄以及马、刘两个小姓氏(分别有四户该姓人家)。在人们印象中,有几户袁姓人家曾搬离了该村,一户林姓人家搬了进来。东心村是一座各姓氏混杂的自然村,在一行九座房屋中就有三种姓氏之多。人们对不同姓氏摩肩擦背地生活在一起并不情愿,迁离东心村的运动仍在继续:东心村有着比周边自然村更多的空屋危楼,这些年久失修的房屋都曾属于某一宗族。①

本文不讨论雷氏(部分居住在东心村,其余均分布在周边四座自然村中)以外的其他姓氏。他们的分布引发了诸如谱系分裂和住所之间的关系等我在此无法进一步探索的有趣的问题。雷氏宗族拥有三座祖堂;相比之下,只有两个其他姓氏仅各自拥有一座高于家庙的祖堂。

问题

在田野调查中,并且自此一直最为吸引我注意的问题,是雷氏宗族(由此引申至任何中国的宗族)"高、低水平结构"之间的磨合/匹配(the fit between high— and low— level structures)。似乎存在着许多实践,它们以某种方式来强调宗族现如今成员与其逝去祖先之间的关联,虽然他们之间的关系早已模糊不清。其中有两个对比尤甚。其一,尽管在家庭层面上,中国人对直系祖先的安宁与否非常敏感,雷氏宗族成员却不

---

① 不幸的是,我们缺乏数据来检验芮马丁文中所讨论的有趣问题,即多姓氏聚落(如上村)是否会倾向于增强或者减弱其中宗族的内部分裂。芮马丁教授认为,宗族在社区中越具有影响力,就越趋向于分裂。

过是将其祖先草草掩埋，这极有可能会使先人遗骸暴尸荒野。其二，虽然谱系似乎是被一丝不苟地记载下来，但是村落间不同群体之间的关系却杂乱异常。这两个对比可以并为一个更具普遍性的问题，即宗族支派是如何从活人和死人当中挣脱出来的。由此我进一步假设，上述悖论中或多或少地隐藏着这些企图，即要蓄意摆脱掉那些高度选择之外的其他所有祖先；忽视所有，仅仅保留那些重要的、高层级的谱系关系；并把那些相近的关系合并成广义状态下的"胞兄弟（village brother）"。因此我开始着手检验这一假设：即正如在一个不使用书面文字的祖先崇拜社会中那样，地方化了的中国宗族的结构也是由人们在世上的政治和经济联系所决定的；上述葬礼实践，以及在记录祖先谱系时特定周期性的低效，使得文化社会中生物血统所带来的不便有了可以屈从生活需要的可能。换言之，家庭这条"尾巴"控制了祖先的"狗"。【译注：英文中"尾巴摇狗（the tail wagging the dog）"比喻某个不重要的事物占据了主导地位。】

253

当我着手开始检验该假设之时，却发现自己面临着一系列的问题：缺乏雷氏宗族的历史材料，几乎所有调查对象对其谱系的细节描述都极其模糊不清，并且所得资料中还存在大量明显矛盾的信息。直到我意识到"材料的缺失问题只是那些非常不完整材料的扩散"、"我拥有足够能为我提供珍贵信息的调查对象"、"虽然大多数所得都是错误信息，但是没有人主观撒谎"的那天，我才得救了。

为了验证在高水平和低水平谱系记录之间明显的自相矛盾中存在重要的结构意义这一假设，我在所有可用信息的基础上重现谱系的尝试必须失败；为了确凿地证明该假设，我不得不努力寻找这两种记录之间相互矛盾的正面证据。然后，探索这一矛盾的功能性意义之途才会变得通达。然而，我修复雷氏宗谱的历史、结构的尝试结果却获得了成功，并且我很肯定这些谱系记录（虽然它们有些杂乱、零碎）是具有一致性和精确性的。由于我所发现的仅仅是人们的言行一致，因此，该研究所得出的结论就是多少有些消极的；但在更为积极的一面，该实践对证明"内部分裂（至少在这个小型的中国宗族里）并没有那么大的意义以至于人们要依靠虚构族谱来保持任何形式的政治、经济平衡"却有着一定的价值。归根结底，他们的内含是让生物繁殖的事实控制其社会结构。

接下来是一个关于修复雷氏宗谱的详尽报告，在报告中我指出了某些似乎会对宗派分支产生影响的机制。这完全是对中国仪式活动所做的一个非意识形态的呈现。仅仅是描述那些被"祭拜"的祖先究竟是谁。

对我而言有价值的宗派历史资源有以下六种：

1. 由口头传统（oral tradition）以及特殊场合下由书面记录下的有关宗派历史的此类基本资料。[①]

254

2. 一本支派所载的宗谱，[②]余皆于日据时期佚失。

3. 祖堂以及其中的牌位。

4. 家庭祖宗牌位。

5. 祖坟上的墓碑。

6. 地方办事处存留的自 1906 年至今的地契和土地交易记录。

宗派早期历史

关于宗族久远历史的最早记录来自之前提及的那本支派族谱的第一部分。谱系图有点类似一个尖嘴沙漏：它最尖的那头就是本支宗族的始祖，该点之上的部分则呈网状结构排列着他后代的各个支系，即广东雷氏。这份记录自宋代一位由广西迁入广东并于公元 1164 年受官翰林学士的雷平（音，Lei P'eng）开始，他被认为是广东雷氏的"太始祖（t'ai－shih－tsu）"：据说，他的六个儿子分别成为六支广东最主要雷氏宗族的

---

① 例如，黎湘（音），"为元朗上村黎氏宗祠装修落成正考（chuang－hsiu lo－sheng ching－kao）宗亲书"，黎氏宗亲会 2 成立十一周年纪念特刊（香港，1961）。

② 所得原稿封面已失。

祖先。① 只有第三子被载于此份族谱上；他成为博罗县白沙村（Pak Sha in Pok Lo hsien）雷氏的始祖。② 传至四代，白沙雷氏的一位后代来到了东莞县凰涌村（Wong Chung），此地至今仍被上村雷氏视为"故乡"。

从这一点来说，该族谱所关注的焦点似乎已经从始祖建立的大宗总体结构转向了上村支派；它的视野是由低处而非高处出发的。迁往凰涌的那位祖先之子（雷平第五代孙）又被称为"一世"（并且其下所有后代都按此排序）。该族谱在此有一个副标题，曰"东莞凰涌支系"；五代之后又出现了"东莞凰涌支系八乡上村支派谱系"，虽然迁往上村至少发生在第八代以后。

255

上村支派的谱系很有可能开始于凰涌雷氏第十一代孙；因为正是在此处，谱系图呈现出了沙漏的最窄处 。在第十二代当中，只有一个子孙记录在档，据资料显示，其独子、十三世祖辉云（音，Wui－wan）才是真正带领后代迁入了上村的人。族谱上记着："其自锦田迁至上村，因此为上村之开基祖（k'ai－chi－tsu）。"没有任何文献显示在此之前存在迁入上村的迹象，然而根据村中口头传统，辉云先是迁到锦田，由于在当地饱受欺凌，所以才又迁入上村谷地。③ 他应该于公元1600年前后抵达上村。

公元1950年，一个雷氏宗亲联合会成立于香港，它为许多背井离乡的广东雷氏宗族成员提供了一个关注焦点。在其成立十年之后，该宗亲

---

① 该族谱仅仅提及了雷平的六个儿子全部来到了广东，并且散居在省内各地。其他关于雷氏祖先身份、姓名的信息都要归功于一位正打算凭借其雷氏血统在村中置房产的人，虽然他并非上村雷氏支派的成员。他如今是其家乡支派，广东东莞县的宗族办事人员，并且现在还是香港雷氏宗亲会的活跃分子。因此，他也是一位帮助了解全省范围内雷氏宗族结构的极佳调查对象。

② 该族谱在此处的不完整性，加上把之前那位祖先称为"太始祖"，让我不得不怀疑这是一个高水平的族谱虚构（high－level genealogical fiction）。真相要么是六个不相干的群体在同一时间段中进入了该省，要么更可能是白沙雷氏以此方式与一支当时存在的群体连在一起。

③ 考虑到锦田邓氏和周边村落村民之间随之而来的敌意，所谓"饱受欺凌"应该是人们虚构的。似乎更有可能是辉云来到了锦田邓氏的地盘，并成了该区域边缘的一位佃农。

会已经颇具规模,并且很好地发挥了其作为仪式中心——具体说是祖堂——的作用。上村雷氏祠堂距上次修整已近百年,它是殖民地(指香港)中该姓氏唯一的祠堂,因而提议以此为修葺对象;最后,宗亲联合会为祠堂的修葺和扩建慷慨解囊(7,345元港币,其中5,620元用于该项目建设),在厅堂背后又新建了三个内厅。在中厅里置放着村民祖先的牌位,其中一个侧室则供宗亲会使用。[1] 自初花期(繁荣时期)开始,上村村民与他们的城市同宗之间的关系就逐渐冷淡,但由宗亲会会长所写、发表于联合会1961年年鉴上重修祠堂的纪念性短文只包含了上村雷氏历史的书面版本。会长短文当中的某些信息也毫无疑问是来源于我分析过的那本支派族谱,因此,它对我的帮助比之于调查对象所提供的就相对较少。只有描述祠堂历史的那部分扩充了我的信息储备。

地方宗族的结构

祖堂中所置牌位除了为人类学家提供信息之外,祖堂还具有着重要的社会意义。我打算暂时把该文章的主题限定在讨论祖堂牌位和仅存的那本支派族谱中关于辉云后代的记录之间的联系。

大祠堂中厅里陈列着七行牌位。[2] 处在顶行正中央的是一块精心装饰过的、纪念雷氏所有开基祖的神牌。接着,按照传统顺序(站在牌位的角度看,先是从左向右,再是从右向左。)依次排列的是一些绿色的大神牌:

---

[1] 宗亲会成员中的城市居民使用该厅堂的方式与村民们截然不同,前者让人联想起佛寺中供奉虔诚善男信女牌位的圣祠。而上村居民祖先的牌位即使时代再久远,也要等到祠堂整修时方能放入。一旦安放好了之后,这些牌位就会被人们忽视,除了作为一个整体之时。相比之下,宗亲会的牌位却是那些新近过世并受到爱戴的人,这些人过世不久,其牌位就进了祠堂,并且,这些牌位还特意被摆放在显眼之处,以供其后代瞻仰。

[2] 牌位无男女之分,每对夫妻都共享一块牌位。就祠堂而言,女性的谱系人格完全被纳入其丈夫之下。

1. 十一、十二世祖之位,在上述曾被比喻为构成沙漏颈部的两代。根据宗族传闻,辉云从凰涌来到上村安居之时,带着其父、其祖父的牌位。①

2. 宋代雷平之位,族谱中所载的始祖。他的牌位为何会被排在其明代后人的牌位之后尚未可知。

3. 雷辉云之位,生活在明代的十三世祖,祠堂是以他的名字来命名的。

4. 两位十四世祖,禹维和宁维(Yut-Wai, Nim-Wai)。族谱证实了他们的兄弟关系,均为辉云之子。然而,作为弟弟的禹维却排在其兄宁维之前。

这些牌位显然是宗族的核心。它们构成了一个章程,该章程为上村雷氏规定了四项基本事实,即:

(a) 其与天下所有雷氏同根同源;

(b) 作为雷平的后代,其也为广东雷氏的一支;

(c) 雷辉云所有后代的牌位都在此祠堂当中;以及

(d) 当地宗族分成了两大支(开基祖两个儿子的支派;在下文中我将分别简称其为"大宗"、"小宗"(senior, junior branches))。

257

这七块处在中央的牌位与其他牌位的区别不仅在于其特殊的位置,它们的样式也与众不同。它们做工精致、装饰精美,而祠堂中的其他牌位只不过一些被简单的白底黑字的木牌。

在样式上的变化使得牌位中所包含信息的质量也有所不同。中央牌位的逻辑关系能够用以说明其牌主之间的血统关系,因此也就说明了他们对于当今后代们的重要性。但是祠堂并没有进一步给出它所代表

---

① 要么该说法——当然是标准的说法;对照:上水万氏堂(Sheung Shui Wan Shih T'ang)中的牌位与之具有相似性——是目的论,要么是中国人的移民观念发生了变迁。前者似乎更具可能性。谚语"人走到哪里,魂跟到哪里"对人们下定决心搬离老家起到支持的作用;带走祖宗牌位,并将其安置在别处表明了不再返乡的意图。似乎有这种可能:当一个移民社区经过了若干代人的定居之后日渐繁荣起来,人们就会慢慢创造出开基祖在迁入时曾携带其祖先牌位的神话,以此来为后代们反而一去不复返的不孝行为进行开脱。

的宗族在结构方面的任何信息。其他六行再加上顶行余下六块牌位所代表的世代情况如下：

雷氏祠堂的牌位分布表

世代	牌位数量	卒年	世代	牌位数量	卒年
15	3	1666	21	21	1826
16	2	1693	22	9	1853
17	6	1719	23	1	1879
18	8	1746	24	21	1906
19	17	1773	25	24	1933
20	11	1799	26	5	1959

从牌位上所载辉云及其二子生活于明代（会长的短文中称，辉云是于"明朝末年"抵达该地）、第十五世祖生活于清代的事实可以确定，十四、五世之间的继替应该发生在公元 1640 年前后。二十六世的五兄弟陆续于 1960 年（祠堂最近修葺之年）之前去世，[1]为我们提供了两个较为确切的年份；由这两个时间点可以大致推断出表中各世代的卒年。而且，如果使用贝克（Baker，1968：ch. 2，见于各处）所建议的方法，我们甚至可以确定每次修葺祠堂的大致年份（下文对此有更详细的讨论）。当站在祠堂中一堆杂乱无章的牌位面前，人们往往会备受打击。对于有谱系意识的人而言，这些牌位互相矛盾，几乎无法提供有关宗族成员间相互关系的信息。至少在祠堂中，祖先们是被混作一谈的；可以说，祠堂是用以加强宗族内部的团结性，而非加剧成员间的紧张关系的。坟墓里的，家庙中的个别祖先被选作特别关注，族内派系的分裂正是依据于此，倘若对此一无所知的话，就可能误以为宗族内部的分裂现象无足轻重。如果反过来——派系足够卓越，以至

---

[1] 我推断，在 1960 年，人们并没有遵循"将某人的牌位覆上红纸置于祠堂，待其死后揭开"的风俗。因为在修葺过程中十分活跃，直到一九六七、六八年仍然健在的许多人，在祠堂中并没有他们的牌位。

于实际不能实现任何中心聚焦点的话,那该情况也不会成问题。但恰恰是这两个系统的存在才能解释如何以不同方式建构祖先的现象,而正是该现象造成了本文试图要去解释的问题,即这两种系统(支派族谱和祠堂牌位)之间究竟是何关系,在最后的分析中哪个系统更为重要?

我们不得不转向支派族谱去为祠堂所提供的基础信息寻找详细的版本,虽然族谱中提供的信息也不见得比祠堂详细多少。宁维,辉云长子,在族谱中仅被提及过一次;有关其派系的记载在该谱中只有一个"参见卷一"的标注而已。这一支派系显然也曾有过自己的族谱,但却早已佚失。残存的这卷则专门用以记载禹维,辉云次子这支(参见图一)。禹维有三子,其中彬元(Pun—yuen)、永符(Wing—fu)二子即为祠堂中的两位十五世祖,但是第三子永昌(Wing—cheung)虽然明显生有五子,但却没有发现有关他后人的任何线索。事实上,他是为数不多的几位在祠堂中有其牌位,但后代却未被载入族谱的人。如此死胡同在新界的族谱中相当常见;这大概可以作为该地一直保持着稳定迁出率的明证。[1] 十五世祖中的老三,除了在祠堂中有牌位外,别处均未发现他留下的痕迹。他可以被暂时归入到"大宗"的行列中去。

祠堂中两块十六世祖的牌位其中之一为武田(Mo—tin)之位,该牌位也位于顶行之列,他毫无疑问应该源出大宗。由于族谱丢失,大宗早期阶段还存留有一丝神秘感;而当今规模更大的小宗则记录较为完整。禹维长子彬元(Pun—yuen)生一子:雅田(Ngai—tin)。禹维次子永符(Wing—fu)据载有一独子,但该支谱系无有书面记载;只有根据口头传统来确定其存在。永符支系如今成为村中最重要一支的事实刺激着我进一步调查的兴趣。为何今天最具影响力的宗族派系(尽管只是新近才相对繁荣)却有着最为贫乏的记录?

---

[1] 根据其他诸如当地土地资源、政治动荡以及(至少从 19 世纪中叶起)外出谋生机会等压力来源得知。面对大量的宗族规模连续性缩小的证据,人们由此可以推测,每代人的搬迁反而能够保证大宗得以幸存。

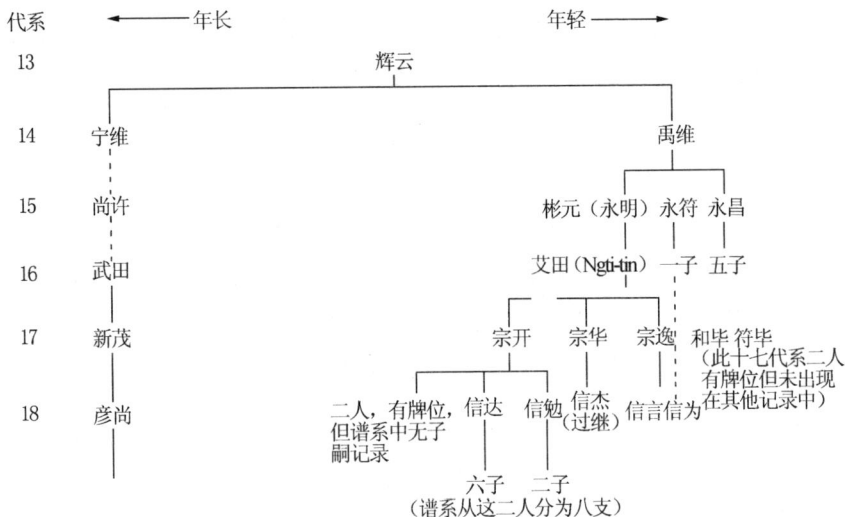

图一　雷辉云十八代系子嗣

所有名字都取自牌位,除了取自其他来源的大写名字(译注:在此指永明、永昌)。实线为既已确定的关系,虚线为我的个人推测。大宗十六代至二十六代民有人全部列在一个单独的家庭牌位上。

在第十七世中,族谱主要记载的是雅田的后代。雅田生六子,只有长子宗开(Chung－hoi)的后代上了族谱。族谱记载,宗开的幼弟被过继(kuo－chi)给了雅田次子宗华(Chung－wa)。关于三子宗逸(Chung－yat)的描述则来源于其他资料,然而有关雅田的三个小儿子的信息就无从知晓了;他们要么是夭折了,要么就是迁往了外地。在其父下葬之前他们肯定彻底地消失了,因为在雅田的墓碑上刻着宗开、宗华、宗逸三兄弟的名字,却对另外三兄弟只字不提。

在祠堂里,三兄弟的牌位与另外三位十七世祖的牌位放在一起。另外三位十七世祖中,有一位在家庙中的牌位显示其为武田之子,所以他也可以被归到大宗中去。剩余两位的名字在别处均未曾出现。由于他们名字里代表辈分的字相同,所以他们有可能是亲兄弟。并且,他们也许代表着如今无从探知的大宗繁荣时期。①　如其不然,他们就可能是属于永符支系。

十八世祖中有五位是宗开之子(幼子过继给了其弟宗华)。②　五兄弟的牌位都进了祠堂。至于其他三块十八世的牌位,一块(唯一与其他辈分名不同的名字)属于大宗(该名字出现在同一块确定了其父亲和祖父的家庭牌位上);根据一座偏堂(subsidiary hall)世业堂(the Sai－yip hall,下文中会讨论)中的牌位显示,第二块牌位的主人是宗逸之子;而第三块的主人又没有记载。我将暂时把他归入永符支系当中。宗开的四个儿子(现在假设第五子信杰(Shun－kit)生活在宗华身边)中两个年纪稍长的肯定离开了上村;族谱中有他们已婚的记录,但却没有记载其子嗣。其他二子:信达(Shun－tat)和信勉(Shun－min)则传承了其父之血脉。

在第十九代中,族谱分成了八个部分。这八条谱系线分别记载了信达六子和信勉二子。其中七条记录截止到第二十四或二十五代,另一条则在传至第二十二代时终止。在我旅居该村之际,雷氏族长(通常由辈分最高、年纪最长者担任)是第二十五世祖,在该世代中已经鲜有尚存者;族中老人多为第二十六代,成年人则主要来自第二十七代。因此,谱中所载者均已作古。该族谱应该是在整整三世以前修订的,当时,只有

①辈分名的根基并不牢固。虽然它们的接受范围似乎很广——甚至,在小宗中,绝大多数二十七世的人都在使用——但也不能保证每个人一定都偏好于让他人以辈分名的形式称呼自己,或者在上谱时一定会用辈分名,又或者在不同的书面记录中甚至也不一定都会使用该形式。比如,十五世祖彬元,其墓碑上刻着的是他的"字(tzu)":永明(Wing－ming)。第十七世那两位祠堂里有其牌位但下落不明者,也许是因为在族谱上他们所用的不是牌位上的名字。对宗族历史这一阶段进行解释产生的问题还并不是特别多,因为该阶段涉及的人名相对较少。真正困难的是把土地记录与家庙祖宗牌位相匹配的工作。新界华人依旧十分善于利用"在亲友中是某个名字,而在政府记录中又是另一个名字"的优势。对照"注27"理解。

②总之,我没有把本文的重点放在过继之上,强调过继为的是呈现宗族为其成员所感知的谱系历史。在图一中,有若干亲子关系就像这样被简单处理了。虽然事实上其中包含着一个过继现象。无嗣的男子在一生当中都可以收养孩子,或者在其死后不久,过继也可以发生。过继现象作为族谱虚构的水平太低(low－level),因此在这里也就无关紧要了。

最年轻的孩童才来自第二十五代（如今村中孩童为第二十八代）。族谱最近一次修订应该是在公元 1890 年前后。在尝试将活人与死者关联起来时遇到的困难证实了我的信念，即在如此高水平的谱系记录和活人的明证之间存在着一定差距。那些活人能够、不能够提供给我的信息都增进了我对此的确信。虽然越接近现在越不肯定，但他们还是能够毫不犹豫地告诉我自己属于大宗还是小宗。他们可以毫无戒心地回答对其之间关系梗概的提问，但一旦涉及细节时却又愤怒地含糊其辞。① 我相信他们之所以如此是有其目的的。

262

调查对象们在一点上大体达成了共识，即宗族中有五大支派——其开基祖的地位相当。虽然我竭力尝试，但也没能从任何人那里得到有关两个大派系和这五个难以归类的支派的满意解释。我们现在进入的僵局可以参照图一来予以澄清，因其列出了该宗族自十四代至十八代的始祖。只有引入其他资料中的证据我们才能够回答这一问题，即这五个地位相当的支派是如何从这一根源发展出来的。

祖堂和宗族发展

在前文中我曾提到雷氏宗族还有另外两座祖堂。我不断被坚定地告知，这两座祖堂与大祖堂并不相同：大祖堂被称为"祠堂"，而这两座附属性祖堂则被称为"神厅"。② 与村内其他无组织的（amorphous）地方相比，两座神厅在村里所处的位置则是被明确界定、自我意识、紧密相关的亲属群体所占据的。在这两块区域中，只有两户人家里供奉有家庭祖先牌位。对此，我得到的解释是，"神厅"在其所在区域内发挥着每家每户的家庙的功能。在村中我没有发现任何属于弟弟（虽然在经济上分了

---

① 我曾经一度想当然地认为，"现代变迁"使得人们对族谱之类的传统逐渐失掉了兴趣，但一位知情的调查对象略带讥讽地指出，对谱系的忽视并非近期发展出来的；我真的幻想过古代一群目不识丁的农民竟会比如今半文盲的体力劳动者更加煞费苦心地去在乎他们的谱系吗？
② 在新界的其他地区，"神厅"指的是供奉着神祇而非祖先的小庙。上村人十分讲究在下文中将会提到的用法。

家,但依旧回来祭拜)的家庭牌位;分家之后,弟弟们会拿着与长兄相同的牌位各自开始新的崇拜。神厅里没有人居住,但其似乎恰恰又发挥着分散在各地的亲缘群体的仪式中心的功能。正如一位调查对象所言:"正屋(cheng－wu)是一座用以供奉祖宗牌位的房子。① 你也可以认为神厅就是所有那些把祖宗安置在那里而非家中的人们的正屋。"较小的那座雷氏神厅——世业堂,事实上采用的是家庭建筑的结构,其与邻近屋舍之间从表面上看不出明显的差别,并且它很有可能曾经是该支派某位早期成员的住所。但是它显然有很长时间没有被当做住房来使用了。另一座神厅——采善堂(the Tsoi－sin hall),则是一幢宏伟的建筑。其规模以及华丽程度足以让大祠堂相形见绌。该神厅建于本世纪(20 世纪)初,并且显然纯粹是为了仪式目的而兴建的。下文中所描述的采善堂的性质皆为世业堂之翻版。

与本应各自被放置在每家每户的牌位并存的是"死者可以被立即安置进入神厅"这一事实。与祠堂不同,神厅并没有类似"新牌位只能在厅堂需要修复之时才能够被移入——而且还需要'入场费'"的规定。那些拥有家庭牌位的人家通常在右半边墙上(从牌位角度往外看,即"次位")放置有一些小纸片;这些纸片是"神枱子(shen－t'ai－tzu)"即小型祖先祭坛,上书与户主同辈、或者辈分更低但先其而去的亲属的姓名。当其达到一定辈分之后,这些早逝者也能够登上主祭坛接受祭拜(在主祭坛前面焚香与在临时性神枱子前面焚香是同时进行的)。那些把牌位置于神厅的人家,同样也将神枱子置于侧墙之上。并且有人告诉我说,神枱子上的名字要"过上很长一段时间"才会被移放入神厅。② 我还被告知(虽然对我来说这似乎不太可能),在古代,未成年男子的名字不能从神枱子移入神厅。这似乎暗示着只有在谱系中的重要人物死后方能进入神厅,但上村的两座神厅中都有大量明显属于夭亡者的牌位。把上述迹

① 严格说来,正屋中供奉的是那些由嫡长子传下来的牌位。
② 女儿的名字甚至都不能进入神枱子。

象视为神厅具有双重功能是比较切合实际的,即神厅处于一个介于祠堂和家庙二者之间的位置。

处于世业堂正中央的大牌位是一块红色木板,其上刻有自十七世祖宗逸至二十一世祖世业(Sai—yip)的所有直系祖宗名讳。这一串雷氏宗族开基祖的名讳与大祠堂里中央牌位上的完全一致。该牌位上的其余部分对此支派显然发挥着与大祠堂核心牌位对于整个宗族相同的作用:这是该支派成员的共同纲领,它明确了其始祖(focal ancestor)在宗族总体结构中的位置。图一中的一条支线也因此可以被至少延伸至第二十二代。这块中央牌位上除掉世业自己以外的所有名讳同样也出现在大祠堂当中。虽然我们无法判断究竟是这串名字中的哪一位创造了足以保障该支派在分家之后仍然充裕的财富,但是我们也可以推论这位先人不是世业自己就是他的儿子。看来即使大祠堂内的牌位会被复制以作为支派的共同纲领,但似乎并非支线中的所有成员都会被安放到修葺于世业堂落成之后的大祠堂中去。

在世业之后,该神厅则让我们相当失望。该支系第二十三世中无一人进入大祠堂。[①] 在中央牌位的两旁分别有一块更大的纸质牌位,记载着五位二十四世祖、十九位二十五世祖、九位二十六世祖以及两位二十七世祖的名讳。在上述三十五人当中,有二十位似乎未曾婚配,并因此可以认为其在谱系意义上是无关紧要的。更重要的是,没有任何迹象能够表明他们之间的关系。神厅于是又一次为该支系发挥了祠堂的功能:在强调了该支派与宗族其他支派之间的差异后,它还模糊了支派内部的差异性。它只用于强调支派针对外部世界的统一性。

附属于世业堂的一间屋子中有一块家庭牌位,上面记载着一些二十

---

① 相比之下,大祠堂中也只有一块二十三世的牌位。(据说该牌位属于一位在香港工作并最终发达了的凰涌支系的轿夫,他和上村支派有一定联系。)在其他几点上,二十三世被证实是后代延续方面的一个障碍,但我却无从对其做出解释。该代成员在 1880 年前后相继过世。在大祠堂的这一案例中,似乎他们正好错过了 1860 年的重修,而到了 1960 年再一次重修时,他们又大多为人们所遗忘了。至于唯一被安放进祠堂的那位,可能是由于他出门在外,故其后人决心要确定他在村中的合法地位的原因。

二至二十七世的名讳。牌位只给出了二十二世祖以"阿"字开头的小名，并且与神厅里其他任何牌位都无关联。屋子里住着的老寡妇告诉我，她的亡夫（二十六世）是一个在神厅中没有牌位者的兄弟。关于该支系结构的信息都是从与其成员的对话和对土地记录的参考得来的。虽然当我逗留于该村庄之时，该支系仅有四户人家，但其谱系结构仍然十分不明了。调查对象甚至无法对一个只有五代远、四户范围内的家系结构做出清晰的描述，该现象显示出了我在研究过程中所遇到的这类问题，即提问精确至一定水平之后调查对象就一无所知了，甚至对那些与自己关系很近的亲属也是如此。

关于神厅，可以提出几个有趣的问题。首先，在哪些时候人们会另起炉灶，创立新的家庭牌位，将自己的支系与其他宗族成员区别开来？他们为什么要这样做？其中一部分动力是否来源于神厅或者祠堂对于此种区分的过分缺乏？神厅在什么时候会升格为祠堂？是否可以认为这两个过程是同时进行的？现在让我们回到宗族祠堂来找寻这一升格过程（肯定发生过）的蛛丝马迹吧。

没有人会以兴建祠堂作为乍到某地的起始，不论他是否带着祖宗的牌位。在辉云初至上村时，所考虑的肯定是其他的一些更为切实的问题。其后若干代人也是如此。只有经过了数代的繁荣和多产之后，他们才有可能会通过建造正式的祠堂来明确自己的身份。神厅十有八九在很早以前就已存在，可能就在某间为此目的而腾空的屋子（辉云自己的正屋？）里。正如今天的神厅一样，它会被当成族群中所有成员牌位的储藏室。倘若该假设成立的话，神厅中的早期牌位就可以为我们提供有关在上村生于斯、亡于斯的所有雷氏成员的纪录了。事实上，自辉云到至少第十八世，每代的牌位数量都在这个新成立但却蒸蒸日上的村落中快速增长。

接着，在第十九世中，我们遇到了一个突如其来的峰值。在第十八世祖时期，上村雷氏至少有六个各自独立的大家庭，其中一些人丁兴旺（在汉语中，该词是繁荣昌盛的同义词）。根据记载，信达自己就育有六子。我们似乎有理由认为在第十八世至二十世的这段时期之内,雷氏神厅升格成为了祠堂。[1] 族群的成员想要表现出在内部已经出现的社会分化,而且这时已经有能力建造比神厅更为宏伟的建筑了。牌位数量之所以会在第十九世达到峰值或许正是因为最早的祠堂是由第二十代人所建造。正如前表所示,峰值过后立马就是一个波谷。新牌位只能在祠堂重修时才能被安放入内的规定,意味着那些修葺祠堂的人们反而最没有机会在死后进入祠堂:修葺者将年代最近的作古者的牌位安放进祠堂,而等到下一次祠堂重修之时,他们却成了年代最久远的祖先,也因此最容易被人们所遗忘。由上述可以推论,祠堂有可能初建于公元 1780 年前后。牌位数量的第二个峰值是在第二十一代,第二个波谷在第二十二、二十三两代。调查对象没有提供给我任何有关原始祠堂的信息,但却报告了一次在清朝咸丰年间(1851－1862)的重修,此次重修的大致时间与前述表中所推断的相吻合。显然,第二十二、二十三代的成员(由于支系之间繁衍速率并非一致,所以这两个辈份里才会有人年纪相仿)将第二十一代,可能还有一些二十代的牌位安置进入祠堂之中。当两次重修之间的间隔时间相对较短之时,人们可以预期新旧牌位中会在辈分上有部分的重叠,该现象可以在一定程度上填补牌位数量上的波谷。最近这次在公元 1960 年的重修无疑不在上述考虑的问题之列;我们知道,第二十六、二十七代人在祠堂中安放了他们的父辈和祖父辈的牌位,这使得第二十四、二十五两代的牌位数量又达到了一个峰值。在第二十六代人中只有五位死于 1960 年前;假设下一次祠堂重修是在一个世纪以后,我们可以预知,新祠堂中将会只出现少量第二十六、二十七两代人的牌位。

前述的大部分内容均属于推断。并无人类学家前往上村,更不用说

---

[1] 对此宗亲会会长持有异议。他认为,祠堂是在开基祖四代之后,即由十七世的成员修建的。他的依据似乎并不比我的更加信实,但其断言或许表明了在开基祖四代之后,公元 1720 年前后宗族多少出现了一些分化。如果与世业堂的类比合理的话,在此之前,神厅本身与私人住宅就并没有任何区别了。

长时间地先是进入神厅,接着又到祠堂里进行观察。我将自己对该过程的描述作为一个合理的假设,并希望赶在时空因素限制我的研究和思考之前,用对上村中使用第二座神厅的支派的案例研究来充实这一假设。在先辈不断繁荣的时期,该支派建造了一座规模宏大的神厅,在此之后,它又逐渐陷入了贫困、不团结的境地。这两个过程都是近期发生的并且能够被观察到。①

家庭祖宗牌位:高、低水平记录之间的联系

保存于人们家中的祖宗牌位应该能够提供高、低水平宗族纪录之间的联系。如我们所见,高水平记录是以强调整体统一性的方式来排列的;而低水平纪录增加对支派分化描述的精确度,这究竟是对祖堂、族谱进行了补充,还是使问题更加含糊不清了呢?

上村的家庭牌位无一例外地采用了相同的样式:一张糊在隔墙上的橘红色的纸把屋子分为居室和寝室。在牌位之上,是观音菩萨和两位侍从的画像。她和祭拜祖先的仪式完全联系在一起,并且甚至连她的生日仪式也与祖先祭拜毫无差别。在某些案例中,祖宗的名讳并不写在纸上,而是写在一块红色玻璃上。这块玻璃被放置在一个更为精致的木框里。这一现代发明方便了我的工作,因为它避免了老鼠对我所需信息的破坏。

关于木制家庭牌位有大量文献可供参考;其中有一些提到了,在分家之时,弟弟会把长兄手中木制牌位(只有嫡长子才能继承木制牌位)上的内容誊抄到纸上。但这些文献却没有对几乎为新界所独有的这种纸制牌位,以及调查对象所达成的关于"牌位由木制到纸制的变化新近才发生"的共识做出解释。贝克根据上水调查报告(Baker, 1968:62)所给出的解释并不令人满意。他认为,木制牌位之所以被取代是因为"孩子

267

---

① 该假设假定在远离总部发展的社区,其演变过程与本土宗族的内部支系分化过程之间存在着共同点。它们之间难道会存在必然的差异吗?

们对其心存恐惧"。在我所得到的解释中,只有一个似乎具有一定的社会学意义:木制牌位太占位置了。某些纸制牌位的长度同样表明,任何将家庭地位最高的祖先牌位移送入祖堂或者遗忘掉的方法系统都早已被废止不用。

冗长的纸制牌位的广泛应用表明,木制牌位上简短的文风近期还在使用,并且,个人祖宗牌位不仅在一个地方被供奉。[①] 这两个推论共同表明了我所观察到的现象、描绘了一个自早期更为僵硬的系统开始的变迁——有人认为是衰退。在此我必须让这样的问题保持开放状态:是否曾有另一个系统更为流行,如果有的话,它又是怎样与文献中所描述的家庭仪式相关联的;为何会有发生变化的可能性;当今的系统代表的是一种发展还是衰退。

268 在家庭成员过世之后,他们的名字会被添加到牌位上去。但是在更换新的牌位之时(家里有人去世之后的第一个新年,或者翻新房屋时),似乎却并不会遗漏任何一个名字。[②] 一个特别的牌位,如图一中所示,始于第十六世终于第二十六世;另一个更值得注意的牌位从第十二世延伸到第二十五世;还有一个牌位从第十七世到了第二十八世。记载着六至八代的牌位属于正常水平;不到六代的牌位则属于例外。那些上溯到最早期祖宗的牌位上的名讳都能够在祖堂中找到。在第一个例子中,该副本一直扩展到第二十一代;在第二第三个例子中,则扩展到第十九代。在此之后就只有其中一部分人的名讳能够出现在祖堂里。该现象证实了我先前的假设,即原本接受所有牌位的"神厅"在第十九代左右时变成了一个更具选择性的"祠堂";它还暗示了一种伴随着该变迁的趋势,即人们会通过誊抄祖堂牌位上的名讳来构建自己的家庭牌位。

----

① 三处地方:大祠堂、支派的神厅以及一座家庙。
② 如何处置入赘者牌位的问题在本文中没有涉及,因为这种形式的婚姻在上村并不存在,同时我相信在新界的任何地方都不存在。

乍一看,这么长的纪录兴许能更方便我重建宗族谱系。但是,尽管很长,它们还是遗漏了很多信息。首先,它们与祖堂上的牌位一样,并没有具体说明同一牌位上人们之间的关系;其次也没有指出不同牌位间人们的关系。显然,人们希望通过在不同牌位上出现的相同姓名能够理清这些人之间的关系,但是重复出现姓名的情况却十分罕见。只有当牌位中一代人仅出现一个姓名时,我们才可以安全地假设其为父子关系。(过继,由于它会把一个人完全从某支系移动到另一支系,所以也被包括在内。该现象对此没有任何影响;牌位上的记录具有的是社会,而非生物、遗传意义。我们所探寻的正是前者。)

分析每一块牌位并试图将它们与所属家庭嵌入到宗族结构中去是一项困难但却吸引人的工作。在此我将把相关讨论限定在一块记录着十七世祖雷宗开及其后裔的牌位当中。我之所以选择该支系是因为它是关于该派系族谱唯一尚存的纪录,并且我在村中所住的地方周围恰好主要都是该派系的成员。宗开有二子:信达和信勉。信达有六子,村中仍然有七户人家认为自己是"六屋(liu—wu)"支系的成员;信勉有二子。该谱系在第十九代时分成了八个分别以信达六子、信勉二子八人为始祖的支系,并一直延伸至第二十四、二十五世。在信达的六位儿子中,我只找到了其中三位的世系,并只能够对声称自己是"六屋"支系成员的七户人家中五户的身份作一解释。因为剩下的两户人家无法清楚地说明自己与信达的具体关系,并且他们的家庭牌位和支派族谱没有任何相互吻合之处。

269

最完整、最吸引人的例子来自信勉派系;如今其中只有两个支系的记录尚存,如图二所示。

图中形成的对应和比较如下:

十八世。牌位乙在信勉的同代中有珊□(Shan—?);问号表示一个应该是"勉"但却实际并不存在的字。因此,该牌位上就有一个语音错误(珊—信)以及一个写法上的错误。

十九世。甲乙两块牌位上都出现了"赞"字代替"璨"字(Tsun for

世代	表A	家谱	表B
17		宗开	宗开
18		信勉	珊?
19	赞耀	璨耀	赞耀
20	达明 =妻郭氏	达曼 妻? ／ 阙曼 =妻谢氏	爵曼 =妻谢氏
21	赞丰 无妻 ／ 明丰 无妻	希瑞 妻? ／ 明瑞 无妻 ／ 昭瑞 妻?	昭丰 =妻谢氏
22	映逸 =妻陈氏 ／ 章泰 无妻	绩友 妻? ／ 绩佑 =妻林氏	板佑 =妻林氏, 妻王氏 ／ 佑? =妻?
23	书和 =妻章氏	光耀 字书和, =妻章氏 ／ 光友 妻逃 ／ 光燊 字光和, =妻王氏	光友 无妻
24	景泰 =妻章氏	景泰 =妻章氏 ／ 尚泰 =妻章氏	尚泰 =妻章氏
25	准绍 无妻 ／ 连福 =妻林氏 ／ 成绍 无妻	准绍 早夭 ／ 玉成 妻? ／ 成绍 早夭 ／ 玉亦, 字玉杨, =妻章氏	丰杨 =妻曾氏
26	优光 无妻 ／ 福光（在世）／ 金光 无妻		福川 =妻梁氏
27			泰福 =妻曾氏
28			达川（在世）／ 男婴（即死于婴儿期的儿子）

图二　雷信勉之子嗣

Chan)。当地方言常常把 u 和 i 发成 a 的音。

二十世。牌位甲中出现了"明"字以示"曼"字（Ming for Man）（方言中发 Man 的音）。牌位乙中则出现了"爵"字代替"阙"字（Ch'euk for Tseuk），但是两块牌位上妻子的名字却相符合。

二十一世。牌位上显示，该世代的辈分名为"丰"（Fung）；但族谱上记载的却是"瑞"（Sui）；其原因不得而知。可否认为昭瑞（Chiu－sui）就是昭丰（Chiu－fung）、明瑞（Ming－sui）就是明丰（Ming－fung）？在这一代中妻子的名字数量不足以为此提供进一步的线索。

二十二世。又是如此：绩佑（Chik－yat）是否就是板佑（Pan－yat）？据牌位显示其配偶均为林氏（Lam）。

二十三世。族谱中注明了光耀（Kwong－iu）和光赞（Kwong－chan）的字号，这两个字号分别出现在甲乙两块牌位中（牌位乙中的"亦"音（Yik）即为"耀"，方言中读作"（Yak）"。）光佑（的记录）则（在族谱和牌位中）相符合。我无法解释为何兄弟二人在牌位上一个用名，一个用字。①

二十四世。二者相当符合。虽然在牌位甲上的"景"字用的是简写。

二十五世。虽然妻子姓氏不一致,但牌位乙上的丰扬(Fung－yeung)应该就是族谱中字丰杨(Fung － yeung)的那位。(读音为"yeung"的这两个字在写法上只是稍微有所不同。)在另一支系中,两位夭折的成员在族谱与牌位上都非常符合,虽然在牌位上"绍"字所用的是另一种字体。我认为连福(Lin－fuk)正是玉成(Yuk－shing)的字号。

二十六世。牌位甲上最后两个名字是现任户主福光(Fuk－kwong)已故的两个兄弟。

二十七、八世。泰福(Taai－fuk)至今尚能被人们所记起:他的亡妻之母仍然在世,并且住在村里的另一个地方。达川(Tat－chuen)现在正在伦敦一家餐馆里打工。

结果表明,这两套记录之间的一致性程度很高,并且几乎不需要些许做出进一步的注释。(在其他例子中,族谱和牌位之间的相同点要少得多。)该支派的男丁数量少得令人惊讶:福光仅有两个儿子、一个侄子;另一个支系,达川这边则已经是九代单传了。在谱系学意义上,福光和达川仅仅通过一位对前者而言是七代以前、对后者而言是九代以前的祖先关联起来(在二十三世发生的过继使得他们俩在生物学意义上的联系稍微紧密了一些,但严格说来,这在谱系学上是没有意义的)。福光和达川关系亲密,并且以叔侄相称;他们常有礼尚往来;达川在英国工作之际,福光会替他照料房屋。早在达川的孤儿时期,福光就开始照顾他了。我是在对谱系细节的细节有一定的了解之后才得知了这一密切的社会关系,对这一发现我感到由衷的惊奇。在如此生活条件的村庄里(直到近期才有所改善),上述的这种模式——仅能满足血统生存下去的条件;在缺乏近亲时,亲缘关系实际上已经很淡的家庭之间结成紧密的亲缘关

① 据族谱记录,光耀原为绩逸之子,后来过继给了绩佑。

系的行为——可能流传广泛。①

　　这或许至少可以为调查对象之所以对其彼此具体的亲缘关系含糊其辞,提供一部分解释。首先,描述七位表亲(搬了两次家)之间的关系即使对于一位合格的谱系学家来说也是非常困难的。其次,如果介于二者之间的亲属已经亡故,那么没有人会在意这些细节。由此我们可以理解为何"亲兄弟"和"胞兄弟"这两个范畴会被混用。自此我深信,近亲(最难以避免的)和远亲(需求最少的)之间关系的细节是被人们有意图地忘掉的!

　　图二呈现了我所拥有的、在祖先和后代之间关联方面最为详尽的依据(evidence)。它仅仅涉及了宗开的后代。我还有一些关于大宗谱系结构十分详尽的依据;宗逸后代则包括在文章早期对世业神厅族群的描述当中。宗华(Chung-wa)收养了宗开的一个儿子——信杰(Shun-kit),此子的后裔以他的名字作为自己的身份认同(祖业,即祖田,依然是在宗开、宗逸、信杰的名下)。信杰的大部分后裔如今生活在一座持左翼态度(with pronounced left-wing feelings)的小村里,而且他们并不愿意和我交谈;因此对于该支派的谱系结构,我仅有概要性的依据。最后一个麻烦来自永符的后代,文章接下来的部分就是对其解决办法的描述。

丧葬实践

　　目前为止我已经表明,在有足够运气和数据的条件下,人们是可以对现今村民的祖先做出精准追溯,并把他们归入宗族整体结构中去的。接下

---

① 如果在此引入土地记录作为世系图纪实性证据的话就将更加有趣。根据该记录,锦昌(Kam-cheung)和光逸(Kwong-yat)于 1961 年继承了龙保(Lung-po)与湖绅(U-sham)共有以及各自的遗产。几天后,他们变卖了三分之二的共有遗产(很明显,正是为了变卖这些土地他们才会达成对长期继承事实的法律共识);这显然是一份从未被如此记录过的较小的祖业。该事例恰好阐明了由不同名字所产生的困难。龙保应该是景泰或者连福的另一个名字,而湖绅则肯定就是丰扬。经证实,在英国人抵达新界之时,他曾是一位举足轻重的人物。1901 年,他曾以"湖绅"的名字出现在一份由英国人制定的村委会委员名单之上。

来有待讨论的是祖坟的总体规划,在其他记录缺失的情况下它们所蕴含的价值,以及丧葬实践会引起我先前怀疑的原因。我对这些主题的处理是草率的;我与我的调查对象都没有就此细节做深入的思考。

"安葬过程的三阶段"(至少在香港)是为人们所熟知的:头七年为棺葬;之后,人们会发掘出死者的遗骨将其装入罐中,并将这些罐子在开阔的山坡上放置一段时间(时间不确定);最后,其中一些死者的遗骨就永远留在了罐子里。起初,这些实践对我而言似乎是冒着将祖宗珍贵的遗骨暴尸荒野的最大风险:即使是因为风水的原因也不需要对每位祖宗都进行三次安葬。我想知道这种在处理祖宗遗骸上的矛盾行为——想要达到第三个阶段,遗骸必须要从暴露在自然环境、路过的野兽、野狗的条件之下幸免——的背后是否隐藏着另一个(或多或少)蓄意削减祖先记录,以便这些记录能够被随意建构的尝试。① 仔细观察就会发现,其中似乎还涉及了一些更为直接的事物。

273

有两处不确定地带令我最感兴趣:其一是山坡上成排的罐子是根据什么原则产生的;其二是在对待直系和远房祖宗的方式上有哪些不同。我曾就"哪些因素决定了罐子在山坡上的选址"这一问题询问过调查对象,但得到的回答却相互矛盾。一些调查对象认为,父子之间的关系是如此的亲密以至于盛放他们遗骸的罐子必须被安放在一起;另一些则否定了出于上述逻辑的推断,并认为,盛放兄弟遗骸的罐子才应该被安放在一起;还有少数一些人认为每个罐子在安放过程中都会征求风水先生的意见。② 无怪乎我通过"询问罐中所纳遗骸各自为

---

① 新界人草率处理祖宗遗骸的行为与台湾人的兢兢业业形成了鲜明的对比。芮马丁(Emily Ahern)向我肯定说,任何装有祖先遗骸的罐子一旦丢失,都会在她所调查的村庄中引起风波。另一方面,孔迈隆(Myron Cohen)则告诉我,在客家人中,无人照料的罐子会由收罐者收集起来,而其中的遗骸则会安置到那些绝后者的公共坟地中去。

② 我在上村没有发现对妇女遗骸做单独处理的证据;妻子(们)的遗体似乎通常都安放在丈夫身边,并最终与其一同下葬。唯一能够预见的例外应该会是本世纪村中首富的六姨太。她已寡居了五十余年,所有其他姨太都死于五年之前,并赶上了和丈夫一同下葬的时机。而她则必然要单独下葬,将来盛放她遗骨的罐子乃至坟墓的选址都将出于其后代命运的考虑取决于风水因素。

谁"这一实践来检验理论的尝试,却引出了人们尽可能含糊不清的回答。在对我关于最后下葬的资讯进行答复的时候,这种含糊性则更为强烈。调查对象们普遍认为,许多罐子会被集中埋葬在一个墓穴里,但他们却无法提供任何关于哪些罐子会被归为一类的规则。一旦这些罐子下了葬,人们至少可以试图通过参考墓碑上的铭文来推演(罐子的)拣选原则(principles of selection);而当罐子被放在山坡上的时候,人们就只能通过罐盖上的姓名来辨别不同的遗骸了。

实际上,个人的情况和愿望决定了,将盛放自己死后遗骨的罐子置于何处、在何时下葬以及是否与其他罐子安葬在同一墓穴中。理论上来说,每位亡故祖先的遗骸都会经历安葬的三个阶段。但在现实当中,死者遗体将会如何取决于其后代的财富以及他们之间的关系。在何种情形下个别祖先能够得到迅速安葬是具有指导意义的。某人将其父母风光大葬,却将祖父母的遗骸忘在山坡上;他的父亲有兄弟数人,他们各自后代的财力大不相同。在另一个年代稍远的案例中,一位富人选择为上溯至其曾祖父的单一血系的祖先下葬;调查显示,他的父亲以及祖父均为独子,但其曾祖父却有一位兄弟,他的后代成为另一支派系。当后代很贫苦之时,人们会听凭/容许(allowed)盛放祖先遗骸的罐子堆放在山坡上。至于风水先生,如果真像上述那样,安放每个罐子时人们都会向他咨询的话,那他也只不过是根据家庭当前的财力来决定最新的罐子应该安放在何处。

在对直系、远房祖宗的祭拜之间并不存在明显的区别;罐子里和坟墓里的祖宗遗骸间也没有区别。对上限"个人的"祖宗("personal" ancestor)和下限"高级的"祖宗("senior" ancestor)的找寻——这也许和对村中记录进行"高、低水平"的区分相类似——其失败之处也在于没能认识到我们所面对的并非两个相互独立的分类(self－contained categories),而是一个连续的整体(continuum)。贫穷会导致某一血系祖宗的罐子分布散乱,并且其中年份稍远的也会开始接二连三地遗失;倘若没有足够的繁荣保障遗骸得以下葬,那么顶多只有两至三代祖宗的罐子能够在野外得以保留。

属于雷氏宗族的坟墓以及它们与祖宗记录之间的关系尚有待讨论。辉云,本地宗族的开基祖,与图三所示的另外两位先祖葬于同一墓穴。

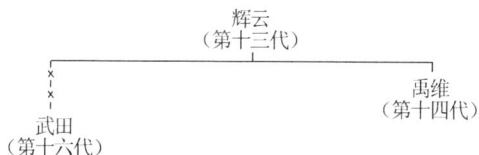

图三　雷辉云之墓

没有任何关于坟墓原始建筑(original construction)的记录存留至今;墓碑上只记载着该墓曾于公元 1861 年由"两大支派"派出代表予以重修。因此,宗族中的两大主要支系曾在由始祖辉云所提供的团结下,将该坟墓视为了二者的共同纲领。宗族成员在中元节拜访祖墓之际,辉云的名字却并不在祭拜之列。当宗族成员在祖堂中聚餐享用酒饭(Chao－fen)之时,人们会从辉云的祖业(Wui－wan tsu)中领取猪肉,但在中元节时,两大支派的成员却分立于祖坟两侧(站在祖墓的角度看,大宗在左边,小宗在右边)。禹维的祖业更为丰厚:每位参与祭拜祖坟的该宗派男性成员都会领取一张粉红色的票据,之后便能用该票据领取猪肉,而武田的后人们在此情况下却只能领取少量的水果。① 275

大宗(武田)的规模较小,其分化程度也相对较低。小宗(禹维)另外还有两处"高级的"祖墓(senior tombs):十五世祖彬元之墓和十六世祖雅田之墓。这两座祖墓均于 1910 年由"三支派",即雅田三子的后裔派出代表予以修整。小宗因此也就有了三座连代的祖墓,这足以防止人们从后世中挑选出其他祖先来作为新支派的始祖。更有可能的情况是,在

————————————

① 在这里我对祖业的风俗少有提及,因为在上村,祖业的重要性微不足道。就我所能收集到的资料显示,没有任何祖业大到能够为其成员每年提供一份以上的猪肉。在更大更富裕的宗族里,祖产还在宗族的政治结构中扮演着重要角色。

此三代人之后不久，该派系就迎来了一段时期的繁荣（可能与祠堂初建处于同一时期），这段繁荣时期使得他们的直系后代能够一直照料这三代人的遗骸，直至最后下葬。另一种不那么重要的可能性是，小宗一直以来便有以坟墓安葬（的传统）。

现在回到五个支派的问题上来，尽管大宗处于明显的统一、小宗中存在三个支系，但是我却发现在祠堂的酒饭席（由开基祖的祖业提供）竟是由五个人轮流负责的：其中四位分属于上述四个支派（一支大宗，三支小宗），而第五位，村中最具影响力的首富却不知为何也能参与其中。我假设他是与三个小宗支系的其中一支相关联的（可能是远房亲戚），并且仅仅是凭借财富和地位才得以加入到负责人的行列中来。但当我意识到他于 1914 年去世的父亲虽然比他更具财富和地位，但却没有参与 1910 年彬元、雅田之墓的重修（并非因为当时他正忙于安葬自己的直系祖宗）之后，一个对他可能是大宗（永符按理说应属于小宗）第十五世祖永符（参见图一）后裔的口头暗示方才得以证实。他虽然能够负责禹维的祖业，但却不能从雅田的祖业中分一杯羹；因此他也只能作为同样上溯到第十五世祖的宗派的代表，而非除彬元以外的后世祖宗。

结论

对五个均衡支派问题以及我对高、低水平宗族结构之间明显差距探索的结果回答是，它们之间肯定存在着差距。而且，这一差距得到了人们的充分利用。但是该差距的本质以及它被利用的方式却与我的预料有所出入。宗族的记录是准确的；对它的阐释决定了宗族在政治和经济上的平衡。事实上，非对称的派系会被对称的理想的家族概念所反驳：宗族的这五个派别虽然在分割水平上有所差异，但却在规模和地位上大致相当。因此大宗会把关注重心放在一位十四世祖上，三个"宗"字开头的支派把它放在三位十七世祖上，永符支派则放在一位十五世祖上。任何在谱系学意义上对宗族结构平衡的解释都反映着在人口和经济方面极大的不平衡。在场的这些族群因此也就可以被视为出发点：它们之间的关系在一定程度上取决于对参照点的选择，以该点作为参照，过大的派系将会分裂，而过小的派系又会相互重新结合起来。

该结论引出了两个问题。第一，该模式（即无法避免的非对称派系会遭到对宗族结构对称解释的反驳）的适用范围有多广？第二，如果该结论合理，那么就应该能够进一步推论，对祖宗记录的解释会随着宗族派别经济和人口环境的变迁而发生变化（虽然变化得十分缓慢）。我们可以将记录存在蓄意伪造现象的考虑排除在外，但这意味着我们在寻找证据的时候，一定会把那些或多或少有意识的操纵包含在内，而这将使（调查工作的）难度大大增加。而时间以及对书面证据的缺乏都不允许我们这样做。我们只能假设，在雷氏的这些案例中，宗族五大派别的概念是在近期才形成的。永符支派仅在世纪之交曾繁衍生息并兴盛一时①，但是到土地记录开始之时（约 1906 年），该宗派的一位成员已经进入辉云祖业的托管人之列了。

在祖宗记录开始用以记载真实发生的事件、并且此后也不再（或者很少）被蓄意伪造的情况下，它成为一份历史文献。但对该文件中证据的选择性处理，又意味着该记录只有在合乎生存条件的时候才会被当做共同纲领。

277

（彭泽安译　郭潇威校）

---

① 该支派于 1900 年前后分出，并在村庄的边缘地带建立了一座新村。它与宗族剩余部分的实体分离，可能使得将其同时视作在谱系上独立的要求变得更为紧迫。

姻亲和亲属仪式

芮马丁（Emily M. Ahern）

　　中国的姻亲关系早已成为人们热议的话题。两位近期关注此话题的评论员，弗里德曼（Maurice Freedman）和武雅士（Arthur Wolf）之间的观点恰好背道而驰：武雅士认为在结为亲家的两个家庭之间，其关系是"基本平等的"（1970：199）；而弗里德曼则坚持其结亲"使得女方家庭在仪式和社会方面都要次于男方家庭"（1970：185）的观点。至少在中国社会的一隅、台湾北部一座叫溪南（Ch'i-nan）的村庄里，姻亲关系的情况与上述两种看法均不符合。一方面，与武雅士观点相反的是，溪南的姻亲关系并不平等；另一方面，与弗里德曼观点相抵触的是，婚姻导致了嫁方（wife-givers）远比娶方（wife-takers）更高的优越地位。不论先前双方经济社会地位如何，自订婚起，新娘方就被认为在仪式上要高于新郎方。

　　溪南村坐落于台北平原的西南部，台北市西南方向约十英里处。溪南人的祖先是 18 世纪中叶福建省首批抵达台湾的近一千名移民。多年以来，他们建造了由坚固的砖瓦房、平整的稻田组成的定居点/村落，它们均位于自山谷流经村庄的小溪岸边的沃土之上。大部分农家依旧拥有着一些其祖先留下的稻田以及小块种植茶叶或果树的山地。村民会在周边的工厂、煤矿打打零工贴补家用，但几乎没有人家能完全不靠土地生活。该村如今由四个以各自祠堂为中心的宗族定居点/自然村组成。这些自然村之间虽说存在着明显的界线,但它们却又几乎挨在一起,并呈一字型排列在群山脚下。虽然四个父系亲属族群(agnatic group)各自聚居,但是他们却对其共同的区域团结(territorial unity)有着很强的认同感。因为村口有一片小竹林,该地区的惯用名也就被叫做了"竹林中(within the circle of bamboo)"。该名称增强了这四个自然村的区域团结。

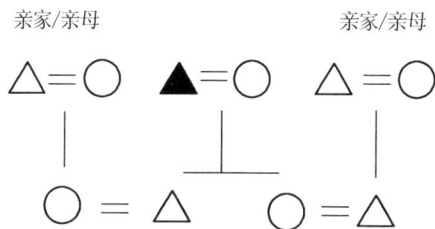

图一　亲家、亲母词条图解

订婚及婚礼习俗

我对婚礼习俗以及"竹林中"姻亲关系的理解要归功于一位语言能力极好的年长调查对象。[①] 他有条不紊地解释说:

我们将女婿的父亲称为"亲家(chin-ke)",母亲称为"亲母(chi：一m)"。同样地,女婿的双亲也把我们称作"亲家"或者"亲母"。所以,每个家庭都会有两对"亲家/亲母",即女婿的双亲和媳妇的双亲(参见图一)。但是,这两对"亲家/亲母"却大不相同,更为重要的是,他们的地位并不平等。儿媳的双亲是把女儿嫁到我们家的亲家/亲母,而女婿的双亲一方却是娶走我们女儿的亲家/亲母。我们相比于儿媳双亲这边的亲家/亲母较大[khaq-tua],而较之女婿方的亲家/亲母则较小[khaq-sue]。

---

① 在本文中,我仅讨论那些从夫居的婚姻(virilocal marriage)(相对于入赘以及新居制)(matrilocal/uxorilocal, neolocal)。在这种婚姻形式当中,新娘会作为成年人成为男方家庭的一员。我所讨论的订婚和婚礼习俗既不适用于女方作为童养媳寄住在其未婚夫家中的从夫居婚姻,也不适用于入赘的婚姻形式(uxorilocal form of marriage)。

接着他还谈到葬礼上穿的丧服能够显示出上述姻亲等级的排序。在入殓下葬之前,在祖堂的大厅里,会用竹竿挂起许多截写着赠送者姓名、与死者关系色彩明亮的布(挽联)。调查对象告诉我,"这些挽联之所以要挂在祖堂里,是为了给丧亲家族媳妇方面的亲家以最高荣誉。[①] 他们的挽联必须被悬挂起来,这样才能体现出相比于迎娶了丧亲家族女儿的亲家他们的地位要更高。"当我表示这一事实与我所期待的完全相反之时,他回答道:

嫁女亲家(wife-giving chin-ke)当然要比娶女亲家地位更高。如果我把女儿嫁到别人家当儿媳,她就得给人家生孩子、帮别人繁衍后代,还有什么礼物能比这更贵重吗? 他们应该把繁衍后代的功劳归给我们,是我们把媳妇嫁给了他们。这份人情比什么都重要,而且他们永远无法偿还。自然而然,我们的地位也就比他们高了。

没有理由认为他的解释是站在嫁方或娶方一边所得出的偏见,相反,他的描述正是关于该村婚姻习俗的普遍性陈述。[②]

虽然其他调查对象不像上面这位有条理,但是他们也都表达了其基本相同的观点。在讨论姻亲时,人们提到了嫁方群体具有较高的仪式地位,而非基于财富或者门第(social standing)取得的较高的社会地位(social status)。这两种地位是可以拆分的;我将试着说明:无论两个家庭先前的门第如何,嫁方姻亲(wife-giver affine)都会在仪式地位上高于娶方姻亲。而且,值得注意的是,溪南的许多村民认为姻亲间理想的关系状态是,"嫁方"在社会上特别是经济地位上应该均高于"娶方"。这与别处的情况完全相反。许多发表了的民族志文章均认为,出身于社会、经济地位比夫家高的女孩会很难接受新家庭更为艰苦的生活条件,因此

---

① 亲家一词常用于指代出嫁方或者娶入方家庭的全体成员。

② 我用"嫁方"(wife—giver)、"娶方"(wife—taker)这一对略写来代替冗长的汉语表述:我们把女儿嫁给对方的亲家、我们从对方娶入媳妇的亲家。我并没有由此暗示在溪南存在着婚姻等级(marriage classes),在这些等级中,新娘的优越地位可以沿着可预料的方向传递下去。这一有趣的问题尚有待解决。"嫁方"、"娶方"这一对术语仅在指涉具体结亲家庭时适用。

男孩的家长往往会考虑那些门当户对或者社会、经济地位不如自家的女孩（参见，如，杨懋春. 1965：107）；溪南人充分认识到从更富裕的家庭里娶媳妇是很困难的；然而他们仍然偏好于媳妇出身富裕，因为娶这样的媳妇进门意味着大笔的嫁妆。正如一位调查对象所言，"大多数人都认为，理想的儿媳应该出身富贵。即便他们知道这将会增加媳妇在夫家我行我素的能力。讨富贵人家出身的儿媳妇的目的是拿到更多的嫁妆（ke－cng）。" 281

我不知道新娘比新郎出身富贵的婚姻具体能够占到多大的百分比，在我出席的一些村庄婚礼上确实如此；而在另一些案例中，双方则据说在经济方面门当户对。尽管如此，人们的态度显然表达出在他们的观念里，新娘的家庭就应该更加富裕。在下文中，我将忽略掉对嫁方姻亲的实际社会或经济地位的讨论，只考虑他们是否会习惯性地获得仪式上以及（在某些情况下）行使权威时的优越性。我发现，在本来嫁方就具有社会优越性的案例中，这一优越性会作为嫁方基于财富或者声望的优越性的补充；在其他情况下，尽管嫁方先前的地位和娶方平等甚至更低，这种优越性依然存在。

在订婚和婚礼上互换礼品和金钱（译注：指聘礼和嫁妆）显示出娶方对新娘娘家负有极大的义务。订婚礼在女方家中举行，第一个步骤便是男方前来下聘礼（许多食物、饮品，大量现金以及给新娘准备的个人礼物）。收下聘礼意味着两个家庭自此便开始缔结了姻亲关系。虽然在一些婚姻中双方家庭交换的礼品价值相当，但在另外一些婚姻中聘礼却成了男方家庭沉重的负担。比如，在订婚仪式中，男方家庭要给女方家庭成员包很多"红包"，以作为他们在订婚礼上帮忙的酬劳。每位娶方姻亲都在新娘给他们倒茶时掏一个红包，此外另一个红包则要至少包够仪式宴会的钱；其他的红包则包给那些准备晚餐、提水、负责宴会过后打扫工作的人。婚礼期间女方家庭成员到男方家里做客时，上述这些送钱的行为就变得更加直接了。虽然女方家庭成员在男方家中会享受到奢侈的晚餐、周到的服务，但他们却完全不用给对方红包。这就好像是娶方必须要抓住每一个机会去偿还他们欠嫁方的人情；嫁方则没有这样的义务，他们只是理所应当地接受而已。

表面上看，缔结婚约时男方给女方下的聘礼与举行婚礼时女方提供的嫁妆价值相当。而事实上，大部分嫁方家庭并不这么看。在接受访谈前不久刚把女儿嫁出去的一位妇女向我列举了嫁妆的花销。她估计在嫁妆以及相关开销上他们花费了约 1.6 万元新台币（大约是该家庭两年的收入）。[4]（1969—1970 年的汇率为 1 美元折合约 40 元新台币。）她愤愤不平地说："你可知道，为了这场婚礼我们不但把新郎家给我们的钱花了个精光，自己还搭进去一笔？现在一点也没剩下了。"她的感受与我们所见的新娘的价值是一致的。男方给女方家庭送的聘礼本是为了弥补她的损失。但如果这些钱还不足以让他们准备一笔丰厚的嫁妆的话，他们就会觉得受到了欺骗。这下他们失去的就不仅是一个女儿，连弥补这一损失的那笔钱也一起没了。嫁方被人夺走宝贵财产却没有得到足够补偿的感觉，与娶方感受到的重担是相互的。

娶方感受到的这一重担进一步体现在他们对新娘的礼遇上。新娘在婚礼上的特殊待遇主要体现在两个方面。首先，她像贵人一样被人们伺候着。其次，只需一声吩咐，立马就有人前来满足她的要求。比如，在订婚仪式上，女孩会坐在一张有脚凳的椅子上，以此象征将来在夫家她会过上舒适安逸的生活。此外，她坐在椅子上的时候，她未来的婆婆会给她戴上结婚戒指。据说，女孩在事先会被建议，当婆婆给她戴上戒指之后最好能马上弯起指头，以防婆婆把戒指拉回到第二个指关节上；村民们说，如果婆婆成功了的话，那将来她就能随便支配自己的儿媳了。这一假设的前提通常是即使一些婆婆会尝试多次，但女孩仍然能够阻止戒指被拉回至第二个指关节。一个女孩告诉我说："大多数婆婆不敢去刻意拉戒指。即使有人这么做了，她也不会成功。因为女孩们通常都会确保她们的指头一直保持弯曲状态。"据我观察，在每场婚礼的这一环节里，婆婆都只不过是轻轻把戒指往第二个指关节拉一下而已，完全不存在二者之间的角力。

女孩受到的礼遇将会一直持续到婚礼仪式上。在结婚的头三天，她被夫家人照顾得简直可以说是无微不至，并被给予了许多优待。在283她到达新家之后，只要她想，就能让婆婆帮着打开衣橱伺候她更衣。在婚宴接近尾声的时候，人们又会为她准备一张脚凳。此外，夫家的一位亲属，可能是公公兄弟的妻子，还要亲自用筷子喂新娘吃一口鸡肉和一口饭。翌日，人们还会把热水、新毛巾放在新娘子门前，以保证她的洗漱隐私。

在我看来，新娘之所以能够得到这样的物质享受、并被默许抗拒婆婆的权威是因为她是一件无价的礼物。但也有人认为，如此的待遇恰恰反映了她徘徊于女儿和儿媳这两种角色之间的阈限的地位（liminal position）。这种看似尊重的待遇所表现的或许相反正是特纳（Victor Turner，1969：109）所谓的"弱者的力量"（the powers of the weak）。确实，婚礼上一些被禁止的事物也佐证了这种解读。婚礼当天，在新娘家有很多关于能做什么不能做什么的限制；如婚礼时忌祭拜祖先，新娘忌见孕妇。另外一些限制则规定了哪些人能够到新郎家来看新娘。人们通常认为新娘是富有威力并具有潜在危险的。"新娘要注意避免直视他人，因为她如果与某人对视，会有可能导致对方失明。"介于良构状态（well-structured states）是否新娘不祥力量的源头呢？正如特纳所说，那些（即使只是暂时）不符合良构位置（well-structured positions）的人被认为是"危险的、具有无政府性质的，必须要以各种规定、禁令和条件来对其进行层层限制"（1969：109）。

对新娘的礼遇开始于订婚典礼、女孩进入至关重要的过渡期之前。此外，其他过渡状态下典型的实践却并没有出现在订婚典礼上。在其他情况下，当人们正在经历一次重要的地位过渡之时，他们会避免在打伞的时候"看天（khua：－thi：）"。比如，在葬礼上，死者的纸质牌位会被用一把伞遮盖着，并且照原样下葬。此时，作为尸体的死者与作为居民的牌位分离开了；这一过渡使得遮挡牌位的雨伞变得必不可少。当尸首被发掘出来、骨骸被转移到陶罐中之后，它们才会被用伞

遮挡。值此之际，死者丧失了作为死尸时拥有的恶毒力量；他再也无
法变身为危险的怪物，所以它的遗骸才能够被安全地从一个地方迁到
另一个地方。另外，他状态的改变也就意味着他的遗骸必须用伞加以
遮盖。在订婚礼上，女孩却并不需要如此防护（protect）；她可以不用防
护就随意在户外走动。相比之下，在婚礼上，如果她要外出的话，就一
定得有人为她打伞。据说，因为她是一位"新人"（sin-lang），所以不能
看天。

再者，这些过渡（transitions）都被典型地安排在由风水先生精心挑
选的吉时（propitious time）里。这一要求几乎适用于任何情形、任何地
方：入殓；掘骨；起基动土；入宅；嫁娶。在所有上述案例中，"良辰吉
日"都必须事先选定。这些重要过渡（crucial transition）均被人们小心
地控制在"良辰"所指的这两个小时中。订婚礼虽然也会择日，但给女
孩戴戒指的典礼却不会择时。订婚礼之所以要在吉日举办，是因为它
标志着夫妻双方家庭关系的变化。戴戒指的仪式则是两家之间的协定
（将来女孩会嫁给男方的保证），其本身并不是构成女孩由一个身份向
另一身份的重要过渡的一部分，因此就无需择时举行了。相比之下，
当女孩即将作为新娘过门到男方家里时，则必须确保她在"良辰"内踏
过男方家的门槛。订婚礼上与女孩相关的仪式均不太讲究择时，加上
允许女孩不加遮盖就随意外出，这意味着在订婚礼时女孩尚未进入危
险的阈限阶段（liminal phase），因此，对她的礼遇值此还不能够用该说
法来解释。

结婚典礼自身进一步证明了女孩的重要过渡是择时举办的（与订
婚仪式不同）。当新娘穿着结婚礼服出现在众人面前时，她手里必须
拿着两把扇子。当载她去往夫家的轿车出发时，新娘会扔下一把，留
下一把。留下的扇子代表着她即将开始扮演的儿媳角色，这是新娘开
始由一个角色向另一个角色的重要过渡；她在订婚仪式上受到礼遇的
原因应该另有解释，即从她对夫家的保证其家族血脉延续的价值中去
寻找答案。

在短时期内,新娘依然会被当做贵客对待。然而这种待遇却并非永
久不变的;它仅仅得自其娘家(natal family)。一旦她不再被视为由一个
家庭赠给另一个家庭的珍贵礼品、开始真正成为夫家的儿媳;一旦她被
当做是夫家家庭的一员,而不再与"外界馈赠族群"(outside gift－giving
group)相关之后,她的新身份的不重要性就凸现出来了。她的特殊身份
只会持续三天。在这三天里,她由夫家人伺候着,凡事不必躬亲。只需
穿戴一新静坐房中,为前来拜访者奉上一盏甜茶而已。丈母娘不会让她
帮忙家务,事实上她也不会冒险走出自己的房间。

这一"恩典阶段/宽限期"(period of grace)在婚礼后第三天,新婚夫
妇仪式性地拜访完新娘娘家之后就突然生硬地结束了。该拜访的名称,
"做客"(cue－kheq)一词凸显了新娘此时的身份:从这天开始,她就是夫
家的正式成员、儿媳妇,娘家的外人、客人了。"客访"的结束意味着双方
家庭都认同并赞成新娘与其夫家的融合。当新娘再次回到夫家时,她就
必须开始承担其作为儿媳的义务了。身份之间的过渡至此也就得以完
成;女孩成了娘家的客人、丈母娘家的媳妇。新娘与娘家的密切往来如
今也正式断绝,因此她也就无法再从夫家欠娘家的人情中获益了。她不
再被视为花大价钱换来的珍贵礼物,而是被要求扮演起儿媳这一地位低
下的角色。

结婚典礼的另一方面表明,对娶方而言,新娘最基本的价值在于其
生育功能。生育(生儿子)能力的重要性在嫁妆拿到男方家后(有时是发
生于订婚仪式之后,婚礼之前)的仪式中得到了惊人的表现。在我所观
察到的该仪式上,陪嫁过来的家具及其他礼品一经卸下,年轻的新郎就
走出了屋子,其兄弟则撑着伞陪在身旁。这二位径直走向嫁妆中的大衣
柜。新郎拿出一把钥匙打开了衣柜右上角的抽屉,拉开后往里看了看,
又立刻把它给关上了(一直打着伞)。锁好抽屉后,他们俩又撑着伞回到
了屋子里。媒人后来告诉我,这个名为"开花"(khui－hue)的仪式是为
了能让新娘早点怀上儿子。其他调查对象则认为新郎是在"看花
(looking at the flowers)",在我询问的人们当中,没有谁能对此做出进一

285

286

步的解释。只有在查考了其他情境下该仪式的各种元素之后我们才能够理解它。

"开花"一词当中的"花"从某种程度上说真的就只是妇女戴在头上的各种颜色的纸花或者塑料花。新娘会买一打左右的头花,并将其放在她衣柜最右上角的抽屉里。在婚礼那天,新娘会把它们从抽屉里拿出,分发给她丈夫的女性亲属。在其他情况下,"花"私下里也与生孩子相关联。在一个家喻户晓的传说中,有一位年轻女孩女扮男装离家求学,她发誓自己将保持贞洁。倘若如此,在她外出之际某种植物将不再开花。而一旦开花,就意味着自己已有了身孕。同样地,人们相信每个人在阴间都有某种事物与其"相对应":树代表着男人,开花的树则代表着女人。树上所开的花则代表她将来会怀上的孩子,而那些成熟并落下的花则代表着她所生育的孩子。把这两幅画面结合在一起,胞衣就被称作"花"(hue)了。

基于这些内涵,"开花"仪式很显然与怀孕和生育有关。新郎打开的那个抽屉是新娘婚后唯一能上锁的私人领域;新娘收着这把钥匙,只有她自己才有权打开这个抽屉。她会把自己最珍贵的财产——现金、珠宝、婚礼上的礼物、娘家人的相片通通都给收进这个小暗格中。在"开花"仪式上,新郎"侵入"了这一私密领域,"插入"钥匙并打开了这个抽屉。从而得以"看花"(或者根据一些调查者的看法,是"看看里头有没有花")。象征阳具的钥匙(phallic key)打开了女性的锁孔(female receptacle);这一性暗示十分明显。但是,对该仪式最好的解释究竟是"新娘在公共场合下的象征性受精"还是"检验生育能力"?我所拥有的证据并不能对此作出判断。也许这两种含义在该仪式中都有所表达;或者,不同调查对象对此也各执一辞。抽屉里的纸花代表着新娘的生育能力,所能生育孩子的数目。新郎借打开抽屉从而在仪式上"开花"、让子宫受孕,从而使胎儿开始发育。取而代之/与此同时,是为了确保新娘"有花",即能够生育,这是另一种解释。

典礼的两个方面支持了"新郎仪式性地使新娘受精"的解释。首先，在新郎进行仪式时会有人撑伞将他遮住。如我们所见，人们只有在重要的过渡中才会避免"看天"。如果新郎在开衣柜抽屉的时候用伞把自己遮住，我们便可以认为开抽屉对于新郎而言是一个重要的过渡。倘若他仅仅是为了检验新娘的生育能力，那这一行为并不会使其身份发生任何变化。而另一种说法："仪式性地使新娘受精，象征新娘初次怀孕的开始"则意味着新郎将要从儿子角色向儿子兼父亲双重角色过渡。其次，据说在仪式上撑伞为的是不让天公（超自然界的最高统治者）看见。如果这其中隐含着尴尬的元素，那么我们也许就可以把该仪式解释成性行为的象征。因为性行为是令人尴尬并且需要一定隐蔽性的，而对生育能力象征性的检验则没有隐蔽的必要。在典礼上的亲族们（新郎的直系祖宗以及关系密切的旁系亲属）看来，丈夫角色最重要的方面在于向新娘授精。他在大庭广众之下"开花"，或者说是在亲族的视野之内向她授精，以此盼望能开出更多的"花"，这些"花"将来能够进一步保障新娘顺利产下儿子。

婚礼后的姻亲关系

结婚仪式的结束并不代表姻亲间社会交往的终结。他们在婚后的关系由若干部分组成。在下文中我将按照互动场合的时间顺序对其一一枚举。双方家庭均会遇到的便是娶方家庭发生的"变故"，如生子、丧事等。在这些时候，嫁方会被期望对娶方履行一定的义务，并赠送一大笔礼物。鉴于娶方原本就已经欠下嫁方天大的人情，上述行为还真是令人诧异。人们本以为娶方会尽量找机会向嫁方馈赠礼品，以偿还自己所受的恩惠。当然这也时常发生：每逢嫁方家庭成员婚庆或者生辰之际，娶方亲家都肯定会送上自己能力以内最好的礼物。但更为重要的是，在另外的场合里，嫁方必须向娶方回赠更加贵重的礼物。这一看似矛盾的现象的基本原理就是，嫁方必须通过在经济和社会上采取更高的礼节

(superior manner)以确保其地位的优越性(superior status)。因此,如我们所见,婚礼后姻亲之间的往来提供了一个嫁方一定会这么做的环境。
288 双方家庭之间关系的另一个重要因素,是嫁方家庭对"负债累累"的娶方家庭施加的权威性。此外,我们还可以观察到一种产生自姻亲间的往来中的观点,即嫁方姻亲在某事的促成方面拥有强大的仪式权力。该权力既可以对娶方有益也可以有害。

上述的最后一个元素,嫁方的仪式效力(ritual efficacy)在婚礼结束后不久,夫妻的第一胎子女诞生时就会显现出来。在若干场合下,嫁方应该向其姻亲家里送去一些物什以确保新娘能尽早怀孕。最明显的例子是在新娘第一次"客访"娘家后即将离开之时,其父母会送给她一篮子礼物。其中包括了将会摆在婚床上供奉床母(一位级别较低的女神)【译注:床母就是床神,又称公婆母,在做母亲的心中是儿女的守护神。又称床婆子。人的一生中,有三分之一的时间是在床上渡过的,与人关系如此亲密的床母,受人祭拜也十分必然。尤其是不会走动的婴儿,睡眠时间长,与床的关系更为密切,所以民间乃以床母为儿童的保护神】的甜蛋糕。篮子里还应该放上六个即将孵化的鸡蛋,这些鸡蛋会被放在婚床下孵化。人们希望孩子将来也能像小鸡一样顺利诞生。如果第一只孵化出来的是公鸡,那么头胎孩子就会是男孩;如果是母鸡,那新娘就会怀上女孩。

在(嫁方亲家的仪式帮助下)新娘分娩的时候,姻亲关系的另一个元素又显现了出来。孩子一经产下,新郎家人便会立即差人把一种特别的油煎糯米饭、一碗鸡汤、芝麻油以及米酒送往新娘家以告知这一消息。新娘家收到之后,便将它们供奉到祖宗面前,这似乎是在告慰祖先:婚约和婚礼上的承诺(娶方后继有人)业已兑现。其后,新生儿便会收到来自母亲娘家人的、几乎能把自己淹没的礼物。他们会立即送来服装、金饰、红被袄以及一条母亲用来把孩子绑在背上的布带。在新生儿满月、四个月和周岁纪念上,他们还会给他压岁钱以及更多的首饰、衣物。

由于孩子的出生(如果是男孩)标志着母亲的兄弟与他的外甥特殊

关系的开始,人们也许会据此推断,送给孩子的礼物代表着舅舅对他的溺爱。但调查对象们对此的解释则主要强调的是姻亲家族(嫁方和娶方)辈分的高低,而非这两个亲族中某两位特定成员之间的关系(舅舅和外甥)。比如,在解释孩子从母亲娘家收到的大量礼物时,调查对象们常会引用两句俗谚:"外甥吃母舅亲像吃豆腐,母舅吃外甥亲像哺铁钉"和 289 "天顶天公,地下母舅公"。乍一听起来,这两句谚语似乎是相互矛盾的。第一条似乎是说的是豆腐咬起来很方便,因此拿舅舅送的东西也不费劲,而舅舅拿外甥东西的难度则有如吞下铁钉一般。但是,如果像第二条俗谚所说,舅舅大过一切的话,那外甥又怎么能如此轻易地接近他的财物呢? 一位调查对象对此问题作出了如下回答:

> 母舅之所以辈分最大,是因为他们代表着把女儿嫁到家里来的人家。母舅是嫁方亲家,所以相比之下他们的辈分则更大。也正因为如此,他们才会尽其所能地给我们送贵重的礼物,这样才能与其身份相符。由于拿舅舅的礼物很容易,所以我们才会说"亲像吃豆腐"。无论何时前往舅舅那里拜访都可以吃好喝好,因为如果招待不周的话他们会感到很尴尬。但是,另一方面,当他们来到家里做客时,尽管我们也会尽全力招待,但舅舅也不会吃任何好菜或者收任何礼物,因为这样会显得他们是来找我们帮忙的。由于他们很少接受外甥的回赠,所以才说"亲像哺铁钉"。

从而,第一句俗谚中的甥舅关系就得以按照姻亲族群的关系来解释了。嫁方设法通过赠送能够显示自己财富和资源的厚礼来证实自己地位之高。他们之所以拒绝接受娶方亲家的回礼,是为了显示自己什么都不缺。

下一个家庭周期(family cycle)中与姻亲相关的事件应该就是财产分割。在溪南,分家通常分为两个阶段。首先,兄弟们会在经济上分别自立门户,"另起炉灶"。第二阶段往往会在第一阶段若干年后发生(通常是在父亲过世之后),即分配父亲留下的田产和财货。第一个阶段(分灶)牵扯到了所有妯娌的娘家族群。如果仪式完整进行的话，每位妯娌的娘家人都应该到场，并带来整套的厨具、餐具作为礼物。他们将会准备相当于另一份嫁妆、对在其女儿婚礼上形成的这一小单元(unit)予以额外经济上的支持。这同时也再一次让嫁方对自己所赠的豪礼感到炫目。

在兄弟们开始分配父亲遗产之时，他们的母舅，作为其父亲嫁方姻亲的代表，将会成为遗产分配的仲裁。只要被请来了，他就对此拥有绝对的权威；他的决断毋庸置喙。在母舅本人的德行、当事人亲戚的身份、上一辈嫁方姻亲的代表等条件之下嫁方的优越地位得到了巩固。在上例中，嫁方和娶方之间地位的差距在辈分的作用下变得更为明显。是故，嫁方姻亲对两个阶段的圆满结束都有很大的帮助。在第一阶段中，姻亲们为这些新成立的经济单元提供了部分有形、部分象征意义的基础。而在第二阶段，他们又保障了兄弟间在不伤感情的条件下尽可能做到公平的遗产分配。之所以要调用他们的权威，为的是能够克服纠纷，以便财产分割得以进行。

下一个嫁方必须与娶方亲家往来的场合是原配夫妻孩子(即他们出嫁女儿的孩子)的婚礼。当原配夫妻的女儿快要出嫁之时，据说为了婚后的幸福，她必须和舅舅一起吃个饭。在婚礼开始之前，她必须不打招呼就突然回到母亲的娘家并吃一次至少有六道菜的大餐。谚语"不与母舅食，什么都没有"(即物质财富)解释了这一实践。在此，我们又遇上了熟悉的主题。首先，准新娘"不打招呼的造访"强调了舅舅对母亲一家不知疲倦/取之不尽的恩泽。他是如此的富裕和慷慨以至于能随时准备一份六道菜以上的大餐。其次，就像上述在头胎孩子出生中发挥的作用那样，人们认为娘家人有强大的功效。他们送给新娘的小鸡(鸡蛋)帮助她怀上了孩子；在这里，与舅舅共进的那餐饭则有助于她的婚后幸福。

妇女的娘家人在其外孙的婚礼上也会发挥一定的作用。虽然其作用不及新娘的兄弟(最直接的相干姻亲)。在婚礼上，新郎的家庭同时与三个亲族发生联系(参见图二)。如果这些姻亲全部到场的话，他们都得

坐在贵客席上。上座坐着的是新娘的父亲或者兄弟,因为他是最直接的
当事人。次席上则应该由新郎祖母的娘家人来坐(如果这两个亲族还保
持联系的话)(姻亲纽带的持续时间在下文中会继续讨论)。最后,新郎
母亲的娘家人也会坐在贵客席上。[1]

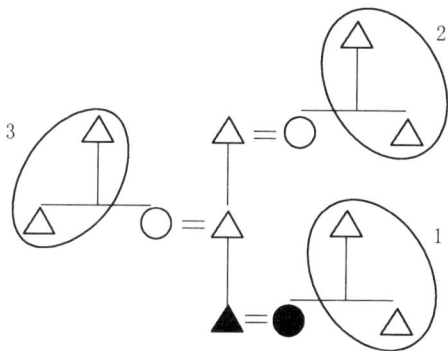

图二　三组嫁方姻亲

因此,三个把女儿嫁给新郎及其直系祖宗的家庭的成员都被挑出来
坐上了贵宾的席位。娶方亲家,新郎的姐夫、姑父也许都会参加婚礼,但
他们却不能坐在贵客席上。为了强调对嫁方亲家表现出应有的尊重是
多么的重要,人们给我讲述了一个关于有钱的医生的故事:

> 很多年前,王医生正在为其子操办婚礼。要么是因为医生给忙
> 忘记了,要么他根本就不了解正确的程序,总之他没有把自己的舅
> 舅安排在贵宾席上。因此,在婚礼进行到一半多的时候,这位被怠
> 慢的舅舅掀起他那桌酒席的桌布,把一桌酒菜撒得满地都是。医生
> 对此根本无话可说。舅舅通过掀桌子的行为告诉医生:你有钱就想
> 看不起我,可我是你舅舅,这就不成。

在50岁以后每一个"逢十"的寿筵上,嫁方姻亲也必须被安排在贵
客席上。当寿星是女性时,她娘家人的代表就必须坐在上位。人们又给

---

[1] 婚礼上舅舅在贵宾席的座次有详细的文献记载,参见葛伯纳(Gallin),1960:639。

我讲了另一个没有予以这些姻亲适当尊重的故事:

> 一位李氏宗族(溪南四大族之一)的成员正在为其母操办寿筵。他理所应当地对舅舅发出了邀请。但由于其母与其舅关系不好,舅舅就打发其幼子代为出席。主人看见是表弟代替舅舅出席,就想他只是个小孩子而已,觉得没必要把他安排在贵客席上。所以这个位子就给了另一位客人。过了不久,清蒸鸡上桌时,主人按照风俗把鸡头指向最上位。可主人的这位表弟可不是哑巴,他知道自己是作为父亲的代表前来赴宴,并且由此应该坐在上位。所以,这盘菜刚一上桌,他便伸出筷子夹下了鸡头,说:"这是我姑妈养的鸡,它应该是我的。"

在如宴会、婚礼这类的正式场合上,姻亲必须得到特殊的尊重。甚至连在不那么正式结构化的场合下,姻亲关系都只能在有限的范围内发生细微的变化。住在溪北(Ch'i—pei)(溪南村河北边的一座集市中心)的老谭(Tan)就是一个例子。他的儿子娶了溪南王家的女儿。有一天,我在村里的女房东(王姓)正与谭还有另一位刘氏(Lou)宗族里颇具威望的长者交谈。谭说到自己与儿媳娘家人之间的关系,"我儿媳他爹根本看不上我们。只不过我们没他家有钱,他就轻视我们。他老说自己女儿被亏待了,而且要做的活太多。我们每次去他家都会遭他咒骂,这都是因为我们家境不富裕。所以我们现在与他家没有太多往来。我儿媳父亲的葬礼我也没有参加。"听老谭这么一说,女房东和老刘先生马上爆发了。老刘严厉指责道:"你怎么能这么做?不论你儿媳的父亲和他家人说了什么做了什么,你都得尊重他们。其余的行为都是不对的。在溪南溪北的历史上,还从来未有过跟自己嫁方亲家翻脸的先例。"我的女房东随后补充道,之所以从没有过跟姻亲翻脸的先例,是因为新郎家往往都顺着嫁方亲族。姻亲关系之所以表面上都很和谐,是因为娶方对嫁方的一切冒犯行为都不介意,更不会反驳。如果他们都像老谭这样,那么他们将会成为众矢之的。之后,我还听到其他一些人(不单是王姓宗亲)议论,说老谭不是好人,因为他竟然敢跟自己儿媳的父亲翻脸。因此,即使在宴会等正式场合之外的普通情况下,不论自己受了多大委屈,娶方也都应该顺着嫁方亲家。

293

同样地,外界对嫁方向娶方显示慷慨的压力也不仅仅局限于诸如寿筵、婚礼之类的场合上。溪南的两大宗族——李姓和刘姓,各自把对方视为世代姻亲,因为溪南李姓始祖的女儿正是嫁给了刘姓始祖之子。有人告诉我说,几年前,李姓和刘姓在河堤一处裂缝边分别有几块地。开春一场严重的洪涝之后,被洪水冲下的泥土填平了这处裂缝,使得两家田地间的界线消失了。调用起两家间特殊的姻亲关系,刘姓人对李姓说:"外甥吃母舅亲像吃豆腐……那么你家的田吃起来像豆腐吗?"李姓人意识到他们没有别的选择了,只好把自己家的田让给了刘姓。为了显示作为嫁方的优越地位,他们只得表现出自己足够富有,即使拿出一部分土地也不足挂齿。

李、刘两姓之间如此持久的姻亲纽带(affinal tie)并非寻常;通常,娶方在原始婚姻那么多年之后是无法向嫁方提这种要求的。"李刘纽带"(Li-Lou tie)之所以一直得以持续的部分原因是这两个族群一直比邻而居。另外,由于李姓始祖把女儿嫁到了刘姓始祖家,所以这两个各自把祖先追溯到上述二者的宗桃群体(descent group)也就相互视对方为嫁方、娶方了,即所有刘姓成员都把李姓成员视为自己的嫁方姻亲,因为他们均是李氏女为刘氏开基祖所生孩子的后代。通常情况下,姻亲关系只能够持续三代左右,或者仅仅持续到建立该关系纽带的妇女与其丈夫双双过世之时。这意味着在其入葬以后,两个姻亲族群可能也就不再有往来了。

除了标志着姻亲纽带的终结之外,葬礼还明显地揭示了嫁方亲家的权威。人们一直以为,娘家人会参加出嫁女葬礼的主要原因,是缘于她与父亲或兄长之间个人的感情纽带。感情可能是出席葬礼原因的一个方面,但是出嫁女的兄长在其妹夫的葬礼上仍然扮演同样的角色,即便他的妹妹已经去世也是如此——这一现象是不能用兄妹间的感情来解释的。姻亲纽带和嫁方姻亲的权威一直延伸到了与原配新娘福利无关的情境。在接下来对于丧葬典礼的解释中,我所针对的只是能够说明姻亲关系的那些,因此它对于男性女性的葬礼均能适用。

294 在葬礼上,当嫁方亲家一进入视野,人们就宣布了他们的到来。随着"外家"(即姻亲;通常仅适用于嫁方姻亲)的哭喊声在整个丧亲的家庭中散播开来,死者的直系后代穿上了孝服,站到了院墙门前或者村头去迎接(嫁方亲家进屋)。嫁方亲家就要进门之时,这些送葬者便跪倒哭泣。亲家当中年长的男性(通常是死者的兄长或者大舅子)则会将他们扶起。他们坚持跪着,亲家继续挽扶,最后终于起身把外家领进了屋子。

  外家第一个行为对解释他们在随后的葬礼中所扮演的角色有着极为重要的意义。在他们到达之前,人们专门为其准备了一张叫"外祖桌"(gua—co—touq)的特殊桌子。首先,桌上翻放着一块亮色刺绣挂饰。其次,它放在庭院里屋子的正前方,所以外家在去到灵柩前悼念时一定会经过它。桌上放着一个锡制罐头,里面装有半罐生米,在生米上插着三支尚未点燃的线香。罐头和线香上都缠着红色纸带。当外家来到桌前,其中年长的男性要做两件事:他会拾起挂饰一角并将它折起放回桌上(正面朝上),为了让它不致滑落,又用罐头压在上面;接着,他再拿起线香,倒置过来,再插回原处(仍然放翻了)。

  该仪式似乎表达的是丧父/母的后裔们与丧亲的姻亲们之间的区别。对后代而言,这一事件是需要哀悼/服丧的。因此桌上的挂饰(用于诸如婚礼或新年宴会之类喜庆的场合)翻放过来是比较合时宜的。当年长的外家把挂饰一角翻起来时,就好像是在说:"我不是死者的后代,我并没有为死者服丧的义务。"即他并没有像晚辈那样为已故长辈服丧的社会责任。同样,点香并将其插在容器里也是典型地由晚辈们为已故长辈所做的事情。死者的全体后裔均会如此。当外家把没点燃的线香倒放之时,他再一次表明了他的出席并非是作为后裔前来悼念已故的长辈。最后,线香以及罐头上的红带子再次强调了姻亲和后裔之间的区
295 别。武雅士曾经说明过红色在丧葬典礼中具有保护并非死者直系后代

人等(比如姻亲)的预防功能(prophylactic function)(1970：193)。外家并没有为死者服丧的义务,所以也就有资格被红色保护。在仪式伊始,挂饰是翻放的,线香是正面向上的,这是死者后裔的服丧方式。在将挂饰被翻正、线香倒插的过程中,外家长者便确立了自己(以及其代表的所有外家人)作为与后裔们相对的非服丧者的位置。

因此,外家在葬礼上的角色基调在他们抵达时就已经确定了:他们值得敬重,并且不是前来祭拜、悼念死者的。他们将在整场葬礼中得到无上的尊敬,尤以母舅为首。在外祖桌前的仪式之后,死者的一位儿子会端来一个装有为舅舅准备的丧服的托盘,该外甥跪在舅舅面前,将托盘举过头顶,请求他穿上这套衣服。接着,一位与母舅同辈的死者亲属会伺候他更衣、检查衣服是否系好。然后,当母舅及其家庭成员离开之时,一群死者的后代们又会向他们下跪。葬礼上没有任何其他人能够得到这般尊重,但对外家行此大礼却是义不容辞的。有人向我解释说,“几乎所有人都对自己的母舅怕得要死,因为他权力太大了。从前村里有个人在葬礼上对舅舅未尽礼数,因此便挨了他一顿狠揍。他有权如此,因为他的家庭把女儿养大、当做礼物送到我家,为我们的世系传宗接代。”

嫁方姻亲有权要求尊重。他们也有权扮演教训外甥的角色。许多调查对象都能够回想起一些看见年轻人在父亲或母亲葬礼上挨舅舅打的记忆。如果舅舅觉得外甥不孝或者对父母亲无礼的话,他就完全有资格揍他。外家正是通过这种方式继续保护着出嫁女儿及其丈夫的幸福。

类似地,舅舅被赋予了确保他妹妹或者妹夫在死后不会受到凌辱的权利。在早些时候,在舅舅尚未查看遗体之前是不能封上灵柩的。调查对象告诉我,虽然舅舅可以查看遗体,但在任何情况下都不能触碰它。“如果两家关系不好的话,舅舅在碰遗体的时候讲歹话(kong phai：—ue) ²⁹⁶的话,那无论他说了什么,都会成真。”我们又一次遇见了嫁方话语及行为的强大功效(powerful efficacy)。在此例中,如果不做防备,舅舅的话语会对家庭造成极大的负面影响,甚至有可能导致家破人亡。

今天人们不再将其视为一个严重隐患,因为在姻亲到来以前,灵柩就会封好。尽管如此,在葬礼上还是会举行一场模拟封棺仪式。据说这是为了给母舅一个满足自己、认为死者是自然去世的机会;在他完成该仪式之前,死者都不能下葬。在典礼开始前不久,死者的一位儿子会呈上来一个装有锤子和一枚钉子(均用红纸缠绕以保护姻亲)的托盘。该外甥又一次跪在舅舅面前,将托盘举过头顶。他舅舅接过盘子,但通常会将它交至代替他执行仪式的道士手中。如果是母舅自己来完成该仪式,那么他必须假装把灵柩的四个角全都钉上钉子,钉每个角时都说上一句诸如"愿全家人丁兴旺"之类的吉祥话。外甥们以及其他直系亲属则一直跪着直到该仪式结束。接着一位外甥会用牙齿拔下那颗钉子(实际上只是部分地钉在了棺材的最后一个角上),由此来显示自己对其母舅的极端尊敬;用手拔钉子未免有些随意,而且显得对母舅碰过的东西太不小心了。

在该仪式中,嫁方姻亲的权威又一次被着重强调。夫家可以在特定限制的条件下任意处置自己的儿媳:不能过分虐待她以致其死亡。儿媳的哥哥将一直有机会扮演着对其死因的仲裁者。仪式还再一次显示出了母舅话语的效能(potency)。他在封棺时所说的吉祥话有着很大的权柄。"无论母舅说了什么都会成真。"作为对这一工作的回报,死者的家属将要给他封上一个几百元新台币的红包,这比一般情况下的红包要贵重得多。

最后一个描绘姻亲关系的仪式是在灵柩就要移至场院之前举行的。该仪式的准备工作煞费了一番苦心:在灵柩前放着几张摆满饭菜的供桌(offering table);外祖桌则置于这些供桌之前;在外祖桌前又放着蒲团(下跪用的垫子)。一只装有绿豆芽的小碗被卡在外祖桌下一个几寸深的土坑里。万事俱备以后,男性外家将被首先请出。接着,他们两两站在桌前,跪拜,叩首,叩拜再三。与此同时,死者的后裔们也在桌下跪作一团,以示对外家的尊敬。在外家们跪拜之际,一位死者亲属或者高辈分的熟人会面对相跪,并宣读一份关于向死者供奉了多少食物、将会为其烧多少纸钱的文件。最后,他为两位外家每人满上一小杯酒,外家人举杯之后均将酒撒入装有绿豆芽的碗中。三次之后,下一对姻亲又将继续重复这些动作。

村民们认为,该仪式完成了两件事。其一,它建立了与死者之间的交流,以此死者便可以得知后裔们为自己所做的工作(service)了。人们认为正如官员死后往往会升一级一样,普通人死后辈分也会升一辈。因此,只有葬礼上辈分最大的母舅才能与之相称、和他交流。交流的目的似乎是为了确保死者对供奉给他的祭品能够满意。为此,外家专门带来一盘尤为丰盛的祭品。作为回报,死者家属务必确保外家回去时不但要把带来的祭品带走,还要给他们封上一个足以弥补这份祭品花费的红包。

仪式的第二个目的则相对要复杂得多。我曾就此询问过许多调查对象,如果外家的辈分真有这么高,他们在死者灵柩面前为何还要下跪?有些调查对象对该问题似乎也很困惑;所有人都否认外家之所以下跪为的是表达对死者的敬意。大部分人认为下跪是旨在摆脱死者的仪式中的一部分。他们认为,放在桌子底下的豆芽代表死者。向豆芽撒酒的姻亲据说是在运用那句"斩草要除根"(When you weed, get out the roots)的箴言。有人说:"这意味着你必须完全摆脱死者,别让他变成饿鬼,或者回来向后人们做什么坏事。"在这种解释看来,外家正在做他们最艰巨的工作,即驱除死者的恶灵以免他回来害人。开头与死者交流的目的在于确保他已经得到了他所应得的,而洒酒则是在他满意以后立即对他进行驱逐。在其他环境中,酒也是旨在"驱除某物":在六七年后第二次下葬时,如果尸体上的肉尚未完全腐烂,人们就会在尸体上洒酒加速其腐败。在葬礼上,酒的作用在于铲除死者变成僵尸的可能性,因为洒酒仪式之后就会立马将灵柩抬去坟场。如果一切进行顺利的话,僵尸及其恶行会被完全驱除。至于人们为何会觉得有通过仪式来促进僵尸退散的必要,本文就不再对其进行具体分析了。因为上述已经足以暗示把死尸从活人中脱离开来并不是那么简单,它需要借助于嫁方姻亲的仪式力量。而这正是我们分析该现象的目的。

298

阐释

在考虑姻亲的仪式辈分（ritual ranking）的社会关联时，一个明显的问题就会在脑海中浮现：嫁女的族群是不是也会从娶方族群中娶儿媳？不幸的是，必要数据尚不能使用，我也就没能按照这一有趣的调查路线继续下去。① 相反，我将转向分析姻亲的仪式角色，试图解释为何他们这么做是合适的。

在一篇读物中认为，对嫁方夸张的仪式顺从（ritual deference）所表现的是他们在现实中实际的社会地位的低下。② 在确保自身优越性的前提下，娶方有条件做出仪式上的谦恭、尊敬的姿态。同样地，昂贵的嫁妆以及倾泻给娶方的大量礼物均是嫁方希望通过炫富来弥补自己弱势地位的尝试。这种解释的一个困难之处在于溪南嫁方的社会地位有时会高于娶方；更为重要的是，人们把娶到富贵人家出身的儿媳视为理想婚姻，在这些情况中，很难看出为何与婚姻相关的仪式会要求娶方对社会地位相对较低的嫁方如此顺从。至少在那些嫁方社会地位更高的例子中，嫁方对娶方表现出顺从也是同样合理的。诚然，在一些社会中，仪式性顺从可以作为社会优越性的表现，在中国社会中应该也不乏此类案例。然而，将这些结婚典礼上的顺从解释为优越性的表现却似乎站不住脚。调查对象明确地把娶方的地位解释为比嫁方要低。无论双方之前的社会地位如何，嫁方在这一情境中都只能作为无望的负债者。没有迹象表明人们认为给予娶方的仪式性顺从和奢华的礼物表示他们处于弱势地位。此外，在其他的中国仪式里，那些得到仪式性尊重的人绝不会比给予尊重者的地位要低。比如，一直受到极大尊敬的神祇无疑要比普

299

---

① 关于中国的中表婚（cross-cousin marriage），可以参考葛伯纳（Gallin，1963）和许烺光（Hsu，1945）的两篇论文。在我获得有关溪南宗族、宗族支派以及家庭间互相交换女儿现象的详细资料以前，我宁可不对姻亲仪式辈分以及家庭间互相交换女儿的模式做任何评论。
② 我向弗里德曼在会议上提出该建议表示感谢。我当然要为在此引用它负责。

通人高贵很多。

另一个可能的解释:给予嫁方姻亲恭敬和谦恭是一个在儿媳和娘家人之间制造距离的尝试,其目的在于将新娘彻底吸纳为夫家成员。另一方面,对娶方姻亲相对的亲密则表达出一个家庭通过视女儿丈夫和夫家为近亲而非生人,来维持与女儿亲密纽带的希望。虽然这种解释在数据方面站得住脚,但我却无意接受。部分原因在于,没有任何仪式的参与者提到过这种解释;另外,他们所提供的那些阐释似乎解释了一些婚礼仪式上该阐释解释不了的方面。尽管家庭想要完全把过门媳妇吸纳为家庭成员,或者想要保持与出嫁女儿联系的说法,可以解释嫁方被给予的谦恭,但它如何解释嫁方相对于娶方的权威性呢?在下文中,我将试图说明,通过对溪南调查对象所提供阐释意义的探求,我们是能够解释这些婚礼仪式中令人困惑的方面的。

在我开始之前,我将定义一个对下文分析十分重要的亲属分类(kinship category)。图三是一个由一位妇女、妇女的丈夫以及孩子所组成的家庭群体(图中分别为 B,A,D 和 E)的示意图。

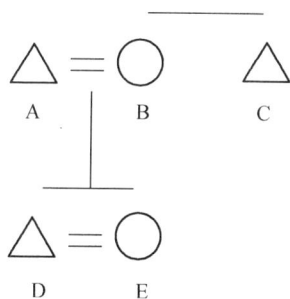

图三 女主的婚姻家庭及姻亲

姻亲(C 及其家庭成员)是妇女(B)的娘家人,他们在妇女和丈夫过世、其子女婚配之前都依然会对其他人保持兴趣。因此,这一亲属分类是由妇女与其涉及娘家的主要亲属(primary kin)组成。她和她的孩子们处于最为中心的位置,而其丈夫则处于最为边缘的位置。以下我将把这群人统称为"女方婚姻家庭"(the woman's conjugal family),而将女方娘家人简单地称为姻亲(affines)。① 虽然她其他的家庭成员也能够扮演嫁方姻亲在仪式上的角色，但通常该角色是由她的兄长来担任。父亲太过威严，侄儿尚且年幼，但是兄长在姻亲仪式中只是扮演了娘家代表的角色而已。如我们所见，他也可以派一个儿子代替他出席。

妇女婚姻家庭的姻亲关系始于订婚以及婚礼典礼。此后，嫁方姻亲就在夫妻孩子的生日、他们女儿的婚礼、男方与其兄弟的分家、夫妻儿子们的分家、他们的葬礼等大事上扮演着至关重要的角色。在这些场合中，夫妻和他们后代的角色——即其权利和义务——均会发生本质性的变化。而且，这些角色变化还涉及"女方婚姻家庭"之间的关系的重大变更。换言之，某人在这些场合下所经历的角色变化影响着他在与其直接亲属关系中的权利和义务。这两个特点在所有姻亲行为(affines act)的语境中均适用。比如，在"出生"时，个人第一次整合进入亲属联结(kinship nexus)之中，并同时被置于带有权利和义务的位置。他的双亲及兄弟姐妹们也会因此受到一定影响，即获得了一系列对这位新成员的责任。如我们所见，该场合下的姻亲的行为是带来一些即将孵化的鸡蛋作为礼物。在"结婚"时，女孩切断与其娘家人的亲属纽带并建立起与其夫家亲属之间的纽带。在该场合中姻亲仍然扮演着一定的角色，即保障她将来过上富裕、舒适的生活。在"分家"时，兄弟、双亲与兄弟、夫妻之间的经济社会职责均发生了彻底的改变。此时，姻亲就扮演了为这些新家庭提供基础(经济支持)的角色。在"作古"——某人终于抛弃掉此生所扮演的角色时，如我们所见，姻亲还要在把死者从活人中逐出的转场(transition)中帮忙。显然，在每个例子中，角色变化都在某种程度上对"女方婚姻家庭"成员有着深刻的影响。

有姻亲参与的转换情境(transitional contexts)与那些姻亲功能并没

---

① 我称为"女方婚姻家庭"的概念与卢蕙馨(Margery Wolf)的"子宫家庭"(uterine family) (1972；32ff)如出一辙。当妇女的婚姻家庭与一位娘家人代表共同被考虑时(图三)，这一亲属群体就是施特劳斯(Levi-Strauss)的"原子亲属"(atom of kinship)(1963；72)，"一个由丈夫、妇女以及把妇女嫁给男方的族群的代表组成的群体。"

有得以澄清的情境形成了鲜明的对比。有时人们会经历那种只涉及角色变化而无关亲属关系的过渡。如果角色变化不影响任何亲属,那么姻亲就不会参与其中。比如,某死者葬礼后若干年初次转入阴间,接着在那边安家。对于死者来说,这些转场蕴含着巨大的变化:从一个恐怖的、充斥着鬼怪的危险领域到受惩罚性的阴曹地府支配下的不安全地点,最后终于抵达安全的住所。但这对他和活着的亲属之间的关系却没有影响。亲属会为他供奉食物、纸钱,向他致敬,但他在亲属生活中的角色却没有改变。没有旧纽带被打破,也没有新纽带出现;他所经历的变化只关乎自己与地府、地府居民的关系。如前述预料的那样,嫁方姻亲不会参与这些过渡。他们的角色仅限定在影响活人的过渡——把尸体迁入坟地——之中。在此之前,死者仍然停留在活人之中,而且在某种程度上要将它视为活人对待。因此,在下葬前,每晚都要有人在灵柩旁守夜。此外,因其尸体具有变成僵尸的潜能,他还会对活人构成一个明显的威胁。在他迁走之后,威胁也就消失了。人们将其视为活人的义务也到此为止。

此外,姻亲也不参与那些造成角色变化以及部分亲属关系变化,但却不影响女方婚姻家庭内部关系的过渡。比如迁入新居,一个受到仪式各种限制的过渡。此类迁移意味着社会地位的重大变化;比方说,如果新居十分奢华或者坐落在集市上,该家庭的名声就会提高。如果是一个已经分灶的女方婚姻家庭迁入新居,它和诸如丈夫的兄弟之类亲属的关系可能会发生改变。如果婚姻家庭自身并没有在迁居中分裂,那么其成员间依旧会继续先前的关系。值得注意的是,嫁方姻亲在此类案例中并没有扮演任何仪式角色。与那些姻亲扮演仪式角色的情境不同,住址的改变并不涉及女方婚姻家庭内部关系的重大变化。

302

另一类姻亲明显不积极参与的角色变化是原配夫妻后代的结婚典礼。当然,如果是这对夫妻的儿子要娶舅舅的女儿(表妹)为妻的话,嫁方姻亲会像当初负责他父母的婚礼一样对待这场婚礼。但是,一场婚礼往往标志着与不同群体姻亲纽带的开始,因此,也就与另一组姻亲相关

(另一组嫁方姻亲更有资格负责这场婚礼)。在婚礼中不扮演主要角色(不嫁女儿)的姻亲只是贵客而已,完全不具特殊性。因此,嫁方姻亲在除了由其他姻亲群体扮演主要角色的场合外,在影响女方婚姻家庭内部关系的角色变化中均发挥着积极作用。

嫁方姻亲对那些他们没有介入的场合有哪些影响?母舅经常被描述为"中保"(mediator),主要是因为他在分家时利益分配的冲突中所扮演的仲裁角色(费孝通,1939:87)。如果回想母舅被视为他的家庭——嫁方姻亲的代表,并分析他在除分财产以外的情境中所扮演的角色,那么用"转化者"来形容母舅似乎要比"中保"更为确切。首先,嫁方姻亲是亲属族群繁衍能力的源泉。他们所赠的礼物使得生育成为可能;这些孩子将来又会结婚、繁衍出更多的后代。[1] 因此,嫁方为整个连续事件提供了原动力。从其他族群里娶媳妇使一个宗族得以从静态的集合(static set)向拓展型群体(expanding group)发生过渡,嫁方被视为该转化性增长的源泉。可能是由于这个原因,嫁方才一直扮演着增长和变化的创造者的角色,此能力一直处在他们所拥有的神秘仪式权力的中心。赠给新娘并最终促成她初次怀孕的鸡蛋、新生命的开始;在分家时,妯娌们娘家人带来的财物为新创立的经济社会单元提供的象征性基础;在原配夫妻的儿子们分财产时,舅舅为保证他们能够顺利转型而为各自的门户所做的仲裁;最后的献祭,为保障死者能从潜在的、具有一定威胁并在活人当中游荡的亡魂过渡为躺在坟墓里无害的祖先而与之进行的交流。在这些案例中,嫁方姻亲执行了将某人从一个角色向另一个角色过渡,或者创造新角色的行动:给婴孩带来了生命;儿子之间、儿子与父亲相互独立;死者被从活人当中带走。嫁方姻亲启动宗族增长的力量使其在其他情境中也同样拥有创造变化的权柄。

嫁方姻亲在其中扮演角色的,是那些涉及女方婚姻家庭成员本质性

303

---

[1] 家庭和宗族可以依靠其他途径来保障子代的配偶。家庭可以收养"童养媳",在长到一定年龄后就把她许配给义兄(foster brother)。或者男人可以入赘到女方家里,让他们的孩子跟女方姓。在此我不得不绕开此类案例中姻亲纽带的本质这一有趣的问题。

角色变化的过渡；如我们所见，这些变化是伴随着仪式的。由于它们所发生的环境，这些仪式形成了一个可辨识的仪式类别，并且也许可以被恰当地称为"亲属仪式"（the ritual of kinship）。一方面，这类仪式明显有别于特纳所说的"苦难仪式"（rituals of affliction）。苦难仪式在恩登布人（Ndembu）那里是一种对治愈那些"认为受到祖灵、女巫、术士所折磨的"人的尝试（1968：15）。另一方面，此类亲属仪式还包含了在其他语境下被归入"生命转折仪式"（life-crisis rituals）的仪式。特纳把这些定义为"标志着个人从生命或社会地位的一个阶段过渡到另一个阶段上的仪式"（1967：7）。亲属仪式和生命转折仪式有一些交集，但它们也并非完全一致；比如，在葬礼后发生的一个过渡可能会涉及生命转折仪式、标志死者身份的变化，但是除非它涉及死者与其直系亲属之间的关系，否则就不是亲属仪式。

上述分析解释了为何伴随着角色变化并影响直系亲属的仪式——亲属仪式——会由有权柄的姻亲来主持。由于主要亲属间创造、改变或者切断纽带问题的本质，外来的帮助就非常必要。而通过赠送新娘来展现其培养可取变化能力的嫁方姻亲正是合适的人选。当某人必须改变或者消除他深深嵌入其中的纽带时，就会举行亲属仪式。出席的有权柄的姻亲则在角色过渡中为其提供帮助。

有人可能会反对说，虽然"欠嫁方的人情"可以用以说明"给予他们感激"的原因，但它却无法解释嫁方的权威性。是否权威性不能更好地被兄长对妹妹将来的幸福所负的责任来解释呢？确保妹妹的孩子孝顺母亲的义务给予了他责问、必要时命令他们改变行为方式的权力。毋庸置疑，这在舅舅和外甥的关系中是一个至关重要的因素。它似乎与前文 *304* 中提供的解释相符合，而且除此以外，甚至还可以被归纳其中。

从我所提出的观点来看，姻亲关系的特点是由嫁方的初始行为来决定的。正是终极珍贵商品（一位能生孩子的妇女）赠礼者的角色赋予他们能力和权柄。他们的礼物使得在两家关系中出现了嫁方位于顶端的层次结构。在初始礼物之后有三个关于层次差异的主要实例。其一，嫁方被认为有能力通过介入原配女方和她的婚姻家庭经历的任何角色变化来促进预想的变化。这是他们通过保障该宗族增长展现出来的原初改变能力的延伸。两个姻亲族群间层次差异的第二个衍生物是嫁方生产贵重品的能力；这既是一个对他们原初生产妇女能力的类比，又是对该能力的巩固。其二，嫁方对娶方的权威性是对前者在其他情境中"促成事情发生"能力的延伸；如果嫁方有促进角色变化的权柄和能力的话，那么他们当然也就有行使某些支配娶方的权柄和能力。但他们行使支配权的情境一般关乎兄长对妹妹幸福的挂念：在妹妹的葬礼上，兄长有权检查其遗体并可以申斥她的儿子们。从而，兄长对妹妹的挂念才会包含在我所获得的关于姻亲关系的阐释当中。

此外还存在着另一种对嫁方行使权威性的理解途径。在台湾的这片区域里，人们将功劳（如治愈重症病患）归于某位灵性存在，并将其视为神明来崇拜的事例并不少见。在随后神明与崇拜者的关系中，崇拜者向神明表达了感激之情，但同时，神明通常也被期待通过满足崇拜者的其他需求来彰显自己的权柄。除此之外，由于他在拥有帮助力的同时也具有危害力，在其发怒之时，神明无疑也是值得敬畏的；他发出的直接命令也是必须服从的。

在这种关系下，神明所处的位置与嫁方姻亲是相类似的。嫁方通过赠予娶方一位妻子完成了一件不可估量的功劳。因此，他们也得到了后者的感激。但与此同时，嫁方被期待着能够在众多仪式场合下继续行使他们所展现出的能力。此外，他们又被视为潜在的危害者：人们害怕舅舅在葬礼上讲歹话而给娶方家庭带来严重损害。他们所选择发出的任何命令都必须得到服从。也许这提供了我们对于俗谚"天顶天公，地下母舅公"的另一种理解。但是，母舅的权力还是没有神明那么大。在大多数案例中，他的命令（writ）只在妹妹的福利受到威胁的场合下才具备效力，因为他有义务确保她得到了关爱。舅舅的权威的作用范围只会偶尔延伸至更远处：他可以惩罚对妹夫或者妹妹的不孝，以及对自己的不敬。与神明不同的是，嫁方的权柄更小，适用范围也受到限制。然而，或许是因为他们作为活生生的人却得以使用神明般的权力,其能力在受敬畏方面就只是稍逊于神明而已。

在做进一步研究之前,尚无法对这些阐释的有效性予以评价。比如,如果"大部分妇女都嫁入社会地位更高的家庭"得以证实,那么把对嫁方表现出的顺从理解为某种仪式性身份逆转的阐释(见前述,P299)其信度就会增加。或者,如果有证据表明,在实践中并不禁止嫁方反过来从娶方家庭中娶媳妇的话,那么认为姻亲间仪式等级是由赠送贵重礼物创造而来的理论则将逐渐站立不稳。由于赠送和接受在公共情境下一再重演,而且已经产生的等级看来并不那么容易又被颠倒过来,是故先前向作为嫁方的姻亲表现出顺从的那些族群也可以反过来向其要求顺从。然而,如果实践表明这一关系很容易被逆转的话,那么基于兄妹间关系,或者家庭想要在切断儿媳与娘家关系的同时又保持与出嫁女儿联系这一愿望的阐释,就会变得更有吸引力。这些解释均把姻亲纽带的特点主要归结于家庭内部关系,并因此使得对嫁方/娶方关系逆转的解释更为简单。当然,在这些问题得以解决之前,以上提出的所有解释都只能停留在假设阶段。

然而却还有最后一段文字可以用以支持本文中我所喜爱的阐释。在《仪式过程》(Ritual Process)一书中,特纳认为,在基于亲属关系的社会里,那些占据着社会"结构"方面(包括财产继承、合法(jural)权威、行政权利和专属利益)的人,可以与那些占据包括他所谓"共同体"(communitas)(1969:113ff)位置的人形成鲜明的对比。简而言之,这种位置所强调的是全人类的普遍利益,诸如人与自然的生产力、调解冲突、³⁰⁶维护和平。通过借鉴源于若干非洲社会(塔伦西、努尔以及阿桑蒂社会)的资料,他表明社会的这两个方面通常会与在判别亲属上截然不同的两个原则相关联。举例来说,如果"结构"所考虑的诸如土地、行政权利是在父子间传递的话,那么个人与母系亲属之间的纽带则包含了涉及"共同体"的内容。总而言之,合法性弱小(jural weak)的一侧更趋向于拥有与繁殖力或者其他生命过程相关联的仪式权柄。

对特纳的想法进行如此的总结性陈述虽然有失公允;但即使以这一删节形式出现,这些想法与溪南姻亲关系之间的关联也是十分明晰的。无论我们如何解决未来姻亲的亲属地位问题,在大多数案例中,男方母亲的娘家亲属对他的合法权威均比不上父系家庭的亲属。母亲的亲属同时也很少会涉及他家庭、宗族的财产所有权或者政治领导权。于是在中国社会中,父系亲属处于结构关系的一侧,合法性弱小的母系亲属则落在与共同体相关联的关系一侧。我们已经看到了母舅是如何鼓励生育和其他家庭所期待的变化的;此外,他还代表着在调和兄弟间关系或者惩戒不孝外甥时的公正无私的权威。分配给母舅的权力在其他社会中并不罕见。对于已婚妇女的娘家亲属而言,其本身作为自然生育之泉代表着培养变化、增长和生命的力量。

307

(彭泽安译　郭潇威校)

道教仪式中的疏文

施舟人(Kristofer M. Schipper)

在台湾的宗教话语里,"读疏(Thak—so)"指的是一种与集体或个人崇拜相关联、极其庄严的仪式。而在日常用语中,它则意味着宗教场合下,由道士来朗诵用标准语写成的文献(译注:即诵经)。这一术语通常都与为生者(不论是整个村庄还是单一家庭)谋福利的仪式相联系,虽然,在为死者举行的仪式上可能也会用到这样的疏文。上述所讨论的疏文是一种写给神仙们的祈求文函(written prayer)。其中注明了将要举行的仪式的名称和目的、读疏的时间和地点以及"愿(yüan)"。在礼拜中使用的祈求文函本身就是一个有趣的现象,而在人们调查了当下仪式实践中哪些人在使用这些文疏、哪些人在回避它们之后,这些文函则会变得更加耐人寻味。

道教的定义

写疏读疏是一种道教的实践。但在今天的中国仪式上,道教却很难定义。其部分原因在于,它经常与民间信仰相混杂并且宗派主义盛行。道士的功能尤其难以定义。当他作为礼仪专家(liturgical specialist)出席诸如"醮"之类能够充当村庄大型庆典的集体仪式之时,他的角色则是

309 确定的。毕竟，此类节庆自汉代以来便一直是道教仪式的一部分。但是，台湾的道士并不仅仅是仪式大师/礼生（ritual Master）。他们还扮演着驱魔师治疗师的角色，驱魔安魂。道士在这方面的功能通常在文学艺术领域中会被突出强调。更加令人困惑的是，道士的大部分功能法师也同样具备。在仪式的场合下，道士和法师（Huat－su）使用的是相同的礼法，他们所用的术语、咒语也都一样。道士甚至在服饰上"借鉴了"一些法师的元素：在自己头饰上缠上一条红头巾。如果被任命为道长（head priest），他将要经历一系列仪式以获得法师的资格；这在台湾正一道的任命仪式中有着明文规定。然而，反之则不然：法师不必获取施展道士斋醮科仪、丧葬、婚礼仪式①的资格。

　　法师的仪式包含在道教公共仪式之中，并与后者共同进行。其主持者可以是单独的法师或者道士。公共醮祭与佛教中的"普渡"（款待饿鬼吃喝）相类似。这样的法事可以由道士或者和尚来单独主持，也可以二者在不同的祭坛上同时进行。道士在主持"普渡"法事的时候，他则又戴上了佛教的头巾。不同宗教在一起同时进行仪式的现象总会让学习中国社会的学生们产生困惑。② 遗憾的是，由于信息缺乏，我无法在不同的理论主张中选出一个关于不同礼法系统的专业神职人员所主持仪式的一览表。所以，我也尚未能够解决他们的困惑。对于当前的目的而言，它至少能够强调虽然道士和法师操练着相同的仪式，但它们之间却有一个本质上的差异，即在纯粹的法师仪式上并不会使用疏文，而在道士仪式则会用到它。

　　以下事例能够更好地阐明这一不同。在"进钱补运（Cin－ci：po－un）"的仪式中，人们通过祭纸、进钱来达到消灾改厄、忏悔求新的目的。该仪式所使用的术语描述了承担这一任务的"神使（divine messenger）"的旅程。全台湾（包括澎湖列岛）不论由道士还是法师主持的"进钱补

---

① 但是，法师在这些场合中却可以作为驱魔师或者灵媒控制者出席。
② Marcel Granet, La Religion des Chinois, 2d ed. (Paris, 1951), pp. 157－64。

运"仪式均采用这一主题。但在具体操作时却存在一个重要的差别：道士所主持的仪式中用到了疏文，此外，还有道教行文（context）中的一些圣歌（hymns）以及祭酒。法师主持的仪式上没有疏文。法师通常会将一位灵媒置于祭坛上，并让他来完成向神明进钱的使命。而道士则将"焚疏（burning of the memorial）"作为寄送途径。在该例子中，读疏和其他许多实践一样，可以被视为道教的印记。疏文经常由道士来书写以及诵读。

310

有证据表明这一差异自古有之。《魏略》，我们所能找到有关道教教会（Taoist church）历史最早的官方文献对此并未提供具体的事实。但是，它确实提到了道士焚化疏文，由神职司上达天庭这一显著的特质。①在缺乏必要、充足文献的条件下，我们必须把历史文献考虑进来。首先，疏文是道教书写传统的一部分；今天的"疏"均抄写自道士们世代相传的手抄本。忽视了这一传统就相当于删除了当今道教的一个维度。此外，历史还可以被视为一系列的阶段，其可能的历史背景可由相关资料加以重构。在此，我却只能遗憾地把自己的讨论限定在今天的台湾之内。但我仍旧想要强调的是，今天台湾宗教实践的兴盛并不是一个孤立的案例，而是更大范围的中国仪式传统的一部分。

道士，用俗话来讲也叫做"师公（sai－kong）"。其地位通常是世袭而来的。过继现象也有发生，但却微乎其微而且较为困难。要成为道士，就必须拥有"师公骨（sai－kong－kut）"。只有"道长（Tou－tiu）"才能接受正一道天师府（Orthodox Church of the Heavenly Master）的任命。他们所获位阶的高低表现在"箓（Lu）"上。一般而言，"箓"还是可召役神吏的名单。通过这些听从吩咐的神吏，道士可以连通宇宙中的其他维度。"箓"中所记载的名单越广，道士的道阶也相应地越高。【译注：符箓为道派传承的凭信，得授符箓才能算是说道派的正式弟子，也是道阶高低的标志。修道中渐次晋升，也需授相应的符箓。《隋书·经籍志》："其受道

---

①《魏略》，ap.《三国志·魏书》，卷八，45b 页（钱本）。

法,初授《五千文箓》,次授《三洞箓》,次授《洞玄箓》,次授《上清箓》。】道士在道教教会中的道阶是由自古便居住于江西省龙虎山的天师所批准的印信(octroi)。台湾重要的道士家族中常常有新任道长前往龙虎山朝圣。战后,第六十三代天师入台湾避难,这使得台湾得到授命的道士数量有所增加,但增势并不明显。无论如何,天师的干预只是促成了一个既成事实而已。这些新任道士在家里接受了仪式的语言素材(ritual corpus),以及诸如可召役神吏的名单之类的秘密内容。由此,当地的传统在必要之时也能够被其很好地吸收。

311

得到正式授命的最后一个并且是决定性的条件是地方支持。道士必须为当地人所接受。授箓仪典(不要与由天师批准、需要前往龙虎山朝圣的印信相混淆)是一种庄重的醮祭类型,它得到全村范围的参与和认同。或许仅仅在一个世纪以前,村里还会为操办仪典所需的耗费而担心。而今天,这些费用大多由道士家族承担,但这些庆祝性的授命典礼(有些会持续整整三天)依然在当地庙宇中举办,并且对公众开放。它们总能吸引到大量的民众。这么看来,道士真是名副其实的人民之子。

天师的印信将把授命的道士指派到特定的教区,即"治(chih)"。【译注:《云笈七签·二十八治》云:"谨按张天师二十四治图云:太上以汉安二年正月七日申时下二十四治,上八治、中八治、下八治,应天二十四气,合二十八宿"。"治"是五斗米道政教合一的管理机构,也是早期道教祭神之场所,它的建制便是按照天象方位之原则而设立的。后来的道教官观便本着法天、法地、法道、法自然的思想,顺乎"自然"之规律来建造。道教官观根据八卦方位,乾南坤北,即天南地北,以子午线为中轴,坐北朝南的布局,使供奉道教尊神的殿堂都设在中轴线上。两边则根据日东月西,坎离对称的原则,设置配殿供奉诸神。《三国志·魏书·张鲁列传》:"是祭酒各领部众,多者为治头大祭酒。诸祭酒皆作义舍,如今之亭吏,皆以祭酒为治。"】"治"并不指称特定地点,而是对应着黄道二十八宿的某一区域。道士并无固定的居所。他们所提供的服务是基于契约和报酬的。当有人不远千里前来请求服务,特别是请求主持公众醮祭的时候，道士的声望就将大大提高。同等场合下，道士提供服务的价格要普遍高于和尚和法师。在战后的台南，道教丧葬仪式的价格为佛教仪式的两倍，是由"菜友（chai－yu）"团体操办仪式的若干倍。在获得任命后，师公会被人们尊称为"道长"。他的亲友、邻舍则会在其名号后面加上一个"仙"字以示尊敬。在主持大型典礼的时候，人们又会因其处于祭坛的位置（居于祭坛中心，周围有四位侍者随从）而称其为"中尊（Tiong－cun）"。[①]

接下来，我要仔细查考以下两种疏文：在由道长指挥的大型公共仪式（collective services）中所用到的和在小型私人仪式中使用的疏文。为了强调这两种仪式之间的差异，我将按照道士的方式来称呼它们。公共的宗教仪式，在道士的规范说法中被称为"大醮（the great ritual）"。驱魔、治疗一类与法师仪式相似的则被称为"小醮（the small ritual）"。

公共仪式中的疏文

我所选作案例的疏文是用于 1969 年高雄县北部阿莲村一次公共仪 *312* 式性质的醮祭。阿莲村是同名区域的行政中心。在 19、20 世纪之交，该村变成了一个重要的蔗糖种植区，许多与此相关的商业和行政的重要性源自彼时。如今，阿莲村由三个小村落【译注：即自然村】组成：清莲（Ch'ing－lien）、和莲（Ho－lien）以及阿莲。前两个村庄得名于当地的村庙——清和宫（Ch'ing－ho Kung）。根据 1959 年的人口普查，这一新的村庄集合体共有居民 5,000 人。战后以来，这三个小村庄每 12 年都会合作举办一次大型的公共祭祀——"大醮（ta－chiao）"。几乎所有人都会参与其中，近八成参与者会对这一斋醮给予经济上的支持。

在阿莲村举办的这类大醮上的公共疏文用粗体"楷书（k'ai－shu）"

---

① 侍者并不一定要比道士年轻。每个道士家庭中一代只能有一人承袭道士资格。许多道士从未得到任命，终其一生都只是信徒而已。尽管如此，他们也被称为"师公"，也能够独自演道、写疏读疏，但却不能在典礼上指挥其他道士。

写于高质量的红纸之上。待疏文写好之后,则将红纸叠作屏风状,折缝之间相隔约三英寸,疏文的题名以大号汉字写于背面(outer fold)。这是主流的疏文样式。通常情况下,阿莲村的疏文在此基础上还会增添一些附加物。如在同样大小、折叠方式的纸张上记下所有为庆典捐款"信士(sin—su)"的尊名。阿莲的三个自然村分别有一个如此的附件。公共疏文,包括附件在内的正文会被抄录在一张大得多(三英尺高,若干码长)的红纸上。这张纸叫做"榜(pang)",或者公告。该"榜"会在庆典开始时就张贴在村庙的外墙上,以便所有人都能看到。公告通常是以"大字"体书写,而这一特殊字体主要用于清代官方通告。

接下来是一份主要疏文稍有浓缩的版本。我已按原文顺序将其各部分编号,以便注释。译文如下。

(1) 今值己酉年(1969)十一月廿四、廿五、廿六三日,据阿莲村清和宫作金箓香祭福疏。

(2) 臣系正一盟威法箓大神官(Immortal Grand Official of the Canonical Register of the Orthodox Covenant),太上无极大道之传承,主司仙药、命运、雷电的祭酒(Prefect of the Boards of Heavenly Medicine, Fate, and Thunder),陈丁胜(音,Ch'en Ting—sheng),

(3) 诚惶诚恐,稽拜顿首,代表(阿莲村民)上启疏文。

(4) "中华民国"台湾省高雄县阿莲村人等,

(5) 集聚清和宫前,一心向道,设祭谢恩,祈求平安,愿天尊保守域内平安、来年丰收。

(6)【以下头衔后的具体人名省略】集会大高功(Chief of the Assembly)、祭祀高功(Chief of the Sacrifice)、司坛高功(Chief of the Altar)、普渡高功(Chief of the P'u—tu)、太清斗灯长(Head of the Lamp of Heaven);三官斗灯长(Head of the Three Officials)、天师斗灯长(Head of the Heavenly Master)、天帝斗灯长(Head of the Lamp of Supreme Emperor)、观音斗灯长(Head of the Lamp of

Kuan Yin)、祈安斗灯长(*Head of the Lamp of Prayer for Peace*);集会副高功(*Assistant Chief of the Assembly*)、集会协调员(*Assembly Coordinator*)、正副都讲(*Assembly Director，Assembly Cantor*)、监斋法师(*Assembly Correspondent*)［?］;总理事(*General Manager*)。【此时,在读疏过程中,会插入一些信众的名字(那些在附录中登记过的家长),在名字后跟着其子女数量的记录。儿子算作一丁(ting),女儿算作一口(k'ou)。于是信众的名字将被读作:张丙丁(Chang Ping—ting),五丁二口(五男两女)。在三张附录中,一共载有七百八十位家长姓名;孩子的数量我未曾统计。】

(7) 领道众人等,焚香沐浴,斗胆恭望上叩如是。

(8) 苍天虽高,能垂低声。是故极星(*Pole Star*)之免去赵子(*Chao—tzu*)①灾祸,尼山【神】(*the [god of the] Ni Mountain*)之答复孔父祷告。此类古事弥坚今人信仰,然诚虑吾等蒙恩荫庇之民近年连遭大灾疫病,是而竭诚敬拜、焚香叩首,祈求救主辛元帅担当众人之首,向三界天尊(*the High Perfect Beings*)、高苍穹(*High Firmament*)以及各路神仙圣人传达我等献祭誓言:愿本地疫病散去、灾难平息;吉兆(*auspicious emanations*)降临,喜福流传;家户兴旺,人畜平安,谷物丰收,牲口倍增。祷告感动【苍天诸圣】(［*Heaven and Saints with our prayers*］),定将得到答复。 314

(9) 我等占卜得本月廿四、五、六吉日聚集此庙,设坛虔备香供金箓之仪,谢恩祈安,为期三日三夜,自良辰鼓声响起【此处为罗列三日里所有演道仪式的清单】。

(10) 此皆因感天尊之恩,祈求再次降下平安和祝福作为。

(11) 天运 己酉年十一月某日 陈丁胜 百拜具疏 上奉

---

① 此处为一个鲜为人知的典故,它出于一本元代对《北斗经》的集注。该书现今成为了台湾地区的一本流行的教义问答手册。它还见于道教典籍(《道藏》)卷五百二十七《太上玄灵北斗本命延生真经注》(*T'ai—shang hsüan—ling Pei—tou pen—ming yen—sheng chen—ching chu*),第二章,p17a

1. 为生者祈福的公共仪式今天被称为"金箓醮(Chin－lu－chiao)"【译注:金箓大醮,又称"罗天大醮"。民间常见的醮祭中,格局、含意、祭期最大的醮典,当属罗天大醮。《云笈七签》谓:"八方世界,上有罗天重重,别置五星二十八宿。"显见罗天乃指天地万物,罗天大醮则是极为隆重的祭天法仪,并常用以祈协正星位、祈福保民、邦国安泰】,而为死者超度的则称为"黄箓斋(Huang－lu－chai)"。这一区分源自宋代,其人为痕迹十分明显。它体现出了葬礼与禁欲【译注:即"斋"】、庆典与祭祀【译注:即"醮祭"】共享之间的关联。实际上,这两种仪式同时包含了静修("斋")和随之而来的奉献("祭")。在这一案例中,斋醮典礼为期三日。依据科仪规范,第一日是为静修预备;第二日(从午夜算起)继续静修;第三日则用于祭祀,"醮",整场科仪的名称也是由此而来。至于"金箓醮"、"黄箓斋"的叫法,是源自于早期道教的季节性节日,"三元斋(San－yüan chai)"。第一"元","上元(Shang－yüan)"【译注:道教把一年中的正月十五称为上元节,七月十五为中元节,十月十五为下元节,合称"三元"。汉末道教的重要派别五斗米道崇奉的神为天官、地官、水官,说天官赐福,地官赦罪,水官解厄,并以三元配三官,说上元天官正月十五日生,中元地官七月十五日生,下元水官十月十五日生。这样,正月十五日就被称为上元节。南宋吴自牧在《梦粱录》中说:"正月十五日元夕节,乃上元天官赐福之辰。"说天官赐福,地官赦罪。天官喜乐,故上元节要燃灯】处在春节期间,人们多于此日祭天。其相关神祇都被列于"金箓"上。同样,处在初冬时节的"下元(Hsia－yüan)"用以祭祀大地与冥界。从"黄箓斋"上我们可以区分出那些地界、冥界的主要神祇。

"谢恩(Hsieh－en)"是此类斋醮的一个通用术语。其他类似的大型公共仪式有:"禳灾(Jang－tsai)"、"庆成(Ch'ing－ch'eng)"以及"祝寿(Chu－shou)"。这些仪规间在程序上的差异实际微乎其微。其主要不同在于疏文以及相关的祈求文函、请愿书以及其他宗教文件。"祈安(ch'i－an)"一词广泛出现在所有醮祭的标题中。在标题的末尾出现的"福疏(fu－shu)"一词,"福"字表示希望在此斋醮之后,上天能够降下吉祥。"疏"字也可以用"章(chang)"字来替代。在道教传统里，后者有着比前者稍强的明确含义。注意，在这里(也是疏文的末尾)，年份只用天干地支表示。这也是道教的一个传统。

2. 执事道长【译注：高功】冗长的头衔可效仿而不可重现。该头衔是按规定授予道士的，每位道士的头衔之间只有些许差异。头衔第一部分与"箓"相符，一般的头衔代表着道士的位阶。从"太上无极大道之传承"起，为第二部分，其对应的是道士所在的"治"。

"正一盟威(Cheng—yi meng—wei)"(法箓)在今天相当于总部设在龙虎山的天师道(在第六十三代天师去到台湾之前对台湾道教几乎没有任何影响力)教会的第五个等级。而在福建和台湾，由于经常与"祭酒(chi—chiu)"一词关联出现，上述法箓的意义还不止如此。"祭酒"一词虽然已被龙虎山法箓局所遗忘，但在汉代它却表示早期道教负责某一教区(译注：即"治")的最高首领。该头衔的本意是指汉代乡村飨宴时醻酒祭神、祭祖的长者。这些"长者(wise man)"还有权在地方官员管理不当时向朝廷上疏弹劾。有趣的是，当其他省份早已忘却这一头衔之时，它仍被福建、台湾的道教任命机构所使用。至少是在取得正一盟威箓的情况下，在台湾"祭酒"并非仅仅是一个道阶，而是传统道士所能获得的最高授命。这一点还具有一些历史价值，因为"正一盟威箓"也是早期道教运动中新上任的道士所能够获得的最高授命。随着道教在汉以降历朝历代中重要性的递减，该头衔逐渐为所有执掌公共仪式道士专用，在诸如"灵宝派(Ling—pao)"、"茅山派(Mao—shan)"这些不属于天师道的派别和运动中也是如此。这体现了早期道教教会详尽、确定的科仪典籍所发挥的根本重要性。

316

头衔的第二部分与"治"相对应，是由南宋时期天师道派别中遵循法术的教唆者【译注：疑为"神霄派"】所发明的，较为无关紧要。它并不代表任何具体的事物，可由个人从上百种选择中随机或者占卜选出。

3. 惶恐和忧虑的表达是一种标准的书写格式，它不仅可以在此类道教文稿中被找到，帝国官方文件中也时有出现。道士的作用在于代表某一村庄把疏文呈给上天。该角色并没有被授箓文件明确提及，相反，文件中却强调了道士们"代天行化（tai—t'ien hsing—hua）"的功能。书写疏文的能力只是单纯地由道士作为神官以及中保的地位决定的。

4. "人等"是指"众户民"，即阿莲村的全体居民。在地理上，该村庄是世俗政府管辖范围的一部分。而通过道士或者中保，它也归属于神圣政府的管辖。如我们所见，节日的名称都是由天干地支来表示的，并不涉及任何官方纪年。地点是内延的，时间是超然的。教区（治）和其他行政单位都总是通过时间价值来体现的。

5. 台湾的斋醮总是一成不变地在当地庙宇中举行。当地庙宇和醮祭之间的关系有着深远的意义。新建、翻新庙宇都是通过斋醮来完成的。其本身就解释了村庄醮祭的常规庆典的间隔时间为何大约为一代人。

在先前的例子中，头两天里所有的仪式，即仪式中的静修（斋）部分，都是闭门在殿内举行的。而更主要的奉献（祭）部分，则在庙前（或者附近）露天场地上举行。斋醮的准备工作需要把圣殿里里外外都重新布置。在内部，作为祈求对象的神像会被从上位（noble side）（正对入口的位置）壁龛中搬到背对着门的地方。据说在这一位置上，神祇能够"监督整个祭祀活动"，即"鉴醮（chien—chiao）"。此外，还会有一大群从信徒（那些没有亲自参加祭祀的信徒）家庭祭坛上请来的神位加入其中，所以，庙里设立的祭坛上挤满了各式各样的神祇。放置神位的地方叫做 _317_ "三官棹（San—kuan—cho）"（三官指天官、地官和水官，理论上，他们分别代表了三界的所有神明），它有着特定的仪式功能。在桌子（棹）的对面，即殿中上位处，置有五盏或更多的还愿油灯（votive oil lamp），"斗灯（tou—teng）"【译注：斗灯，是道教举行祈安礼（拜）斗科仪时所用之物。道教认为斗星司生司杀，执掌人之寿夭、富贵、爵禄。根据人的出生时辰，科仪找到自己的本命星官，礼斗法会目的是为人消灾解厄，祈福延寿。斗灯往往由油灯、米斗、斗灯伞以及安奉在斗米上的镜、剑、秤、剪、尺等五种法器组成，以符合五方五行之数。斗灯的整体造型体现了"天圆地方"的传统宇宙观念。其底部为方斗,以象地方;中有圆形凉伞,以象周天。凉伞又称华盖,下有斗签,书有星辰圣讳。斗灯盛米系古法,道教称米粟乃天降之物来源】(事实上是由装满米的圆形米斗制作而成)。这些斗灯象征着命运:斗=米斗(measure)=北斗=命运的主宰。

6. 接下来的疏文列出了村庄代表们的名字和头衔。在他们与斗灯之间有着一个关联之处,因为每盏斗灯象征着对应代表的命运,而所有斗灯一起则代表着整个村庄的命运。作为代表的要人或者"高功(chief)"是村庄中唯一参加典礼的人。根据传统,最主要的五位是集会大高功(Chief of the Assembly)等。五位要人中最后一位的头衔——太清斗灯长(Head of the Lamp of Heaven),涉及另一种(与庙外的斗灯不同)挂在庙前的长竹竿上的还愿灯。灯罩上用红色大字写着"天帝(Lord of Heaven)"二字。在斗灯长(Head of the Lamp)家门前也在长竹竿挂着一盏完全相同的还愿灯。在斋醮过后,他可以保留这两盏还愿灯,并将其作为尊贵的象征悬挂在家庭祭坛上。

类似的还愿灯还为那些在节庆中处在次级祭坛上的神明三官、天师、观音(与"普渡"相关)等所专用。这些次级祭坛前置放着上述还愿灯(三官的还愿灯悬挂在大殿天花板上),并且在对应的要人居所前也挂着同样的灯。所有普通信众家门前也都挂着灯,但是他们的灯上所写并非任何神祇姓名,而是"国泰民安(pray for peace)"。他们由自己的首领(headman)代表出席所有典礼。最后是一些侍从人员,他们作为集会大高功的助手出现。在特定的仪式上,五位要人分别代表了五个方位的信众,但是在大多数案例中,他们的功能是荣誉性并且是十分含糊的。他们有权、有责任出席所有典礼,侍香,与道士同立同跪,并让代表自己命运的还愿灯获得最大的赐福。他们甚至可以在主要疏文上记下自己的名字,而普通信众的名字却最多只能写在附录,即"丁口疏(ting-k'ou shu)"上。

想要在疏文上留名的家庭需要花费一笔金钱,这笔金钱的数额会在斋醮前的村庄全体会议上得到确定。每个家庭的基本费用是一致的,在 *318*

此基础之上,子女数目越多,所需费用也就越高。在阿莲,大多数家庭需缴纳 20 新台币(折合 0.5 美元),此外,每个孩子还需额外收取 5 元新台币。成功商人、村庄领袖所需缴纳的要更多一些。在后者当中,那些贡献较大的人就能够出任典礼的高功以及集会副高功(Assistant Chief)。不论是由公共决议预先定下的高价,还是通过占卜产生(如在贡献大者之间投掷占卜板),高功仍是主要由当地大家富族中的年长者担任。他们不必是斋醮的组织者"董事(tung－shih)"、"管理(kuan－li)"之流。组织者往往还不能像高功那样拥有将名字写在主要疏文上的特权,但如今,把他们的名字以及所起的作用包括在内也获得了越来越多的认同。在阿莲村,只有最主要的组织者,"总理事(General Manager)"才能获得与高功一样的特权。

这些要人和代表在各地的具体名称(或多或少地)取决于地方传统。总之,除非人们邀请他们介入,道士们一般会接受所有组织者为其提供的名称,并将其写到疏文中去。

7. 这是所有信众为斋醮所做的基本预备,并为紧随其后的"意图(intention)"起到开头作用。涉及净化的内容是中肯的。在醮祭开始前的某段时间里,全村上下开始遵守特定的斋戒:减少食量、暂停性行为、暂停赌博等等。在庆典前夕,所有人都要沐浴更衣。

8. 总而言之,疏文的措辞与既定的模型和公式相符合。所谓"意(yi)",即村庄用以解释为何举办该仪式、阐述其愿望誓言的文本,其行文是自由的。如本例,村庄可能会委任他人来书写该文本。在过去,有很多著名文人都曾为道教疏文写过"意",其中有一些甚至流传至今。[①] 道士手中通常也会有一份现成的"意"的手抄本。当村庄自身没有写作条件之时,道士就会将其提供出来。无论如何,"意"还是被当做是一般信徒的作品,不能被算进受神灵启示的道教著作中去。

"意"通常会以一些神话箴言作为开头,接着是对本次仪式缘由的摘

---

① 参见,如《欧阳文忠公文集》卷八二。

要性解释。在本例中,我们可以看到该村庄向其主保圣人(tutelary saint)"辛元帅(Hsin Yüan Shuai)"(阿莲村所供奉的神明,也是现代道教的一位圣人)发下了一个很一般的誓言。人们普遍认为,对"辛元帅"的崇拜是从福州带到阿莲来的。并且在阿莲兴起之初,只是在村外农场中的一个半私人式、中等规模的崇拜。该崇拜的第一座庙宇建于 1860 年,也位于村外。直到 1905 年,日据台湾的第十年,在阿莲三个自然村共同修庙的努力下,辛元帅才成为了该地区的主保圣人。在阿莲村自己的庙宇建成之前,阿莲曾属于一个十二村庙宇协会,其共同庙宇坐落于邻近的土库村(T'u—k'u)(注意将其与云林县的一处地名相区分)。该庙所供奉的是玄天上帝(Hsüan Ti'en Shang Ti),北方的主宰,驱魔之神、明朝的保护神。该庙每三年举办一次醮祭,其将所有十二个村庄都包括在内。① 今天的阿莲村居民则由辛元帅来看护(在疏文中称"为民作主(wei—min—tso—chu)"),并由他来"代为转奏(tai—wei—chuan—tsou)"。后一个功能,如我们所见,在斋醮期间是属于道长的。彼时,辛元帅就将暂且降为通报者的角色。但是斋醮也意在对辛元帅转赐上天的祝福表达感恩,他是有恩于全村的一位神明。祭品在第一时间就会奉上,作为他与村庄之间契约的庄严献祭。

9. 斋醮的程序是由道士依照固定的标准确定下来的,只有斋醮的持续时间可以变动。

为期五天的醮祭所包括的仪式远比为期两天的要多,但它们却仍然基于相同的理论基础,并都遵循"准备—静修—奉献"的顺序进行。仪式的先后次序以及执行时间(白天、晚上、夜里)都要事先决定;这些来自大陆或者台湾本土、已经被保留了两百年的疏文,与那些被记录在道藏典籍中的疏文一样,体现出该系统是多么地传统和一成不变。在阿莲村为期三天的典礼中,高功(head priest)和他的四位侍从共执行了十八种不

---

① 其中一个名为冈山(kang—shan)的村庄,如今已是一座拥有 2.5 万人口、位于铁道沿线的重要城镇。

同的仪式。其中两种预净化礼（preliminary purification）和闭幕礼（cloture）是由一位侍从完成的，两场仪式之间空隙中的诵经祷告则是由不同侍从轮流进行的。

疏文一一列举出了所有的仪式。此清单上还包括了一些不由道士执行的仪式：和尚执行的普渡礼以及法师的赏兵礼（siu：－pieng）。在阿莲村醮祭上，供养饿鬼的仪式不仅可以由和尚来完成，道士和当地法师（赏兵）也同样能够执行。这些仪式在庆典的第三天，即祭祀日都会上演。并且均在傍晚，道士仪式结束之后方才执行。但是这些仪式却都被视为整场仪式的一部分而写进道教的疏文当中。

在每一个主要的仪式当中，都至少会有一遍疏文朗诵。虽然该文件冠以高功之名，但实际上却是由一位侍从来诵读。在诵经过程中，高功跪拜在祭坛之前，侍从学样跪在其身后。在特定的仪式中，高功会在诵经时进入冥想。其冥想采取了向道教祖师们，尤其是初代天师忏悔的形式。在仪式中，高功会被人们当做祖师们的代表，高功将疏文交给祖师们以便上达天庭。疏文的落款日期是开放式的，因为高功无法预测祖师们将在何时转交疏文。祖师们会在恰当的时机将其呈上。

通常，只有疏文的主要部分才会在所有十八个仪式中诵读。疏文的完整版本，包括记着所有普通信众姓名的附录在内，只会在其中三个仪式中诵读。一是在典礼伊始；二是在典礼第三日，庄重祭祀日开始之时。人们会在庙前空地上竖起一座高台（顶端置有供案及祭品）。高功和侍从非常正式地登上祭坛，把即将开始献祭的消息提前祭告苍天。在这一庄重的场合下，所有信徒的名字、其子女数量都会被诵读出来。在仪式进行的过程中，每家每户都在家里为献给苍天的祭品做准备。在祭品当中通常会用到猪。这些祭品被放置在灯柱脚下装饰一新的案台上。仪式结束之后，侍从们会进到普通信众的家中为其祭品净化、开光。他们的职责包括朗诵一份记载着家庭住址和成员姓名、生辰八字的疏文，以及向"至高完美存在者"的祷告。公共仪式的这一部分在主要疏文中被称作"各家行香，沿门宣疏（ke－chia hsin－hsiang yen men hsüan－

shu)"。对高功和其他要人的家庭而言,这项工作是由高功在侍从的陪同下亲自完成的。上述情况下,个人祭品往往十分丰盛,并且被供奉在特别之处,通常是位于高功家门口或者附近的一座临时"祭坛"。这些用竹竿和纸板搭建的临时祭坛都被精心粉刷、并被装饰得就像真正的寺庙一样。有时它们会有两三层高,就像是通天塔一样。高功们会在这些祭坛中展示自家传家之宝以及其他财产:古董、金银货币、盆栽景致等等。

10. 所有此类疏文都会以本段作为结尾。村落中所有祈求的最终接受者是至高完美的存在物,如天庭诸神。

简而言之,疏文涵盖了仪式的方方面面。它在庄重的祭品奉献,真正的斋醮典礼,亦即整场庆典的结束环节被诵读。在此之后,禁忌将被解除,供养饿鬼的仪式也可以开始了。随之而来的是一系列分享祭品的宴会。与私人疏文以及其他仪式中的祈求文函不同的是,上述论及的公共疏文不会在仪式过程中被焚烧,相反,它会被保留下来。高功会将它作为纪念品而存放在自家祭坛里,并把它当成以后疏文写作的一份参考。相比之下,其他仪式中措辞相似的纸片则面临着被小心取出、焚烧的"下场"。

私人仪式中的疏文

"小"醮仪式中的疏文与上述疏文并没有本质上的区别。虽然相比之下它们要简短得多,并且缺少(公共疏文的)许多元素。但是,二者所遵循的基本模式是一致的。私人仪式中所用的疏文显得更为具体——在所有案例中均会指向具体的某一位神明。

今据:台湾省(××)县(××)地(云云),虔信道教并愿进钱弥灾补运之信士——本命生于××年××月××日××时,其命运控于(××)北斗星官光环之中,当日,此人阖家虔心发愿如下:诚虑此[322]人体弱霉运、卧病在床,我等惧怕守护星(mighty planets)正在遭受一场毁灭性影响,并且其释放的恶光正侵袭着他;故而求赐平安,

尤其祈愿弥灾，望高天玉帝及诸圣开恩格外、大溥洪慈，北斗星君降下吉兆，使此人之控命星重放光芒，命运改善、灾厄消除、身强体健（云云），我等问卦占卜得此奉献专祭宴会吉日，为此伏冀恩主鉴此愚忱，据情启奏。天运 ××年××月××日（干支纪年）×××（施术者法名）

由于大部分小型仪式都由未授职的师公执行，所以，在此类疏文中自然也就没有道士的官方头衔。在这里，道士被简单称为"士（shih）"或者"信士（hsin－shih）"。这并不表示疏文能够随便由一般信众来呈递。

此类仪式虽然还算不上"会（hui）"，但也是为神明们安排的筵席。奉献金钱是一个相对简单的仪式。人们奉上、焚烧成堆不同类型的纸钱以补充自己在天堂的财富（积德），以此来增加自己必要的运气。要是由于疏忽、挥霍或者罪恶行径让这些财富消耗殆尽，那么就需要尽快对其进行补充。仪式中有关这一奉献的文本以七言白话诗【译者按：译文未能以七言诗的题材予以呈现】的体裁描述了使者前往掌控命运的北斗星座的旅程。此类仪式本应由法师来完成，读疏以及仪式的框架（颂歌一曲、神仙请柬和祈愿、三祭酒礼、焚疏）则是附加的特征。在法师的仪规里，此类仪式行为往往会有灵媒参加。在小鼓伴奏、随从吟诵之下，灵媒会在恍惚状态中完成前往北斗星座的使命。而在本例中，完成正一道传达祈愿的做法则是疏文焚烧。

为何祷告要以书面形式出现？钱存训（T. H. Hsien）在其著作《书于竹帛》的绪论中对此问题做出的解答是启发性的。[1] 即，汉语文字最初似乎是为了方便人与鬼神之间交流才被发明的。

对我们而言，疏文及其应用暗示了一个只能被视为中央集权、正统、体制化的道德宗教语境。公共仪式在理论和实践上都将特定区域的全体居民包括在内。此外，直到近期，疏文都还仍然是人口普查的唯一途径。斋醮是对苍天的祭祀。从中央政府的角度来看，该行为本应是为皇

---

[1] T. H. Hsien, *Written on Bamboo and Silk* (Chicago, 1962), p. 3.

家所特有的。大清律例中明文规定禁止道士焚烧疏文。[①] 当然,这一实践并未因此而中断或被干预。官方也只是对此充耳不闻,因此,它也就在民间继续发挥着广大作用。周期性的醮祭(chiao sacrifice)完全不亚于一个自治州的制宪会议,首脑们续订盟约和封地,并且制定公共契约。地方自治的宣言意味着与中央权威的直接冲突,但当今的道教教会并不代表某种反叛主义。在台湾地区,它仅仅是一个操办婚丧典礼、拆分与聚合社区的教会。道士作为神明代表、社区教牧的地位是无可争辩的。质疑的声音仅仅来自于下层——灵媒崇拜以及新兴派别——而在过去这些非常力量是能够被道士所克服的。至于其与政府间存在的永恒冲突所导致的结果,还需要我们拭目以待。

324

(彭泽安译　郭潇威校)

---

① 鲍来思(Guy Boulais),《大清律例便览》*Manuel du code chinois*(上海,1924),p. 360。

道教仪式的正统与异端

苏海涵（Michael Saso）

    道教的宗教仪式富有秘传宗教色彩，也就是说，并非能够为所有信众所理解甚至目睹。除了入门的道士，道教仪式和魔法的秘密对所有人都是秘而不宣的。只有接受了多年训练，并且被认为值得栽培提拔，具有掌握所有宗教仪式秘密资格的道士才能够逐渐接触到道教的机密。因此，有抱负的弟子们希望拜入得道高人的门下，从而学习操办宗教仪式的程序、规则，并且逐渐学习道教仪式不为人所知的一面。

    道士专业与否由以下几个标准评判。首先是宗教仪式的外在表现形式。一名年轻的弟子首先要向名师学习的便是这些内容：颂唱、掌握复杂的仪式步伐、运用手印、记忆数百段仪式文献和不计其数的与之相关的程序、规则。台湾的大多数道士都停留在这个阶段，因为一个能够操办全套标准仪式的道士已经足以吸引足够多的信众，而这些信众中虔诚施主的供养足以让道士过上富裕的生活。如果他还写得一手能治病的好符，用剑和牛角号驱鬼，跳大神，上刀梯，并且赢得法力强大的名声，那么人们对他所提供的宗教服务的需求基本上是无限的。因此，绝大多数弟子们跟随师父所学习的，不外乎宗教仪式的外在表现形式和能够为他们的仪式表演提供足够可信度的秘传教义。

    评价道士的第二个标准，同时也是决定他在教团内部地位的准绳，

便是他对道教秘传秘密掌握的程度，这包括他的冥想水平、修炼内丹的
功力，以及背诵正统经典中神灵名字和衣着的列表，以及道藏中咒语的
能力。这些列表被称为"箓"，也就是记录，出现于早期的道藏文献中（参
见 Saso：1972a 第五章以及 1972b 中有关一些当下台湾使用的箓的描
述）。正一道的道士至少需要记住古代三部神灵名字和衣着的列表中的
一部。这三部箓中的第一部箓是《正一盟威箓》，见于道藏第 877 卷，是
最长的一部箓，共有 24 章；[1]第二部箓是《太上正一盟威法箓》，共有 14
章，见于道藏第 878 卷；第三部箓是《正一法文十箓》，同样见于道藏第
878 卷，是最短也是相比之下最不受重视的一部箓，它共有 10 章，所涉及
的神灵数目也最少。[2] 那些自称"三五都功"的道士应当记忆这部箓中的
神明姓名、衣着和描述。[3] 根据礼拜仪式时所能描述和召唤的神灵数目，
道士在教团内部亦分为不同的品位，并且有各自的道号。只有能够掌握
至少一部正一箓的道士才可被称为"正统"。

　　试图对道教仪式背后秘密一探究竟的学者需要面临两个关键的问
题。首先是如何获得道教秘而不宣的记录了神灵的名字和描述的箓。[4]
然而，仅仅有箓还是无法掌握在正统道教仪式期间所需的合适的手印、
咒语和呼吸技巧，以召唤和控制神灵。因此，第二个问题就是，如何获得
合适的口头指导和文字注解。[5] 在台湾期间，笔者碰到所有道士均自称
其宗教仪式属于"正统"，也就是正一道（与此对应的便是"异端"，也就是
仙道）。不同道教门派的大家们都自称很早以来就拥有传统的正统箓，
也就是有关神灵的名字和召唤细节的记录，而不同门派之间成见极深、

---

① 即《太上三五正一盟威箓》。——译者注。
② 即《正一法文十箓召仪》。——译者注。
③ Michael Saso, *Taoism and the Rite of Cosmic Renewal* (Pullman, Wash., 1972) 第五章以及
　"Red-head and Black-head: The Classification of the Taoists of Taiwan According to the
　Documents of the 61st Generation Heavenly Master", *Bulletin of the Institute of Ethnology*
　(Academia Sinica, Nankang, 1972), No. 30, 2: 69-82.
④ 道士的箓可见于被称为"文简"的文献资料手册，仅为道教高人个人所用。
⑤ 口诀常常包括在秘诀中，同样仅为道教个人所用。相比道藏中的记载，台湾道士的文简和秘
　诀手册都要更加完整和系统。

326 势同水火。除了上文所提到的三部箓之外，笔者注意到台湾北部（北起台北盆地，南至桃园、新竹［Hsin-chu］、苗栗［Miao-li］县）的"正统"道士还使用许多其他箓，这其中包括：《太上北极伏魔神咒杀鬼箓》，见于道藏第879卷；《高上神霄玉清真王紫书大法》，见于道藏第881—883卷。掌握前者的道士被称为北极道士，并声称出自湖北武当派。掌握后者的道士则总是被人们称作"红头"，而其法统构成也较为多样，包括灵宝、闾山、老君、三奶等派。① 若能获许一睹这些道士的箓，就不难发现现代台湾的道士在宗教仪式方面所保留的传统并非正一派一家。

在台湾北部，道士们努力学习尽可能多的不同来源的宗教仪式是十分正常的。这背后有许多原因，但是最明显的一个原因便是，在宗教仪式方面学识渊博的道士相比他人能够获得更好的经济收入。此外还有一个可能更重要的原因，就是是否掌握高妙知识也决定了一个道士在教团内部的地位。秘传宗教的一大特征便是保证信众能够在此世获得解脱，在道教的话语中便指通过修炼内丹成仙或者长生不老。成仙的追求高于甚至取代对个人利益的追求。也正是因为如此，在台湾北部一些得道高人研习秘传的内丹修炼、吐纳之法，并冥想神灵，在他们看来，道教仪式不过是为虔诚的信众祈求保佑的方式。甚至还有道士无偿操办宗教仪式，或者仅仅专注于个人的内丹修炼，不想让他人知道自己的法力。

所以，研究者不仅仅需要研究他所观察，并愿意收他入门并指导宗教仪式的道士所掌握的箓，更需要获得学习内在冥想的资格。对秘传宗327 教来说，仪式只是学习内在冥想的外在形式，不过是祈祷的前奏和伴奏。道士正是通过教授与箓相关的口诀向弟子们传授修炼内丹的秘法。口诀也正是道教不同门派之间纷争的关键点。实际上，道士的宗教地位取

---

① 在台湾北部，乌头道士指那些操办葬礼的道士，而红头道士指不操办葬礼的道士。用道士内部的术语来严格界定的话，红头道士属于神霄派（始于北宋徽宗宣和年间，即公元1119—1126年）或闾山派。乌头道士属于龙虎山正一派、武当北极派，或五雷法派。所有乌头道士的仪式源自上述三个门派。

决于他们所掌握的箓的数目。他们通过不同的渠道学到不同的箓,而这些箓之间难免有相互矛盾之处,甚至是截然不同的。箓与箓之间的不同不仅仅停留在"正统"和"异端"的名分上,现实中,这种差别一方面是许多道观主导权争执的导火索,另一方面则牵涉到各类的斗法(无论是咒语、手印还是召唤神灵)。道士在斗法的过程中使用黑暗的魔法杀死法力弱于他的对手的故事广为流传。比如,闾山派的法术与龙虎山正一道的法术针锋相对,但这两派的道士同时又都十分忌惮茅山宗的强大法术。不管一个道士声称属于哪一门派或是使用哪一种法术,都可以在列有箓的手册和手册的口诀中找到有关其超凡技术的证据。间或写于手册中的口诀被叫做秘诀,同样地,通过箓也可以判断他所声称的是否属实。

在对抗茅山宗和闾山派的法术时,正一道士使用一种被称为"五雷法"的法术。[1]《道法会元》(道藏第 884—941 卷)对此进行了详细阐述。在台湾,大多数道士都声称精于此道,并且在仪式文本上署名道号的时候自由地使用五雷印。然而,在新竹市及其周边地区活动的约五十名道士中,只有寥寥数人掌握了下文所述的冥想方法,而这正是在体内培育神灵,从而降妖伏魔必不可少的步骤。掌握这一传承的道教大师们警惕地守护着这一秘密,只传授给少数值得信任的弟子。

在接下来的段落中我想要对比一名"红头神霄"也就是闾山道士在治疗一名生病的儿童过程中所使用的方法,和一名黑头正一道士所使用的五雷法。闾山或者说神霄法见于一本在新竹地区道士中广为流传的手册,手册据传与钱齐才(音译)大师相关。此外,中坜和桃园黄宗师的追随者也使用这一手册。这本描述雷法治疗的手册 1886 年由林汝梅[2]

328

---

[1] 五雷法源自清微派。清微派是一个分布于华山、嵩山、衡山的道教门派。清微派的箓历史久远,根据陶弘景(公元 456—537,茅山宗第八代宗主)的说法源自东汉时期(《太上赤文洞神三箓》,道藏第 324 卷)。五雷法在宋朝时被纳入正一派的箓中。南宋道士金允中在《上清灵宝大法》(道藏第 965 卷)中证实雷法箓的保管十分严密。

[2] 原文作"Lin Ju-mei"。——译注。

从龙虎山购得，现在属于正一嗣坛——新竹的一个道教行会。[①]

红头道士用来治疗孩子的方法既简单又有效。每当焦急的母亲抱着孩子来到道士的前厅，道士首先询问孩子的出生年、月、日，然后根据历法判断当天的阴阳影响是否对孩子有利。他随后点上香，并用摇铃来吸引孩子的注意力。道士会先判断病的自然原因（比如感冒或者其他可以辨别的小病），然后判断致病的超自然原因（比如尚未安息的亡灵或者恶灵）。

当他用缓和的铃声和轻柔的咒语安抚了孩子和母亲之后，道士召唤听命于他的神灵，包括北极星君、本地的城隍神、土地神、妈祖女神、闾山山神、陈奶妈（Ch'en Nai Ma）。随后，他在一张黄纸上画下一张护身符（在书店可以买到模型），并在底部按上特殊的符印。接下来，道士在祭坛上点上一支蜡烛，并诵读咒语，比如：

> 我命令这具身体内一切痛苦的来源——
>
> 肌肉疼、头疼、眼睛疼、嘴疼
>
> 手脚疼
>
> ［插入孩子特殊的病症］——
>
> 用我的神力，
>
> 在此道家祭坛之前，
>
> 让所有邪魔被降伏，
>
> 让他们都下地狱。
>
> "催催切切"
>
> 全部回到来处，
>
> 快快听从我的命令。[②]

329

---

① 林汝梅的龙虎山之行在《新竹县志》（新竹县文史委员会，1955 年）9：9 - 10 中有记载。正一嗣坛于 1988 年林汝梅从龙虎山返台之后建成。该雷法手册自第六十一代天师处求得，后文也有部分引用。手册现藏于正一嗣坛总部图书馆，Chuang - ch'en Teng - yun。

② 本段引文可参见即将出版的 Chuang - lin hsü tao - tsang, Michael Saso, ed.（Taipei, 1974），pt. 4, ch. 6.

之后,他便掷出两块新月形的用于占卜的竹片,竹片一面平,一面圆。两个竹片的平面朝下(阴盛)的结果是不好的,而两片平面都朝上(阳盛)则代表"神在笑"。两个平面一上一下(阴阳调和)则是积极的结果,代表驱鬼成功。一旦驱鬼成功,护身符就会被烧掉,并将一部分灰烬放入一杯开水,然后孩子需要喝下一勺混合了灰烬的水。这之后道士会给孩子开出阿司匹林、抗生素或者中国传统的草药等他认为适合祛除孩子的自然病因的处方。①

红头道士大约收取25元新台币的费用,大约相当于60美分。毋庸置疑的是,道士的治疗不仅仅有效,还更令人放心。相比之下,如果去正规医院接受治疗,无论是打针还是其他孩子的哭闹都无助于缓解母亲的紧张情绪。当治疗仪式结束后,母亲可以带着一个安静的孩子回家。

相比之下,乌头道士的治疗更加严格,同时费用也更高。为了拥有施展这类仪式的资格,在每年立春后的第一天雷雨出现时,道士都必须施展一场特殊的冥想。在第一声春雷响起时,道士必须起身,面朝春雷的方向,进行以下冥想:②A. 道士需要想象在他的左手指节处的十二地支。

B. 之后,道士需要用拇指指尖触摸每一个地支,并且屏气,并想象气在丹田(黄庭,太极在个体的集中之处)经由以下器官循环:

1. 子位,胆;

2. 丑位,肝;

3. 寅位,肺;

4. 卯位,大肠;

5. 辰位,胃;

331

---

① 在我观察的孩子确实生病的案例中,不论是红头还是乌头道士都会在治疗中加入中药或者西药。其中一名正一嗣坛的乌头道士程霆锋(音译)是一名具有从业资格的中医。对从事仪式治疗的道士来说,中医知识是必要的。
② 摘自《秘诀手册》卷四《清微气诀·[龙虎山]天师传授清微秘要[五雷法]》(第六十一代天师,龙虎山,1886)。手册的副本为作者所有。

    6. 巳位,脾;

    7. 午位,心;

    8. 未位,小肠;

    9. 申位,膀胱;

    10. 酉①位,肾;

    11. 戌位,血管;

    12. 亥位,三焦②;

    C. 面向春雷,道士用拇指的指尖触碰自己左手的七个指节,并想象雷电的能量进入相应的身体器官内。触碰每个指节时,他需要念诵咒语,从而将天雷的力量为己所用:

    i. 触碰午位时,他将雷的气③引入心脏,并诵读咒语"雷";

    ii. 触碰未位时,他将雷的气引入小肠,并诵读咒语"威";

    iii. 用大拇指触碰左手午位下方时,将雷的气引入胸,并诵读咒语"震"④;

    iv. 触碰中指中部的西位⑤,道士将雷的气引入位于两肾之间的下丹田,并诵读咒语"动";

    v. 触碰丑位时,他将雷的气引入肝脏,并诵读咒语"便";

    vi. 触碰子位时,他将雷的气引入胆,并诵读咒语"惊";

    vii. 触碰戌位时,他将雷的气引入血管,并诵读咒语"人";

    同样的流程需要在右手重复,最终需要进入屏息冥想,想象天雷的力量进入体内的中心,并且按照以下顺序在五个中心器官之间循环——

---

① 原文作 yü,下文解释为"玉"(jade),此处根据十二地支改为"酉"。——译者注。

② 三焦指气的三条通道,其中一条流向胃内。第二条流向胃的中心,并且不可流向他处,第三条通往膀胱,浊物由此分离并排出体外。

③ "气"在此须从哲学意义上作解,即生命的原则,"元气"。此处所用的咒语中,数字七可勉强说得通,但实际上此词的发声仅以圣礼的方式发生作用,用以命令或召唤雷的生气。

④ 此处指将气引入胸口黄庭,即丹田中心。据下文咒语说,上黄庭在脑部,下黄庭在腹部,位于两个肾脏之间。

⑤ 原文为玉,此处改为十二地支之酉。——译者注

肝、脾、肺、肾和心——并得以储存和加以使用,直到来年重复这一冥想。①

当道士需要使用储藏在五脏之中的五雷的力量时,他首先用十指的指尖触碰手掌,形成一个握拳的手印,同时用舌尖在上颚写下"雷"。上文所描述的雷法可用于驱除邪灵,是治疗仪式必不可少的一部分。

正一乌头道士和闾山红头道士治疗孩童哭闹的方法从开头到结尾都有很大不同。正一道士在仪式过程中一直站在祭坛之前,并且不会使用手铃。道士首先上香,并用孩子的出生时刻算出孩子的"命门",也就是召唤神灵、为孩子祈福的方位。② 之后,他询问病因,如果他认为病因只是简单的感冒,他就会给孩子开一些西药或者中药。但是如果他认定病因源自鬼或者是未被祭祀的先人,他将会进行驱鬼的仪式。

首先,正一道士会站在家中的祭坛前召唤箓中的神灵。他会在身边搭建先天道场,并且设想种种不为普通信众所知,但却为他的教派所熟知的神灵,尤其是对治疗孩子的疾病有所帮助的神灵。③ 神灵通 ₃₃₃ 过咒语和手印召唤,在这种情况下,五脏内存储的雷气被调出,用于仪式。

在仪式中五雷法道士召唤治疗孩子的神灵包括北斗七星,也就是大熊星座——这是构成勺子形状星座的七位神仙。④ 由于雷法的气也分为

---

① 储存力量的五脏对应宏观世界的东南西北中五个方位以及金木水火土五行。五雷之气可以从上文提及的七个器官中调出使用,或者使用下文所说的简单的双拳手印。

② 在五雷法中,命门根据北斗七星勺柄的方位算出。北斗七星不停地绕着天庭旋转,根据道士的说法这种神秘的现象为所有出生的时刻绘制出了一幅图。这一套理论同样被在丧葬时用于决定灵魂从凡间升入天庭的方位,并且在醮仪中被用来确定天门(即"乾卦")在道观中的位置。

③ 有关仪式之前道场的安排,参见 Michael Saso, "On the Ritual Meditation of Orthodox Heavenly Master Sect Taoism", Journal of the China Society (Taipei, 1971), 8:1-21. 根据陶弘景的说法,这种仪式用于治疗有着非常悠久的历史。他在《登真隐诀》(道藏第 193 卷)卷下, 6b-7b 中说这源自汉末的四川地区。

④ 道教清微派在不晚于唐代时受到真言的影响,进而将北斗七星与雷法联系在一起。正是在这一时期印度的女神吉祥天被视为斗母(北斗众星的母亲女神),并且成为五雷法的保护神。《道法会元》(道藏第 884-941 卷)将这一联系追溯到宋朝早期。

图 1

七种,因此北斗七星常常和七雷之气用于治疗孩子。召唤北斗七星的过程是这样的。首先,道士触碰上文所提及的七个地支位,用左手的五指召唤雷气。然后,他设想在北方天空的北斗七星,并且通过和上文所述相似的冥想将神灵引入自身。

道士用左手拇指按住子位,并设想贪狼星①的星光射入左脚大脚趾(见图 1)。他按住丑位指节并设想巨门星②的星光射入右脚大拇指。他按住酉位指节并设想禄存星③的星光射入右膝。他按住子位指节上方并设想文曲星④的星光射入左膝。他按住未位指节的下方并设想廉贞星⑤的星光射入肚脐。他按住未位指节并设想武曲星⑥的星光射入心脏。最后,他用大拇指按住午位,设想破军星⑦的星光射入舌头。

现在道士由于来自北极星座的圣洁光芒而精神焕发,他会在硬腭上用舌尖画一个符。然后,他会画一张写有"雷"字的护身符,并且将双手握拳呈雷法的手印,并伸向孩子,在他头上呼吸。然后,他转向祭坛,重复着这一召唤北极星君和净化孩子的过程。每当召唤一个星君,道士都要模仿他的容貌、衣着和身高。贪狼星君有十英尺高,并且长着红脸、红

---

① 原文作"t'an",即道教所说的北斗第一阳明贪狼星君,古代也称为天枢星。——译者注
② 原文作"chü",即道教所说的北斗第二阴精巨门星君,古代也称为天璇星。——译者注
③ 原文作"lu",即道教所说的北斗第三真人禄存星君,古代也称为天玑星。——译者注
④ 原文作"wen",即道教所说的北斗第四玄冥文曲星君,古代也称为天权星。——译者注
⑤ 原文作"lien",即道教所说的北斗第五丹元廉贞星君,古代也称为玉衡星。——译者注
⑥ 原文作"wu",即道教所说的北斗第六北极武曲星君,古代也称为开阳星。——译者注
⑦ 原文作"p'o",即道教所说的北斗第七天关破军星君,古代也称为摇光星。——译者注

胡子,穿着红鞋,双眼突出,配一把长剑。召唤贪狼星君的咒语是"吷[口發]"(huo - po)。巨门星君同样身着红衣,八英尺高,响应"[口弘]吸"(hung - hsi)的召唤。毋庸置疑的是,正一道士的治疗仪式相比他的对手红头闾山道士要庄严得多。正一道士的仪式费用从简单仪式的 30 新台币(75 美分)到附送一个绘制精美的护身符的 50 新台币(1.25 美元)不等。

由于使用雷法会获得广泛的赞誉,不同门派的道教大师以及追随者之间也由此展开了激烈的竞争。不仅仅上文所述的冥想对其他门派保密,秘传法门甚至也对级别较低的同门保密。神灵的名字、召唤他们所用的手印和咒语、使他们为己所用的冥想是最为重要的秘密。大多数弟子都能掌握仪式的外在形式,但是只有少数能够学到秘传的冥想方法。这种限制显然出自秘传宗教的本质,即个体在教团内部的地位是由他的法力所决定的,职业性的嫉妒更加加剧了这种限制,以至于一个道士只将整套系统的知识传给一个儿子。① 但是相比道教传承系统更重要的是不同法术之间的竞争。

五雷法被所有门派的大师公认强于茅山或者闾山法术。对五雷法 335 的尊重从掌握五雷法的道士在教阶中的崇高地位可以看出。五雷法的专家被给予二品称号,也就是第二等级,而未被列入经典的茅山和闾山法术的专家则无法享受到这样的地位。② 新竹正一嗣坛的道教大师们所用的秘诀手册中,一种特殊的咒术常常被用来作为治疗或者净化仪式的结尾。这一雷法咒语这样说:"束缚邪灵和无数异端邪气,并把他们送回茅山和闾山。"茅山和闾山的法术被认为是有害的。这些法术所召唤的

---

① 一个大师只将秘传的教义完整地传授给一个儿子的传统历史悠久。南北朝时期(公元 5 世纪前后)的《玄都律文》(道藏第 78 卷)已经有所记载。

② 应当特别指出尽管上清派,也称为玉清派是由茅山发展出来的,但是这一十分正统的派别与民间大众的异端茅山宗之间的差异需要特别注意。是否正统是由一个道士所掌握的箓和法术决定的。位于教阶中最高级的一品道士必须掌握《大洞真经》中的《上清箓》(见《道藏》第 16 卷)。

邪灵和邪气可以让人生病甚至死亡。① 因此,五雷法不仅仅是正统的正
一道士区别于他们的竞争者所使用的职业技能意义上的仪式,它同时也
是用于对抗异端"黑魔法"影响的精神力量。

　　总而言之,如果说闾山和茅山法术既可以被用来害人,也可以用来
给他人治病,但是正一道士的法术,尤其是五雷法,说到底则是对抗异端
的一种手段,只可能给人带来好处,而不会危害他人。因此,道教的正统
性应当从两个方面进行判断。首先是是否掌握道藏中古老的正一箓以
及与之相应的口传秘诀,具体已经在本文的开头罗列了详细目录。其次
是是否拒绝使用源自非正统的茅山宗和闾山派的有害的黑魔法,并且用
五雷法对抗它们。

(张态煜译　郭潇威校)

---

① 在台湾,闾山和茅山法术可以被用来祸害他人,甚至致死的说法广为人们所知。异端的茅山
　手册特别包括了用来杀死敌人的符制作方式。符上模仿正统五雷印印有黑色、形状如鸟的
　"五雷鬼"。害怕受到黑魔法伤害的人们会找来用五雷法的道士与之对抗。新竹正一嗣坛的
　道士常常因此被找去使用雷法。

后　记

史密斯（Robert J. Smith）

当一个人参加一个并非自己专长领域的会议时需要克服几点困难。由于缺乏对与会者惯例的了解，他必须自己判断与会者为何要讨论特定议题。当对他们的问题意识有了一定了解之后，他接下来必须对与会者如何回答所提出的问题的方式作出判断。只有当做到了这两点，他才可以将注意力放到那些给会议定调、而且重复出现的主题之上来。最后，如果他自己的研究兴趣与会议的关注点并非毫不相关的话，他或许可以以一种比较的视角探索其中的一些主题。

当我在听本书所包括的论文讨论时，我所感受到的就好像一次田野访谈。每一个与会者似乎都把其他人当作了报道人。在香港进行研究的学者们对台湾的宗教实践和信仰表达出了很强的兴趣，有时甚至是礼貌的质疑。了解台湾北部的与会者采访了了解南部的人，并且常常对他们的发现感到诧异。此外，还有一些人发现这些报道人的叙述与正统宗教实践和信仰（如同他们通过经典文献和对已经难觅踪迹的精英成员的访谈所得知的）的差距巨大到让人感到不快，甚至怀疑已经不是中国的传承。这一场合是令人激动的，不仅仅因为不只有一个参会者在香港和台湾两地都进行了田野研究。他们从某一个角度来说都是分区（subarea）的专家。我之所以这么认为，是因为我已经深受如此多样的差

337 异迷惑。因为我本人从事的是日本宗教研究，在我的研究领域，这样程度的差异闻所未闻，如果有的话也只能解释为数据的离散性。日本研究者一直以来都比研究其他地区的学者更加习惯于将社会视为一个一致的、想法类似的个体的聚合体。显然，日本并非如此。也正是在这次会议期间，我开始思考一个我之前未曾给予足够重视的有关日本社会研究的问题。

在此，我没有必要再次赘述本书所收录论文作者所描述的各种习俗和机构。其中的一些材料想必已经引起了读者的关注，通过这些论文的讨论也有助于进一步挖掘相关内容。然而，其中一些具有代表性的观点具有相当的实效性。在托培理有关母亲和新生儿之间权衡的讨论中，她指出她的报道人并不特别认同某一个具体的中国宇宙论系统，而是用许多不同来源的知识去解释和处理问题。另一方面，施舟人发现很难界定道教——一个中国的宇宙论系统——因为民间宗教和教派主义已经将道教变得十分混乱。他所讨论的"醮仪"吸收了佛教给饿鬼喂食的仪式（在日语中称为"施餓鬼会（せがきえ，segaki-e）"），并且可以由道士或是佛教僧人主持，甚至可以由两者同时在各自的祭坛主持。醮仪上除了有常规的各路神祇，此外还有一大群可以加入到意识中的祈愿者家中祭坛的神祇。施舟人指出，尽管道教有着用白纸黑字记录下来的传统，神仙的名号和头衔都依据帝国行政体系的样板定型，但是地方传统也会在必要的时候被纳入这一体系。苏海涵讨论了道教学派和大师之间的对抗，他们中的每一方都声称自己是正统的。苏海涵也指出了道士需要掌握的箓实际上有多个源头，并且有的箓一直以来就是完全对立的。

王世庆讨论了两种不同的祭祀圈：其中一个是社群，他们祭祀自己的保护神；另一个并非基于地域范畴，而是基于血缘关系、族群认同或者对某一个神祇的虔信。在谈及台湾的神祇时，他提出了一个引人注意的观点：如同一些来自中国大陆的定居者成功在台湾站住脚一样，他们的一些神祇也在岛上找到了立足之地。修建寺庙有许多原因，王世庆和布里姆都指出许多家族除了参加集体的守护神祭祀之外,还有自身和超自然力量保持接触的渠道。甚至死者的灵魂也被分为不同的类别。一些 ³³⁸被神化成为服务社群利益的合法权威的代言人;一些则被神化成为不顾社群利益、自私但同时又具有强大超自然力量的存在;一些是逝去的祖先,后人对他们负有祭祀的义务。托培理从与佛教和苦行主义相关的神祇角度对人与神的关系进行了有趣的描绘。这些神祇被供奉糖和水果,但是他们的士兵则被供奉肉。祭品的特点似乎是由神祇的偏好决定的,而非人们的饮食规范。

雅武士、郝瑞、戴德安和弗里德曼的论文尽管采用了不同的方式,但是都更加清晰地呈现了这一差异的主题。雅武士的核心观点是,中国宗教中的意义随着信众社会利益的变化而变化,并没有绝对统一的概念。雅武士所提供的材料的复杂性足以支持他的观点,即对神、鬼和祖先的认同是高度可变的。如郝瑞所认为的,台湾的每一个社群、每一个家庭甚至每一个个人的万神殿都与众不同。尽管一些人可以描述出一个连贯的超自然关系体系,但是其他人并不具备系统的神学知识。然而,他们却可以根据他们与祭祀者的关系对他们进行分类。如同王世庆指出的一样,郝瑞将死者的灵魂分为三类:由亲属祭祀的私人的鬼魂以及两种公祭的鬼魂,人们希望其中一种给予他们帮助,希望另一种不祸害他们。这两类公祭的鬼魂在祭祀场所、祭品和组织祭祀的组织方面都有差异。更加复杂的是,还有一种郝瑞称为"中间状态"的鬼魂,这是由于人们对他们属于哪一类的看法是不同的,这尤其发生在对某一个特殊场所祭祀的鬼神身上。郝瑞认为,由于中国宗教包括了佛教、道教和儒家传统,因此不可避免地包括了对同一现象的不同解释。没有哪一个具体的权威尝试建立一套教条和教义,尽管道士、和尚和官僚都尝试影响民间信仰,但他们都无法决定它。事实上,每一个信众个体都是自由的,他在构建自己的信仰和宗教实践体系时并没有收到具体的限制。由于人们的个体经验都有很大差异,因此他们也就对某一个神祇或者仪式持有不同的观点。说到底,中国宗教是十分富有弹性和个人主义的。 ³³⁹

戴德安同样讨论到了台湾信仰和宗教实践的多样性。在某一个地方十分受欢迎的节日可能在数里之外就没有什么人关注；在一个城镇十分重要的神祇可能在附近社群的万神殿中不过是一个小配角。赤脚踏火、扶乩以及其他一些仪式可能在一个地方的宗教生活中具有十分重要的角色，但是在另一个地方几乎无人知晓。甚至重大节日的日期也差别很大。这往往被轻易地解释为"台湾民间宗教"的差异性，但是这一术语不过是对大量宗教实践、膜拜和习俗的简单概括，仅仅指出了它们在地域上的相近性。和郝瑞一样，戴德安认为由于缺乏详细的教义和教条，个体信众有充分的空间来选择自己的信仰和行为。但是，他指出台湾宗教的特征很难被把握，这并非由于差异性，而是由于缺乏对变体系统的解释。如果我们比较同一类型的社群，会发现宗教信仰和实践方面的巨大差异。但是如果考虑到这个小岛不过在过去 250 年中才主要由来自福建的移民占据，他们在岛上的其他文化生活具有高度的同质性，这种差异就更难被解释。即便到现在，虽然全岛都受到几乎一致的文化影响，社群的公共仪式依然保持了高度的非标准化。我们该如何尝试分析这一问题？

戴德安认为我们有三条可以选择的路。第一，如果我们预设存在一个系统，或者假设可以构建一个系统，那么就可以忽略差异；第二，如果我们强调社群祭祀的共同核心，就可以将地方性的差异视为浅层的，不过是建立在共同结构基础上的多样性呈现，但是问题在于我们并没有发现在社群差异和仪式差异之间存在显著的相关性；第三，如果我们只是简单强调地方传统只不过是移民们从福建带来的，那只不过是将这个问题推到了 250 多年前的福建，并且这也不能解释那些从移民定居才开始的仪式。

弗里德曼对系统做了最为重要的叙述。他认为，尽管中国宗教在表面上存在种种差异，但是并非一些随机组合起来的元素。在表面差异背后必然存在一定的秩序。无论是理念还是形式，都需要具有一致性才能得以推广；他们之间可能存在相互影响和变化。实际上，弗里德曼认为

对中国社会这样一个在社会阶层和社会权力高度分化、允许宗教信仰和 340
实践的差异并使之互为补充的社会，在这种情况下宗教相似度表现为宗
教差异。对我来说，这似乎是说中国社会将宗教差异视为宗教相似，对
于这种可能性我将在下文详述。由此，我们再一次碰到了这个问题，即
中国宗教是一个多形态的系统，它允许个体祭祀者和特定社会阶层在宗
教生活上享有一定自由度。弗里德曼还提出了一个观点，即在所有这些
变化中中国宗教代表了一个单一的概念集合体。

　　我在此不再深入进行阐释。会议期间，一些参会者似乎对大量有关
宗教实践和信仰多样性的证据感到不快，但在大多数情况下他们也会接
受这一情况，因为确实没有一个核心权威尝试建立正统标准。我一度怀
疑，如果有这么一个正统权威在场的话，是否会演变成对异端的打压？
一个中国人在选择自己的信仰和行为时具体有什么样的限制？缺乏必
要行为的特征是否也存在于社群层面？这是一个令人兴奋的话题，因为
我一直以来被误导，说尽管中国人有如此的宽容，但同时却在很大的空
间、时间范围内保持了统一的理念。

　　在中国社会权威缺席的情况下，日本研究者往往会选择保持较低的
姿态，尤其当讨论的话题是宗教时。相比中国历史，日本历史很短，国土
面积也很小，宗教信仰和实践也深受中国佛教、儒家思想和道教的影响。
我们也习惯于认为日本非常能适应外来文化的特征，并且将其纳入本土
信仰和实践的体系中。基于对中国所谓统一理念的谈论，我也很自然地
开始怀疑我们所说的日本本土体系是否也正是如此。如果我们坚持这
一假设，即所有混沌的多样性应当可以被化约为一个体系，那么在忽略
多样性的过程中我们又丢失了哪些东西？

　　现在我明白有关宗教信仰和实践差异的问题从本质上讲十分重要。
我们应该对他们进行仔细的研究，而非忽视它们，或者将它们交给乐于
此道的民族学家。这样的举动同样有助于澄清日本宗教的本质，我们将
通过强迫自己再一次审视人们所说的和他们所作的、声称所信的和他们
实际所信的之间的差异，以及这种选择性从何而来，从而揭开它们神秘

341 的面纱。在将这种澄清视为可能值得一试目标的前提下,我希望转而谈一下日本民间宗教在信仰和宗教实践上的内在差异。

几乎所有日本佛教徒同时也是神道教徒,这已经是老生常谈了。就像大多数其他老生常谈一样,这个命题也只在很有限的情况下成立。日本佛教的特点常常令研究他的人感到困惑,有的时候甚至是绝望。因此,日本佛教往往被视为一种不寻常的融合体,或者对佛教正统视而不见的异端,有的时候两方面兼而有之。这种观点实际上忽略了佛教的本质和它在亚洲北部传播的漫长历史。说到底,日本处在大乘佛教大规模传播的最东段。佛教经由中国、朝鲜,从亚洲大陆传播到日本,日本也是最后一个大规模接受佛教的亚洲人群。日本宫廷大约在公元五六世纪才接受了佛教,而佛教又用了五六百年的时间才真正在日本民间站住脚跟,正是在中国接受了训练的虔诚佛教徒们推动了佛教在日本的第二次传播。在 17 世纪的日本,身为一个佛教徒很多时候不过意味着过世时依据佛教仪式下葬,并且在死后立即或者稍后成佛而已。从这里,我们是否可以看出上文所提到的那种日本人将佛教纳入本土体系的例子,亦或是从中国传入的佛教已经包括了许多被后人视为日本人加入的元素?我们可以通过考察日本接触佛教时中国佛教的状况来获得一部分答案。跨越了很大的时间和空间范围之后,佛教已经变得既不纯粹也不统一。只有当我们了解日本学习佛教的时候佛教在一些特定方面所呈现的发展状况,才可以理解日本对佛教教义和实践的相关解读。至少有两个源自中国佛教的核心概念对日本产生了深远的影响,它们分别是:佛教扮演"镇护国家"的角色、孝的重要性。那些中国人所写的鼓吹孝的伪经被作为佛教经典的核心部分带到了日本。

当佛教传播到日本时,本土的宗教信仰和实践尚不具备一个统一的名称。将本土宗教称为"神道教"正是对新进从大陆进口的"佛陀之道"

342 的反应。正如许多其他受到大乘佛教影响的社会一样,日本本土的神祇(kami カミ)开始以佛陀或者菩萨的化身出现。神佛调和的过程被日本

人称为"识别过程"①,历经了上千年,直到明治维新之后的政府于19世纪70年代出于自身政治考量开始执行"神佛分离"的政策。

有关7世纪以来日本宗教的发展有着详实的史料。宗派兴起、衰落,观点被阐释、站住脚跟、在一处风行但却在另一处消亡。一开始被视为佛陀化身的神后来在一定地方翻身,佛陀成了他的化身。国家的态度同样经历了种种变化,时而利用、时而排斥、时而改变、时而打压,并且完全从自身便利的出发对宗教重新解释。在不同的时期,日本的许多不同的地区成为各类布道者的目标,但还有一些地方依然没有接触到佛教。佛教"镇护国家"的功能在中世纪的一段时期被一个学派所否定,但后来又被另一个学派提升到了一个前所未有的高度。有些地方祖先被神化,而在另一些地方神则被"祖先化"了。并非所有日本家庭都是佛教徒。今天大约有10%的日本家庭以神道教的仪式祭祀祖先。这其中有一小部分是神道教祭司,他们在1890年之前参加包括佛教葬礼在内所有仪式。剩下的有一部分家庭则在17世纪时被属地的大名勒令要求放弃佛教。此外,还有一部分家庭在19世纪时出于爱国热情响应明治政府的号召转而以神道教的方式祭祀祖先。

今天人们常说佛教、神道教和儒家实际上代表了日本截然不同的几个关注点。佛教作为一种普世宗教,其神祇的主要特点和能力是热情地帮助个体灵魂获得解脱并且升入极乐世界。佛教在日本人达成此世的和谐以及超度亡灵的仪式中扮演了重要的角色。神道教则是一种地方性的宗教,它的神祇包括了特定地方和社会群体,比如手工艺人的保护神。神道教主要承担有关生活的祭祀工作,比如出生、结婚、新年、播种和收割。儒家在日本则代表着一套伦理体系,他很少依托具体的寺庙或者神职人员。儒家伦理强调子女对父母的孝以及臣民对国君的忠。三者在历史上曾经竞争过、融合过、发展过、衰落过,这个过程在一些地方

---

① 原文作"process of identification",应当对应日语中的"本地垂迹"ほんじすいじゃく,特指将某一个神祇同时视为神(本地的kami)和佛陀化身(垂迹)这一调和佛教和神道教的主张和实践。——译者注

持续了一千多年。今天我们不难发现这段历史的影响。不同的宗教实践和信仰共存并构成了一个多层次的结构。即便在很小的社群内部也会存在宗教实践和信仰的差异，即便一个人也会存在本质上的内部矛盾。我之所以如此不加修饰地进行阐述，就是为了说明这一集合无法被化约成为一个系统的整体。我将在下文说明为何这对其他许多有关日本的素材来说也是如此。

诚然，不可逾越的界限也是存在的。确实存在一个整体轮廓，或者说框架，而这已经排除了一些可能的变体。比如，几乎无法想象在日本宗教中会存在无论是真实的还是符号性质的血祭。然而，在这一框架内部，很重要的考察对象就是宗教行为在多大程度上要求专一性。为了更好地进行阐述，下面我将以日本祖先祭祀的一些方面为例进行说明。

民法中明确规定应当尊重祖先祭祀的仪式。家庭中的祭坛包括祖先的牌位，这也是祖先祭祀中最常见的物品，但却没有具体规定说谁的牌位应当被供奉。现在的民法规定，家中的一个孩子需要承担起照看祖先牌位的责任，但却没有说明其他孩子是否也应当这么做。实际情况如何呢？在一些社群的一些家庭中，所有祭坛都会包括最重要的先祖和其他各种各样的祖先。然后在隔壁或者说在附近社区人们的家中，牌位仅仅包括父系亲属。在有些地区，家中只有一个孩子（唯一继承人）才拥有照看牌位的权利和义务，其他孩子都不可能在他们自家的祭坛中拜访相似的牌位；而在另一些地方，每一个孩子，包括女儿，都会得到一份过世父母的牌位。此外，还有一些地方同时供奉夫妻双方祖先的牌位。

在一个村落中，我们还可以发现有人要求以一种应对孤魂野鬼的方式处置家中孩子的灵魂，然而，他们的邻居则不相信自家夭折孩子的灵魂可能造成什么危害。我所提到的社群中的所有家庭都属于同一个佛教宗派，都在这个村子生活了很长时间，从事同样的职业，经济地位、族群来源也相近。在许多乡村，人们相信祖先的灵魂是和善、甚至没有什么特殊的力量，但我们也观察到有的地方人们声称他们造成了不幸。对大多数日本家庭来说，祖先祭祀的意思旨在安抚灵魂，对他们过去的恩

344

惠表示感激,并请求他们保护家庭,但至少有一种非常受欢迎、混合了多种信仰的新兴宗教却主张人们必须切断与祖先的因缘方可避免不幸。另一种新兴宗教则鼓动信众去尽可能地搜集牌位,不管牌位是不是亲属的,并且以这些牌位主人的名义进行祷告。

我们可以简单地说以上这些态度不过是建立在一个共同命题或者核心基础上的不同变体而已,而这一核心简而言之便是:日本人相信生者与死者之间存在着联系,并且可以相互影响各自的命运。当然,我们在抽象化到这一程度的过程中剔除了很多信息。亡灵对有些人和宗派(或者在有的历史时期)来说是有害的,而对有些人和宗派(或者其他历史时期)来说则是和善,甚至不具备特殊能力,这种变体之间的差异真的是无足轻重的吗? 无疑这种差异十分重要,但是我们对之进行的分析很少,因为它总是以出人意料的方式与其他现象共变。我认为,并非这种差异不重要,而是因为我们放弃了对差异意义的探寻。

除了祖先祭祀以外其他的宗教实践和信仰同样存在大量不同变体,并且有大量证据显示他们之间是相互矛盾的。现在我们应当回到这个问题,即人们为什么持有不同的信仰,这些信仰来源于何处,它们又如何相互调和(如果确实有所妥协的话)?

即便是诸如灵魂的归宿这样的基本问题,人们给出的答案都出人意料的复杂。很多人说亡灵会依附在他们的牌位上和坟墓里,每年盛夏他们会被从"灵魂所在的山"召唤到家中,然后被送回"灵魂所去的海",以及他们身处天国。研究者不能质疑同时给出这些不同地点解释的人,因为他的行为已经表明他相信这些说法都是真的。他向牌位和坟墓祈祷,并且在盛夏时前往高山和海边,此外他也会说到天国。

在家庭和社群层面,我们发现日本的这种仪式和万神殿的多样性与 ³⁴⁵戴德安和郝瑞在台湾发现的一模一样。我们如何解释这么多不同变体共存的事实? 需要引起重视的是,在大多数情况下,日本的宗教活动往往局限于特定的社会群体——家庭、亲属和社群。而且,对特定群体来说,仪式的核心人员并非神职人员,而是该群体的首领。有时,会有祭司

（依情况而定，有可能是神道教神官或者佛教僧人）协助这些并非专业宗教人士的首领来操持仪式，但他们的存在对仪式来说并非最重要的。实际上，人们常常不会去请专业祭司参与操办仪式。由于没有信众集会，所以也就没有机会阐述教义、确立教条。由于缺乏正统的压力，祭祀传统和态度在日本都被视为个人、亲族和社群的自由空间，而非公共议题。许多日本人都对这种异常宽容的系统习以为常；许多外国人则将其视为冷漠的表现。约翰·恩布里（John Embree）20世纪30年代在须惠村时，当地人告诉他人死后会去他生前所相信会去的地方。既然持这种态度，那么层出不穷的变体也在情理之中了。

应当注意的是尽管日本的宗教信仰和实践呈现出多样化的局面，但是日本社会在较总体的（grosser）方面是比较单一的。这和戴德安对台湾的观察十分相似。但是，日本并非一个很晚近才由周边省份来的人定居的小岛。尤其在明治维新以后，政府一直致力于尝试在各方面使日本人的生活标准化。政府各种各样的努力使得日本人成为了一个高度同质化的群体。那么我们又该如何看待顽固的宗教信仰和实践的多样性呢？

我们应该可以在社会、政治、经济、教育、职业、人口等因素中找到与宗教行为的一些变体的相关关系。然而，我们不能对所有变体用这样的方式给出解释。另一种可能的策略就是通过确定信仰和行为无法逾越的边际来描绘出一种包括各种变体的大框架——用现在流行的新术语来说就是范式。这样我们就可以将烦人的内部差异扔到一边。或者我们可以建构一个完全外在于具体现象的体系，并且用这个体系解释所有行为和信仰，同时用悖论来化解危及这一优美建构的矛盾。

所有这些策略都会得出有意思的分析，但是现在我更倾向于另一种方法。这种方法不能回避历史。人们称之为日本宗教的内容正是那些幸存下来的实践、信仰、习俗、仪式、教义和文本。根据哈罗德·罗森堡（Harold Rosenberg）的说法：

在任何一个时间点上，一个社会的文化与其说是自成一体的完整体系，不如说更像一个瓦砾堆，或者说是以往意识形态体系的"掉队者"。完整的体系或许存在，但是人类的各社会团体更倾向于通过对美好生活的不同象征和不同范式保持对未来的开放性。①

历史上，曾经有无数或外来或本土的宗教实践和信仰在日本这片土地上传播、发展，但只有我们今天还能看到的实践和信仰幸存了下来。他们中的许多曾经一度辉煌，另一些在部分地区广为流传，但却没有到达另一些地区；有一些不断与时俱进；有些则无疑源自对正统宗教的误解；许多是新进的产物但却被冠以古老的名号；其他则仅仅分布于特定的年龄层。

一方面，日本社会自诩在大多数方面远比其他国家更加整齐划一，但是另一方面我们又可以在日本观察到如此众多的差异和变体，这个对比使得我们研究的问题变得十分有意思。在日本，一般本地人都会很确切地告诉你日本人做事的方式是这样的。每当碰到不合常规的行为，回应往往是，"嗯，这不是日本的方式"，当然这不意味着必须停止这样的行为。简而言之，一个人的宗教信念和实践不关他人的事；然而，一个人对社会责任的遵守则关所有人的事。

我不知道顺着这个研究方向，将得出怎么样的成果。或许这只是对那种试图过于宏观描述日本社会的修正，但我希望这不仅仅是如此。没有什么比无视各种差异而专注于宏观图景更简单的事情了。但是大多数人都生活在整体图景中非常渺小的一部分，重要的是我们该如何看待差异，而非如何回避它。或许我们会发现这样一个道理：如果人们可以在没有严格命令的强制下（那些最基本、宏观的限制除外）创造一个机构和行为体系的理想模式，那么他们就不会怎么在意那些各不相同或者和社会群体密切相连的差异了。在这样的社会中，一旦出现了某种行为规

①引自 Victor W. Turner, *Dramas, Fields, and Metaphors: Symbolic Action in Human Society* (Ithaca, N. Y., 1974), p. 14.

范,人们便会遵守它,但如果某一种必要的形式缺乏详细的规定,而且这种情况在日本十分常见,那么我们可以预料到人们将会行使自由选择的权利,历史上固定下来的实践会被用新的术语不断重新解释,各种不同的行为也会不断涌现出来。

348

（张态煜　译）

翻译对照表

人名

阿尔伯特·洛特 Albert Lott
阿尔弗德·法布尔 P. Alfred Fabre
艾略特 A. J. A. Elliott
艾约瑟 Joseph Edkins
爱迪生 J. T. Addison
安田朴 Etiemble
柏妮丝·洛特 Bernice Lott
班辂 John Barrow
鲍来思 Guy Boulais
贝克 Baker
陈崇明 Ch'en Chung-min
陈荣捷 Wing-tist Chan
戴玛瑙 Norma Diamond
戴遂良 Léon Wieger
戴德安 Donald DeGlopper
菲茨杰拉德 C. P. Fitzgerald
弗朗兹·舒尔曼 H. Franz Schurmann
弗洛伦斯·艾斯库 Florence Ayscough
福蒂斯 Meyer Fortes
高延 M. de Groot

葛伯纳 Gallin
葛兰言 Marcel Granet
哈罗德·罗森堡 Harold Rosenberg
郝瑞 C. Steven Harrell
吉尔 H. A. Giles
焦大卫 Jordan K. David
杰克·波特 Jack M. Potter
科马克 J. G. Cormack
克劳伦斯·戴伊 Clarence Day
克利福德·格尔茨 Clifford Geertz
孔迈隆 Myron Cohen
李复兴 Li Fu-hsing
李亦园 Li Yih-yuan
列维-施特劳斯 Levi-Strauss
列文森 Joseph R. Levenson
林毕谷 Lim Bi-kok
铃木清一郎 Seiichiro Suzuki
卢公明 Justus Doolittle
卢蕙馨 Margery Wolf
禄士遒 Henri Doré
罗伯特·科尔特曼 Robert Coltman
罗伯特·史密斯 Robert Smith
骆任廷 Stewart Lockhart

马偕 George Leslie MacKay
玛丽·布赖森 Mary Bryson
蒙德里安 Mondrian
莫里斯·弗里德曼 Maurice Freedman
莫奈 Monet
纳尔逊 N. G. H. Nelson
裴达礼 Hugh Baker
钱存训 T. H. Hsien
乔治·麦凯 George Mackay
秦裕宝 Chin Yu-poi
瞿同祖 Ch'ü T'ung-tsu
芮马丁 Emily Ahern
沙畹 Edouard Chavannes
沈兼士 Shen Chien-shih
施古德 Gustave Schlegel
施坚雅 G. William Skinner
施琅 Shih Liang
施舟人 Kristofer M. Schipper
斯普伦格尔 Sybille van der Sprenkel
宋隆生 Sung Lung-sheng
苏海涵 Michael Saso
苏拉米斯 Sulamith Heins Potter
托培理 Marjorie Topley
王世庆 Wang Shih-ch'ing
王斯福 Stephan Feuchtwang
王崧兴 Wang Sung-hsing
王嵩兴 Wang Sung-hsing
威廉·普汝恩夫人 Mrs. William L. Pruen
武雅士 Arthur P. Wolf
谢和耐 Jacques Gernet
许烺光 Francis L. K. Hsu
许舒 James Hayes
亚瑟·C. 莱尔爵士 Sir Arthur C. Lyall
亚瑟·史密斯 Arthur Smith
亚瑟·韦利 Arthur Waley
杨庆堃 C. K. Yang
约翰·A. 布里姆 A. Brim
约翰·恩布里 John Embree

约翰·施洛克 John Shyrock
庄士敦 R. F. Johnston
增田 Masuda
翟理斯 Herbert Allen Giles
珍妮·纳尔逊 Janet Nelson

案例中涉及的人名

阿鹤 A-hok
阿悌阿 A-tit-a
彬元 Pun-yuen
彬元 Pun-yuen
陈诚清 Ch'en Cheng-hsing
陈丁胜 Ch'en Ting-sheng
邓芳昌 Tang Fang-cheung
邓九 Tang Kau
邓莫梁 Tang Mok-leung
邓尼文 Tang Nai-men
邓荃 Tang Tsuen
邓氏 Tang
邓素 Tang Soo
邓素贵 Tang Soo-kwai
狄 Ti：
狄新才 Ti Cin-cai
豆腐龚 Bean Curd Jong
高伯娘 Kao Paak-neung
洪 Hong
洪海阿 Hong Hai-a
洪鹄亮 Hong Hue-lieng
辉云 Wui-wan
雷平 Lei P'eng
李 Lim
李阿弘 Li A-hong
李爱苏 Li Ai-cu
李博多 Li Bun-tua
李诚绔 Li Chieng-cua
林本殷 Lim Bun-iek
林春基 Lim Chun-ki

林余单 Lim Iu - chan
刘 Lou
六屋 liu - wu
楼金兰 Lou Kim - lan
楼穆梅 Lou Mui - mue
罗鹤莱 Luo Hok - lai
宁维 Nim - Wai
彭阿缪 Peq A - 0mui
森川清治郎 Seijiro Morikawa
世业 Sai - yip
宋 Song
宋雪 Song Suat
谭 Tan
谭阿伯 Tan A - bok
谭春梅 Tan Chun - mui
谭金鹤 Tan Kim - hok
谭咀翁 Tan Tsui - ong
谭索澜 Tan So - lan
谭添莱 Tan Thian - lai
谭同 Tan Tong
谭新琼 Tan Cin - chiong
谭鑫 Tan Sim
添鹤 Thiam - hok
翁 Ong
翁阿梅 Ong A - mui
翁谷华 Ong Kok - hua
翁鹤莱 Ong Hok - lai
翁鹤轩 Ong Hok - hin
翁莱鹤 Ong Lai - ho
翁添歌 Ong Thian - co
翁伍谷华 Ong Ng Kok - hua
翁新德 Ong Cin - tik
翁祖可 Ong Zi - ko
伍 Ng
伍正桂 Ng Jong - kuei
武田 Mo - tin
信达 Shun - tat
信杰 Shun - kit

信勉 Shun - min
雅田 Ngai - tin
义 Ui
义阿婵 Ui A - chan
永昌 Wing - cheung
永符 Wing - fu
永明 Wing - ming
余 Yü：
余诚偌 Yu Chieng - cua
禹维 Yut - Wai
张丙丁 Chang Ping - ting
周 Tiu：
宗华 Chung - wa
宗开 Chung - hoi
宗逸 Chung - yat

地名

阿莲村 A - lien
安庆 Anking
安溪 An - ch'i
八里 Pa - li
白沙村 Pak Sha
板桥 Pan - ch'iao
北港 Peikang
北头 the north end, gu - thau
博罗县 Pok Lo hsien
中埔 Chung - p'u
长福岩 Ch'ang - fu Yen
车围 Cart Field, Cart Enclosure
船头 Ship Head
大安海 Ta - an - hai
大溪 Ta - ch'i
代尔夫特 Delft
淡水 Tamsui
顶郊 Ting - chiao
顶郊 Ting - chiao
顶埔 Ting - p'u

顶郊 Ting – chiao

东安 T'ung – an

东石 Tung Shih

东心村 Tung Sam Tsuen

二林镇 Erhlin

风柜店 Feng – kuei – tien

风柜店 Feng – kuei – tien

福来村 Fu – lai Village

柑园 Kan – yüan

冈山 kang – shan

高雄 Kaohsiung

梗枋 Keng – fang

关西 Kuan – his

龟仑山 Kuei – lun Hills

龟山岛 Kuei – shan Island

郭村 kuo village

和莲 Ho – lien

后村子 Hou – ts'un – tzu

后墙 Behind the Wall

后屋 Back Hut

护法 spirit policemen

黄坊 Huang Neighborhood

凰涌村 Wong Chung

惠安 Hui – an

集集 Chi – chi

嘉义县 Chia – I hsien

尖山埔 Ciam – sua：- po

江村 Kaihsienkung

江村 Kaihsienkung

金清 Chin – chiang

锦田 Kam Tin

晋江县 Chin – chiang hsien

九龙 Kowloon

坑头村 Hang Tau

坑尾村 Hang Mei Village

莱顿 Leiden

蓝厝 Lan – ts'o

犁舌尾 Lei – ci – be

刘厝埔 Lau – chu – po

龙埔 Lung – p'u

龙溪 Lung – ch'i

鹿港镇 Lukang

湄洲 Mei – chou

米婆村 Mai Po Village

苗栗 Miao – li

牡屋 Oyster Hut

木栅 Mu – cha

南安 Nan – an

南靖 Nan – ching

南陵县 Nanling Hsien

南投 Nant'ou

彭厝 P'eng – ts'o

平和 P'ing – ho

屏山 Ping Shan

坡内坑 P'o – nei – k'eng

埔里 Pu – li

溪州 Ch'i – chou

猄仔寮 Chiang – tzu – liao

清莲 Ch'ing – lien

泉州 Ch'üan – chou

三角埔 San – chiao – p'u

三口城 San K'ou Cheng

三峡 San – hsia

三义 San – i

三重埔 San – chung – p'u

厦村 Ha Tsuen

厦门 Amoy

山街 Mountainstreet

上/下菜园 Upper/Lower Vegetable Garden

上村 Sheung Tsuen

上水 Sheung Shui

神冈乡 Shenkang hsiang

十八乡 Shap Pat Heung

树林镇 Shu – lin

顺德 Shun – te

中庄 Chung – chuang

台北市 Taipei City

太平桥 T'ai-p'ing-ch'iao

潭底 T'an-ti

桃园 T'ao-yuan

同安 T'ung-an

土城 T'u-ch'eng

土库村 T'u-k'u

屯门 Tun Mun

万华 Wan-hua

威海卫 Weihaiwei

西镇 West Town

溪北 Ch'i-pei

溪潮厝 Khei-ki;-chu

溪南 Ch'i-nan

下溪州 Hsia-ch'i-chou

辛庄 San-chiao

新安县 Hsin-an hsien

新店 Hsin-tien

新界 New Territories

新竹 Hsin-chu

新庄 Hsin-chuang

衙口乡 Ya-k'ou hsiang

莺歌镇 Ying-ke

永庆围 Wing Hing Wai

元朗 Yuen Long

云林县 Yün-lin hsien

张厝川 Chang-ts'o Ch'uan

彰化县 Chang-hua hsien

漳州 Chang-chou

圳岸脚 Chün-an-chiao

中和 Chung-ho

中庄 Chung-chuang

竹篙厝 Chu-kan-ts'o

竹岭 Chu-lun

专业名词

安抚 propitiation

八字不合 horoscope clashes

包含秩序 order of inclusion

胞兄弟 village brother

保护神 patron deity

彼此相互界定的共同体 defined communities vis-à-vis

彼世 other world

彼世存在 beings of the other world

闭幕礼 cloture

表功 merit-making

表意性方面 expressive side

并入 incorporation

不具名的鬼 anonymous ghosts

不连续 discontinuous

层次 gradations

查看花卉 inspection of the flowers

超自然存在 supernatural beings

超自然官僚机构 supernatural beureaucracy

成员村庄 member village

崇拜 cult

出身 parentage

处所能力 power of place

慈悲救主 charitable savior

次要的神灵 secondary divinities

村落社会 village society

村庙 village temple

村庄联盟 village alliance

村庄联盟理事会 village alliance council

村庄联盟组织 organizations of allied villages

大房 senior bedroom

大醮 the great ritual

大庙 great temple

大众宗教、民间信仰 popular religion

大宗 senior branch

单一崇拜 single cult

悼念群体 mourning group

道士 Taoist/ priest

等级制的 hierarchical
地方层面 local - level
地方市场区 local marketing area
地方宗族 local lineage
地府/地 purgatory
地理性质 geomantic property
地域性 territorially
帝制中国 imperial China
典范 ideal
典范性 paradigmatic
对比秩序 order of contrasts
对称关系 symmetrical relation of opposition
恩典阶段/宽限期 period of grace
法律等级上的角色 jural hierarchy figure
放鬼 release of kui
非连续性时刻 moment of discontinuity
分区 ward
分身显现 manifestation
焚疏 burning of the memorial
风水位置 geomantic site
服丧等级 degrees of mourning
服务 serve
符 charm paper
符号性的陈述 symbolic statement
辅祠 secondary shrines
副高功 Assistant Chief
感谢祭 thank - offering
"高、低水平结构"之间的磨合/匹配 the fit
　　between high - and low - level structures
高功/道长 head priest
"高级的"祖宗 "senior" ancestor
高阶 higher - order
高水平的族谱虚构 high - level genealogical
　　fiction
"个人的"祖宗 "personal" ancestor
个体身份 individual identity
根入药 root medicine
更小的神龛区领地 territory of smaller

shrine
公共祭坛 communal altar
公共善 common good
公共伤害 common offense
公共仪式 collective services
公共仪式 public rituals
功用性 practical
供品 offerings
供桌 offering table
构建 contrive
固定存在 fixture
故人 past person
怪异 queerness
鬼 ghost
鬼使/精灵 familiar spirits
贵贱和次序的系统秩序 syntagmatic
　　order of sequence and expense
还神 repay spirits
还愿灯 votive lamp
寒性 humoral characteristic of coldness
行会体系 guild system
行像 traveling images
阖港的 pan - Lukang, hap - kang - e
户/家户 household
户主 head of household
花父 flower father
花母 flower mother
花母 Mather Gardener
寰宇三界 three cosmological divisions
黄历 almanac
婚姻等级 marriage classes
混姓 mixed - surname
魂灵社会 society of souls and spirits
魂魄 soul
活跃宇宙 active universe
火上行/过火 fire walking
机械团结 mechanical solidarity
基 层 市 场 社 区 standard marketing

community

吉日 propitious time

吉兆 auspicious emanations

集市区 market area

集体神龛 collective shrine

继嗣群体 descent group

祭拜 worship

祭祖 ancestor worship

祭祖仪式 ancestral rites

家鬼 family ghost

家庙 family temple

家神 family god

家庭祭坛 domestic altar

家庭周期 family cycle

家系 lineage

家系组织 lineage organization

家乡共同体 home community

嫁方 wife‐givers

嫁方 wife‐givers

嫁方姻亲 wife‐giver affine

拣选 selection,select

拣选原则 principles of selection

降神会 Group Seance

角头的 neighborhood，kak‐thau‐e

醮祭 chiao sacrifice

街坊庙宇 neighborhood temple

节庆 festival

洁净情况 purity

今群 present social group

今人 present person

金箔 gold spirit‐money

经验性存在 experiential being

静态的集合 static set

开基庙 founding temple

空间对比的典范性秩序 paradigmatic
   order of spatial contrasts

空间密码 spatial code

空间秩序 spatial order

控"鬼"者 controller of kui

口头传统 oral tradition

哭灵 wailing

苦难仪式 rituals of affliction

狂喜 ecstasy

来世论的仪式 eschatological ritual

老鬼 old ghost

礼仪专家 liturgical specialist

历时性 diachronic organization

历书的 calendrical

历书仪式 calendrical ritual

利益有限观 the image of limited good

联合会 alliance

联合仪式 joint ritual

联会 consortium

良构结构 well‐structured states

良构位置 well‐structured positions

两极化 polarization

灵兵 spirit soldier

灵媒 medium

灵媒 spirit medium

灵牌 spirit tablet

灵物 spirit

灵物类型 category of spirit

灵性残余 spiritual residues

灵性存在 spiritual beings

炉主 Master of the Incense Burner

门第 social standing

庙会 temple festival

庙面 temple face

名誉机能 function of reputation

明确共同体 defined community

冥婚 goast marriage

冥钱 spirit money

冥想 contemplation

内化 interiorizing

内神 internal god

内外密码 internal/external code

内在呈现 immanent presence

内在秩序 order of interiority

娘家 natal family

农历的仪式性历法 lunar ceremonial calendar

女方婚姻家庭 the woman's conjugal family

偶像 image

牌坊 street gates

炮仗 firecracker

炮仗协会 rocket associations

偏间 side halls

偏堂 subsidiary hall

平民宗教 religion of commoners

契过关系 fictive kinship relation

契子 fictive children

抢炮 rocket snatching

亲属分类 kinship category

亲属连结 kinship nexus

亲属区段 kinship segment

亲属仪式 the ritual of kinship

亲属族群 agnatic group

清洁 clean

庆典共同体 festival community

求福 make blessing

区分手段 means of distinction

区隔 segmentation

区域 locality

区域单位 territorial unit

区域团结 territorial unity

取得 access

娶方 wife-takers

娶方 wife-takers

权力的先后次序 order of privilege

全称类型 generic type

妊娠并发症 complicated pregnancy

肉祭 meat offerings

弱者的力量 the powers of the weak

萨满 shaman

上位 noble side

上药 noble

社会区段 social segment

社会时间 social time

社会选择性定义 selective definition of society

社区优先 community precedence

神 god

神化 deification

神话知识体 mythical knowledge

神力 spiritual power

神权国家 theocratic state

神使 divine messenger

神祇群体 group of deities

神祇兄弟会 brotherhood of gods

生辰八字 horoscope

生命转折仪式 life-crisis rituals

生物性上的对应物/等价物 biological equivalent

识别过程 process of identification

实际行动 concrete action

实体 entity

实体 existence

始祖 focal ancestor

世代延续 generational extension

世家 line

世系财产 lineage property

世系继替 lineal succession

市场体系 marketing system

适当性 adequacy

收费标准 scale charges

守护精灵 tutelary spirits

疏文 memorial

饲鬼 feed

送别家神 send-off of the household gods

他世的 other-worldly

汰除 weeding out

天骨 ethereal bones

天花 heavenly flower

天堂花园 Heavenly Flower Gardens

天庭/天 heaven

调和主义 syncretistic

调解性 mediated

团年饭 New Year's feast

团体降神会 group seance

拓展型群体 expanding group

外化 externalizing

外界馈赠族群 outside gift‐giving group

外灵 outsider spirits

外人 outsider

完整性 completion

微观宇宙 micro‐universe

维模问题 latency problem

慰灵的祭品 propitiatory offering

系统的 syntagmatic

下药 ignoble

现存的当下 live present

现世活物 living subject

现世实在世界 living concrete world

现象世界 phenomenal world

献祭者 celebrant

乡里 ancestral home

乡庙 village alliance temple

乡庙 village alliance temples

乡事会 rural committee

相对的流动性 relative mobility

相对固定的端点 relative fixed points

相对内在 relative interiority

相互宴请/请客 reciprocal feasting

相互邀约 cross‐invitation

香火盒 incense container

像 image

消耗型的 expendable

小鬼 young ghost

小醮 the small rituals

小宗 junior branch

星相命运 horoscope

形构 configuration

兄弟关系 fraternal relationship

兄弟平等 fraternal equality

虚无 negation

序次秩序 ordinal order

血统 descent

血缘关系 kinship affiliation

循环匾 circulating plaque

亚非学院 the School of Oriental and African Studies

亚文化断裂 sub‐cultural breaks

宴访 feast visit

宴会团体 feast association

养育型家庭 nurturing family

仪式辈分 ritual ranking

仪式大师/礼生 ritual Master

仪式的语言素材 ritual corpus

仪式队列 ritual alignments

仪式密码 ritual code

仪式时期 ritual season

仪式事故 ritual accident

仪式顺从 ritual deference, ceremonial deference

仪式效力 ritual efficacy

仪式协议书 ritual protocol

仪式中心 ritual focus

仪式专家 ritual specialist

已逝的过去 dead past

异常的社会身份 social anomalies

异构性集合 heterogenous collection

姻亲 affines

姻亲行为 affines act

姻亲纽带 affinal tie

隐喻 metaphor

印信 octroi

游行庆典 procession festival

宇宙冲突 cosmic clash

宇宙的时空形构 cosmological configuration of time or place

宇宙帝国 cosmic empire

宇宙学的假设 cosmological assumption

预防功能 prophylactic function

预净化礼 preliminary purification

预言 prophecy

阈限的地位 liminal position

阈限阶段 liminal phase

原始建筑 original construction

原子亲属 atom of kinship

葬礼仪式 mortuary ritual

灶神 stove god/ kitchen god

长者 wise man

至尊神 supreme deity

治疗专家 curing specialist

治愈降神会 curing seance

中保 mediator

中表婚 cross‐cousin marriage

中间魂灵 intermediate spirits

中央地区 central place

中央位置 at the center

重要的神祇 major deities

周期性静养 periodic retreat

主保圣人 tutelary saint

主神 principle god/deity

主体单位 subject units

主体群体 mass of subjects

主要的庙神 major temple gods

转场情境 transitional contexts

转喻 metonym

准备情况 readiness of consumption

子宫家庭 uterine family

自己人 insider

自由组降神会 free group seance

宗教团体 religious association

宗教治疗者 religious curer

宗桃群体 descent group

总理事 General Manager

总体 totality

族群差异 ethnic difference

族群纽带 ethnic tie

族群认同 ethnic identity

族群组织 ethnic organization

祖庙 root temple

祖坛 ancestral altar

祖先 ancestor

祖先崇拜 ancestor worship

神灵及宗教组织名

八人公 Pucq Lang Kong

百姓公 Pai Hsing Kung

保生大帝 Pao Sheng Ta Ti

北帝 Pei Ti

采善堂 the Tsoi‐sin

陈姑娘 Ch'en Ku Niang

陈古老爷 Dsann Kux Loo Ye

陈奶妈 Ch'en Nai Ma

城隍爷 Ch'eng Huang Yeh

吃福会 Ch'ih‐fu‐hui

处女神 Sien‐lu‐liu

慈悲寺 Tz'u‐pei Ssu

村德宫 Ts'un‐te Kung

大道公庙 Ta Tao Kung Miao

大将爷 Ta Chiang Yeh

大墓宫 Tua Bong Kiong

大墓宫 Tua‐bong Kiong

大土地公 the Big T'u Ti Kung

大众爷 Ta Chung Yeh

地藏王 Ti Ts'ang Wang

地藏王 Ti Ts'ang Wang

地基主 Te Ki Co, Ti Chi Chu

地界公 Te Ki Co

斗灯长 Head of the Lamp

福安庙 Fu－an Miao

福德宫 Fu－te Kung

福德正神 Fu Te Cheng Shen

姑娘庙 ko－niu－biou

关帝 Kuan Ti

关公 Kwan Kong

观音妈 Kun Iam Mha

观音菩萨 pho－sat Kuan Yin

洪圣 Hung Sheng

华佗 Wa Dho

黄大仙 Wong Taai Sin

集会大高功 Chief of the Assembly

济安宫 Chi－an Kung

角头神 Kak－thau－sin

金花夫人 Chin Hua Fu Jen

金花母 Kam Fa Mo

开漳圣王会 K'ai Chang Sheng Wang Hui

兰小姐 Laan Sio Tzex

老大公 Lau Tua Kong

李伯 Lee Paak

灵宝派 Ling－pao

龙山寺 Lung－shan Ssu

妈祖 Ma Tsu

茅山派 Mao－shan

菩萨 P'u sa,poo－sat

普渡公 Pho To Kong

清和宫 Ch'ing－ho Kung

清水祖师公寺庙 Ch'ing Shui Tsu Shih Kung temple

三山国王 San Shan Kuo Wang

上帝公 Shang Ti Kung

神明会 shen－ming－hui

圣妈 Sia：Ma

圣王公 Sieng Ong Kong

十八手观音会 Shih Pa Shou Kuan Yin Hui

十二奶娘 Zap Yih Nae Neung

世业堂 the Sai－yip hall

树德宫 Shu－te Kung

顺义宫 Shun Yi Kung

顺义王爷 Shun Yi Wang Yeh

四股妈 Szu－ku Ma

四股妈 Szu－ku Ma

苏府大王爷 Su Fu Ta Wang Yeh

太清斗灯长 Head of the Lamp of Heaven

天帝 Lord of Heaven

天公 Thi：Kong/T'ien Kung

天后 T'ien Hou

天上圣妈 T'ien Shang Sheng Ma

同安烈士 T'ung－an martyr

土地公 T'u Ti Kung

土地庙 Tho Te Biou

万善堂 Ban Siong Tong

万善爷 Ban Siong Ia

尪公 Ang Kong

王爷 Ong Ia

文武庙 Wen－wu Miao

问醒婆 mann seag phox

霞海城隍庙 Hsia－hai Ch'eng－huang Temple

仙公寺 Hsien Kung temple

辛元帅 Hsin Yüan Shuai

刑府王爷 Hsing Fu Wang Yeh

玄天上帝 Hsüan T'en Shang Ti

阎王 the King of Hell

杨侯王 Yang Hou Wang

义爱公 I Ai Kung

有应公 Yu Ying Kung,Iu Ieng Kong

有应宫 Iu－ieng Kiong,Yu Ying Kung

玉帝 Jade Emperor

玉皇大帝 Yü Huang Ta Ti,Yok Waang Daay Tay

灶君 Tsao Chün

灶神 Stove God

长福岩庙 Ch'ang－fu Yen temple

正一道天师府 Orthodox Church of the

Heavenly Master

正一盟威 Cheng－yi meng－wei

重兴宫 Ch'ung－hsing Kung

周公 Cau Kong

周王庙 Chau－wong Temple

竹头公 Chu T'ou Kung

自兴公 Cu Hieng Kong

祖师公 Tsu Shih Kung

音译名词

安 an

暗行 am－hang

拜 pai

拜拜 pai－pai

拜坛 pay－dhaan

榜 pang

卜卦 pok kwah

不三不四 m－saam, m－sz

菜友 chai－yu

惨 ts'aam

出门食土地公 Chut mng, ciaq Tho Te Kong

祠堂 tz'u－t'ang

大拜拜 tua pai－pai

大醮 ta－chiao

代天行化 tai－t'ien hsing－hua

代为转奏 tai－wei－chuan－tsou

道士 Tou－su

道长 Tou－tiu

地狱 te－gak

弟子 te－cu

丁 ting

丁口疏 ting－k'ou shu

董事 tung－shih

洞内 tong－lai

洞外 tong－gua

斗灯 tou－teng

毒 tuk

读疏 Thak－so

法师 Huat－su

分灶 pun－cau

风水 hong－cui/feng－shui

佛公 put－kong

佛祖 put－co

夫 hu, fu

服事 hok－sai

符仔仙 hu－a－sian

符纸 hu, vu

福疏 fu－shu

各家行香，沿门宣疏 ke－chia hsin－hsiang, yen men hsüan－shu

公妈 kong－ma

公厅 kung－t'ing, Kong－thia

功德 kong－tik

孤魂 ko－hun

怪 kwaai

怪 kwaai

管理 kuan－li

鬼 kui, kuei

鬼神 kui－sin

贵气 kui khi

绕境 ke－kieng, 或 kuo－ching

过继 kuo－chi

好难做人 ho－naan tso－yan

好兄弟 hou hia:－ti

后土 Hou T'u

户 hu

花 hue

花命 fa－meng

花母 foo－mo

花王 fa－wong

黄箓斋 Huang－lu－chai

会 hui

魂 hun

疾风 t'se－fung

祭 ce

祭酒 chi－chiu

甲 chia

贱人 chien－jen

鉴醮 chien－chiao

讲歹话 kong phai：－ue

较大 khaq－tua

较小 khaq－sue

嫁妆 ke－cng

醮 chiao

金箓醮 Chin－lu－chiao

金塔 kam taap

精气 tsing－hei

进钱补运 Cin－ci：po－un

敬奉 kieng－hong

酒饭 Chao－fen

开花 khui－hue

开基祖 k'ai－chi－tsu

楷书 k'ai－shu

看天 khua：－thi：

犒军 kho－kun

客厅 kheq－thia：

口 k'ou

冷水坑 lieng－cui khi

里 li

厉害 li－hai

灵 lieng

灵魂 lieng－hun

灵魂 lieng－hun

灵验 lieng－kam

流氓 lo－mua

炉主 lo－cu

箓 Lu

攞鬼仔 loh－kwaai tsai

攞债仔 loh－chaai tsai

庙祝 miao－chu

南无佬 Naam Mo Lhoo

南无先生 Naam Mo Sin Shaang

闹热 lau－ziat

普渡 p'u－tu

奇 k'ei

奇病 k'ei－peng

奇怪 k'ei－kwaai

祈安 ch'i－an

气 ch'i

契 khay

契弟 k'ai－tai

契公 khay kong

契过 k'ai kwoh

契妈 khay mha，k'ai－ma

契女 k'ai－nui

契爷 k'ai－ye

契子 khay jair，k'ai－tsai

牵亡魂 khan－bong－hun

前世 ts'in－shai

钱 ci：

亲家 chin－ke

亲母 chi：－m

庆成 Ch'ing－ch'eng

禳灾 Jang－tsai

人鬼婆 man kwai p'o

人情味 jen－ch'ing wei

三官椁 San－kuan－cho

三面壁 san－mien－pi

三元斋 San－yüan chai

丧事 song－su，hiong－su

山神 sann zan

赏兵礼 siu：－pieng

上元 Shang－yüan

神 shen

神 Sia：

神兵 sin－bieng

神明 shen－ming

神枱子 shen－t'ai－tzu

神厅 shen－t'ing

神仙 cieng－sin

365

神霄 shen－hsiao

牲礼 sieng－le

师 su,或 shih

师公 sai－kong

师公骨 sai－kong－kut

时辰 shi－shan

时辰好 shi－shan ho

士 shih

书院 Shu－yüan

属 shuk

送兵 siong－pieng

胎神 t'oi－shan

太始祖 t'ai－shih－tsu

天绳 t'in－shing

天性 t'in－sing

厅 thia：

厅头 thia：－thau

童乩 tang－ki

头家 thau－ke

屯 tung

外神 gua－sin

外祖桌 gua－co－touq

为民作主 wei－min－tso－chu

围炉 ui－lo

问米婆 mann mae phox

问醒婆 mann seag phox

无孙的鬼 bou sun e kui

喜事 hi－su,kiat－su

下元 Hsia－yüan

仙 hsien

仙骨 sin kwat

仙路 sin low

谢恩 Hsieh－en

新妇仔 sim－pua

新人 sin－lang

信士 sin－su,hsin－shih

信徒 hsin－t'u

阳 yeung,yang

阳间 iong－kan

妖怪 iu－kwaai

以毒攻毒 i－tuk,kung－tuk

意 yi

阴 yam,yin

阴间 im－kan

姻缘石 Yan－uen Shek

有求必应 yu ch'iu pi ying

愿 yüan

运 wan

章 chang

诊花 chan fa

正厅 cheng－t'ing

正屋 cheng－wu

治 chih

中尊 Tiong－cun

祝寿 Chu－shou

字 tzu

祖公 co－kong

坐神坛 dsox zan dhaan

做客 cue－kheq

索　引

艾斯库,弗洛伦斯:引用,140

做客仪式,286,289

水流公,202

祀,"淫,"36n

治疗,17,218-27各处,236-37,309,328-33各处. 也见灵媒;降神会;道士

d

女儿,未嫁的,见死者之下

女婿,286;可取的品质,281-82,299

戴伊,克劳伦斯:引用,134

戴德安,唐纳德 R.:引用,3;论文讨论,3-4,340

高延,21-34各处

死者:沟通,9-10,116-22各处,127,298,303;孩子,10,147-48,210,212,246,344;非自然死亡的受害者,10,189-90,195,199-202,205,208,212-13,217;种类,119,145-59各处;转移至冥界,138,302;义务,145-59各处;未嫁的女儿,148-53,181n,187,207,215-17,230;作为"老"和"新"鬼,210-11. 也见鬼

神祇,见神

戴玛瑙:引用,143

北斗,314n,318,323,329,333n,334

疾病,见病和疾病

占卜,43ff,52,119,123,214-23各处,238-44各处,315,319,331,333n. 也见风水

家庭祭坛,见祭坛下

家庭祭拜:与公共祭拜的关系,107-8,111,116,122-23;关注点,110,114-16,145,153-54,157f,188;日常行为,131. 也见祭坛;家庭;正厅

寺庙奉献,50-58各处,62,64-65,76ff,80f,83f,101,108

卢公明,143,171,175

龙,123

陈古老爷,217f

涂尔干,埃米尔,31ff

e

地神,见土地公

经济地位和宗教组织,84f

精英:宗教方面,16,23,28,38-40;其角色,在鹿港,50,51n,54f

艾略特,A. J.:引用,10

恩布里,约翰:引用,346

皇帝,珍珠(玉),见玉皇大帝

二林,3,44-45,59f,61f

民族:其角色,在台湾,44,73,81,86,90,92

S

白虎,123

武雅士:引用,279,295-96;论文讨论,339

卢蕙馨:引用,10,239,301n

女性:在灵媒中的普遍性,10;崇拜要求,148-54,181n,187,207,215-17,230,264n;和花树,213-14,238ff;作为鬼,239-30;在托培理的案例中,233-34,248;在产前期,237,240,246,284;妻子的埋葬礼,274n;新娘可取的品质,281-82,299;新婚妻子的地位,283-86

黄大仙,243

祭拜:其空间区别,107-15各处,134,179,192,194;动机,117,155-61各处,168,199. 也见家庭祭拜;和具名的个体崇拜对象和地点

y

姻缘石,243-44

杨庆堃,19-24各处,34-36

杨侯王,98

阳间,116-17

金箓醮,315

意,319-20

阴司,36n

阴间,112-16各处,126ff,221,223;概念,39,144,175-76,225-26;旅程,119,207-15,311;死者的转移,138,302;官员,140,209,213f

阴-阳特征,9,33,35,39,122,138,166,195,234f,331

有应公,178,190,198,201,203

玉皇大帝(玉,珍珠皇帝;天公),101,110-14各处,139-43各处,177-84各处,193,217,288,290,306

十二奶娘,214

"海外中国研究丛书"书目

1. 中国的现代化 [美]吉尔伯特·罗兹曼 主编 国家社会科学基金"比较现代化"课题组 译 沈宗美 校
2. 寻求富强:严复与西方 [美]本杰明·史华兹 著 叶凤美 译
3. 中国现代思想中的唯科学主义(1900—1950) [美]郭颖颐 著 雷颐 译
4. 台湾:走向工业化社会 [美]吴元黎 著
5. 中国思想传统的现代诠释 余英时 著
6. 胡适与中国的文艺复兴:中国革命中的自由主义,1917—1937 [美]格里德 著 鲁奇 译
7. 德国思想家论中国 [德]夏瑞春 编 陈爱政 等译
8. 摆脱困境:新儒学与中国政治文化的演进 [美]墨子刻 著 颜世安 高华 黄东兰 译
9. 儒家思想新论:创造性转换的自我 [美]杜维明 著 曹幼华 单丁 译 周文彰 等校
10. 洪业:清朝开国史 [美]魏斐德 著 陈苏镇 薄小莹 包伟民 陈晓燕 牛朴 谭天星 译 阎步克 等校
11. 走向21世纪:中国经济的现状、问题和前景 [美]D. H. 帕金斯 著 陈志标 编译
12. 中国:传统与变革 [美]费正清 赖肖尔 主编 陈仲丹 潘兴明 庞朝阳 译 吴世民 张子清 洪邮生 校
13. 中华帝国的法律 [美]D. 布朗 C. 莫里斯 著 朱勇 译 梁治平 校
14. 梁启超与中国思想的过渡(1890—1907) [美]张灏 著 崔志海 葛夫平 译
15. 儒教与道教 [德]马克斯·韦伯 著 洪天富 译
16. 中国政治 [美]詹姆斯·R. 汤森 布兰特利·沃马克 著 顾速 董方 译
17. 文化、权力与国家:1900—1942年的华北农村 [美]杜赞奇 著 王福明 译
18. 义和团运动的起源 [美]周锡瑞 著 张俊义 王栋 译
19. 在传统与现代性之间:王韬与晚清革命 [美]柯文 著 雷颐 罗检秋 译
20. 最后的儒家:梁漱溟与中国现代化的两难 [美]艾恺 著 王宗昱 冀建中 译
21. 蒙元入侵前夜的中国日常生活 [法]谢和耐 著 刘东 译
22. 东亚之锋 [美]小R. 霍夫亨兹 K. E. 柯德尔 著 黎鸣 译
23. 中国社会史 [法]谢和耐 著 黄建华 黄迅余 译
24. 从理学到朴学:中华帝国晚期思想与社会变化面面观 [美]艾尔曼 著 赵刚 译
25. 孔子哲学思微 [美]郝大维 安乐哲 著 蒋弋为 李志林 译
26. 北美中国古典文学研究名家十年文选 乐黛云 陈珏 编选
27. 东亚文明:五个阶段的对话 [美]狄百瑞 著 何兆武 何冰 译
28. 五四运动:现代中国的思想革命 [美]周策纵 著 周子平 等译
29. 近代中国与新世界:康有为变法与大同思想研究 [美]萧公权 著 汪荣祖 译
30. 功利主义儒家:陈亮对朱熹的挑战 [美]田浩 著 姜长苏 译
31. 莱布尼茨和儒学 [美]孟德卫 著 张学智 译
32. 佛教征服中国:佛教在中国中古早期的传播与适应 [荷兰]许理和 著 李四龙 裴勇 等译
33. 新政革命与日本:中国,1898—1912 [美]任达 著 李仲贤 译
34. 经学、政治和宗族:中华帝国晚期常州今文学派研究 [美]艾尔曼 著 赵刚 译
35. 中国制度史研究 [美]杨联陞 著 彭刚 程钢 译